FRANCOPHONIES
D'AMÉRIQUE

FRANCOPHONIES D'AMÉRIQUE

1995 Numéro 5

Les Presses de l'Université d'Ottawa

FRANCOPHONIES D'AMÉRIQUE

1995 Numéro 5

Francophonies d'Amérique est indexée dans :

Klapp, *Bibliographie d'histoire littéraire française* (Stuttgart, Allemagne)

International Bibliography of Periodical Literature (IBZ) et *International Bibliography of Book Reviews (IBR)* (Osnabruck, Allemagne)

MLA International Bibliography (New York, États-Unis)

Cette revue est publiée grâce à la contribution financière des universités suivantes :

UNIVERSITÉ D'OTTAWA
UNIVERSITÉ LAURENTIENNE DE SUDBURY
UNIVERSITÉ DE MONCTON
UNIVERSITÉ DE L'ALBERTA – FACULTÉ SAINT-JEAN
UNIVERSITÉ DE REGINA

Ce numéro a bénéficié d'une subvention du Secrétariat aux affaires intergouvernementales canadiennes, du gouvernement du Québec, du Programme de perfectionnement linguistique du ministère du Patrimoine canadien, du Comité de la recherche et des publications de la Faculté des arts de l'Université d'Ottawa et de la Chaire pour le développement de la recherche sur la culture d'expression française en Amérique du Nord.

Pour tout renseignement concernant l'abonnement, veuillez consulter la page 261 en fin d'ouvrage.

ISBN 2-7603-0406-X

Imprimé au Canada

TABLE DES MATIÈRES

L'OUEST CANADIEN

LES ÉTATS-UNIS

GÉNÉRAL

CHRONIQUE DES CENTRES DE RECHERCHE

PUBLICATIONS RÉCENTES ET THÈSES SOUTENUES

PRÉSENTATION

FRANCOPHONIES D'AMÉRIQUE

TRADITIONS ORALES D'AMÉRIQUE FRANÇAISE

Jean-Pierre Pichette
Département de folklore et ethnologie
Université de Sudbury

Le 21 février 1944, le Conseil du Séminaire de Québec décidait « d'établir une chaire de Folklore à la Faculté des lettres et de confier cette chaire à M. Luc Lacourcière ». Tel est l'acte de naissance de l'enseignement universitaire de l'ethnologie au Canada français, programme qui prit le nom d'Archives de folklore parce qu'il s'intéressait alors tout particulièrement aux traditions orales. « En cela, Laval innovait sur toutes les universités du Canada[1] », écrira plus tard son titulaire.

Ce cinquième numéro de *Francophonies d'Amérique*, par sa thématique « Traditions orales d'Amérique française », arrive donc à point nommé pour marquer le cinquantième anniversaire de l'institution de l'ethnologie comme discipline universitaire. Sans prétendre dresser un bilan général de la discipline, encore que certains articles le fassent sous différents aspects, il s'agissait plus simplement ici de présenter un instantané des pratiques qui, un demi-siècle après son établissement, ont cours, non plus exclusivement au sein des seuls ethnologues, mais aussi parmi des universitaires de disciplines variées qui sont, en définitive, eux aussi les héritiers de Luc Lacourcière, puisqu'ils prolongent dorénavant son intérêt pour l'oralité et le répandent à peu près partout dans la francophonie nord-américaine.

L'institution du folklore et de l'ethnologie

Nous avons rappelé ailleurs[2] les grandes étapes du mouvement ethnologique en Amérique française et montré comment les travaux des littérateurs et des préfolkloristes du XIXe siècle et, surtout, le virage scientifique de l'anthropologue et folkloriste polygraphe Marius Barbeau, qui en outre organisa et stimula à partir du Musée national du Canada à Ottawa un réseau de collaborateurs régionaux, avaient préparé et déterminé la fondation de la Chaire et des Archives de folklore de l'Université Laval, lesquelles, à leur tour, par les activités que Luc Lacourcière généra et anima au sein de ses équipes de professeurs, de chercheurs et d'étudiants, rayonnèrent sur toute l'Amérique du Nord. Ainsi s'explique l'apparition de centres d'études universitaires (au Nouvel-Ontario : le Centre franco-ontarien de folklore et le Département de folklore et ethnologie de l'Université de Sudbury ; en Acadie : le Centre d'études acadiennes de l'Université de Moncton et le Centre d'études franco-terreneuviennes de l'Université Memorial à Saint-Jean ; aux États-Unis : le Centre d'études biculturelles de l'Université du Maine à Fort Kent et le Centre de folklore acadien et créole de l'Université Southwestern Louisiana à Lafayette) qui, sur le modèle de Laval, sont aussi doublés de dépôts régionaux d'archives de littérature orale.

La plupart de ces centres renseignent les chercheurs et leurs membres par un bulletin d'information : *La Criée* (Université de Sudbury), *Le Billochet* (Centre franco-ontarien de folklore), *Contact-Acadie* (Centre d'études acadiennes), *Nouvelles du CELAT* (Université Laval) ; certains ont aussi publié un inventaire de leurs archives : Carole Saulnier *et al.*, *État général des fonds et des collections des Archives de folklore* (Québec, Université Laval, 1990) ; Ronald Labelle *et al.*, *Inventaire des sources en folklore acadien* (Moncton, Centre d'études acadiennes, 1984) ; Jean-Pierre Pichette, *Le Répertoire ethnologique de l'Ontario français* (Ottawa, Presses de l'Université d'Ottawa, 1992).

Les études en ethnologie ou folklore mènent aujourd'hui à un baccalauréat en « ethnologie du Québec » à l'Université Laval, à un baccalauréat en « folklore et ethnologie de l'Amérique française » à l'Université de Sudbury (où des manuels de cours par correspondance rendent ce diplôme accessible par mode d'enseignement à distance), à une maîtrise et à un doctorat en « ethnologie des francophones en Amérique du Nord » à Laval.

L'essor contemporain des études régionales a certes contribué, pour une bonne part, au développement d'un nouvel intérêt pour les traditions orales et à leur mise en valeur dans un contexte différent ; c'est pourquoi l'on assiste, depuis au moins une décennie, à la constitution progressive, dans certaines universités, d'un ou de plusieurs cours et séminaires de littérature orale ordinairement dissimulés, cependant, sous des appellations plus générales : études canadiennes, études et littératures régionales, littérature canadienne-française, acadienne, franco-ontarienne, québécoise, etc. (Université Sainte-Anne, Pointe-de-l'Église, Nouvelle-Écosse ; Université d'Ottawa et Université Carleton, Ottawa ; Collège universitaire de Saint-Boniface, Manitoba ; Université du Québec à Trois-Rivières et à Rimouski, Québec).

Deux associations regroupent les ethnologues et publient à l'intention de la communauté scientifique des bulletins de liaison et des revues : l'Association canadienne d'ethnologie et de folklore diffuse le bulletin *Folklore* (depuis 1976) et la revue *Canadian Folklore canadien* (depuis 1979), tandis que la Société québécoise d'ethnologie publie son bulletin *Ethnologie* (depuis 1976) et un *Annuel de l'ethnologie* (depuis 1989). Par ailleurs, une association d'étudiants de Laval et de Memorial diffusent aussi la revue annuelle *Culture & tradition* (depuis 1976).

Au chapitre des revues, il faut encore signaler le *Journal of American Folklore* (New York) qui, sous la direction de Marius Barbeau, fit paraître une dizaine de numéros en français entre 1916 et 1954 et *Les Archives de folklore* (Montréal, Fides), sous la direction de Luc Lacourcière, qui en produisit quatre entre 1946 et 1949 avant de se transformer en collection. Quelques revues ont publié des dossiers spéciaux consacrés aux traditions orales, comme le fait aujourd'hui *Francophonies d'Amérique*: *Études françaises* (Montréal, vol. 12, n° 1-2, 1976), *Nord* (Sillery, n° 7, 1977), *Revue de l'Université Laurentienne* (Sudbury, vol. 8, n° 2, 1976 et vol. 12, n° 1, 1979), par exemple.

Plusieurs collections ont diffusé des documents et des études sur les traditions orales de l'Amérique française. Outre « Les Archives de folklore » (depuis 1951 aux Presses de l'Université Laval), il faut mentionner, parmi les principales, « Connaissance » (Montréal, Leméac, 1970-1981), « Mémoires d'homme » (Montréal, Les Quinze, 1978-1990), « Ethnologie de l'Amérique française » (Sainte-Foy, PUL, depuis 1981). Par contre, l'ouvrage en 33 tomes du père Germain Lemieux, *Les vieux m'ont conté* (Montréal, Bellarmin, 1973-1993), reste le seul de sa catégorie.

Quelques trop rares actes de colloques consacrés au conte (Pierre Léon et Paul Perron, *Le Conte* [Toronto, 1986], Ville LaSalle, Didier, 1987; Lucille Guilbert, *Contes et apprentissages sociaux* [Québec, 1988], CELAT, 1989), à la chanson (Conrad Laforte, *Ballades et chansons folkloriques* [Québec, 1988], CELAT, 1989) ou à l'œuvre d'un ethnologue (Jean-Pierre Pichette, *L'Œuvre de Germain Lemieux* [Sudbury, 1991], Prise de Parole, 1993) n'ont pas entièrement pris la relève des fameux « Colloques sur les religions populaires » organisés, de 1970 à 1982, sous la direction du père Benoît Lacroix. Toutefois, on a produit une série de mélanges écrits en hommage à des piliers de la discipline: Marius Barbeau (Luc Lacourcière, « Hommage à Marius Barbeau », *Archives de folklore*, Fides, 1947), Luc Lacourcière (Jean-Claude Dupont, *Mélanges en l'honneur de Luc Lacourcière*, Leméac, 1978), Anselme Chiasson (Ronald Labelle et Lauraine Léger, *En r'montant la tradition*, Éditions d'Acadie, 1982), Robert-Lionel Séguin (René Bouchard, *La Vie quotidienne au Québec*, Presses de l'Université du Québec, 1983), et Germain Lemieux (Jean-Pierre Pichette, *L'Œuvre de Germain Lemieux*, Prise de Parole, 1993); tout comme on a fait quelques compilations d'inédits: ceux de Madeleine Doyon-Ferland (Andrée Paradis, *Jeux, rythmes et divertissements traditionnels*, Leméac, 1980) et d'Elli Kaija Köngäs-Maranda (en collaboration, *Travaux et inédits*, CELAT, 1983).

Des prix honorent la mémoire de deux de nos plus grands folkloristes: le prix Marius-Barbeau, décerné annuellement par l'Association canadienne d'ethnologie et de folklore, est attribué au folkloriste canadien de l'année ; la médaille Luc-Lacourcière, décernée par le Centre d'études sur la langue, les arts et les traditions populaires (CELAT) de l'Université Laval, récompense le meilleur ouvrage de l'année en ethnologie de l'Amérique française. D'autres prix et bourses vont à des étudiants méritants au niveau du baccalauréat (prix Germain-Lemieux à l'Université de Sudbury) ou de la maîtrise (prix Simonne-Voyer à l'Université Laval).

* * *

Dans le contexte des études régionales que la revue *Francophonies d'Amérique* rassemble et diffuse, chaque région nous a fourni, en cette matière, un échantillonnage des possibilités qu'elle présente, soit sous la forme d'une synthèse de la recherche effectuée en littérature orale, par le biais d'un véritable bilan ou d'un portrait d'auteur, soit encore par l'analyse de documents significatifs pour sa compréhension. De cet ensemble de quatorze articles se dégagent plus ou moins nettement trois grands volets : des synthèses régionales, des analyses réservées à un genre de la littérature orale, essentiellement ici la chanson et le conte, et des études interdisciplinaires illustrant les rapports que les traditions orales entretiennent avec la littérature, l'histoire orale et la linguistique. Ce sont les paramètres que nous proposons pour guider le lecteur ; de cette façon, il disposera, en plus d'une possibilité de lecture régionale déjà facilitée par l'ordonnance des textes, d'une orientation thématique.

Des études régionales

Même si, à la rigueur, tous les articles de cette livraison contribuent à la connaissance des études régionales, trois d'entre eux nous semblent plus spécifiquement affectés à ce volet : ceux de Gilles Cadrin et Paul Dubé pour l'Alberta, de Barry Jean Ancelet pour la Louisiane, et de Roger Paradis pour le Madawaska étatsunien.

Petit village franco-albertain établi en 1907 et nommé d'après son fondateur, Plamondon a été fondé par des Canadiens français originaires du Québec, rapatriés après un séjour au Michigan, et par des Métis qui les y accueillirent. Gilles Cadrin et Paul Dubé tracent le panorama des pratiques orales traditionnelles de cette population : chansons de composition locale et du répertoire français, contes de Ti-Jean, légendes ; et des pratiques contemporaines, caractérisées par l'apparition récente d'un théâtre populaire de création collective. Ces pratiques, qui constituent un signe de vitalité, rassemblent les Plamondonais dans la célébration d'une culture française menacée tout en maintenant des liens avec le passé.

Barry Jean Ancelet, commentant les études menées depuis un siècle en Louisiane sur la tradition orale, s'emploie à rectifier l'erreur de perspective qu'elles ont engendrée. L'image de dégradation qui en ressort encore parfois lui paraît injuste et faussée par la définition étroite qu'en donnaient les pionniers du conte populaire en Louisiane pour qui la recherche des survivances françaises et africaines était prioritaire. Or, constate-t-il, l'élargissement du champ d'investigation à tous les genres narratifs, survenu au début des années 70, et les riches collections réunies depuis prouvent que la tradition orale franco-louisianaise est vivante, donc complexe, qu'elle se transforme et que ses influences ne sont pas exclusives, mais multiples. Voilà qui rend l'auteur optimiste devant l'avenir de la tradition orale, en dépit des difficultés du français dans cet État.

De ses recherches dans le Madawaska étatsunien, Roger Paradis a retenu l'exemple de la météorologie populaire, une tradition orale qui, comme la langue de ces Franco-Madawaskéens l'a fait devant l'anglais, a retraité devant les progrès de la science. Par le tableau qu'il dépeint, l'auteur montre à l'envi que cet ensemble suranné de pronostics, de superstitions et de pratiques, rythmé par le calendrier liturgique, réglé par la puissance merveilleuse et rassurante du prêtre, formait une science populaire bien particulière dont les prévisions se fondaient sur un mélange d'observation et de foi, puisque, chez ces descendants de groupes acadiens et québécois, la religion catholique validait finalement l'essentiel de leur vie.

Les genres de la littérature orale

Les spécialistes de la littérature orale ont longtemps privilégié l'étude des genres majeurs que sont la chanson, le conte et la légende avant de s'intéresser aux genres mineurs. Ce numéro ne fait pas exception, car il s'attache aux domaines principaux — la chanson et le conte — qui ont fait les belles heures des études ethnologiques.

La chanson folklorique ou l'héritage d'Hubert LaRue

Il n'est pas étonnant que plusieurs articles, quatre dans ce numéro, portent sur la chanson folklorique. La plupart d'entre eux s'intéressent à la chanson de composition locale, un genre que des folkloristes du début du siècle auraient traité, comme l'affirme Donald Deschênes, « de mauvaises herbes dans un jardin de pâquerettes ». Cet intérêt n'est pourtant pas nouveau, car les préfolkloristes de la fin du XIXe siècle, les Hubert LaRue et Ernest Gagnon, avaient déjà fait une belle place à la chanson locale qu'ils tenaient en haute estime, au contraire de certains de leurs successeurs qu'identifie Deschênes. Dès 1863, dans l'introduction de son quatrième chapitre consacré aux « chansons canadiennes » et aux « chansons de voyageurs », l'auteur des « Chansons populaires et historiques du Canada » écrivait : « À part ces chansons que je viens de passer en revue, et dont l'origine est évidemment française, nous en avons encore un très grand nombre qui ont certainement pris naissance en Canada[3]. » En outre, son second article, de 1865, dressait un premier bilan des « chansons historiques » du Canada, repérées pour l'essentiel dans des sources livresques entre 1608 à 1809 : chansons politiques, chansons militaires, chansons saisonnières. Ces chansons de circonstance sont nos premières chansons locales[4].

L'originalité de la démarche de Donald Deschênes, qu'il dit exploratoire, repose sur le riche corpus oral de 250 chansons acadiennes dont il examine le processus de composition en considérant les formes poétiques, la langue et l'esthétique, les thématiques, les valeurs et la diffusion restreinte. Ces chansons de composition locale perpétuent, en dernière analyse, le même processus de création qu'on observe dans les chansons du répertoire traditionnel français venant d'ailleurs.

C'est en Ontario français que Marcel Bénéteau amorce son étude de la spécificité régionale de la chanson folklorique et de sa fonction identitaire. S'inscrivant dans le sillage des recherches franco-ontariennes actuelles auxquelles il apporte l'éclairage intérieur du natif, il décrit et analyse le corpus, rassemblé par lui dans les deux régions du Sud-Ouest, de 1 500 versions de chansons folkloriques et il en recherche les éléments originaux et régionaux dans le lexique, dans la présence de vers ou de couplets particuliers, d'adaptations à des réalités locales, de compositions locales et même de versions uniques. Comme l'avait déjà remarqué Hubert LaRue, notre premier comparatiste, le lecteur admettra qu'un tel « examen comparatif de ces chansons populaires telles que nous les connaissons en Canada » ne peut se faire sans soulever « un intérêt bien vif[5] ».

C'est encore à Hubert LaRue que l'on doit les premières chansons de Pierriche Falcon[6], ce fameux barde métis. Jacques Julien, dans une synthèse critique, reprend le dossier de ce qu'il qualifie de « détournement littéraire d'une tradition orale » et appelle un regard renouvelé de l'œuvre orale de Pierre Falcon. Pour Julien, il importe de recentrer la recherche sur les chansons elles-mêmes, par l'édition critique de celles que le chansonnier métis a composées et la comparaison avec les versions que la tradition orale en a retenues et transmises. L'adoption de cette perspective éviterait le piège de la récupération dans lequel plusieurs analystes se sont enfoncés, « une extension, affirme Julien, qui ne va pas sans faire violence à l'authenticité du corpus ».

Alors que ces trois articles s'attachent à la chanson locale et mettent ainsi en valeur la chanson folklorique dans sa dimension régionale — acadienne, ontaroise et franco-métisse —, le portrait de Conrad Laforte, esquissé par Madeleine Béland, en fait plutôt voir la dimension internationale. Auteur d'études consacrées aux « survivances médiévales » de notre chanson populaire, Laforte doit avant tout sa renommée au *Catalogue de la chanson folklorique française*, l'ouvrage de référence obligé pour l'ensemble de la francophonie d'Europe et d'Amérique. L'élaboration de cette œuvre fondamentale complète d'une certaine façon le projet pressenti ou insinué par Hubert LaRue, en ce sens qu'elle fournit l'inventaire que les comparatistes attendaient pour vérifier les jugements qu'il exprimait, il y a plus d'un siècle, sur la fidélité de la mémoire « canadienne » :

> Au reste, la France est un peu oublieuse de sa nature... Nous, Canadiens, qui avons la mémoire un peu plus fidèle, venons à son secours ; tâchons de lui rendre intact le précieux dépôt de ses anciennes chansons, comme nous pourrions, au besoin, lui remettre sous les yeux le tableau de ses mœurs et coutumes d'autrefois[7].

Ce profil de Conrad Laforte ramène inévitablement aux premières heures des Archives de folklore de Laval, quand Luc Lacourcière en était encore à constituer sa première équipe de collaborateurs.

Le conte populaire

Trois littéraires nous parlent du conte populaire : les deux premiers le situent dans le contexte des études régionales et mettent particulièrement en vedette le conteur ; la troisième, cependant, mise plutôt sur le contenu international de la narration.

D'une part, Aurélien Boivin interroge les huit contes — ce sont en fait des légendes — que Louis Fréchette a popularisés par la faconde du conteur Jos Violon. Relevant les détails donnés par l'écrivain lévisien tant dans ses *Contes* que dans ses *Mémoires intimes*, il suit la trace historique de cet authentique conteur du XIXe siècle et étudie ensuite les stratégies discursives que la littérarisation lui attribue ; il passe ainsi en revue les procédés stylistiques et les rituels de la narration, insistant d'abord sur l'intention moralisatrice du récitant, qui n'hésite pas à désapprouver la conduite des mécréants, puis sur les qualités pédagogiques du narrateur, qui dévoile à ses auditeurs un pan de la vie marginale des forestiers. Ce sont, nous assure Boivin, les meilleurs contes littéraires de tout le XIXe siècle.

Georges Bélanger étudie, quant à lui, le néo-contage, phénomène contemporain d'hybridation entre l'oralité et l'écriture, et prend pour exemple le cas de Camille Perron, néo-conteur franco-ontarien. Il montre bien que, à la différence du conteur traditionnel, le néo-conteur est désormais un professionnel instruit et un créateur conscient qui adapte le matériel oral recueilli par d'autres, en l'occurrence le corpus des contes colligés par le père Germain Lemieux, et le transforme à son gré ou à ses besoins comme le font également d'autres artistes, peintres, sculpteurs ou écrivains. Bélanger soulève encore, en passant, d'intéressantes questions relatives à l'art du contage, au plaisir de conter et au pouvoir du conteur.

Évelyne Voldeng adopte un point de vue différent, car elle envisage, non pas le narrateur, mais plutôt la narration. Elle s'applique alors à démontrer l'universalité du type du joueur de tours à partir d'un choix de contes franco-ontariens et maghrébins. Comme le décepteur défini par Radin, les héros Ti-Jean et Djoh'a sont tantôt trompeurs, tantôt trompés. Investis d'une idéologie de nature révolutionnaire, ces récits agiraient, tant au Canada français qu'en Algérie, à la manière de dérivatifs à la colère du peuple contre les puissants ainsi que l'auteur l'illustre avec la réactualisation de ces personnages sous forme de bandes dessinées ou de productions théâtrales.

On remarquera que la critique de Barry Jean Ancelet, annoncée ci-devant, sur la direction des études orales en Louisiane, comme l'article de Louise Péronnet, sur le rôle de l'enquête folklorique dans la description d'une langue régionale, concernent également le conte populaire.

Un champ interdisciplinaire

La tradition orale, ce véhicule dont les ethnologues ont les premiers soutenu la valeur scientifique, recueille aujourd'hui l'adhésion de spécialistes de nombreuses disciplines qui la fréquentent avec profit. Il importait donc de donner du relief à cette pratique de transdisciplinarité dans ce numéro d'une revue qui en fait profession, et de considérer la tradition orale au moins sous quelques-uns de ses rapports à d'autres champs d'études, étant donné que la collaboration interdisciplinaire était, dès les débuts, inscrite au rang des préoccupations du fondateur des Archives de folklore qui, comme on le verra plus loin, la sollicita et la pratiqua en maintes occasions.

Au moins cinq articles y font écho. Quatre auteurs l'évaluent dans ses relations avec l'histoire, l'histoire orale et la linguistique, et un cinquième, Aurélien Boivin, sans y faire directement allusion, présente, comme nous l'avons remarqué précédemment, un conteur populaire du siècle dernier vu sous le rapport de la littérature.

L'histoire orale et l'histoire

L'expérience originale des chercheurs Roger Parent et David Millar, qui se situe à la marge de la littérature et de l'histoire, est riche des promesses qu'offre l'histoire orale d'une minorité mise en œuvre dans une perspective de création théâtrale. À cette fin, ils ont recours à la mémoire collective des Franco-Albertains, préservée tant par la parole que par le geste ou le non-dit, parce qu'elle leur fournit un outil supplémentaire de stimulation créatrice qui conduit au renouvellement de l'expression artistique et à la valorisation ethnolinguistique du milieu.

C'est sur les Franco-Américains de Lowell, au Massachusetts, que Brigitte Lane a choisi de porter son regard. Entre les deux monuments significatifs de la mémoire collective de ces migrants canadiens, soit la plaque commémorative du « Petit Canada » frappée de la devise *Je me souviens* et la pierre tombale de Jack Kerouac, « crucifié culturel » effacé de la mémoire des Lowellois, elle explore les rapports entre mémoire ethnique et histoire nationale et montre que Kerouac, même en écrivant ses romans en anglais, conserve son identité et perpétue la contradiction interne de son origine et de son appartenance.

Pour sa part, Ronald Labelle réfléchit sur les relations de complémentarité qui devraient exister entre l'histoire et l'ethnologie. S'inspirant de ses propres expériences de recherche en Acadie où il fut amené à adopter tour à tour le point de vue ethnologique et le point de vue historique, il est persuadé que c'est en conciliant ces deux approches qu'on en viendra à apprécier toute la richesse du document oral. Cette conviction, qui paraît aujourd'hui très raisonnable, reprend dans un contexte plus serein la position commune qu'adoptèrent, en 1945, afin de susciter leur collaboration, Luc Lacourcière et Félix-Antoine Savard dans une conférence « L'histoire et le folklore », quand ils avançaient, devant les historiens réunis pour souligner le « Centenaire de l'*Histoire du Canada* de François-Xavier Garneau[8] », que

> le folklore s'avère de plus en plus une science sans laquelle l'histoire reste courte, partiale, sans profondeur substantielle, sans cette justice distributive qui répartit à chacun la place historique qui lui est due [...] et qu'il offre à vos études des lumières que vous jugerez bientôt — nous l'espérons du moins — leur être rigoureusement indispensables[9].

Trente ans après, Luc Lacourcière eut l'occasion d'en faire la démonstration dans son article « Le général de Flipe [Phips][10] ».

La langue

Profondément convaincu que la langue populaire « a survécu sans qu'elle ait besoin de nos écritures, lexiques et grammaires[11] », Lacourcière lançait l'année suivante un appel semblable aux « Messieurs » de la Société du parler français, dans une autre conférence, « La langue et le folklore », qu'il terminait par cette invitation :

> La conclusion de mes propos, c'est que linguistes et folkloristes se doivent fraternellement entr'aider. Depuis 1916, les Barbeau, les Massicotte, les Lambert, les LeBlanc, les Carrière, les Brassard et autres, nous ont découvert d'innombrables documents où se révèlent la beauté de fond et la richesse de forme de notre littérature orale. C'est là et dans mille autres encore à recueillir qu'on trouverait les illustrations verbales sans lesquelles les glossaires ne sont plus que des régistres [*sic*] sans vie[12].

Louise Péronnet confirme, encore une fois, après bien d'autres qu'elle recense dans son article, les avantages qu'il y a à recourir au conte populaire pour la description linguistique et présente à l'appui des exemples tirés de corpus québécois et acadiens qu'elle confronte afin de nuancer son opinion.

La littérature

La littérature orale est la première des littératures. Les études et les recherches ont révélé que la plupart des œuvres majeures de notre XIXe siècle littéraire — celles de Fréchette, de Taché et d'Aubert de Gaspé par exemple —, comme d'ailleurs de la production antérieure à 1960 et même de celle de nombreux écrivains contemporains, se comprend difficilement sans la fréquentation de la littérature orale. Les Luc Lacourcière[13] et Jean Du Berger s'y affairaient au temps des études canadiennes à l'Université Laval ; ensuite, des chercheurs comme Aurélien Boivin et d'autres s'y sont intéressés dans le domaine de la légende.

Il est urgent que les départements de littérature, tant française que québécoise ou canadienne-française, poursuivent cette tradition et initient sérieusement leurs étudiants à cette littérature populaire unifiante — celle qui a inspiré les fabliaux du Moyen Âge et les conteurs français de l'époque classique, et celle qui a façonné les écrits de nos premières périodes littéraires — qui fait également le pont entre les littératures populaire et savante, entre les littératures française et canadienne-française. Connaître intimement la littérature orale de l'Amérique française, c'est-à-dire de la première de nos littératures, devrait être un des objectifs fondamentaux de tout programme de littérature digne de ce nom. L'embauche de spécialistes de la littérature orale au sein même des départements d'études littéraires nous paraît en conséquence une excellente façon de rétablir l'équilibre entre l'oral et l'écrit dans le domaine de la littérature — en lui reconnaissant la place de premier occupant — et une porte ouverte à l'étude d'un même objet par des échanges interdisciplinaires. À ce propos, la participation massive des littéraires à la rédaction de ce cahier consacré à l'oralité — ils comptent pour la moitié de nos collaborateurs — est certainement significative et peut-être symptomatique des changements à venir.

Bonne lecture !

À Sudbury, le 13 décembre 1994, jour de la Sainte-Lucie.

NOTES

1. « Ordre de la fidélité française. Allocution de M. Luc Lacourcière », *Vie française*, Québec, vol. 35, n°s 10-11-12, octobre-novembre-décembre 1981, p. 41.

2. Voir notre article « La diffusion du patrimoine oral des Français d'Amérique », *Langue, espace, société. Les variétés du français en Amérique du Nord*, sous la direction de Claude Poirier avec la collaboration d'Aurélien Boivin, Cécyle Trépanier et Claude Verreault, Sainte-Foy, Les Presses de l'Université Laval, « Culture française d'Amérique », 1994, p. [127]-143, principalement la partie « Connaissance du patrimoine oral », p. 128-131. Pour d'autres bilans de la discipline, on se reportera à l'article de Jean Du Berger, « Les états de l'oral », à paraître dans le prochain numéro de cette revue.

3. F.A. H[ubert] LaRue, « Les chansons populaires et historiques du Canada », *Le Foyer canadien*, Québec, Bureaux du « Foyer canadien », tome 1, 1863, p. 358.

4. *Id.*, « Les chansons historiques du Canada », *Le Foyer canadien*, Québec, Bureaux du « Foyer canadien », tome 3, 1865, p. [5]-72.

5. *Id.*, « Les chansons populaires et historiques du Canada », *op. cit.*, p. 328-329.

6. *Ibid.*, p. 368-371.

7. *Ibid.*, p. 337.

8. Publiée par la Société historique de Montréal (1945, p. 423-437), cette conférence fut reprise dans *Les Archives de folklore* (Montréal, Fides, vol. 1, p. 12-25), sous un titre légèrement retouché : « Le folklore et l'histoire ».

9. *Les Archives de folklore, ibid.*, p. 15.

10. *Les Cahiers des Dix*, Québec, n° 39, 1974, p. [243]-277.

11. « La langue et le folklore », extrait du *Canada français*, Québec, vol. 33, n° 7, mars 1946, p. 492.

12. *Ibid.*, p. 500. Voir aussi son article « Les transformations d'une chanson folklorique : du Moine tremblant au Rapide-Blanc », *Recherches sociographiques*, Québec, vol. 1, n° 1, janvier-mars 1960, p. [401]-434, où Luc Lacourcière a recours à la lexicologie pour expliquer certains mots obscurs d'une chanson et réfuter les prétentions d'un sociologue.

13. Voir, entre autres, la série d'articles qu'il consacra aux *Anciens Canadiens* de Philippe Aubert de Gaspé dans *Les Cahiers des Dix* : « L'enjeu des *Anciens Canadiens* », *CD*, n° 32, 1967, p. [223]-254 ; « Le triple destin de Marie-Josephte Corriveau », *CD*, n° 33, 1968, p. [213]-242 ; « Le destin posthume de la Corriveau », *CD*, n° 34, 1969, p. [239]-271 ; « Présence de la Corriveau », *CD*, n° 38, 1973, p. [229]-264.

LA CHANSON LOCALE ACADIENNE : UNE EXPRESSION ARTISTIQUE FOLKLORIQUE

Donald Deschênes
Centre franco-ontarien de folklore (Sudbury)

Dans le répertoire folklorique acadien, la chanson de composition locale occupe une place importante. Il s'agit peut-être de la région du Canada français qui en a produit le plus grand nombre. Nulle part ailleurs cette forme d'expression n'a été recueillie par les folkloristes avec autant d'attention et de ferveur. Le folkloriste Georges Arsenault a recueilli les chansons locales de la région Évangéline, à l'Île-du-Prince-Édouard, de façon presque systématique ; par contre, si on prend l'exemple de l'Ontario français, ces cueillettes ont été à peine entamées et restent à faire. À partir d'un corpus de plus de deux cent cinquante chansons locales recueillies dans les différentes régions et communautés acadiennes depuis le début du siècle[1], nous mettrons en évidence le processus de composition, les principales formes poétiques, la langue et l'esthétique, les thématiques abordées, les valeurs véhiculées et la transmission. Notre démarche se veut essentiellement exploratoire, d'autant plus que la plupart des documents exigeraient des analyses contextuelles fastidieuses.

Le mode de composition

Parler de chansons de composition locale, c'est aborder un répertoire incroyablement diversifié qui va des complaintes tragiques aux chansons satiriques en passant par les chansons de circonstance et commémoratives, les chansons politiques et électorales, les chansons anecdotiques, les chansons de départ, les chansons de voyageurs, de forestiers et de travailleurs, et les cantiques populaires. Chacune de ces catégories fait appel à une fonction particulière, comme le rituel de l'hommage aux morts, la revendication sociale, la sanction populaire et le raffermissement des liens sociaux. Sont choisis comme thèmes certains événements de la vie quotidienne, des plus tragiques aux plus gais, en autant qu'ils soient mémorables et qu'il vaille la peine, pour la communauté concernée, d'en garder le souvenir.

Dans l'esprit du poète traditionnel, le prétexte appelle la mélodie qui, avec le texte qui lui est associé, détermine la structure strophique du texte à venir[2], à la manière d'une grille de travail, d'un canevas plus ou moins large. Celui-ci procède par imitation, par analogie et par emprunts de vers — en tout ou en partie —, de rimes ou d'assonances[3], à la façon d'un pastiche.

À titre d'exemple, comparons le premier couplet de trois chansons ayant comme timbre *Le Juif errant*[4].

LE JUIF ERRANT
Y a-t-il rien sur la terre,
Rien de plus surprenant
Que la grande misère
Du pauvre Juif *errant.*
Que son sort malheureux
Paraît triste et fâcheux.

GOUVERNEMENT TORY
C'est la chose *surprenante*
Ici *sur la terre*
De la grande misère
De ce gouvernement
Car il faut le nommer
Gouvernement Tory.

LA CHAUSSÉE
Y a-t-il rien sur la terre,
Y a rien d'plus surprenant
Que d'voir les enfants faire
Ramasser les r'poussons
Et couper les hariés
Pour faire une chaussée.

LA PROMENADE DES COLLÉGIENS
Y a-t-il rien dans le monde
Qui soit plus amusant
Que la troupe vagabonde
De nos collégiens ?
*Qu'*ils s'en vont tous *errants*
Le long du grand chemin.

Ce n'est que très exceptionnellement que le « faiseur de chansons » compose ses mélodies. Il s'agit là d'une tâche au-dessus de ses capacités et de sa mémoire. Georges Arsenault écrit :

> Léah [Maddix] m'a raconté qu'elle a dû fredonner son air pendant une journée entière pour bien la [*sic*] mémoriser. C'était selon elle beaucoup trop de travail ; elle s'est donc contentée par la suite d'emprunter des airs tout faits comme elle le faisait auparavant[5].

Pour y arriver, Jérémie Hébert, un « composeur » de chansons de Lavillette, dans le nord-est du Nouveau-Brunswick, devait s'aider d'un magnétophone à ruban. Ses mélodies, toutes composées qu'elles étaient, n'en étaient pas moins très proches des mélodies traditionnelles, obéissant aux mêmes structures et réutilisant, agençant et adaptant des motifs musicaux connus.

Ainsi, le barde populaire préférera utiliser des mélodies connues de toute la communauté comme, bien sûr, *Le Juif errant*, mais aussi *Le Départ pour les îles*, *À la claire fontaine* ou *Ah ! vous dirais-je maman*, des cantiques comme *Au sang qu'un Dieu va répandre* et *O Filii et Filiae*, ou des ballades américaines telles que *Casey Jones* ou *Sweet Betsy from Pike*, une des mélodies les plus abondamment utilisées comme timbre en Amérique du Nord. D'autre part, pour pratiquer son « artisanat », il pouvait compter sur de véritables moules à chansons, tels *Vous m'entendez bien*, un véritable passe-partout pour la composition de satires, et *Le Diable est sorti des enfers*[6]. La folkloriste Charlotte Cormier a rassemblé plus d'une soixantaine de chansons composées sur cet air dont certaines sont carrément scatologiques.

Enfin, l'auteur populaire pourra même se servir d'airs de danse à peine remaniés et mis bout à bout les uns aux autres, comme l'ont fait la Bolduc au Québec[7] et Irène Fournier d'Acadieville au Nouveau-Brunswick[8], développant une toute nouvelle chanson, au rythme sûr et carré des airs à danser. En cela, elles ont suivi le même chemin qu'ont emprunté nombre de chansonniers avant elles, que ce soit Aristide Bruant, Théodore Botrel ou Ovila Légaré.

Les formes poétiques

L'étude de la forme poétique nous apparaît davantage révélatrice des modes de composition que le sont les thématiques qui seront abordées par la suite. Tout dépendant du but recherché et de la fonction de la chanson, elle sera courte ou longue, simple ou élaborée, allant du couplet parodique d'à peine quelques lignes à la satire ou à la complainte tragique de plus d'une trentaine de couplets. L'examen de notre corpus nous a permis de mettre en lumière quelques-unes de ces formes poétiques. Celles-ci ne sont pas indépendantes les unes des autres et ne sont pas toujours rigides et bien structurées.

La forme brève

Composée d'un ou deux couplets directs, la forme brève couvre un large éventail de sujets et de situations. Par exemple, certaines de ces chansons constituent un rappel mnémotechnique d'une mélodie instrumentale, comme « J'en ai un, un p'tit bicycle, un p'tit bicycle à gazoline, / J'en ai un, un p'tit bicycle pour faire le tour du monde à pied[9] », qui permet au musicien de se rappeler *Le Coq et la Poule* (*Turkey in the Straw*). Il y a aussi la petite satire personnelle en guise de sanction populaire : « C'est Mathilde à Isidore elle a un gen [*sic*] (anneau : jonc) d'or / Elle est *cornuse*, elle est bossue, / Elle est tordue, elle semble une tortue[10]. » On peut parler également de la satire anecdotique à partir d'un événement banal : « Qu'a fait l'hiver, qu'a fait l'été, / Qu'a fait Octave à Joe Cité. / Il avait été chier, *Ah, oui* bien ! / Pas d'papier pour s'torcher, *Vous m'entendez bien*[11] ! »

Ce dernier exemple aborde la question de la scatologie et de la sexualité dans la tradition orale, lesquelles sont aussi présentes dans les parodies de chansons populaires surtout chantées par les enfants qui tentent ainsi d'apprivoiser ce champ particulier de l'expérience humaine. Malgré leur brièveté, ces courtes chansons sont autant de messages qui mériteraient un examen en profondeur quant à leur contenu expressif et à leur fonction dans l'affirmation de la sexualité et l'apprivoisement de l'affectivité chez l'adolescent. Par exemple, cette parodie de *La Vie en rose* chantée par Édith Piaf : « Quand tu me prends dans tes bras, / Qu'tu m'vires la tête en bas, / Je vois ton quelque chose[12]. »

Le récit anecdotique

La seconde forme est le récit anecdotique où chaque étape du récit fait l'objet d'un couplet. Sans être lâche, cette forme permet à son auteur de grandes libertés. Ces chansons sont parmi les plus nombreuses et les plus longues de notre corpus. Le récit est toujours linéaire, le plus souvent humoristique, mais pas toujours explicite pour qui n'est pas de l'endroit. Nous reviendrons sur ce dernier point.

LA TRUIE COURT[13]

Par un beau jeudi matin,
J'vas (à) la grang' faire un tour.
J'arrive à la maison
Disant: « Alic', la truie court! »
Ell' dit: « Vas-tu l'am'ner? »
J'ai dit: « Pas aujourd'hui.
C'est plus ça d'un' journée
Pour aller m'ner t-un' truie. »

Je m'en vas chez mon père,
J'arrivai là t-en riant.
Il dit: « Quoi c't'es v'nu faire?
— Chercher la boîte à cochon. »
Il dit: « Ta truie court-i? »
J'ai dit: « Oui, la maudite. »
J'ai dit: « *I'm pretty sure*,
Elle a tout le derrièr' rouge. »

Je vous dis qu'à Saint-Norbert-re,
C'est pas mal ennuyant,
Surtout quand c'est l'hiver,
Qu'il faut prom'ner les cochons.
Les chemins sont bouchés,
Pis un gros vent du nord,
Ell' peut pas espérer,
Car demain il s'ra trop tard.

Voilà l'expérience
Que j'ai eue l'hiver passée;
Si jamais qu'ça se r'présente,
Ell' va bien s'en passer.
Je termin' ma chanson,
On était moi pis (O)livier,
On a dit: « Au printemps,
Faudra s'débarrasser d'la truie. »

L'énumération

L'énumération, plus d'une quinzaine dans notre corpus, est très proche de l'anecdote en ce sens qu'elle procède aussi de façon anecdotique et met l'accent sur l'énumération des lieux visités ou des personnes visitées ou rencontrées, ou parfois des activités pratiquées. On sent chez le « composeur » de chansons le souci de ne rien oublier ni personne. Les deux formes souvent s'entrecroisent, comme le montre bien la chanson suivante:

LA TOURNÉE DE YEAST CAKE[14]

Je vais vous chanter un' p'tit' chanson
Qu'a 'té composée ça fait pas longtemps
Par un garçon à François Richard-e,
J'vous dis qu'c'est un' moyenn' canaille.
Ref. 1 *Bonyenn', c'est révoltant,*
Il vend du yeast cake aux marchands.

Si vous l'avez jamais connu,
C'est un moyen individu.
Il aime sa bouteill' de bière
Pour tous les autr's de Saint-Norbert-re.
Ref. 2 *Bonyenn', c'est révoltant,*
Vendr' du yeast cake, c'est un pass'-temps.

Le lundi matin, faut pas oublier,
Ça, c'est la *run* du Cap-Pelé.
J'vous dis qu'elle est plaisante à faire,
Car les femm's sont tout's de bonne humeur-e.
Ref. 2

Quand qu'on a arrivé sur (chez) Olivier,
Il faisait seul'ment de se lever.
Florène est v'nue ouvrir en jaquette,
Ell' pensait qu'c'était Cloris Surette,
Mais j'vous dis qu'elle a 'té surpris
Quand qu'elle a vu qu'c'était pas lui.

Si vous voulez voir des estomacs plates,
Allez-vous-en à Shédiac.
Ils[15] se bourrent avec d'la guenille
Pour faire accroir' qu'ils* sont grand's filles.
Ref. 2

Moi, j'vous dis qu'au Barachois,
Là, y'en a des bell's, croyez-moi.
Ils* s'en vont derrièr' le comptoir-e
Tout en s'tortillant l'derrière.
Ref. 2

Au Cap-Pelé, c'est différent,
Ah ! les femm's port'nt tout's des pantalons
Et ils* les port'nt assez serrées
Qu'ils* avont peur de se baisser.
Ref. 2

Voilà ma chanson qu'elle est finie,
Il faut pas oublier l'Shemegue.
Il faut prendr' gard' comment parler-e
Si on veut pas s'faire éfourcher-e.
Ref. 3 *Bonyenn', c'est révoltant,*
La vie d'aujourd'hui, c'est effrayant.

À l'Aboujagane, on est arrivé,
Là, tu les vois se promener.
C'est pas à leur goût de marcher-e,
Ils* aimaient mieux d'aller *parker.*
Ref. 3

Ma femme est venue visiter
Avec moi le printemps passé.
J'ai dit : « Aim'rais-tu d'faire pareil-e. »
Ell' dit : « Oh ! non. J'me sens trop vieille ! »
Ref. 2

La complainte tragique

La quatrième forme poétique est de loin la plus importante, la plus éloquente et celle qui a été la plus étudiée ; nous en avons plus d'une quarantaine d'exemples dans notre corpus. Il s'agit de la complainte tragique qui semble prendre racine dans la chanson de geste du Moyen Âge, comme l'a montré Jean-Claude Dupont[16]. Elle fait partie d'un rituel d'hommage aux morts, « au compagnon disparu dont on souhaite garder le souvenir[17] ». Ces chansons dramatiques traitent de la mort, d'accidents et de tragédies, de naufrage, de souffrance et de maladie, de même que de départ. De ce fait, ces chansons accordent une place importante à l'émotion. Elles s'articulent comme suit[18] :

1. *L'ouverture*

C'est l'invitation du chanteur à écouter selon des formules établies : « Écoutez la complainte / Que je vais vous chanter[19] », « Peuple chrétien, si vous voulez entendre[20] » ou « Écoutez tout le monde / Nous allons chanter[21] ».

2. *Premier tableau : la présentation du drame*

D'entrée de jeu, sont précisés l'objet du drame, la situation dans le temps et dans l'espace et les victimes. Cependant, il se peut que la victime et le moment du drame ne soient connus qu'à la fin de la complainte, ces informations n'apparaissant pas essentielles, d'autant plus que la transmission orale risque de bien peu les retenir.

Par ailleurs, dans de nombreuses complaintes, on retrouve le thème du départ qui préfigure et annonce en quelque sorte le drame. Ce n'est pas sans rappeler un thème majeur de la littérature canadienne-française du XIXe siècle.

3. *Deuxième tableau : le drame*

Le drame lui-même n'occupe que relativement peu de place dans le texte. Il n'est pas tant raconté par la description détaillée des événements que par le récit des difficultés et des malheurs qui surviennent aux victimes, par l'œuvre de l'élément destructeur (la mer, la maladie), à la manière d'un combat entre l'homme et le surnaturel ; c'est le difficile passage d'un monde à l'autre[22].

4. *Troisième tableau : l'attribution des restes*

On revient à la réalité par l'annonce de la tragédie aux parents de la victime, ce qui constitue un moment clé, empreint de gravité et de grande émotion. On est ici au cœur du drame. Cette annonce entraîne la recherche des restes, la disposition ou les soins du corps.

Le drame se joue sur deux plans, comme les deux faces d'une même médaille : le *plan narratif*, que nous appellerons le registre *diurne*, qui décrit les faits objectifs, l'événement, le déroulement de la tragédie (les deux premiers tableaux), et le *plan émotif*, le registre *nocturne*, plus intime et intérieur, amené au troisième tableau, qui est marqué par les adieux aux mourants, les consolations et les sympathies, les considérations de l'au-delà et les prières[23]. En parlant des ballades américaines sur les mêmes thèmes, Michel Oriano apporte une conclusion qui s'applique bien ici :

> Très souvent, après la description de l'accident qui ne constitue pas forcément l'essentiel du récit, la ballade s'étire en un long chapelet de strophes où s'épanche la douleur des proches de la victime [...], [la] douleur devient le thème essentiel de la chanson, à l'instar de certaines ballades élégiaques du Moyen-Âge. Au confluent de l'élégie, centrée sur la douleur des survivants [...], et de la ballade caractérisée par son élément narratif, la ballade élégiaque fera donc, suivant le cas, et parfois même suivant les versions, la part plus belle à l'une ou l'autre de ses composantes. Il n'est pas rare que le sentimentalisme populaire privilégie la première aux dépens de la seconde[24].

Il faut comprendre que la composition de ces complaintes est modelée par un imaginaire traditionnel où s'entremêlent la foi et les croyances superstitieuses et où, comme au Moyen Âge, l'être humain est en lutte contre les éléments sur lesquels il n'a aucune prise : la mer, la maladie, la nature hostile et l'exploitation ouvrière. À défaut d'assurer son bonheur ici-bas, il se doit de s'assurer une place au paradis[25]. Jean-Claude Dupont écrit : « L'épopée impose un monde merveilleux à la réalité, et l'homme acadien, en proie à l'impuissance et au malheur, se fait du monde une conception religieuse[26]. »

5. *La fermeture*

La fermeture comprend parfois l'identification sommaire et imprécise de l'auteur, par exemple « Qui [est-]c'qu[i] a composé la complainte, / C'est un vieillard à cheveux blancs[27] », suivie d'un conseil, pour ne pas qu'un malheur semblable puisse arriver à ceux et celles qui écoutent, et une demande de prière pour le repos de l'âme de la victime.

Il est bien entendu que ce modèle n'est pas toujours respecté à la lettre, qu'il peut être incomplet, que l'ordre peut varier d'une complainte à une autre ; toutefois, l'essentiel est toujours conservé, de l'invitation à écouter au conseil de l'auteur.

LA COMPLAINTE D'ÉDOUARD GALLANT[28]

Ah ! écoutez, c'est la complainte (1)
Que je vais vous chanter.
C'était pour un jeune homme (2)
Nommé Édouard Gallant
Qui s'en allait à gage
Pour gagner de l'argent.

Ah ! il avait bien reposé (3)
Que son hiver serait gagné,
Mais Dieu, par sa puissance,
Fait mourir promptement ;
Mais lui, par sa malchance,
Qui venait dans son sang.

S'est écrié : « Oh ! oh ! plus fort,
Allons-y voir qui s'a fait tuer.
Allons chercher le prêtre, (4)
C'est pour le confesser.
Le sang par les oreilles,
La bouche aussi le nez. »

Il faut tâcher de r'tourner voir (4)
Si qu'on pourrait bien l'emmener.
Préparons-lui sa tombe,
Son sacrifice aussi.
Son âme dans l'autre monde
Pour jamais en revenir.

Qui [est-]c'qu[i] a composé la complainte, (5)
C'est un vieillard à cheveux blancs.
Ça lui fit d'la peine
De voir cet accident.
Ça lui a fait d'la peine,
À lui et à ses parents.

La prosopopée

Dans la prosopopée, la parole est donnée à la victime d'une tragédie, d'un accident ou d'une maladie ; celle-ci devient la narratrice de sa propre souffrance, même sans être décédée. Très proche de la complainte tragique sur les plans narratifs et émotifs, d'une forme plus lâche, elle présente généralement les éléments suivants qui peuvent être plus ou moins développés d'une pièce à l'autre :

1. *L'ouverture* : c'est l'invitation à écouter, la présentation du drame en guise de mise en situation et l'identification de la victime.

2. *La description des souffrances* endurées par la victime.

3. *L'invitation à garder en mémoire et à prier* : la victime invite les siens à reconnaître ce qu'elle a fait pour eux, à ne pas l'oublier, notamment en priant pour elle. Cela ne va pas sans quelques conseils et encouragements, de même qu'une certaine acceptation.

4. *La fermeture*, l'adieu aux parents et aux amis.

LE SANATORIUM DE RIVER GLADE[29]

Écoutez mes amis, écoutez ma chanson (1)
Que j'ai bien composée tout en me reposant.
Étendue sur mon lit, pensions à mes amis,
Pour me désennuyer, je me suis mise à chanter.

La vie est monotone au sanatorium, "
C'est bien ennuyant pour une fill' de dix-huit ans.
Être si jeune encor', privée de sa santé,
De se voir enfermée au san de River Glade.

Si j'étais hirondelle, je pourrais m'envoler,
J'irais vous raconter ce qu'il faut endurer[30].
Je dois supporter, c'est Dieu qui a parlé ;
Je me suis résignée à sa sainte volonté.

Je dois donc subir une autre opération, (2)
Je dois bien souffrir qu'ils m'enlèvent le poumon.
C'est la seul' manièr', déclar' le médecin
Que je pourrai avoir un jour la guérison.

Je regarde par la fenêtr' fixant le firmament, "
Je me dis à moi-même que le temps est bien long.
Quand je regard' le ciel du côté d' mon pays,
Je pense à mes amis, je pleure et je m'ennuie[31].

Mes amis sont fidèles à venir me visiter, "
Mais quand je les vois partir, j'aimerais de les *suire*.
Mais je pense au sauveur, acceptant mes douleurs,
Je prends mon chapelet et je vers' quelques pleurs.

Du courage, ma mère, il faut tout supporter, (3)
Ce sera un sacrifice pour le cœur d'un' maman.
Dieu nous donne la force et la résignation
Pour pouvoir supporter la perte d'un enfant.

Adieu père, adieu mère, adieu cher fiancé ; "
Chers parents, frères et sœurs, pensez souvent à moi.
Car le temps est bien long, éloignée de ses bons parents,
De se voir renfermée au san de River Glade.

Ici, je termin', je termin' ma chanson, (4)
Quand vous la chanterez, à moi vous penserez.
Moi, j'ai un conseil avant de vous quitter :
Soignez votre santé si Dieu vous l'a donnée.

La langue et l'esthétique

Comme ces morceaux de poésie sont composés oralement, qu'ils sont faits pour être entendus et non pour être lus, il n'y a aucune recherche au niveau de la rime ; l'oral s'accommode fort bien de l'assonance. Il s'agit d'une langue « employant avec liberté le dialecte et l'accent local, et même des expressions anglaises[32] », en particulier dans les chansons satiriques qui, souvent, recherchent ainsi l'effet comique.

Par contre, dans les complaintes, comme le fait remarquer Georges Arsenault, « le langage est beaucoup plus solennel. Léah [Maddix, son informatrice,] étale son français du dimanche et elle n'a pas recours à l'anglais[33] ». Cette solennité impose l'emploi d'un vocabulaire et d'une phraséologie proche du langage rituel. On y trouve, par ailleurs, une esthétique tout à fait différente des milieux instruits. Ainsi,

> dans le style populaire, la naïveté des clichés et les redondances n'atténuent pas la force du contraste entre l'effroi du narrateur et le courage tranquille du draveur qui affronte le danger. [...] Si dans la « littérature savante », le cliché indique souvent un sentiment superficiel, il n'en est pas de même dans la veine populaire où l'auteur ne cherche pas à « maîtriser » un art ou un langage[34].

L'exagération dans le conte traditionnel, tout comme dans la légende, n'entame en rien la sincérité et la force du propos ; au contraire, ce procédé contribue largement à aller au cœur de cette émotion et à créer la tension dramatique, à la façon d'un *leitmotiv* ou d'une incantation. Comme je le lisais dernièrement dans l'ouvrage de Philippe Labro, « la banalité apparente des paroles renfermait pour chacun de nous [...] le rappel d'une expérience, la morsure d'une vérité vécue[35]. »

Les thématiques

Ne sont absolument pas traités dans ces chansons les grands événements sociaux comme la déportation, l'émigration vers les États-Unis ou l'appropriation du territoire, thèmes qui sont pourtant omniprésents dans la littérature acadienne[36]. Le porteur de tradition puise dans sa vie quotidienne et dans celle de sa communauté immédiate ses sujets-prétextes : un accident, un incendie, un problème d'alcoolisme, les conditions de vie et de travail en forêt, dans les mines, sur la ferme, sur la mer, en usine, les départs et l'éloignement, les fréquentations et le mariage, la vie religieuse, la vie estudiantine, la vie militaire, une attitude sanctionnable d'un pair ou un anniversaire, la souffrance et la maladie. Selon Geneviève Bollème, les « maladies sont populaires parce qu'elles sont partagées en commun [...], mais aussi communes parce qu'on y est complice [...], parce que la maladie "s'attaque en commun à plusieurs personnes"[37] ». Partagée elle aussi en commun, la foi religieuse est toujours à l'avant-scène, intimement liée au précédent thème, pour en venir à faire corps avec lui dans l'inévitable et l'acceptation.

Récemment, deux nouveaux thèmes sont apparus dans les chansons locales, comme en littérature acadienne d'ailleurs, les vacances et le retour des « mon-oncles » des États, avec leur truculence et l'exploration de nouvelles réalités et de nouveaux espaces, de nouveaux lieux d'identité.

Les préoccupations de nos gens ne sont pas d'ordre intellectuel ou sociopolitique, mais se situent davantage au niveau d'un quotidien parfois précaire. Ils ne sont pas en mesure de prendre la distance nécessaire pour jeter un regard critique sur leur société, sur leur condition. Ainsi, quand le barde populaire parle de conditions de travail, c'est en rapport avec sa propre expérience. Qui dit expérience et rapports humains dit émotions, sentiments et cohésion sociale. Alors, son rôle « consiste à dégager les éléments importants d'un événement et à traduire l'émotion ou les sentiments suscités, que ce soit de la compassion ou de la critique sociale[38] ». Ce qui fait dire au folkloriste australien Russell Ward :

> Il est rarissime que les chansons folkloriques donnent un tableau véridique d'événements historiques. Par contre, elles nous offrent la description la plus fidèle que nous puissions obtenir des attitudes sociales [...]. Elles nous enseignent non pas ce qui s'est produit, mais ce que les hommes pensaient de la vie et des événements, quelles formes de comportement social ils admiraient, ce qu'ils haïssaient, et ce qu'ils considéraient comme allant de soi[39].

Ainsi, par exemple, l'exil, pour peu qu'on le chante, est davantage traité au plan émotif et au niveau individuel, plutôt que comme un phénomène social.

Les valeurs véhiculées

L'examen de notre corpus fait voir que les valeurs traditionnelles qui y sont véhiculées, telles la famille, l'attachement à la terre natale, la crainte de Dieu, les bonnes mœurs et la peur de la boisson, sont orientées vers la cohésion du groupe et non vers l'individualisme. On comprend bien que la foi religieuse est au centre de cet éventail et colore le paysage émotif. En particulier dans les complaintes, on y voit une incapacité de l'être humain à faire face à son destin, d'où sa grande soumission à Dieu, et une remarquable dévotion à la Vierge, laquelle est très forte en Acadie. Même si le ciel apporte maintes épreuves, on ne trouve pas, dans ces chansons, de Dieu vengeur qui punit et mortifie, mais un Dieu compatissant, un père à qui on fait appel en cas de détresse. Il s'agit d'un champ à peine exploré[40].

De même, dans les chansons satiriques acadiennes, la religion n'est, pour ainsi dire, jamais matière à moquerie, quoique l'autorité en elle-même puisse être quelque peu égratignée. Cependant, la satire peut être la seule possibilité d'exprimer son opposition ou de formuler une quelconque critique à propos du pouvoir en place. Comme on le voit dans l'exemple suivant, il ne s'agit jamais d'une attaque de front sur la place publique, mais uniquement d'un commentaire émis dans le cercle familial, qui ne va rarement plus loin.

CHANSON D'ÉLECTION À PHILOMÈNE[41]
(sur l'air de *Marianne s'en va-t-au moulin*)

Écoutez ma petite chanson, (bis)
C'est à propos des élections. (bis)
Écoutez bien, mes frères,
Ma bell' petit' histoire,
Quand vous aurez encore à voter,
N'allez pas vous affoler.

Philomène est déconfortée (bis)
De voir son ami *upsetté*. (bis)
Ell' croyait que McNair
Ferait bien son affaire,
Mais ell' s'est bien trouvée trompée
Quand il a débarqué.

Faut pas qu'j'oublie François à Patrick. (bis)
Il essayait d'nous prendre avec ses *tricks*. (bis)
Il doit dire : « *Moses sake*, là ! »
Flemming a eu peur assez, là.
Mais il aura bien moins d'misère
À calculer la *four cents tax*.

Y avait aussi Patrick à Jos. (bis)
Il essayait de *bluffer* Gill' Thibodeau. (bis)
Il l'a amené derrière la grange,
Ç'a pas fait de différence,
Car Gill' lui a dit de se taire,
Pis il a voté Conservateur.

Il y a dix-sept ans qu'les Libéraux (bis)
Faisaient de nous des animaux. (bis)
Ils étaient sûrs d'leur affaire
Avec leurs vieilles histoires.
Hourra ! hourra ! les Conservateurs
Pour la dernière victoire !

La transmission

En comparaison des chansons de tradition française, les chansons de composition locale jouissent, en général, d'une diffusion très restreinte. Elles sont loin de connaître une diffusion comme nos chants nationaux *À la claire fontaine* ou *Partons la mer est belle*. De même, les chansons satiriques, « à quelques exceptions près, [...] ont été très peu diffusées [et] sortent rarement du milieu qui les a vues naître », écrit Georges Arsenault[42]. Comparativement aux complaintes, elles sont de « tradition plus locale, voire privée[43] ». Par contre, nombre de complaintes tragiques, de chansons de chantier et quelques rares chansons satiriques comme *La Nourriture du pays*[44] se sont davantage répandues. L'universalité de leurs thèmes et la fréquentation des chantiers par les chanteurs ont très certainement joué un rôle déterminant dans leur diffusion. Plusieurs chansons tragiques, comme *Le Meurtrier de la femme*[45] et *Le Frère mort de la fièvre*[46], ont été souvent recueillies à l'Île-du-Prince-Édouard, au Nouveau-Brunswick et dans plusieurs régions du Québec et sont transmises par la tradition depuis un peu plus d'un siècle.

En conclusion

Malgré quelques études sur la complainte acadienne, la recherche sur la chanson locale acadienne dans son ensemble reste à faire, en particulier pour ce qui est des processus de création chez ces auteurs anonymes, ainsi que de l'importance, du rôle et de la place de ces formes de discours dans la société traditionnelle acadienne. Les formes comme l'énumération, le récit anecdotique et la satire brève, et les types de diffusion de ces œuvres devront faire l'objet d'études autant que les recherches contextuelles souvent nécessaires à leur compréhension. Après avoir démontré la force de la tradition française en territoire canadien par l'étude du répertoire français, nous nous devons d'explorer ces autres formes d'expression qui prennent racine ici et maintenant et que certains folkloristes n'auraient pas hésité à comparer à de mauvaises herbes dans un jardin de pâquerettes[47]. Il sera alors possible de comprendre davantage l'imaginaire acadien et la structure de cette société traditionnelle, non pas par un discours poétique et idyllique venu des origines, mais par un discours qui lui est propre, émanant de ses préoccupations et de ses appréhensions[48].

NOTES

1. Ces collections sont conservées aux archives de folklore du Centre d'études acadiennes de l'Université de Moncton.

2. À ce propos, Charlotte Cormier écrit : « la composition du nouveau texte est soumise à la structure strophique, c'est-à-dire à la forme antérieure de la strophe. Le terme "antérieur" est préférable à celui d'"original" [puisqu'il] est souvent difficile, voire impossible, d'établir avec certitude quel fut le premier texte à être chanté sur le timbre en question. » Voir « Les aspects musicaux de la chanson locale acadienne », dans *Les Acadiens. Vie française*, Québec, Le Conseil de la vie française en Amérique, 1987, p. 85.

3. Georges Arsenault, dans son ouvrage *Par un dimanche au soir : Léah Maddix, chanteuse et conteuse acadienne* (Moncton, Éditions d'Acadie, 1993), traite de cette question aux pages 50, 83, 100 et 101.

4. Donald Deschênes *et al.*, « Le folklore acadien », dans *L'Acadie des Maritimes*, Jean Daigle (dir.), Moncton, Chaire d'études acadiennes, 1993, p. 697 ; *Le Juif errant*, dans Ernest Gagnon, *Chansons populaires du Canada*, 10e édition (conforme à l'édition de 1880), Montréal, Beauchemin, 1955, p. 131 ; *La Chaussée*, CEA, coll. Cormier-Deschênes, AF-369, enreg. 835 ; *Gouvernement Tory*, CEA, coll. Georges Arsenault, AF-2, enreg. 62 ; *La Promenade des collégiens*, dans *Musique acadienne*

du sud-ouest de la Nouvelle-Écosse, Yarmouth, Éditions Lescarbot, [1981], p. 8, coll. Eddy Comeau. Les italiques mettent en évidence les emprunts.

5. Georges Arsenault, *Par un dimanche au soir*, p. 50.

6. Titre *Les Corps de métier* (IV-Ha-1) au *Catalogue de la chanson folklorique française*, tome IV, *Chansons énumératives*, de Conrad Laforte, Québec, PUL, 1979, p. 103.

7. Comme l'a montré Jean-Pierre Joyal dans *Madame Bolduc: paroles et musiques* de Lina Remon, Montréal, Guérin, 1993, 245 p.

8. Par exemple, *Les Choux de Bruxelles*, coll. Deschênes-Cormier, CEA, enreg. 34. Chantée le 24 janvier 1984.

9. Coll. Charlotte Cormier, CEA, bob. 16, enreg. 159. Chantée le 15 octobre 1975 à Belliveau-Village (Pré-d'en-Haut) par Mme Ozina LeBlanc.

10. Lauraine Léger, *Sanctions populaires en Acadie*, Montréal, Leméac, 1978, p. 70.

11. Coll. Arsenault-Gallant, CEA, enreg. 11.

12. Coll. Donald Deschênes, manuscrit non numéroté.

13. Coll. Deschênes-Cormier, CEA, enreg. 831. Chantée en février 1984 par M. Frank Richard, 71 ans, de Sainte-Anne-de-Kent, N.-B.; publiée dans Charlotte Cormier, *op. cit.*

14. Coll. Deschênes-Cormier, CEA, enreg. 19. Chantée en 1974 par M. Frank Richard, 71 ans, de Sainte-Anne-de-Kent, N.-B.

15. À partir de ce couplet, le chanteur utilise la forme masculine « il/ils » pour désigner le féminin. Celle-ci est indiquée par un astérisque.

16. Jean-Claude Dupont, « La geste des morts en mer », *Héritage d'Acadie*, Leméac, 1977, p. 29-54.

17. Michel Oriano, *Les Travailleurs de la frontière: étude socio-historique des chansons de bûcherons, de cowboys et de cheminots américains au XIXe siècle*, Paris, Payot, 1980, p. 100.

18. Le premier à mettre en lumière cette forme poétique a été Jean-Claude Dupont, *op. cit.* Par la suite, Georges Arsenault a approfondi la question dans *Complaintes acadiennes de l'Île-du-Prince-Édouard*, Montréal, Leméac, 1982, p. 23-30.

19. Coll. Georges Arsenault, CEA, enreg. 378. *Alphonsine, fille de 18 ans.*

20. Georges Arsenault, *Complaintes acadiennes*, p. 207. Complainte de *Jean Arsenault.*

21. Coll. Vernon Haché, CEA, enreg. 19, *Les Pelletier.*

22. Jean-Claude Dupont, *op. cit.*, p. 36.

23. Georges Arsenault, *Complaintes acadiennes*, p. 25-29.

24. Michel Oriano, *op. cit.*, p. 99.

25. Georges Arsenault, « Chanter son Acadie », p. 105.

26. Jean-Claude Dupont, *op. cit.*, p. 30.

27. *La Complainte d'Édouard Gallant*, coll. Médard Daigle, CEA, enreg. 30.

28. Coll. père Médard Daigle, CEA, enreg. 30. Chantée en 1955 par Mme Arthur Roy, 60 ans, de Moncton, N.-B.

29. Coll. René Poirier, CEA, enreg. 6. Chantée le 29 avril 1991 par Mme Hélène Léger-Myers, 69 ans, de Cocagne, N.-B.

30. Emprunt aux chansons de tradition française au sujet d'oiseaux messagers des amours.

31. Ces deux derniers vers se retrouvent dans la chanson *Ennui d'amour — le papier coûte cher* de façon presque identique: « Quand je regarde le ciel du côté d'mon pays / Cela redouble mes peines, mes peines et mes ennuis. »

32. Georges Arsenault, « Les chansons acadiennes de composition locale », *Canadian Folk Music Journal*, vol. 9, 1981, p. 21.

33. Georges Arsenault, *Par un dimanche au soir*, p. 52.

34. Michel Oriano, *op. cit.*, p. 103.

35. Philippe Labro, *Un été dans l'Ouest*, Paris, Gallimard, 1988, p. 195.

36. Georges Arsenault, « Chanter son Acadie », p. 105.

37. Geneviève Bollème, *Le Peuple par écrit*, Paris, Seuil, 1986, p. 41.

38. Donald Deschênes *et al.*, « Le folklore acadien », *op. cit.*, p. 698.

39. Russell Ward, *The Australian Legend*, Sydney, Australie, 1959; cité par Michel Oriano, *op. cit.*, p. 8.

40. On peut lire à ce propos Benoît Lacroix et Conrad Laforte, « Religion traditionnelle et les chansons de coureurs de bois », *Religion populaire et travail, Revue de l'Université Laurentienne*, vol. XXI, n° 1, nov. 1979, p. 11-42.

41. Coll. Donald Deschênes, CEA, enreg. 768. Chantée le 1er décembre 1983 par M. Alban Thibodeau, originaire de Saint-Norbert-de-Kent, de Moncton. Une autre version est publiée dans Lauraine Léger, *op. cit.*, p. 67.

42. Georges Arsenault, « Les chansons acadiennes », p. 25.

43. Jean-Claude Dupont et Jacques Mathieu (dir.), *Héritage de la francophonie canadienne: traditions orales*, Sainte-Foy (Québec), PUL, 1986, p. 69.

44. Charlotte Cormier, *Écoutez tous, petits et grands*, Moncton, Éd. d'Acadie, 1978, p. 50-51.

45. Georges Arsenault, *Complaintes acadiennes*, p. 127-129.

46. Charlotte Cormier, *op. cit.*, p. 64-65.

47. On peut lire à ce sujet l'échange de correspondance entre Marius Barbeau et Joseph-Thomas LeBlanc dont font état Charlotte Cormier et Donald Deschênes dans l'article intitulé « Joseph-Thomas LeBlanc et le romancero inachevé », *Ethnologie régionale, les Maritimes, Canadian Folklore canadien*, vol. 13, n° 2, 1991, p. 60.

48. Je remercie le personnel du Centre d'études acadiennes de l'Université de Moncton pour leur collaboration.

L'INTERDISCIPLINARITÉ DANS LA CRÉATION ET L'INTERPRÉTATION DU DOCUMENT ORAL

Ronald Labelle
Université de Moncton

En milieu universitaire, l'interdisciplinarité est un concept très à la mode aujourd'hui. De nombreuses équipes de recherche dites interdisciplinaires abordent des problématiques qu'elles ont en commun, dans un esprit de collaboration. Une telle approche, qui paraît surmonter les difficultés de communication entre les disciplines, suggère une ouverture et un dynamisme aptes à mener à une nouvelle compréhension des sujets étudiés. Il faut cependant se demander si, dans un système universitaire où la spécialisation demeure une caractéristique dominante, les chercheurs arrivent vraiment à dépasser les barrières entre leurs disciplines respectives. Cette question est abordée par Denise Lemieux, dans un article intitulé « L'interdisciplinarité, collage de savoirs ou méthode de renouvellement des problématiques ?[1] ». L'auteure cite des études affirmant que les réflexions sur l'interdisciplinarité comme pratique de recherche semblent encore peu nombreuses en dehors des domaines de la philosophie et des sciences de l'éducation.

En réalité, il existe beaucoup plus de collaboration multidisciplinaire que de véritable interdisciplinarité dans les universités. À l'intérieur d'équipes multidisciplinaires, les savoirs de chaque participant sont juxtaposés sans qu'il y ait d'échange de connaissances à un niveau théorique ou méthodologique. Il s'agit d'un véritable « collage de savoirs » qui peut produire des résultats intéressants nourris par les multiples perspectives qu'ont les représentants de diverses disciplines. Le procédé n'amène cependant pas un rapprochement entre les disciplines, car les équipes multidisciplinaires sont plus aptes à produire des anthologies que des synthèses. Il pourrait difficilement en être autrement aujourd'hui, après un demi-siècle de spécialisation poussée à l'extrême dans les sciences humaines, où les individus pouvant adopter un point de vue qui déborde les cadres d'une discipline sont rares.

L'ethnologie est un domaine comprenant un grand nombre de composantes qui se rapprochent d'autres disciplines, que ce soit la littérature, la musique, la linguistique, la géographie, l'histoire, les sciences religieuses, voire le droit et la médecine. Les ethnologues sont donc portés plus souvent que d'autres spécialistes à se pencher sur l'interdisciplinarité. Étant donné que mes propres recherches abordent des sujets qui sont reliés autant à l'histoire qu'à l'ethnologie, c'est le croisement de ces deux disciplines qui retient ici mon attention.

L'évolution des sciences historiques dans les trente dernières années a fait que les historiens d'aujourd'hui étudient souvent les mêmes sujets que les ethnologues. L'histoire sociale ou socioculturelle aborde des thèmes comme la santé, les pratiques religieuses et les divertissements, mais avec un point de vue sensiblement différent de celui de l'ethnologue, ce qui peut produire des interprétations très divergentes. L'ethnologue concentre son attention sur des faits socioculturels observés ou racontés, essayant d'arriver à un portrait de caractère synchronique, où tous les éléments existant pendant une période donnée sont rassemblés. L'historien adopte plutôt une perspective diachronique, en tentant de situer les faits étudiés dans le temps et de déceler les facteurs qui influencent les changements.

La préoccupation qu'ont les historiens pour les précisions temporelles fait qu'ils sont, en général, mal à l'aise face à l'emploi du document oral, source par excellence de l'enquête ethnologique. Un narrateur qui raconte ses souvenirs fait référence à des moments du passé, mais à l'intérieur d'un témoignage qui est influencé par le présent. Il fait, parfois inconsciemment, sa propre interprétation des faits, ce qui prive l'historien de l'accès à la matière brute que constituerait une vitrine sur le passé. L'ethnologue, par contre, n'est pas incommodé par le phénomène de transformation des souvenirs. Ce qui l'intéresse, c'est justement de comprendre comment le narrateur formule un récit à partir de ses souvenirs, car le processus de création du récit autobiographique est en soi un phénomène digne d'étude. Qu'il soit intéressé à des faits du présent ou du passé, l'ethnologue cherche surtout à observer comment fonctionne la société et comment les manifestations culturelles se produisent et se reproduisent. Je pourrais presque affirmer que l'ethnologue s'intéresse à la continuité, alors que l'historien étudie le changement, quitte à être accusé de simplifier à l'extrême l'objet d'étude de ces deux sciences et d'attirer la critique des historiens de la « longue durée ».

Henry Glassie, dans un plaidoyer pour la complémentarité de l'histoire et de la science du folklore, met en évidence les faiblesses des deux disciplines prises isolément et leur incapacité à comprendre l'agir des êtres humains. Selon lui, les ethnologues perfectionnent sans cesse leurs techniques de description, mais sans arriver à expliquer les faits qu'ils observent, alors que les historiens quantifient des faits pour ensuite bâtir des interprétations qui ne font que refléter leurs propres idées[2]. Il voit quelque chose d'artificiel dans tout le processus d'élaboration d'hypothèses, d'arguments et de conclusions quand l'objet d'étude est l'être humain. Selon Glassie, la culture humaine n'est pas une question à résoudre[3]. C'est plutôt un sujet que l'on doit chercher à comprendre dans ses moindres détails.

Glassie critique à la fois les historiens et les ethnologues dans leur façon d'approcher l'étude des êtres humains, accusant les premiers de faire disparaître l'individu dans la masse, et les seconds de le faire ressortir, mais seulement pour observer des moments exceptionnels de sa vie[4]. Cette réflexion est très pertinente à l'heure où historiens et ethnologues s'intéressent de plus en plus aux mêmes groupes, qu'il s'agisse de communautés rurales ou de classes populaires urbaines.

Dans les pages qui suivent, je tenterai d'illustrer à mon tour la complémentarité de l'ethnologie et de l'histoire, en étudiant sous trois angles différents un ensemble de 45 heures d'enregistrements sonores faisant partie de mon fonds déposé au Centre d'études acadiennes de l'Université de Moncton[5]. La première partie présentera le point de vue de l'ethnologue, la deuxième celui de l'historien, et la dernière suggérera une nouvelle forme d'interprétation nourrie par les méthodes utilisées dans les sciences sociales. Les entrevues en question se prêtent bien à une telle étude puisqu'elles ont été constituées, en partie, lors d'une collecte de chansons et de traditions folkloriques acadiennes et aussi dans le cadre d'une étude historique centrée sur la colonisation en milieu forestier au Nouveau-Brunswick. Ces entrevues ont été réalisées à divers moments, entre 1979 et 1994, auprès d'Allain et de Léontine Kelly, deux personnes originaires de l'est du Nouveau-Brunswick, et qui ont vécu presque toute leur vie dans la région de la Miramichi.

Allain Kelly est bilingue, étant de descendance acadienne du côté maternel et irlando-écossaise du côté paternel. Le français est cependant sa langue dominante, et à part quelques entrevues menées en présence d'une ethnologue anglophone, les entretiens se sont déroulés en français. Sa femme, Léontine, était originaire de Tracadie, un village acadien à forte majorité francophone.

Étant donné que les entrevues ont été menées sur une période de plusieurs années et pour des buts différents selon le contexte, on peut y trouver matière à divers genres d'études. Le folkloriste ou l'ethnologue à la recherche de l'informateur exceptionnel, possédant un riche bagage de connaissances sur les traditions anciennes, y trouvera du sien. L'historien, qui verra plutôt les Kelly comme des témoins représentant une classe d'Acadiens ruraux défavorisés pendant la période d'avant-guerre au Nouveau-Brunswick, arrivera à sa propre lecture des documents oraux. Enfin, je tenterai de faire ressortir des éléments nouveaux grâce à une relecture qui accordera une grande place au caractère expressif des témoignages.

Les enquêtes orales

Mon premier contact avec Allain Kelly remonte à 1979, lors du Miramichi Folk Song Festival. Ce festival a lieu chaque année depuis 1958 et, contrairement à la plupart des autres festivals de musique traditionnelle en Amérique du Nord, ce sont les gens du milieu qui en sont les vedettes. Ce festival fournit l'occasion à des chanteurs comme Allain Kelly de demeurer actifs dans la transmission de chansons traditionnelles et de rencontrer des personnes intéressées à leur répertoire. Trop souvent les chanteurs et les conteurs âgés cessent complètement de transmettre leurs connaissances, faute d'auditoire.

Allain Kelly est né, en 1903, à Pointe-Sapin, un village de pêche acadien. Il a appris des centaines de chansons, d'abord dans son village natal, ensuite au cours de plusieurs hivers où il fut bûcheron à divers endroits du Nouveau-Brunswick et aussi pendant les quelques années qu'il a passées dans la région de Tracadie, après son mariage. Il est probable qu'il avait acquis la quasi-totalité de son répertoire avant l'âge de trente ans. Doué d'une excellente mémoire, il a réussi à retenir des centaines de chansons, pour les exécuter lors de rencontres avec des folkloristes venus au festival de chansons folkloriques, à partir de 1958.

De nombreux folkloristes ont en effet visité Allain Kelly, magnétophone en main, pour enregistrer ses chansons. J'étais dans une position privilégiée parmi eux, puisque je me trouvais à l'Université de Moncton et que je pouvais donc me rendre facilement à Newcastle, où habitait Allain Kelly. Pendant l'année 1979, j'ai enregistré 153 chansons du répertoire d'Allain et de Léontine Kelly. Comme je m'intéressais à la vie traditionnelle acadienne en général, mes enquêtes ont aussi abordé des sujets reliés aux coutumes et aux croyances traditionnelles ainsi qu'à la vie matérielle. Étant donné que les Kelly avaient appris la plupart de leurs chansons pendant leur jeunesse dans des villages côtiers du Nouveau-Brunswick, ils possédaient des souvenirs de coutumes traditionnelles telles « chanter les alléluias » le soir du Samedi saint. Allain Kelly me raconta en outre plusieurs anecdotes au sujet du travail dans les camps forestiers, un autre milieu où il avait appris beaucoup de chansons. Les Kelly avaient vécu dans un milieu où ils étaient près de la nature, et me décrivaient volontiers l'usage de plantes médicinales et les façons traditionnelles de prédire le caractère des saisons. Mais mon but premier était de recueillir l'ensemble du répertoire de chansons d'Allain Kelly, car ce dernier connaissait non seulement une grande variété de chansons folkloriques, mais il pouvait, en plus, chanter les complaintes dans un style archaïque comprenant maintes fioritures. De plus, son répertoire de chansons anglaises était aussi diversifié que son répertoire en langue française, faisant de lui un personnage exceptionnel au point de vue des traditions musicales. Quant à son épouse Léontine, elle aussi possédait un grand répertoire de chansons dont elle avait eu le souci de transcrire les paroles dans un cahier afin de ne pas les oublier.

Étant satisfait d'avoir recueilli, en 1979, la plupart des chansons connues par Allain et Léontine Kelly, mes enquêtes ont pris une nouvelle direction l'année suivante. Entre 1980 et 1994, j'ai enregistré une trentaine d'heures de témoignages auprès des Kelly. Les chansons ne forment qu'une petite partie de la matière recueillie pendant ces années, dont l'ensemble se divise en deux groupes comprenant chacun une quinzaine d'heures d'enregistrements. Entre 1980 et 1985, les enquêtes concernaient surtout des sujets folkloriques, alors que, à partir de 1987, je cherchais à documenter le mouvement de colonisation pendant les années de la crise économique des années 30.

Les enquêtes menées, entre 1980 et 1985, produisent un portrait ethnologique de la société rurale acadienne d'où provenaient les Kelly. Celles qui se sont déroulées entre 1987 et 1994 nous présentent plutôt un témoignage très détaillé sur les difficultés connues par les Acadiens qui ont participé au mouvement de colonisation en milieu forestier pendant les années 30. Il s'agit donc d'une recherche menée dans une perspective historique, avec une problématique bien cernée, contrastant avec les recherches précédentes qui consistaient en une série d'enquêtes ethnographiques. Il s'ensuit que les deux séries d'enquêtes fournissent deux visions complémentaires d'une même réalité, soit l'expérience de vie de deux Acadiens du Nouveau-Brunswick, pendant la première moitié du XXe siècle.

Portrait ethnographique de la vie traditionnelle

Au début du XXe siècle, les régions de Pointe-Sapin et de Tracadie étaient de véritables foyers de traditions acadiennes. On y vivait de pêche et d'agriculture en été, et l'hiver, les hommes se rendaient dans les chantiers forestiers. Le témoignage d'Allain et de Léontine Kelly nous décrit à la fois la vie sociale et la vie matérielle dans leurs villages d'origine. Les deux narrateurs nous renvoient à une époque où le calendrier religieux et le cycle des saisons dominaient les activités villageoises. L'extrait suivant, provenant d'une entrevue d'une durée de cinq heures qui s'est déroulée le 21 avril 1980, fournit un exemple de la vie traditionnelle telle que décrite par Allain et Léontine Kelly :

A.K. – Chanter des alléluias, ils chantiont ça à tous les carêmes par chez nous. Ah oui. Ils te réveilliont à minuit aussi. Ils te réveilliont à minuit. Ah oui, il fallait que tu te levais. Le dimanche de Pâques, oui, ils chantiont les alléluias — du terrible tapage jamais entendu de ta vie !

R.L. – À Escuminac, ça ?

A.K. – À Pointe-Sapin. C'est là j'ai venu au monde, moi, Pointe-Sapin.

R.L. – Vous avez dit qu'il y en avait qui se battaient aussi, quand ils faisaient la mi-carême.

A.K. – Ah, ben je crois bien qu'ils se battiont. Ils se rencontriont, les deux mi-carêmes se rencontriont.

L.K. – À une petite place, ils greyiont la mi-carême, puis à d'autres places, comme à Tracadie, puis à Sheila, puis par la Rivière-à-Truites, là, tu sais, ils greyiont tout' leur mi-carême à toutes les places. Puis si qu'ils se rencontreriont, ils aviont moyen de se rencontrer, là, bien ça se battait, hein, ça se défendait, je te dis.

R.L. – Ça se battait pour le vrai ?

L.K. – Ah, je sais pas pour quelle raison, mais ils s'aimiont pas, tu sais, à cause qu'ils étiont de différentes places.

A.K. – Ils vouliont pas que la mi-carême aille à l'autre place, hein, pis ils voulaient les arrêter d'aller de leur bord.

L.K. – Ils alliont *teaser* les filles aux maisons, hein ? Ils alliont aux maisons puis ils dansiont, puis des fois ils aviont de la musique.

A.K. – Puis il fallait que tu les laissais rentrer, ils auriont tout *busté* la porte.

L.K. – Ils se mettaient des affaires dans la bouche, là, tu pouvais pas savoir qui ce que c'était. Ils étiont tout masqué. Puis ils avaient des affaires dans la bouche pour pas qu'ils parliont, vois-tu ? Ils faisiont juste un jargon.

R.L. – Quelle sorte de masque qu'ils mettaient ?

L.K. – Ah, toutes sortes de masques. Ils se faisaient des masques eux autres mêmes, avec des trous dans les yeux. Ils pouviont respirer puis c'est tout. Avec des gros oreillers su' le dos, là, il y en avait qui étaient assez bossus. Il y en a qui s'habillaient avec des seines qu'ils pêchent avec, là. Ils mettiont ça sur leur dos, là, puis je sais pas quelle sorte de *riggin'* qu'ils aviont là dessour — des cloches et des cannes et toutes sortes d'affaires pour faire du train. Puis là, tu les entendais venir de loin.

Une fois, maman a entendu les mi-carêmes venir. Elle a dit aux filles, elle dit : « Cachez-vous ! » Elle filait pas bien, elle crachait du sang. Elle dit : « Je vais leur dire qu'il y a personne ici, puis moi je suis malade. » Comme de fait, ils s'avont caché en haut, eux autres, les filles, puis il y avait les filles à mon oncle Paul avec eux autres, là. Quand qu'ils avont arrivé, là, maman est allée à la porte puis elle leur a dit ça. Alors, ils s'en alliont, là. Ils ont remercié maman, puis ils faisiont encore rien. Quand ce qu'ils ont été sur la neige un peu loin, là, ils étiont-tu pas dans le châssis, z-eux en haut ? Puis ils s'en ont aperçu. Ah, bien là, ils viront de bord ! Ils fessiont avec leurs cannes, là, sur la neige, sur la glace, ça fessait dans les vitres. Ils ont pas rentré, par exemple, mais — ils auriont dû se cacher, mais z-eux la curiosité pour voir comment ils étiont habillés, hein.

R.L. – Au Mardi gras, est-ce qu'ils fêtaient aussi ?

A.K. – Au Mardi gras, oui, ils viriont les crêpes. Ils mettiont un bouton dans les crêpes.

L.K. – Ils mettiont une *rag*, puis un bouton, puis un *cent* — trois je crois, hein — puis un jonc. Celui-là qui poignait la crêpe que le jonc était dedans, bien il allait se marier avant longtemps. Celui-là qui poignait la *rag*, bien il allait rester pauvre. Celui-là qui poignait le bouton il aurait resté vieux garçon, ou vieille fille.

R.L. – Ils faisaient-tu ça dans une veillée pour tout le monde de la paroisse ?

L.K. – Ah oui, ils invitaient les paroissiens, puis ils faisaient une soirée.

R.L. – Ça se faisait dans une maison, ça ?

L.K. – Ah oui, dans une maison. Puis une année, ils le faisiont dans une maison, puis une autre année dans une autre. Tu sais, ils changiont tout le temps. Il y avait des joueries de cartes, puis ils se divertissaient de même.

A.K. – Il y avait pas de *T.V.* ni radio, ni rien.

R.L. – La Chandeleur, ils fêtaient ça aussi ?

L.K. – La Chandeleur, oui. Ça, c'est le 2 de février, hein ? Bien, c'est ce temps-là que je veux dire pour les crêpes, moi, c'est la Chandeleur.

Mais le Mardi gras, je sais pas, ils faisiont des soirées de même, là. Ils chantiont, puis des fois ça jouait aux cartes ou ils faisaient une danse, tu sais, ils dansiont les quadrilles.

A.K. – Oui, c'est à la Chandeleur, *all right*, qu'ils viriont les crêpes.

L.K. – La Chandeleur, le 2 de février.

R.L. – Je pense qu'à la Chandeleur, ils prédisaient combien de temps l'hiver allait durer aussi.

L.K. – Oui, ils disaient que c'était la moitié du grenier puis la moitié de la cave. C'était la moitié de l'hiver, comme on dirait, hein, la moitié de l'année.

R.L. – Les provisions étaient à moitié finies.

L.K. – Oui.

R.L. – Comme le Vendredi saint, vous m'avez dit que la direction du vent restait pareille.

A.K. – Ah, oui, oui, on prend garde à ça, à tous les Vendredis saints, la direction que le vent va être, ou si le temps est couvert, ça va se faire, là, pour quarante jours. Ça tiendra pas tout le temps, tu sais, mais comme à c'tte heure, là, tu sais, deux, trois jours de mauvais temps, puis le temps s'éclaircit, puis ça se couvre *back*. Remarque ça à tous les Vendredis saints. Vois-tu, là, le vent était *south-east*, hein, puis il se tient là, ce bord-là. Il virera noroît, tu sais, temps en temps, puis nord, mais, il reviendra tout le temps.

L.K. – C'est pareil comme semer des graines quand tu sèmes ton jardin. Il faut jamais que tu sèmes de quoi qui fleurit, comme des citrouilles, puis des concombres, tu sais des affaires de même, là, il faut pas que tu sèmes ça quand le vent est d'en bas. Il faut tout le temps qu'il soye sur la grand'terre, tu sais, que le vent soit sur la grand'terre. Si que le vent est en bas, là, ça va tout faire des fleurs folles, puis il rapporte rien.

A.K. – Si le vent est à l'est, nord-est, à l'est, en bas, là, qu'on appelle. C'est *all right* si le vent est noroît.

L.K. – Mêmement si tu les mets à germer, il faut que tu les mettes du vent de noroît. Ils appelont ça le vent sur la grand'terre[6].

Le témoignage d'Allain et de Léontine Kelly nous présente des variantes régionales de croyances et de coutumes acadiennes. Ce témoignage pourrait très bien servir de document dans une étude de la vie sociale traditionnelle. L'extrait cité ne représente qu'un exemple parmi les nombreux récits de pratiques folkloriques que m'ont racontés les Kelly. Après avoir enregistré une quinzaine d'heures d'entrevues portant principalement sur la vie traditionnelle, je croyais avoir recueilli leurs souvenirs au sujet des principaux faits folkloriques qu'ils avaient connus. Mes enquêtes ne se sont cependant pas arrêtées là, car les Kelly me racontaient aussi beaucoup d'anecdotes concernant les années 30 et 40, alors qu'ils vivaient dans les environs de Beaver Brook, une « colonie » située à l'intérieur des terres dans la région de la Miramichi. La vie dans un nouveau village de colonisation n'était pas riche en coutumes traditionnelles et les souvenirs racontés apportaient peu d'éléments qui pouvaient contribuer à une anthologie de folklore acadien. J'ai cependant fini par prendre intérêt au phénomène de la colonisation comme sujet historique et j'ai donc orienté mes enquêtes en ce sens, à partir de 1987.

Témoins d'un mouvement historique

La période de la crise économique, pendant les années 30, a été accompagnée, dans le nord du Nouveau-Brunswick, d'un mouvement massif de colonisation sur les terres de la couronne situées dans les forêts à l'intérieur de la province. La plupart des quelque 11 000 colons étaient des jeunes couples, comme les Kelly, qui cherchaient un endroit pour gagner leur vie et élever leurs enfants, mais qui n'avaient pas les ressources financières qui leur auraient permis de s'établir convenablement.

En 1978, Léontine Kelly écrivait un récit de vie où elle a décrit tous les déplacements qu'elle et son mari ont dû faire à partir de leur mariage, en 1924, jusqu'à leur établissement définitif comme marchands généraux à Beaver Brook en 1942[7]. Son récit fait peu état de fêtes traditionnelles, mais décrit plutôt la pauvreté que les Kelly et les membres de leur parenté ont connue. De même, lorsque j'ai questionné les Kelly au sujet de leurs expériences pendant la crise économique, ils m'ont décrit en détail les difficultés qu'ils avaient traversées. Cet extrait d'une entrevue, qui s'est déroulée le 27 avril 1988, fournit un bon exemple du type de témoignages qu'ils m'ont transmis :

A.K. – Bien, tu pouvais pas arriver c'temps-là, t'avais rien pour ton ouvrage.

L.K. – T'avais rien.

A.K. – Une piastre par jour, des fois, t'étais obligé avoir de la *grub* pour. Tu pouvais pas avoir de l'argent, tu sais.

L.K. – Tu travaillais pour manger.

A.K. – Moi, j'ai travaillé pour 10 cents par jour, pour 10 cents. Des fois, j'aidais à tuer des animaux, ben ils me donniont de la viande. Mais pour l'argent, là, des fois, ils t'passiont un 10 cents ou un 25 cents.

R.L. – Oui. Bien, c'est ça, les gages avaient baissé, dans les années 30, ça avait baissé.

L.K. – Y avait pas de gages. Puis le bois était pas cher, tu sais, ils aviont le bois pour a-rien.

A.K. – Moi, j'ai été à un endroit, une fois, moi, puis j'avais... tout j'avais sur moi c'était 25 cents. J'étais en *bicycle*, je dirai pas où est-ce que c'est, mais c'est un endroit *anyway*. Pis j'ai arrivé là, ils aviont sept, huit enfants là-dedans. Puis il y en a deux, trois qui braillaient, hein. Pis je les connaissais avant, moi. J'ai dit à la femme, j'ai pensé ils étiont malades. Bien non, elle dit : « Ils ont pas de sucre pour leur... dans leur lait », *whatever* qu'ils aviont. Puis elle dit : « Pis ils ont pas de sucre », elle dit. « Puis tu peux pas avoir de crédit, elle dit, on est *stuck*. » Dans c'temps-là, le sucre était cinq cents de la livre.

R.L. – Oui.

A.K. – Bien, j'ai dit, j'ai 25 cents. Je vas te le passer. « Ah, mon Djeu, elle dit, non. » J'ai dit : « Oui, pour les enfants, certain. » Bien j'ai donné... son homme a été au magasin. Le magasin était tout proche. Il a été là, puis il a amené cinq livres de sucre. Puis là, le braillement a arrêté tout net. C'est pour dire, hein, 25 cents.

R.L. – Oui, puis le monde avait même pas 25 cents dans leur poche.

A.K. – Des fois, j'avais pas 25 cents, moi, pour certain.

L.K. – Une fois, j'avais 'ien que... j'avais seulement cinq cents à la maison, puis un sauvage de Bartibogue là, qu'a venu chez nous avec sa femme. Puis elle était aveugle. Il l'avait par le bras. Dans l'hiver, il faisait assez fret. J'ai tout conté le mieux que j'ai pu, parce que moi j'parlais pas anglais beaucoup dans c'temps-là.

R.L. – Un sauvage, vous dites ?

L.K. – Sauvage, oui. J'ai dit que : « Seule chose que j'ai, c'est cinq cents, j'ai dit, j' vas vous le donner. »

A.K. – Ils passaient la charité, hein.

L.K. – J'i ai donné.

L.K. – Ça fait cinq cents là m'aurait pas valu grand-chose *anyway*. Ça fait, j'i ai donné.

A.K. – Si tu voyais toute la misère qu'on a eu, puis on s'a jamais découragé. On s'a jamais découragé. Quand j'avais de la misère dans le bois, moi là, à la place de blasphémer comme qu'il y en a là, je disais un mot de prière de temps en temps. On a élevé 14 enfants, ça fait c'est de la misère, ça.

R.L. – Il y en avait qui devaient se décourager à Beaver Brook.

A.K. – Ah, il y en a qui se décourageaient, oui. Ça faisait des brosses. Ah, oui ! ils achetiont un gallon de *wine* pour 50 cents [rire]. Bien, oui, c'est ça je dis, hein. La *liquor* va pas te faire du bien. Découragés, ils faisaient une brosse. [...] Celui-là qui boit là, moi je dis si j'ai fait de quoi de mal là, c'est pas mon voisin, puis mon père, puis ma mère, mes frères, sœurs qui m'ont fait faire ça ; c'est de ma faute. Quand tu pries le bon Dieu, tu dis pas c'est la faute des autres. C'est par ma faute, la tienne, ta faute. J'ai expliqué ça à un gars, une fois. « Ah, il dit, t'as raison. » « Ah, j'ai dit, j'ai raison certain. » [...] Il a manière de dit comme moi. Ah, oui, une personne qui fait de quoi, c'est pas la faute d'un autre, c'est de sa faute à lui-même. Si il se fait du bien, tant mieux ; pis il se fait de l'autre manière, *well*. Mais, je veux dire pour décourager, des affaires de même, hein. Il faut jamais tu te décourages. [...]

R.L. – Mais, le monde qu'était su la *relief*, ils devaient se décourager souvent. Parce qu'ils ont...

A.K. – Ah, oui. Oui.

R.L. – C'était pas... le monde qu'était obligé de dépendre de la paroisse là.

A.K. – Ah, *you're damn right*.

L.K. – J'm'en rappelle pas comment-ce qu'on avait le premier coup qu'on a eu la *relief*. C'est-tu 15 piastres ou...

A.K. – Dix piastres pour *starter*. Là, ils l'ont montée à quinze. Dix piastres par mois.

L.K. – Nous autres, on était moi pis lui, pis on avait Irma, Germaine, pis Edgar était tout p'tit. Ben ça prenait du lait pareil. Ça faisait, 1, 2, 3, 4, 5 ; nous autres, on était cinq.

R.L. – À Busby ça ?

L.K. – Oui, à Busby. Non, c'était à Beaver Brook c'temps-là. À Patterson icitte là, on a resté à Patterson. Bien vois-tu, ça faisait cinq personnes sur 10 piastres c'temps-là. On mangeait pas grand-chose.

A.K. – Mais on en avait quand qu'on restait à Busby aussi. Moi, je marchais là-bas de Busby à Douglastown. C'est un moyen bout de Busby à Douglastown. Puis je marchais *back* de Douglastown à Newcastle pour poigner le local, hein. Il fallait que tu achètes ton *stuff*, puis le local montait *back* à deux heures. On faisait tout notre *freight* sur le local. Le gouvernement allouait ça, tu sais. Pis marcher là-bas de Busby, c'est un moyen *trip*. À c'tte heure, j'monte là avec un char, puis je sais pas si j'vas me rendre là, tu sais. À pied, puis de beau matin, il faisait encore noir. Tu sais, il fallait que tu marchais là-bas là, à Douglastown. Pis là, l'*office* ouvrait à huit heures, hein.

R.L. – Oui.

A.K. – Puis si t'es là le premier, t'es servi le premier. Il te donnait un ordre, puis après ça il fallait que tu venais à Newcastle, puis le *casher* au magasin.

R.L. – Ah !

A.K. – T'achetais son *stuff*, puis lui, il donnait les ordres. [...]

R.L. – Une autre chose, j'ai vu dans les archives à Fredericton, c'est que, il y avait toute une liste de choses que le monde sur la *relief* avait le droit d'acheter, comme la farine, du thé, des pois, des fèves, beaucoup d'affaires. Mais, ils pouvaient pas acheter du tabac, des choses de même avec cet argent-là.

A.K. – Ah, non ! Tu pouvais pas acheter du tabac. Non. Moi, j'avais du tabac, je connaissais le magasin. Ah, oui. J'avais le tabac que je voulais, moi. Il marquait de la *grub*.

L.K. – Malgré tout, bien nous autres on avait sur les ordres là — bien, j'avais ramassé une chaudière de cinq livres là, plein de beurre. J'avais ramassé ça. Puis quand ma sœur, elle a *mouvé* de Tilley Road avec nous autres, là, on était 21. Bien là, on a nourri deux, nous autres. En espérant qu'il aye sa *dole*, lui.

A.K. – Dans c'temps-là, on avait 15 piastres l'ordre.

L.K. – On avait 15 piastres.

A.K. – On a pris deux des enfants avec nous autres.

L.K. – On avait... il y avait pas mal de quoi d'avant, hein. J'avais mis du beurre, puis d'autres affaires, tu sais. Par les p'tits, on ramassait[8].

Pendant les années où ils vivaient à Patterson, Busby et Beaver Brook, trois localités qui s'étendent le long d'une même route au nord de la ville de Newcastle, les Kelly avaient des enfants à nourrir et essayaient en même temps de venir en aide à des membres de leur parenté. C'était une période d'instabilité pour les Acadiens du nord du Nouveau-Brunswick, dont les villages d'origine ne possédaient pas les ressources nécessaires pour nourrir une population croissante. Les jeunes familles qui s'établissaient à Beaver Brook espéraient obtenir des terres où elles pourraient exploiter des ressources forestières et agricoles et cherchaient aussi à obtenir de l'assistance de la province et de la municipalité de Newcastle. Les colons étaient originaires de plusieurs endroits de l'est du Nouveau-Brunswick et ils étaient en concurrence les uns avec les autres pour obtenir leur part des terres disponibles. L'expérience vécue par les Kelly, pendant les années 30, contraste nettement avec l'image de la société traditionnelle où les gens se rassemblent pour célébrer, dans un esprit communautaire, des fêtes comme la Chandeleur.

Le témoignage des Kelly présente une image extrêmement détaillée des conditions de vie dans les villages de colonisation pendant les années 30 et constitue une excellente source historique pour l'étude de ce phénomène. En tant que chercheur intéressé à comprendre le mouvement de colonisation, j'aurais pu mener des enquêtes sur ce sujet sans faire allusion aux coutumes et aux croyances folkloriques. D'une certaine façon, l'historien qui recueille uniquement des témoignages se rapportant aux questions qui font partie de sa problématique de recherche est semblable au folkloriste qui cherche seulement des spécimens de chansons, de légendes ou d'autres éléments compris dans un répertoire de faits de folklore. Plutôt que de s'ouvrir au potentiel de transmission de connaissances de leurs informateurs, ils les abordent avec une perspective bien limitée. Ils demandent à leurs informateurs d'exprimer non ce qu'ils considèrent le plus important parmi leurs souvenirs, mais plutôt ce que les chercheurs trouvent intéressant.

La réalité culturelle à travers le témoignage oral

Dans un article consacré à l'approche biographique en sociologie, Daniel Bertaux suggérait que les spécialistes de cette discipline remettent en question leur monopole institutionnel sur le savoir et traitent la personne ordinaire non comme un objet à observer, mais comme un informateur mieux informé que le sociologue qui l'interroge[9]. Peu importe leur domaine de spécialisation, les chercheurs qui abordent le témoignage oral sont tous confrontés à des problèmes d'interprétation. Contrairement à d'autres sources d'information, le témoignage oral ne peut pas être considéré comme de la matière brute qui attend que le chercheur l'analyse ou l'interprète, car l'informateur lui-même soumet déjà ses souvenirs à un processus de sélection, d'interprétation et de formulation afin de les communiquer au chercheur pendant l'entrevue.

Un ethnologue peut recueillir des bribes de souvenirs d'une personne pour les ajouter à un ensemble de documents lui permettant d'étudier un fait social. De même, un historien peut recueillir des souvenirs qui apportent des éléments nouveaux à une étude d'un certain sujet. Le témoignage oral ne dévoile cependant toute sa richesse qu'au moment où le chercheur reconnaît son potentiel comme expression de l'identité sociale de l'informateur. D'après Nicole Gagnon, c'est dans le récit de vie que l'informateur transmet une vision de sa réalité culturelle[10]. Dans son récit, il s'approprie le réel, maîtrisant un univers de significations et donnant un sens à ses actions. Selon Gagnon, « dans la mesure où les significations sont reçues et partagées, et où les gestes font partie d'un acte social, on peut aborder le processus (identitaire) comme fait proprement culturel[11] ».

La matière contenue dans un témoignage oral recèle une partie de la mémoire de l'informateur, une mémoire formée d'un nombre incalculable de souvenirs qui possèdent un sens pour celui qui les détient. C'est en fonction de ce sens que l'informateur structure ses souvenirs pour ensuite les communiquer sous forme verbale. Dans une entrevue où quelques souvenirs seulement sont racontés à un chercheur qui n'est intéressé qu'à un aspect particulier de l'expérience de l'informateur, le sens profond des souvenirs est rarement perceptible. Le témoignage présentera des faits reliés à des événements ou à des situations connues par l'informateur, mais le choix des souvenirs racontés aura été fait directement en rapport avec les intérêts du chercheur. La narration sera structurée non en fonction du sens des souvenirs pour l'informateur, mais plutôt en fonction du sens que leur accorde le chercheur.

C'est seulement lorsque l'informateur peut librement reconstruire son récit de vie que l'on peut pénétrer dans son univers identitaire à travers le témoignage. L'étude d'un récit de vie peut nous donner accès à une réalité culturelle exprimée à travers des souvenirs racontés. Comme l'avançait Alessandro Portelli, lors d'un récent colloque sur l'histoire orale, la vérité se trouve au delà des récits sur les événements vécus, mais la narration des événements peut nous amener vers cette vérité[12].

Pour retourner aux témoignages d'Allain et de Léontine Kelly cités plus haut, on ne peut pas obtenir une vision claire de l'identité culturelle acadienne à partir de quelques brefs extraits d'entrevues — une analyse de l'ensemble du fonds serait nécessaire pour y arriver —, mais on peut jeter un nouveau regard sur les extraits cités pour tenter d'y entrevoir quelques brins d'une réalité qui dépasse la simple narration des faits.

Le premier témoignage est de nature descriptive et traite des traditions acadiennes en termes généraux. Il y a, cependant, le passage où Léontine Kelly dit : « Une fois, maman a entendu les mi-carêmes venir. » Cette phrase plonge le lecteur dans un récit qui fait état du mélange de crainte, d'excitation et de curiosité ressenties à l'approche des mi-carêmes. Les actions des mi-carêmes qui apprennent la présence des filles dans la maison sont décrites d'une façon très imagée : « Ah, bien là, ils viront de bord ! Ils fessiont avec leurs cannes, là, sur la neige, sur la glace, ça fessait dans les vitres. » On y trouve toute la symbolique du geste des garçons qui, complètement déguisés, exigent de voir les filles avec qui si peu de contacts sont permis dans la vie quotidienne. L'interprétation de ce passage peut aussi éclairer, du point de vue historique, la question des rapports sociaux entre jeunes gens de sexe différent et les tensions occasionnées par les normes établies.

Dans le second témoignage, les Kelly racontent leurs expériences, pendant les pires années de la crise économique, où il était nécessaire d'obtenir du secours du gouvernement sous forme d'allocation de nourriture. Allain Kelly ajoute un commentaire au sujet de la foi religieuse qui permet d'éviter le découragement. Mais les passages les plus évocateurs de la réalité sociale des Kelly sont ceux où ils font référence à l'aide qu'ils ont apportée à d'autres familles dans le besoin. Allain raconte comment il a donné 25 cents à une famille dont les enfants pleuraient, pour que les parents puissent acheter du sucre. Il conclut en disant : « Pis là, le braillement a arrêté tout net. » Lui-même voyageait sur des chemins cahoteux en bicyclette parce qu'il n'avait pas d'autre moyen de transport et il n'avait que 25 cents dans ses poches, mais la satisfaction de voir les enfants heureux était telle qu'il donna volontiers à leurs parents tout l'argent qu'il avait sur lui. De même, lorsque Léontine mentionne que les Kelly ont nourri la famille de sa sœur nouvellement arrivée à Beaver Brook, elle dit : « Bien, j'avais ramassé une chaudière de cinq livres là, plein de beurre. J'avais ramassé ça. » En plus de préparer les repas à la maison, c'était elle qui se chargeait de la conservation des produits alimentaires. Le fait d'avoir réussi à emmagasiner cinq livres de beurre pour pouvoir ensuite le partager avec des membres de sa parenté revêtait une telle importance pour elle qu'elle s'en est souvenue pendant plus de cinquante ans, pour ensuite l'évoquer dans son témoignage.

Ces anecdotes, qui peuvent paraître de simples détails, à l'intérieur d'un témoignage décrivant les conditions économiques pendant la crise, nous en disent long sur la réalité vécue par leurs auteurs. Une lecture superficielle du témoignage nous apprendrait que certaines familles dans la région de la Miramichi se trouvaient dans un état de complète privation, alors que les plus fortunées recevaient chaque mois du gouvernement une allocation alimentaire d'une valeur de dix ou de quinze dollars. Mais en écoutant de près le témoignage des Kelly, on apprend que le fait d'arriver à épargner le peu qu'ils avaient leur permettait de venir en aide aux plus démunis, et ainsi d'éviter le sentiment d'humiliation souvent ressenti par les personnes qui doivent dépendre du secours de l'État pour nourrir leur famille.

Des chercheurs comme Henry Glassie et Daniel Bertaux ont remarqué que l'on ne doit pas aborder la culture humaine comme un objet à observer ou comme une question à résoudre. Dans l'étude de témoignages sur des expériences vécues, ce qu'il faudrait peut-être faire, ce n'est pas tellement d'unir les approches théoriques de disciplines telles l'histoire, la sociologie et l'ethnologie, que d'aller au delà des concepts restreints associés à chacune pour arriver à apprécier le document oral dans toute sa richesse.

Comme nous l'avons vu, les témoignages d'Allain et de Léontine Kelly pourraient fournir de la matière susceptible d'intéresser autant les ethnologues que les historiens, mais les praticiens de ces disciplines auraient tendance à s'attarder à différents aspects des témoignages pour aboutir aussi à une interprétation différente. Il en ressort que des entrevues menées par des ethnologues et des historiens auprès des mêmes informateurs produiraient des témoignages sensiblement différents, selon l'orientation que le chercheur aura donnée à l'entretien. Par contre, quand l'informateur est encouragé à transmettre sa propre vision de son vécu, il ressort de son témoignage le reflet d'une réalité qui a un sens social, culturel, historique, voire philosophique. Il découle de cette réflexion que, pour apprécier le témoignage oral à sa pleine valeur, il faudra utiliser une approche interdisciplinaire non pas comme une fin en soi, mais plutôt comme une façon d'aller vers un univers de compréhension où les barrières disciplinaires n'ont plus de place.

NOTES

1. Denise Lemieux, « L'interdisciplinarité, collage de savoirs ou méthode de renouvellement des problématiques ? », *Bulletin de l'Association d'études canadiennes*, vol. 16, n° 1, 1994, p. 1 et 16.

2. Henry Glassie, *Passing the Time in Ballymenone*, Philadelphia, University of Philadelphia Press, 1982, p. 11.

3. *Ibid.*, p. 13.

4. *Ibid.*, p. 14.

5. Il est question de ce même fonds dans deux articles publiés ailleurs : « Histoire orale et culture locale : perspectives ethnologiques », *Canadian Folklore canadien*, vol. 13, n° 2, 1991, p. 99-107 ; « Two Viewpoints of Life History : The Folklorist's and the Informant's », *Report on the Fourth Annual Meeting of the Atlantic Oral History Association*, Shanon Ryan, ed., St. John's, Memorial University of Newfoundland, 1982, p. 95-99.

6. CEA, collection Ronald Labelle (AF-182), enregistrements 547 à 552.

7. Ce récit de vie a été publié comme document dans la revue *Acadiensis*. Voir Léontine Kelly, « J'écris ma vie », *Acadiensis*, vol. 15, n° 1, 1985, p. 133-140.

8. CEA, collection Ronald Labelle (AF-182), enregistrement 2710.

9. Daniel Bertaux, « L'approche biographique : sa validité méthodologique, ses potentialités », *Cahiers internationaux de sociologie*, vol. 69, 1980, p. 219.

10. Nicole Gagnon, « Données autobiographiques et praxis culturelle », *Cahiers internationaux de sociologie*, vol. 69, 1980, p. 230.

11. *Ibid.*, p. 231.

12. Alessandro Portelli, cité lors de la « International Conference on Oral History », Columbia University, New York, 21 octobre 1994.

L'APPORT DE LA TRADITION ORALE À LA DESCRIPTION LINGUISTIQUE

Louise Péronnet
Université de Moncton

La tradition orale peut-elle servir de matériau pour la description d'une langue ? Si oui, sous quelle forme privilégiée, comment et jusqu'à quel point ? Pour répondre à ces questions, nous avons consulté les ouvrages de plusieurs linguistes et ethnologues qui se sont intéressés au sujet, à la fois théoriquement, en justifiant leur choix de documents de tradition orale comme matériau d'étude, et de façon appliquée, en réalisant une description linguistique à partir d'un corpus de tradition orale.

Parmi les ouvrages consultés, les suivants ont été examinés de près : pour l'Acadie, « La Petite Cendrillouse » d'Ernest Haden[1], *Rabelais et les traditions populaires en Acadie* d'Antonine Maillet[2] et *Le Parler acadien du sud-est du Nouveau-Brunswick* de Louise Péronnet[3] ; et pour le Québec, *Étude linguistique de quatre contes folkloriques du Canada français* de James La Follette[4]. Haden a décrit les principaux éléments phonétiques et morphologiques du français acadien de la région de Moncton au Nouveau-Brunswick, à partir d'une version locale du conte *La Petite Cendrillouse* datant de 1941. Du point de vue lexical, malgré les limites de ce corpus (un seul conte d'une durée d'environ 20 minutes seulement), 72 acadianismes ont pu être identifiés. Antonine Maillet, pour sa part, a fait une étude comparative entre le français acadien traditionnel et la langue de Rabelais, en relevant les mots, les locutions, les proverbes et dictons, ainsi que les expressions imagées, dans de nombreux contes populaires acadiens. Plus récemment, Louise Péronnet a choisi sept conteurs du sud-est du Nouveau-Brunswick comme témoins du parler traditionnel de cette région acadienne, en vue d'en faire une description structurale et historique, en particulier du point de vue grammatical et lexical. Entre temps, au Québec, La Follette a étudié la morphologie et la syntaxe du français de la région de Charlevoix, à partir de quatre contes d'une durée moyenne d'une demi-heure chacun, recueillis dans les années 1950. Précédant la description, deux des quatre contes sont publiés au complet, avec de nombreuses transcriptions phonétiques intercalées dans le texte. Il s'agit de *Merlin et la Bête à sept têtes* (p. 23-33) et *Le Chasseur et la Petite Fille* (p. 35-48).

Pourquoi recourir à la tradition orale pour décrire la langue ?

Parmi les linguistes et ethnologues cités qui ont eu recours à la tradition orale pour la constitution d'un corpus, La Follette est celui qui a le plus explicitement donné les raisons de ce choix. Antonine Maillet a aussi fait des remarques intéressantes sur le sujet, dans son ouvrage *Rabelais et les traditions populaires en Acadie*.

La Follette[5] souligne le caractère libre et spontané des textes de tradition orale (contes et légendes en particulier), ce qui en fait un matériau fiable pour la description linguistique. Le but étant tout simplement de raconter, soit une histoire, une légende, ou un fait divers, le locuteur ne se sent pas observé du point de vue de la langue. Il n'est donc pas porté à surveiller sa prononciation ou à corriger sa façon de parler. En deuxième lieu, La Follette met en lumière l'aspect narratif du conte, qui par son débit continu enlève toute contrainte et artificialité à la langue[6]. Il rappelle aussi l'ambivalence de la langue populaire, qui est à la fois novatrice et archaïsante[7]. En somme, il considère que pour la description d'une langue régionale, les textes de tradition orale apportent une complémentarité nécessaire aux autres genres d'enquêtes[8].

Dans son ouvrage *Rabelais et les traditions populaires en Acadie,* Antonine Maillet accorde une place importante à la langue, lui consacrant plusieurs chapitres dans une partie autonome intitulée « Souvenirs en Acadie des éléments formels de l'œuvre de Rabelais ». Son étude linguistique repose sur un imposant corpus de documents oraux (contes, légendes, chansons, etc.), dont une partie a été recueillie par l'auteure elle-même, et l'autre partie provient des Archives de folklore de l'Université de Moncton et de l'Université Laval. Antonine Maillet insiste sur la force du lien qui unit la langue et la tradition orale : « Pendant trois siècles, un nombre incalculable de contes, légendes, rites, croyances, chansons, jeux a pu être sauvé par la transmission orale [...] La langue parlée est, par conséquent, l'instrument du peuple dans la conservation de ses rites et croyances, voire plus, elle en est la clef[9]. » L'auteur souligne les deux fonctions d'une langue populaire, qui apparaissent très clairement dans les textes oraux : « La langue populaire prend donc, dans une étude ethnographique la double valeur d'instrument et de signe : elle est à la fois moyen de transmission des traditions et elle-même tradition ; elle charrie une littérature orale tout en étant partie de cette littérature[10]. » Dans l'avant-propos de son ouvrage, Antonine Maillet rappelle l'urgence de son étude, non pas pour ce qui est de Rabelais qui, lui, « ne risque pas de disparaître », comme elle le dit avec son humour caractéristique, mais pour ce qui est de la littérature orale acadienne qui, elle, « repose sur un sable mouvant », étant soumise au changement social[11].

Pour ma part, c'est aussi l'urgence de la situation sociolinguistique qui m'a incitée à décrire le français acadien d'abord et avant tout dans son aspect traditionnel. De toute évidence, l'évolution sociale actuelle est une menace réelle pour la stabilité linguistique, en particulier des groupes minoritaires, ce qui est le cas des différentes communautés acadiennes. C'est maintenant une simple question de temps avant que le français parlé traditionnellement en Acadie disparaisse, d'une part sous l'influence du français commun, d'autre part sous l'influence de l'anglais. Cette disparition éventuelle n'est cependant pas une fatalité qu'il faut subir sans réagir. Au contraire. Pourquoi ne pas profiter du moment de crise pour intervenir efficacement sur la langue dans le sens voulu ? Pour cela, il est une condition indispensable. Pour bien comprendre le processus de changement linguistique en cours, il est absolument nécessaire de connaître le français de départ, c'est-à-dire le français traditionnel qui s'est maintenu (sous ses différentes formes régionales) de façon quasi autonome durant plusieurs siècles en Acadie, parallèlement au français du Québec. Or, ce français est encore loin d'avoir été décrit de manière exhaustive. De là, la nécessité et l'urgence d'en faire une description, sans tarder, non seulement pour des raisons de linguistique historique, mais aussi et surtout pour des raisons pédagogiques et didactiques.

Pourquoi recourir à la tradition orale pour faire cette description ? Pourquoi ne pas utiliser l'enquête linguistique ? La tradition orale, à travers le conte notamment, répond à deux objectifs principaux : l'un étant de trouver l'état le plus stable de la langue, qui équivaut à l'état le plus ancien qui ait été conservé oralement ; et l'autre étant la nature des textes enregistrés, notamment le conte, qui permet d'examiner la langue sous son aspect le plus complet, syntaxiquement et textuellement. Les hésitations sont réduites au minimum, ainsi que les pauses. Le linguiste est en présence d'un véritable texte oral, c'est-à-dire d'une production qui se rapproche d'un texte écrit.

Le conte populaire comme corpus linguistique

Parmi les différentes formes de tradition orale, c'est le conte qui semble convenir le mieux à la description linguistique. Il illustre de façon ni trop figée, ni trop mouvante le parler d'une communauté. D'une part, il est moins figé que la chanson qui est transmise (ou du moins que le chanteur a l'intention de transmettre) mot à mot. D'autre part, il est plus soutenu et plus articulé que les faits divers, coutumes, légendes et anecdotes, parce qu'en général plus long et plus construit. Le conte populaire est donc un excellent matériau pour l'étude d'une langue, aussi bien dans ses éléments phonétiques et morphologiques que dans ses structures syntaxiques et textuelles. Cependant, par sa nature même, le conte est doublement limité du point de vue de la représentation linguistique. Premièrement, en sa qualité de document transmis de bouche à oreille d'une génération à l'autre, il reproduit avant tout la langue du passé. Par conséquent, il permet uniquement de décrire l'aspect traditionnel d'une langue. Il ne permet pas de décrire son évolution récente, encore moins son évolution en cours. Deuxièmement, par son côté appris, mémorisé, le conte ne reflète pas la langue parlée dans son usage le plus spontané de la vie quotidienne. Il reflète la langue orale dans son usage le plus littéraire.

Comme type de corpus linguistique, le conte s'apparente à la conversation libre ou à l'entrevue non directive. Il en a les mêmes qualités de continuité narrative, mais il en a aussi les mêmes défauts, à savoir qu'il ne fournit pas nécessairement toutes les données qu'il faut pour décrire le système phonologique d'une langue, et certainement pas toutes celles qu'il faut pour décrire le système lexical. Pour ces deux aspects, il est nécessaire de recourir à des questionnaires, afin de couvrir la totalité des éléments. En revanche, le conte se prête très bien à une description des aspects phonétiques, morphologiques et syntaxiques, qui sont plus faciles à circonscrire. Par rapport aux autres types d'enquête, c'est surtout l'aspect syntaxique qui gagne à être étudié à partir du conte, à cause de la continuité narrative. Toutefois, même si le conte populaire est plutôt figé du point de vue de la structure narrative et du contenu, il laisse une grande place à l'improvisation formelle, au choix des mots et des phrases, beaucoup plus que la chanson, par exemple, qui est davantage mémorisée, jusqu'au mot à mot.

Exemples de descriptions linguistiques faites à partir de contes populaires

Pour illustrer la fidélité linguistique du conte populaire à la langue de la communauté à laquelle appartient le conteur, nous comparerons les résultats d'études linguistiques effectuées à partir de contes provenant de régions différentes. Il est important de noter que le linguiste qui aborde le conte populaire doit commencer par faire une nouvelle transcription, en retournant à l'enregistrement original, les règles de la transcription ethnographique n'étant pas nécessairement satisfaisantes pour les besoins de la description linguistique (voir, à ce sujet, Francard et Péronnet[12]).

Comparaison d'un conte québécois et d'un conte acadien

Dans un premier temps, nous comparerons deux versions d'un même conte : une première version, *Merlin et la Bête à sept têtes*, recueillie dans la région de Charlevoix, au Québec, et analysée par La Follette dans son ouvrage déjà cité ; et une deuxième version, *La Bête à sept têtes*[13], recueillie par Anselme Chiasson à Chéticamp, en Nouvelle-Écosse.

Nous présenterons les principaux traits linguistiques qui se dégagent des deux versions du conte étudié, à différents niveaux, phonétique, morphologique et syntaxique. Nous indiquerons d'abord les traits communs aux deux versions, et ensuite les traits régionaux.

Parmi les traits phonétiques communs, nous avons relevé les suivants :

– L'ouverture du son *è* en *a* devant *r*, par exemple dans *charcher* (chercher).

– La chute du *r* final, par exemple dans la préposition *su* (sur), dans les mots en *-eur*, par exemple *siffleux* (Québec) et *tireux* (Acadie) et dans les formes infinitives en *-ir*, par exemple *couri* (courir) et *qu'ri* (quérir) qui apparaissent dans les contextes suivants : *Pas rien, t'arais* (aurais) *entendu une souris couri ; J' viendrai t' qu'ri quante j' serai décarté* (quand j'aurai retrouvé mon chemin).

– La prononciation du *t* final, par exemple dans *bout* : [but].

Parmi les divergences phonétiques entre les deux versions du conte, nous avons noté la suivante :

– La prononciation du son *oi* en contexte de syllabe ouverte, surtout en finale de mot, est différente selon que le locuteur est québécois ou acadien. Par exemple *moi* est prononcé [mwe] au Québec et [mwâ] en Acadie.

Certaines particularités phonétiques souvent citées comme étant typiques du français québécois, notamment la diphtongaison des *è* longs devant *r*, par exemple dans *père* et *mère*, n'apparaissent pas dans la version du conte en provenance de la région de Charlevoix. Il y a fermeture de *è* en *é* dans ce contexte, c'est-à-dire que *père* et *mère* sont réalisés *pére* et *mére*, comme en Acadie.

Du point de vue morphologique, voici les traits communs aux deux versions :

– La forme neutralisée [tut], aussi bien pour le pronom *tout*, par exemple [se tut] (c'est tout), que pour le déterminant *tout*, par exemple [tut le paviɔ̃ ruž] (tous les pavillons rouges).

– Les formes verbales analogiques du subjonctif, par exemple *faise* (fasse), *alle* (aille).

– Certains temps verbaux, très peu usités en français d'aujourd'hui. Exemples du passé antérieur relevés dans le conte québécois : *Aussitôt qu'i eut vu ; Après qu'i furent couchés.* Exemples du subjonctif imparfait relevés dans le conte acadien : *A voulait à toute force qu'i l'amnît ; Y avait rien sans qui pût tuer avec sa flèche.*

– L'utilisation de l'auxiliaire *avoir* pour former les temps composés actifs des verbes intransitifs de mouvement et des verbes pronominaux. Cet emploi est moins fréquent dans la version québécoise que dans la version acadienne, où c'est une règle. Exemples relevés dans le conte acadien : *Il a parti avec sa flèche ; I s'avont gréyés pour la ville.* Exemples relevés dans le conte québécois, où il y a variation : *Quand j'ai arrivé... / quante son père est arrivé ; I s'a demandé... / un étranger qui s'était introduit.*

Certains traits morphologiques sont très caractéristiques des français régionaux étudiés. Voici les principaux :

– Les formes verbales analogiques de l'indicatif, par exemple *avont* (ont) du verbe *avoir* et *allont* (vont) du verbe *aller*, sont attestées dans la version acadienne seulement : *I m'avont landée icitte ; Mais al a dit, il allont t' tuer.*

– La terminaison verbale de la 3e personne du pluriel en *-ont* est attestée dans la version acadienne seulement, par exemple : *i me nourrissont* (nourrissent) *ce qui pouvont* (peuvent) *attraper.*

Parmi les principaux traits syntaxiques identifiés, les suivants sont communs aux deux versions :

– Les formes pléonastiques de l'interrogation, par exemple : *Comment ce que je ferai ? ; Pourquoi ce que c'est que tu m'as conté une pareille menterie ?*

– L'emploi de certaines conjonctions et prépositions archaïques, par exemple *mais que* (quand, dès que) et *à ras* (près) dans les contextes suivants :

I s'a approché à ras un gars qu'y avait su la rue ; On sera pas pus avancés mais qu'on ait toutes faites les r'charches.

La plupart des canadianismes syntaxiques, notamment certaines conjonctions, prépositions, particules d'interrogation, ainsi que certaines expressions adverbiales, sont des archaïsmes datant d'avant la colonisation, plutôt que des dialectalismes ou des régionalismes, ce qui explique le peu d'écarts syntaxiques propres au Québec ou à l'Acadie dans les deux versions étudiées ici. C'est aussi un fait connu en linguistique que toute langue est plus instable et donc varie davantage dans les catégories de surface, c'est-à-dire aux niveaux phonétique et morphologique. Le niveau syntaxique est beaucoup plus stable et résiste mieux au changement et à la variation.

Cette comparaison de deux versions d'un même conte, l'une acadienne et l'autre québécoise, quoique très sommaire, permet de tirer certaines conclusions sur la fiabilité du conte pour une étude linguistique. D'abord, si on fait le rapprochement entre les traits des contes et ceux qui sont décrits dans d'autres études portant sur les parlers français des mêmes régions du Québec (Charlevoix) et d'Acadie (Chéticamp en Nouvelle-Écosse), on constate d'abord qu'il y a une forte correspondance. Par exemple, le fait de trouver dans la version acadienne du conte l'une des caractéristiques les plus importantes du français acadien, à savoir la terminaison verbale archaïque de la 3e personne du pluriel en *-ont*, est une excellente indication de la représentativité de la langue des contes populaires. La deuxième constatation est que la langue des contes révèle les traits les plus archaïques du parler de la région. C'est le cas, par exemple, des temps verbaux du passé antérieur et de l'imparfait du subjonctif, utilisés respectivement dans la version québécoise et dans la version acadienne. Ces traits tendent à disparaître aujourd'hui s'ils ne sont pas déjà complètement disparus, du moins dans certaines régions.

Comparaison de deux contes acadiens : régions différentes

Dans un deuxième temps, nous comparerons deux contes acadiens provenant de régions différentes, pour voir jusqu'à quel point les traits de langue propres aux différentes régions acadiennes se reflètent dans les textes de la tradition orale. Nous avons choisi de comparer un conte de la région du nord-ouest du Nouveau-Brunswick (*Le Crapaud*[14]) avec le conte acadien étudié ci-dessus, de la région de Chéticamp en Nouvelle-Écosse. Il s'agit de deux contes consultés aux Archives de folklore de l'Université de Moncton.

Inutile d'énumérer les traits communs entre les deux régions, ni de revenir sur les traits acadiens déjà présentés ci-dessus pour la région de Chéticamp. Le but de la comparaison est avant tout de montrer comment, à partir de la tradition orale, en particulier à partir des contes, il est possible de décrire une variété de langue régionale dans ses divers aspects.

Ces deux contes révèlent certaines particularités régionales, touchant notamment la morphologie verbale. Le nord-ouest du Nouveau-Brunswick est surtout caractérisé par les traits suivants :

– Les formes verbales des verbes *avoir* et *être* de la 3e personne du pluriel de l'indicatif imparfait, par exemple : *Y avait un pére et une mére qui ontvaient encôre une fille avec eux-autes, sontaient su un bien tous les deux pis...*

– Les formes verbales de la 2e personne du pluriel de l'indicatif imparfait et du conditionnel présent, qui sont les mêmes que celles de la 2e personne du singulier, par exemple : *C'est tout ce vous voulais* (vous vouliez) *savoir* ; *Avez-vous promis que vous serais* (seriez) *encore amis ?* ; *Vous avez dit que vous se marierais* (vous vous marieriez).

Il existe bien d'autres particularités régionales, notamment phonétiques, entre ces deux régions, que nous ne présenterons pas dans le cadre de cette étude. Nous ferons cependant remarquer que selon les régions choisies pour la comparaison, les points communs et les points divergents seront très différents. Par exemple, dans le cas des deux régions comparées ci-dessus, l'une des deux, celle de la région du nord-ouest du Nouveau-Brunswick, a la particularité d'être située à la frontière du Québec, ce qui lui donne un caractère mixte, mi-québécois, mi-acadien, mais aussi une couleur locale unique. Les traits morphologiques cités en sont la preuve. Ces traits ne sont attestés ni au Québec ni ailleurs en Acadie.

Avant de conclure, nous nous arrêterons quelques instants sur l'aspect énonciatif (textuel) des contes. Nous en traiterons de façon générale seulement, d'abord pour dire que cet aspect de la langue, touchant les procédés d'énonciation, hors syntaxe, n'a pas été étudié dans les ouvrages consultés pour cette étude. Pourtant, les changements de locuteurs sont très fréquents dans le conte, puisque le narrateur prête très souvent la parole aux divers personnages. Un bref examen de cet aspect nous a permis de noter le peu de diversité des formes de transitions appelées « ponctuants » ou « termes d'interaction ». Dans les contes étudiés ici, l'expression la plus souvent répétée est la même au Québec et dans les différentes régions acadiennes : *i dit* ou *il a dit*. Exemples : *I dit, comment ça se fait que la ville est si en deuil que ça ?* ; *Ben, il a dit, tu sa(u)ras que le roâ avait trois filles.* Les autres expressions les plus souvent utilisées sont les suivantes : *ben, pis, asteur, dans tous les cas, toujou(rs), ça fait (que)*. Ces expressions sont communes au Québec et à l'Acadie. Dans les contes étudiés, on relève une seule expression du genre qui soit propre à l'Acadie. Il s'agit de l'anglicisme *anyway*.

Avec l'analyse de l'aspect énonciatif de la langue, nous découvrons une nouvelle limite du conte comme corpus linguistique. Malgré ses caractéristiques narratives (récit suivi, personnages), le conte n'est cependant pas l'équivalent des situations de communication avec plusieurs locuteurs. Les stratégies conversationnelles, qui comprennent notamment les tours de parole, doivent donc être étudiées à partir d'autres corpus.

Conclusion

À la question : « Jusqu'à quel point la tradition orale est-elle un matériau valable pour l'étude d'une langue ? », nous avons répondu, d'abord, en donnant la parole à certains ethnologues et linguistes qui se sont exprimés sur le sujet et, deuxièmement, en présentant des exemples de descriptions faites selon cette méthode par les mêmes linguistes et ethnologues. Comme nous l'avons vu, la réponse est affirmative, mais nuancée. Oui, la tradition orale est un matériau linguistique fiable, qui peut être utilisé comme corpus pour décrire la langue d'une communauté. Le conte populaire, en particulier, offre de grandes possibilités d'observation linguistique. Ses qualités de récit suivi et le plus souvent de longue durée en font un document de choix pour l'étude de la langue, non seulement dans ses éléments phonétiques et morphologiques, mais jusque dans ses manifestations les plus structurées aux niveaux syntaxique et textuel. Il faut toutefois préciser les limites de ce type de corpus, qui ne peut représenter que l'aspect le plus traditionnel d'une langue, ainsi que son usage le plus littéraire. Enfin, il faut souligner la richesse de la tradition orale pour retracer certains traits de la langue parlée, qui peuvent avoir disparu aujourd'hui.

NOTES

1. Ernest Haden, « La Petite Cendrillouse », *Les Archives de folklore*, vol. 3, Montréal, Fides, 1948, p. 21-34.

2. Antonine Maillet, *Rabelais et les traditions populaires en Acadie*, Québec, Les Presses de l'Université Laval, « Les Archives de folklore », vol. 13, 1971 (2e édition en 1980), x-201 p.

3. Louise Péronnet, *Le Parler acadien du sud-est du Nouveau-Brunswick*, New York, Peter Lang, 1989, 287 p.

4. James La Follette, *Étude linguistique de quatre contes folkloriques du Canada français (morphologie et syntaxe)*, Québec, Les Presses de l'Université Laval, « Les Archives de folklore », vol. 9, 1969, 163 p.

5. *Ibid.*, p. 15.

6. *Ibid.*, p. 163.

7. *Ibid.*, p. 162.

8. *Ibid.*, p. 15.

9. Antonine Maillet, *op. cit.*, p. 131.

10. *Ibid.*, p. 131.

11. *Ibid.*, p. IX.

12. Michel Francard et Louise Péronnet, « La transcription des corpus oraux dans une perspective comparative: la démarche du projet PLURAL », *Recherche en linguistique appliquée à l'informatique (RELAI)*, Québec, CIRB, 1989, p. 295-307.

13. Collection Anselme Chiasson, version de Marcellin Haché, *La Bête à sept têtes*, enreg. nº 260, bob. 20.

14. Collection Denise Pelletier, version de Léon Rossignol, *Le Crapaud*, enreg. nº 256, bob. 23 A, B.

L'ACADIE DES MARITIMES

de JEAN DAIGLE (dir.)
(Moncton, Chaire d'études acadiennes, 1993, 910 p.)

Joseph Melançon
Université Laval (Québec)

La Chaire d'études acadiennes a publié des éditions critiques, telle *Chez les anciens Acadiens* d'André-T. Bourque, des recherches fondamentales comme *La Colonisation acadienne au Nouveau-Brunswick* de Raoul Dionne et un ouvrage général, *L'Acadie des Maritimes : études thématiques des débuts à nos jours*. Ce dernier est une reprise et une mise à jour d'un ouvrage précédent, publié par le Centre d'études acadiennes, en 1980, *Les Acadiens des Maritimes : études thématiques*.

Le livre actuel, en effet, reprend huit des contributions antérieures et en ajoute douze autres, inédites. Cela constitue un volume imposant de plus de neuf cents pages. Il s'agit d'une somme, en quelque sorte, des travaux les plus récents sur l'Acadie. L'objectif, selon le directeur Jean Daigle, est de « présenter un bilan de la recherche », dite de pointe, et de « stimuler la mise en chantier d'autres études » (p. II). Le premier ouvrage se contentait de tracer « un tableau d'ensemble de la vie des Acadiens des débuts à nos jours » (p. IV). Celui-ci veut interroger les acquis et ouvrir des pistes de recherche sur la réalité acadienne.

Pour ce faire, deux synthèses historiques de Jean Daigle et de Léon Thériault remémorent d'abord l'itinéraire acadien, de 1604 à 1990. En 91 pages, ces deux historiens réussissent à brosser une fresque renouvelée d'une odyssée que l'on croyait avoir toujours connue. Pourtant, elle nous réserve des surprises si on n'est pas particulièrement informé des derniers travaux de recherche. La nouvelle version de ces deux exposés en tient compte en intégrant des travaux réalisés après 1980[1].

La contribution du géographe Samuel Arseneault a été grandement transformée, sans doute à cause de son collaborateur Rodolphe Lamarche. Elle ne se limite plus à la baie de Fundy, mais embrasse toutes les provinces Maritimes. De plus, elle déplace le point de vue qui devient celui de l'histoire des géographes, de même que l'objet d'étude qui est maintenant « l'aménagement des structures spatiales », en fonction plus particulièrement de l'économie. C'est un nouveau texte fort érudit dont les tableaux sont d'une grande utilité. Il en est de même de l'étude démographique de Muriel K. Roy. Son chapitre fait suite à celui qu'elle avait présenté dans le précédent ouvrage en étudiant plus particulièrement, cette fois, la démographie et la démolinguistique en Acadie, de 1871 à 1971. Les tableaux se sont multipliés jusqu'à couvrir près de cinquante pages. On ne peut imaginer une recherche plus documentée à l'intérieur de cet ouvrage général. C'est, sans conteste, une référence importante pour les recherches à venir, même si la bibliographie me semble un peu courte.

Ces deux chapitres sont suivis de deux autres sur l'économie qui sont assez contrastés. L'un, « Les Acadiens et l'économique : de la colonisation à 1960 » de P.-M. Desjardins, M. Deslierres et R.C. LeBlanc, reste très général et je doute fort qu'il apporte de nouvelles données aux économistes. Ce n'est sûrement pas son but d'ailleurs. L'autre, « Économie acadienne contemporaine » de M. Beaudin et A. Leclerc, est résolument contemporain et comparatiste, entre régions et entre groupes linguistiques. Fondé sur des statistiques appropriées, il est méthodique et le champ est bien circonscrit. Les auteurs concluent davantage sur les recherches à entreprendre que sur celles qui peuvent nous éclairer. En ce sens, il est modeste, honnête et stimulant.

La politique a la portion congrue. L'étude de Ph. Doucet, « La politique et les Acadiens », n'apporte pas d'information nouvelle sur la question. C'est un exposé de nature journalistique qui reprend bien des lieux communs. On ne saurait guère accorder crédit à des analyses qui s'expriment en termes aussi vagues que « plusieurs », « beaucoup », « certains » (p. 338). La sociologie s'en tire mieux, car les auteurs, G. Allain, I. McKee-Allain, J.Y. Thériault, se gardent bien d'entreprendre, en si peu de pages, une étude quelconque de la société acadienne. Ils ont plutôt la prudence de recenser « les lectures sociologiques qu'on a fait [*sic*] d'elle » (p. 382). C'était le bon parti.

Les deux chapitres sur la langue, l'un sur les « droits linguistiques et culturels » de M. Bastarache et A. Bourdreaux Ouellet, l'autre sur « la situation du français » de L. Péronnet sont également contrastés. Le premier est ambitieux en voulant couvrir une période fort longue, de 1713 à nos jours, ce qui conduit nécessairement à des généralités. Il reconduit l'exposé de 1980 sans modifications significatives. L'autre est très méthodique, qui commence par définir ses termes et son champ conceptuel avant d'étudier la situation linguistique acadienne. Le bilan des études est très éclairant et la dialectique de la norme et des usages est tout à fait pertinente et nuancée. Entre ces deux études apparaît, de façon inattendue, « L'acadianisation des structures ecclésiastiques aux Maritimes, 1758-1953 ». Cette contribution est différente de celle qui apparaît dans l'ouvrage précédent. Il y a une mise à jour de la recherche et un changement de focalisation de bon aloi.

Un nouveau chapitre de Gérard Beaulieu sur les médias est une heureuse initiative, même s'il est surtout consacré à la presse écrite. Un tel historique est présentement utile car il place en perspective les études en cours sur les journaux, notamment *L'Évangéline*. Fait suite « L'enseignement du français dans les Maritimes, 1604-1992 » par G.C. LeBlanc, A. Godin et A. Renaud.

C'est une étude tout à fait renouvelée avec des nouveaux venus. Comme son titre le laisse voir, elle est trop vaste. Parler en si peu de lignes de chaque province des Maritimes durant une aussi longue période, c'est s'exposer à survoler une question aussi importante, sans en dessiner les véritables contours.

Un ouvrage général de ce genre ne peut ignorer le folklore acadien, si présent dans la vie culturelle des Maritimes. Anselme Chiasson s'est associé Ch. Cormier, C. Deschênes et R. Labelle pour décrire ce folklore avec les mêmes catégories que précédemment, à savoir les cycles de la vie et de l'année, les croyances, les contes et les chansons. L'exposé est plus énumératif qu'analytique, mais il donne une juste intelligence de cet ensemble qui se révèle plus cohérent qu'il ne paraît. À cette manifestation culturelle peut s'ajouter « la culture matérielle traditionnelle » que présente B.V. et R.-G. LeBlanc, selon le rythme des saisons et les types de construction, ainsi que « les activités sportives » que traite D. O'Carroll. Aucune de ces figures de la culture n'est négligeable pour décrire une civilisation aussi particulière.

La littérature, le théâtre, l'art et la musique viennent clore cet ouvrage. Marguerite Maillet se contente de reconduire intégralement son étude de 1980, intitulée « Littérature d'Acadie. Bibliographie », tandis que le cosignataire, R. Boudreau, a probablement ajouté la dernière partie « Le postnationalisme, 1980-1991 ». C'est une description honnête et instructive d'une littérature qui ne cesse d'évoluer. Il en est tout autrement de « L'institution théâtrale acadienne » de Z. Chiasson, qui a remplacé J.-C. Marcus. L'auteur s'attache plutôt aux conditions de production, de formation et de diffusion qu'à la dramaturgie elle-même, qui est traitée à la fin. Grâce à une solide documentation et à une démonstration claire et logique, on voit naître une véritable institution théâtrale qui méritait d'être connue.

Les arts visuels ont laissé la place à un important historique de l'art en Acadie, par P.C. Laurette. Cet historique, il est vrai, ne remonte vraiment qu'en 1980. Il tente de réunir sous un même toit l'art populaire, le cinéma, la peinture, la sculpture et l'architecture des dernières décennies. Il en résulte une longue étude foisonnante d'informations et de réflexions. Comme tout doit finir par des chansons, R.E. Cormier présente « La musique et les Acadiens ». La dimension folklorique y est importante, tout comme le chant choral. L'auteur passe en revue tous les collèges classiques pour arriver au Centre universitaire de Moncton et décrire l'enseignement musical en Acadie. Le goût des Acadiens pour la musique est légendaire et leur succès dans différents festivals montre qu'il déborde la simple fête.

Cette entreprise n'échappe pas à certains dangers de tout collectif, soit la redondance et les répétitions, sans que la cohérence de l'ensemble ne soit menacée pour autant. *L'Acadie des Maritimes* s'avère nécessaire pour définir un certain état de la question acadienne et fonder une tradition de recherche. Il faut savoir gré à la Chaire d'études acadiennes d'y avoir investi autant de ferveur et d'énergie.

NOTE

1. Pour problématiser davantage cette histoire, on pourra se référer aux travaux de Patrick Clarke (« "Sur l'empremier", ou récit et mémoire en Acadie », dans *La question identitaire au Canada francophone, récits, parcours, enjeux, hors-lieux*, sous la direction de Jocelyn Létourneau, avec la collaboration de Roger Bernard, Québec, PUL, CEFAN, 1994, p. 3-44).

L'EXIL D'ALEXA
d'HERMÉNÉGILDE CHIASSON
(Moncton, Éditions Perce-Neige, 1993, 63 p.)

Josée Therrien
Université d'Ottawa

Avec *L'Exil d'Alexa*, Herménégilde Chiasson nous propose son seizième texte dramatique. Constituée de dix tableaux, d'un prologue et d'un épilogue, cette pièce met en scène quatre personnages aux abords de la quarantaine : Alexa, une institutrice, et son mari Marcel, sociologue, ainsi qu'un couple d'amis, Clara et Alcide, invités pour le dîner. Dès l'ouverture de la pièce, la problématique de l'identité se dessine, à la faveur d'une discussion sur l'enseignement de la langue française et sur les dangers de l'assimilation en situation minoritaire. Cette amorce va déclencher un processus d'introspection chez Alexa, qui sent alors le besoin d'aller s'isoler dans la salle de bains, le seul endroit de la maison qui se ferme à clé et qui figure le lieu de son exil. Elle y demeurera jusqu'à la fin de la pièce, malgré les protestations répétées de Marcel, incapable de saisir les motifs profonds qui maintiennent son épouse dans l'entêtement et dans la dissidence. La suite de la représentation montre le personnage d'Alexa en soliloque devant le miroir, à la recherche de son passé, de son identité perdue, avec quelques brefs retours, en contrepoint, au salon où causent les autres personnages. Leurs propos, portant essentiellement sur le suicide et sur la mort, composent une véritable allégorie de l'abdication, ce contre quoi s'insurge Alexa qui, à la fin de son bilan, affirme son désir de renouer avec la vie :

> Mourir au passé. Renaître au futur. Parler dans le présent. Juste parler parce que parler, c'est comme vivre et vivre, ça comprend tous les langages et c'est pour ça que j'dois continuer à parler. Bien ou mal parce que vivre ou parler, c'est une affaire personnelle (p. 62).

Dans la présentation de sa pièce, Herménégilde Chiasson dégage trois niveaux de signification à partir desquels il a composé *L'Exil d'Alexa* : l'agonie d'une collectivité qui « n'a plus les mots pour se dire », le manque de courage d'une génération qui n'a pas su réaliser son projet de jeunesse et, enfin, le désespoir d'une personne confrontée à un moment critique de sa vie. Tous ces axes convergent dans le personnage d'Alexa qui, malgré ses échecs, tente de trouver une voie de salut. Le principal ressort dramatique réside ainsi dans l'artifice du monologue devant le miroir, qui concrétise ici le thème fondamental de la conscience (de la réflexion) et qui devient, par conséquent, l'instrument privilégié de la révélation et de la *catharsis*. Et, en effet, Alexa cherchera, à travers lui, à se composer de nouveaux visages, mais surtout, en voulant passer de l'autre côté, à traverser les apparences et les mensonges. Elle dira : « Quand ça va mal, comme ce soir, comme maintenant, c'est dans une image que j'me retrouve, que j'me ressaisis. [...] C'est un secret qui ouvre la porte de l'univers, qui guérit de toutes les trahisons, de tous les mensonges » (p. 57).

On notera également, au huitième tableau, l'efficacité du dialogue entre Alex et Alexa, qui constituent les deux facettes du personnage principal et mettent au jour son déchirement intérieur : Alex parle un excellent français et se permet de corriger le « franglais » de son double, Alexa. Ce procédé théâtral illustre bien la nature du conflit qui tourmente Alexa, c'est-à-dire la double contrainte entre ce qu'elle est et ce qu'elle devrait être si elle se conformait aux normes, et ce qui en découle, un état de schizophrénie, caractéristique des individus privés de leur identité.

En dépit d'une facture plutôt conventionnelle, *L'Exil d'Alexa* marque une nouvelle étape dans la production littéraire acadienne, dans la mesure où cette pièce inscrit la solution au problème de la survie d'une collectivité menacée de disparaître dans le courant contemporain de la postmodernité fondée sur l'affirmation et la reconnaissance de la différence. Ainsi Alexa, désireuse de liquider les trahisons du passé, prend cette résolution : « J'vais faire taire ceux qui veulent me corriger. Avec mes mots. J'vais parler dans mes mots et tout le monde va comprendre » (p. 33). Au delà de la question, maintes fois ressassée ailleurs, des déchirements linguistiques, le texte de Chiasson se veut un appel au changement ainsi qu'un véhicule d'espoir pour lutter contre l'enlisement et le défaitisme.

Créée en septembre 1993 par le Théâtre l'Escaouette de Moncton, cette pièce a certainement le mérite d'éviter le piège folklorique et le nombrilisme qui ont quelquefois entaché la question de l'identité acadienne — pensons aux œuvres d'Antonine Maillet — et de situer cette problématique dans une perspective suffisamment large pour inciter les spectateurs et les lecteurs de tout horizon à amorcer leur propre réflexion sur le sens de leur existence, aussi bien individuelle que collective.

LE GLOSSAIRE ACADIEN
de PASCAL POIRIER

(Édition critique de Pierre-M. Gérin, Moncton, Éditions d'Acadie / Centre d'études acadiennes, 1993, LXII-443 p.)

Geneviève Prévost
Université Laval (Québec)

Soixante ans après sa mort, le vœu de Pascal Poirier est réalisé : *Le Glossaire acadien* est enfin disponible dans son intégralité. Pierre-M. Gérin, professeur titulaire à l'Université de Moncton, vient, en effet, de livrer une excellente édition critique de ce glossaire qui ne connaissait, encore récemment, que des versions incomplètes et morcelées (la plus récente, réalisée par le père Anselme Chiasson, datait de 1977 et venait compléter le travail du père René Baudry, entrepris 24 ans plus tôt[1]).

Si le français d'Acadie présente certaines similitudes avec celui du Québec, il possède également un bon nombre de traits — notamment lexicaux — qui lui sont propres. C'est précisément de cette originalité dont veut témoigner le dictionnaire de Pascal Poirier. Ouvrage de description certes, mais aussi ouvrage de revendication, voire de légitimation, le *Glossaire* constitue en outre une véritable apologie de la culture acadienne traditionnelle. Malgré les faiblesses qu'on pourrait reprocher à Poirier sur le plan de la méthode lexicographique, son ouvrage se présente, encore à l'heure actuelle, comme l'une des deux références obligées concernant le français d'Acadie, l'autre étant *Les Parlers français d'Acadie* de Geneviève Massignon[2]. Par l'abondance des emplois qu'il renferme et par la justesse de ses commentaires, le *Glossaire acadien* est pour l'Acadie ce que le *Glossaire du parler français au Canada*[3] a été — et demeure — pour le Québec.

Dans sa présentation fort instructive, Gérin trace le portrait de cet extraordinaire érudit que fut Pascal Poirier, puis il relate les avatars qu'a connus le texte du *Glossaire*. Ce dernier, conçu à l'époque où Poirier n'était encore qu'un jeune homme, autour des années 1880, a été anéanti par les flammes à deux reprises, en 1887 et en 1916. Stoïque, l'auteur a repris chaque fois son travail pour finalement laisser une œuvre inachevée à son décès, survenu à Ottawa en 1933. Paru, mais de façon incomplète, dans *Le Moniteur acadien* et dans *L'Évangéline* entre 1925 et 1933, le *Glossaire* n'a jamais connu de version intégrale ni définitive, ce qu'illustre bien le tableau des divers états du texte (p. XXV-XXVII).

Basée sur l'examen minutieux de ces états (manuscrits autographes, éditions journalistiques et copies dactylographiées), l'édition proposée par

Gérin ne visait pas à compléter le travail de Poirier ; elle avait simplement pour objectif d'en fournir la version la plus complète et la plus définitive possible. Aussi présente-t-elle plusieurs différences avec l'édition antérieure. On regrettera néanmoins que l'éditeur n'ait pas eu recours à un appareil critique approprié afin de mettre en évidence ses propres interventions et pour permettre au lecteur de mieux situer la version actuelle du *Glossaire* par rapport à ses autres états.

On remarque d'abord que tous les articles ont fait l'objet de modifications superficielles telles que la suppression de bon nombre de virgules inutiles, l'uniformisation de certaines abréviations (celles des catégories grammaticales, par exemple) ainsi que la correction de diverses coquilles (*Pentagruel* de Rabelais devient *Pantagruel*). On constate également que certaines références ont été complétées. Par exemple, *Champi* de George Sand devient [*François le*] *Champi* dans l'article *accoutumance*.

Par ailleurs, l'examen systématique des mots commençant par la lettre A met en évidence des changements plus importants. Du point de vue de la macrostructure, on observe que l'ordre alphabétique a été rétabli là où il n'était pas respecté. Par exemple, *aboiteau* qui figurait auparavant entre *aborder* et *abouette* a été replacé entre *aberver* et *abominer*. Mais le phénomène le plus remarquable consiste en l'ajout de nombreuses entrées, une centaine, nous dit Catherine Léger (p. LI), qui avaient été omises par les anciens éditeurs parce qu'elles ne correspondaient pas à leur conception de ce que devait être un glossaire. On se réjouira donc de la réinsertion dans la nomenclature du *Glossaire* de mots tels que *arcanson*, *ceinturer*, *malchance* et plusieurs autres, même si leur statut d'acadianismes pourrait aujourd'hui être remis en question.

Contrairement à l'édition antérieure où elles étaient regroupées à la fin de chacune des tranches alphabétiques, les locutions se retrouvent désormais à la fin de l'ouvrage et elles sont plus nombreuses qu'auparavant (leur nombre passe de 117 à 453). Dans la mesure où plusieurs autres locutions figurent aussi à l'intérieur des articles, il aurait peut-être été préférable de les rassembler. L'expression *aller de son pied*, par exemple, aurait pu faire partie de l'article *pied*, tout comme *aller à son pied* qui s'y trouve déjà, du reste avec le même sens. Un index aurait par ailleurs été très utile pour faciliter le repérage non seulement de ces locutions, mais aussi de tous les mots cachés à l'intérieur du *Glossaire*. À l'article *canter*, par exemple, on mentionne les formes *acanter*, *achanter*, *aquanter*, *cantel*, *champ*, *décanter* et *échantillon* qui ne font pas l'objet d'un article particulier.

En ce qui concerne la microstructure, de nombreux articles ont été enrichis. Il peut s'agir de l'ajout soit d'un sens : à l'article *adonner*, par exemple, le sens « souffler du bon côté, en parlant du vent » s'ajoute à ceux qui s'y trouvaient déjà ; soit d'un commentaire : sous *alle*, il est maintenant précisé que le Chat Noir est un cabaret parisien ; soit d'un exemple : ainsi, l'article *analogie* comprend maintenant plusieurs exemples de formations analogiques[4] dont *huile d'hérisson* pour *huile de ricin* ; soit d'une citation, comme dans l'article *emberver* ou *embeurver*, où l'on peut maintenant lire un extrait des *Olivades* de Mistral ; il peut s'agir aussi d'une citation qu'on a complétée : sous *abominer*, par exemple, la citation du Ve psaume de Marot compte désormais trois vers de plus.

Cette nouvelle édition du *Glossaire acadien* était attendue. De toute évidence, elle repose sur une recherche approfondie et elle fait honneur au travail de Pascal Poirier. Elle deviendra rapidement un outil de référence indispensable pour quiconque est curieux de connaître les particularités de la variété acadienne et, de façon plus générale, pour tous ceux qui s'intéressent au fait français en Amérique du Nord.

NOTES

1. Pascal Poirier, *Glossaire acadien*, A-C, Université Saint-Joseph (N.-B.), 1953 ; D-Z, Centre d'études acadiennes, Université de Moncton, 1977, 466 p.

2. Geneviève Massignon, *Les Parlers français d'Acadie. Enquête linguistique*, Paris, Librairie C. Klincksieck, 1962, 2 vol., 975 p.

3. *Glossaire du parler français au Canada*, préparé par la Société du parler français au Canada, Québec, L'Action sociale, 1930, XIX-709 p.

4. Pour Poirier, la formation analogique correspond à ce qu'on appellerait de nos jours de l'étymologie populaire.

CHEZ LES ANCIENS ACADIENS
d'ANDRÉ-T. BOURQUE
(Édition critique de Lauraine Léger, Moncton, Chaire d'études acadiennes, Université de Moncton, 1994, 291 p.)

Pierre-Yves Mocquais
Université de Regina

C'est avec une ferveur doublée d'émotion que je me préparai à lire *Chez les anciens Acadiens* d'André-T. Bourque. Les romans de Victor Hugo et de Walter Scott avaient marqué mon adolescence. Plus tard, à la lecture des *Anciens Canadiens* de Philippe Aubert de Gaspé père, j'avais retrouvé en Archibald Cameron de Locheill et en Jules d'Haberville de dignes émules de Quentin Durward. Et puis, ce qui ne gâche rien, l'œuvre de Bourque est une édition critique, entreprise qui dès l'abord me séduit car mon propre travail sur *Neige noire* d'Hubert Aquin, au sein de l'équipe de l'EDAQ (Édition critique de l'œuvre d'Hubert Aquin), me fait mesurer toute la noblesse et l'intérêt d'un tel projet. C'est donc à la fois avec la trépidation de l'adolescent et la passion de l'universitaire que j'ouvris l'ouvrage de Bourque.

Mais, immédiatement, c'est de la surprise que j'éprouve et, dans une certaine mesure, de la déception. Le travail d'édition critique se révèle laborieux et le texte de Bourque n'est pas de ces vastes épopées où actes de bravoure et amours enflammées s'entrelacent sur fond de fresque historique. Point ici d'aventures romantiques ou héroïques, de situations tragiques ou simplement attendrissantes, de faits d'armes glorieux ou de nobles sentiments. *Chez les anciens Acadiens* est, au départ, un texte lourd, si manifestement didactique que je dois résister à l'envie de refermer l'ouvrage, mais en poursuivant ma lecture, il me revient pêle-mêle en mémoire cette phrase de Jean-Charles Harvey dans *Les Demi-civilisés*, à propos de l'inénarrable Nicéphore Gratton : « On eût dit que tous les pompiers du monde s'étaient réunis, lance au poing, pour arroser et délayer ce style national », et la diatribe de l'imaginaire Jean-Paul Ratté, journaliste au *Bon Combat*, dans *Au delà des visages* d'André Giroux. Bourque semble se placer tout droit dans cette veine lorsqu'il entonne :

> Oui, certes, disons-le hautement : gloire, honneur et reconnaissance à ces dévoués éducateurs qui ont formé les hommes de marque que nous comptons parmi nous aujourd'hui, et qui sans bruit et sans éclat continuent de préparer de nos jours les jeunes gens qui seront nos hommes de demain [...] En second lieu, chapeau bas, messieurs, devant nos journaux acadiens qui, en vrais soldats, l'arme au bras et partout sur la brèche, ont su défendre et protéger nos intérêts nationaux et diriger dans la bonne voie le sentiment de nos populations (p. 96).

Rien, semble-t-il, ne nous est épargné dans ce discours prédicateur : ni l'éloge du mariage chrétien, « point pour la beauté ou pour l'argent » mais guidé par la « raison et [le] bon sens commun » (p. 103) et qui ne peut trouver sa consécration que dans « l'observance de notre sainte religion et dans la culture intelligente des terres » (p. 106), car la terre est « une bonne mère, une mère vraiment nourricière qui donne toujours en abondance et même en surplus quand on la traite comme il faut » (p. 106) ; ni l'attendrissement paternaliste à l'égard de « nos braves Micmacs » qui, « fiers enfants des bois, errants depuis la nuit des temps dans les vastes solitudes du Nouveau Monde, et laissés à eux-mêmes et sans moyens de civilisation ou d'éducation », non seulement « avaient tout de même bien conservé les lois naturelles et les nobles instincts que le Créateur a implantés dans le cœur de l'homme » (p. 155), mais surtout avaient su respecter scrupuleusement la « parole donnée il y a au-delà de trois siècles » (p. 155) par leur grand chef Membertou à Samuel de Champlain qu'ils seraient chrétiens ; ni même une occasion d'évoquer Ève, « mère des vivants », dont le « doux visage » est assombri par un « reflet de souffrance et de tristesse, conséquence du premier péché » (p. 203).

Si *Chez les anciens Acadiens* se résumait exclusivement à un prêche doucereux et pontifiant, il n'aurait guère été indispensable qu'on lui consacrât une réédition, même au titre de l'exhumation d'un texte dont la valeur historique, bien qu'essentiellement anecdotique, eût été censé compenser la piètre valeur littéraire. Mais voilà, au delà de l'expression d'une idéologie cléricale et agriculturiste qui, dans un texte de 1911, ne devrait pas surprendre, au delà d'un style souvent agaçant par son affectation et de chapitres de valeur inégale, au delà même de la volonté si affichée de faire œuvre de pédagogie, les *Causeries du grand-père Antoine* se révèlent une mine riche en renseignements précieux sur les traditions, les habitudes et les coutumes de la société acadienne.

Les rituels du mariage et de la *grande demande* qui le précède sont décrits avec bonheur (« Mariages d'autrefois », p. 108-120), de même que certaines des habitudes journalières des Acadiens : *faire boucherie*, le *broyage* (« Entre voisins », p. 129-138), les occasions où il convient de faire le signe de la croix, les festivités associées à Noël et au Jour de l'an (« Coutumes d'autrefois », p. 247-253). Les chapitres sur les « Anciens maîtres d'écoles » (p. 121-128), « Henriette » (p. 153-166) et la pratique locale de la justice (« Salomon », p. 231-234) sont à la fois enjoués et savoureux.

« Peinture de mœurs, histoire orale, réflexions, *Chez les anciens Acadiens* est tout cela à la fois » écrit fort justement Lauraine Léger (Introduction, p. 52). Et d'ajouter : « Voilà sans doute pourquoi le livre défie toute classification reconnue » (*ibid.*). En dehors des coutumes et des comportements sociaux cités plus haut, il est effectivement difficile d'ordonner les différentes réflexions du grand-père Antoine selon des catégories précises. S'il figure bien parmi les causeries un conte (type 676 de la classification Aarne-Thompson, « Les revenants », p. 175-192), variation du « Ali-Baba et les quarante voleurs » de mon enfance, il est beaucoup plus ardu de distinguer entre ce qui relève des croyances et des superstitions, et de certaines pratiques sociales plus ou moins balisées par le souvenir ou altérées par l'imaginaire. Mais le tout donne néanmoins lieu à des récits agréables, souvent drôles et parfois dotés d'une morale bon enfant, comme « Un effet » (p. 227-229), les histoires de Gaspard le Bedeau, de Télesphore Brindamour, de la *chasse-galerie* ou des loups-garous (p. 139-152), et « Trésors cachés » (p. 235-245).

Le texte de Bourque justifiait-il pour autant qu'on l'institutionnalisât par l'édition critique ?

> À une époque où l'Acadie ne connaissait ni science du folklore ni folkloriste, explique Lauraine Léger, la publication d'André Bourque comble un vide évident. De plus, les divers sujets qu'elle aborde donnent aux ethnologues d'aujourd'hui, de même qu'aux lecteurs en général, une idée de l'Acadie du XIXe siècle, celle qui réfléchit, celle qui répète les gestes traditionnels, celle qui adore raconter, celle enfin qui égaye la vie quotidienne avec des chansons de toutes sortes. Là se trouve la valeur principale du livre *Chez les anciens Acadiens* et la raison pour laquelle nous avons jugé bon d'en faire une édition critique (p. 53-54).

Si l'on accepte l'argument avancé par l'éditrice, on ne peut nier que l'apparat critique présenté se révèle utile et le travail de Lauraine Léger est complet, même s'il est quelque peu pléthorique. Pourquoi, en effet, 28 pages souvent fastidieuses consacrées à relater par le menu la vie du père Bourque auxquelles s'ajoute une chronologie de 19 pages ? À supposer qu'il ait été souhaitable d'insister ainsi sur les détails de la vie de l'auteur, pourquoi ne pas avoir recouru à une bio-chronologie qui aurait considérablement allégé le texte ?

Toutefois, si louable qu'ait pu être l'entreprise de Lauraine Léger, si exhaustive qu'ait pu être sa recherche, si exact qu'ait pu être le travail d'établissement du texte, ces qualités excusent difficilement un texte de présentation dont le style est souvent lourd et maladroit et qui, de la part d'une universitaire, surprend par des sautes de niveaux de langue, des tournures et des expressions régionales ainsi que des glissements vers l'anglais qu'on ne s'attendrait pas à trouver dans une édition qui se veut savante. Que penser, en effet, de tournures telles que « études académiques », « rendement académique » (p. 17), « il voit à organiser une cérémonie » (p. 18), « possiblement » (p. 20), « chœur de chant » (p. 21 et 24), « noces d'argent du Collège Saint-Joseph » (p. 25), « pendant au-delà de six ans » (p. 27), « voir de visu » (p. 30), « pièce [de musique] » (p. 38), « on a oublié d'ajouter les initiales c.s.c. au bout de son nom » (p. 39), pour ne citer que les plus flagrantes ?

Que dire, en fin de compte, de *Chez les anciens Acadiens* d'André-T. Bourque ? Si l'on sait, dès l'abord, laisser de côté le ton prédicateur qui date tant le texte, les *Causeries du grand-père Antoine* sont loin de manquer de charme. Quant à l'édition critique, il est regrettable qu'elle ne fasse pas montre de plus de rigueur, mais elle renseigne convenablement le lecteur et se veut donc un effort louable sur un texte qui, il faut bien le dire, est quelque peu ingrat.

CAMILLE PERRON, NÉO-CONTEUR FRANCO-ONTARIEN

Georges Bélanger
Université Laurentienne (Sudbury)

Plusieurs recherches et observations sur la tradition orale montrent que le conte oral suscite depuis quelques années un intérêt grandissant au Canada français et en France. Il existe de toute évidence un engouement nouveau, en particulier pour le conte oral, que confirme aisément la présence accrue de nouveaux conteurs, de néo-conteurs. Il ne s'agit pas là, dirions-nous, d'un attrait passager, d'une simple coïncidence ou de la manifestation plus ou moins marginale d'une activité qui connaîtrait un certain regain de vie. Il y a plus. En y regardant de près, on a vite fait de constater que ce phénomène se rattache à l'importance de l'oralité, qui occupe une place de premier plan dans nos sociétés modernes. Mais que signifie au juste ce terme ? Quelles réalités enveloppe-t-il aujourd'hui ? Parmi les chercheurs qui ont mené des études sur cette question, il en est un, Paul Zumthor, dont les travaux demeurent toujours très remarquables et actuels. Il définit ainsi le sens d'oralité : « Ce que j'embrasse par l'appellation de *tradition orale* (ou, abréviativement, d'*oralité*) ne se limite pas cependant aux faits de langage les mieux formalisés (contes, mythes, devinettes, chansons), mais comporte l'ensemble des discours qu'une société se tient sur elle-même, en vue de se perpétuer[1] » ; un peu plus tard, au terme d'une recherche plus approfondie, il ajoute les propos suivants sur la place de l'oralité :

> Tout se passe comme si, épisode d'un conflit millénaire, nous participions aujourd'hui à un retour en force de l'oralité: provoqué par l'inflation de l'imprimé, depuis la fin du siècle dernier [...]. Depuis une dizaine d'années, l'un des points de convergence des sciences humaines, de mieux en mieux perçu comme tel, n'est autre que cette fonction de la voix[2].

Après observation, on découvre jusqu'à quel point depuis les trente dernières années, l'oralité et la voix, dans l'opposition oral/écrit, sont devenues des outils privilégiés d'expression, et qu'elles ont fait l'objet d'analyse. C'est dans ce contexte redéfini qu'évoluent tous les interprètes ou poètes de la voix, comme on se plaît souvent à les nommer, y inclus les nouveaux conteurs.

Si le présent article veut d'abord souligner la présence d'une nouvelle génération de conteurs, adeptes inconditionnels de la « poésie orale », d'ici et d'ailleurs, il vise surtout à découvrir la personnalité et le rôle du néo-conteur, dans le but de tracer dans les grandes lignes une sorte de portrait type. Et pour ce faire, il propose d'utiliser l'exemple d'un néo-conteur franco-ontarien, Camille Perron. L'article abordera aussi quelques sujets connexes comme le texte ou le document oral, la performance, la voix, la gestuelle, etc. Il exposera quelques distinctions entre le néo-conteur et le conteur traditionnel.

Une nouvelle génération de conteurs

D'entrée de jeu rappelons que, de nos jours, autant d'hommes que de femmes choisissent le conte oral pour communiquer. Certains sont très connus en France, au Canada français ou partout ailleurs dans le monde francophone, parce qu'ils participent de plus en plus à des rencontres, festivals, colloques ou activités diverses, où l'oralité est à l'honneur. Ils ont donc l'occasion de présenter des spectacles (lire : *performances*). Ou encore, c'est par la voie de la publication, ouvrages de création ou reportages, témoignages, entretiens, etc., que le public réussit à les connaître. Ainsi en est-il, par exemple, de Catherine Zarcate et de Yannick Jaulin qu'Olivier Poubelle présente à tour de rôle dans la revue *Dire*[3]; de Pierre-Jakez Hélias[4]; ou de Martine Deval[5]. Plus récemment, la 48e édition (1994) du Festival d'Avignon, carrefour par excellence, présentait à nouveau plus d'une vingtaine de spectacles reliés au conte. Nous avons assisté à celui de Jean Guillon, conteur provençal et de Bertrand N'Zoutani, conteur africain[6]. Marc Laberge, conteur québécois, se présente, pour sa part, comme un conteur professionnel, c'est-à-dire « qui vit de son art ». Très actif, il participe à de nombreuses rencontres et tournées en Europe, où il a remporté notamment le Grand Prix du public au Festival du conte en Isère, en 1991. En outre, il est l'organisateur du premier Festival interculturel du conte de Montréal[7] et il vient de publier un recueil de contes, *Destins*[8].

Les travaux du père Germain Lemieux et de Jean-Pierre Pichette font état de la richesse de la tradition orale en Ontario français, et ils dévoilent le rôle significatif qu'ont joué les conteurs populaires. La plupart de ces informateurs sont aujourd'hui à peu près tous disparus. Mais, ici comme ailleurs, des néo-conteurs ont en quelque sorte pris la relève. Nous en connaissons deux qui le font professionnellement depuis quelques années. Justin Lewis est originaire de Sudbury dans le nord-est de l'Ontario et, parfaitement bilingue, s'adonne à l'art de conter, en français mais davantage en anglais, dans la région de Toronto. Il s'adresse surtout à une clientèle scolaire et son répertoire est composé de documents oraux empruntés au Québec et à l'Ontario français, en particulier tirés de la collection *Les vieux m'ont conté* du père Germain Lemieux. Le second est Camille Perron, néo-conteur franco-ontarien. Mais qui est-il vraiment? Pourquoi a-t-il choisi ce métier et comment le conçoit-il ? En quels milieux agit-il, quelles sont ses principales activités ? Quel est son répertoire ? Autant de questions auxquelles nous tenterons d'apporter quelques réponses, non seulement pour mieux connaître ce nouveau conteur de l'Ontario français mais, en même temps, comme nous l'indiquions plus haut, pour établir une sorte de profil de cette nouvelle génération.

Camille Perron : néo-conteur franco-ontarien[9]

Il est né à Astorville, près de North Bay dans la région du Nipissingue, le 2 octobre 1929. Après avoir terminé ses études primaires à l'école Saint-Thomas d'Aquin, il entreprend ses études secondaires et universitaires au Collège Sacré-Cœur de Sudbury jusqu'en 1951. Destiné à une carrière dans l'enseignement, il s'inscrit au Collège d'éducation de l'Université de Toronto. Il obtiendra, de plus, en 1965, un diplôme de spécialisation en langue et littérature françaises. En 1955, il épouse Angéla Sterling, Franco-Ontarienne du Sud-Ouest, et amorce sa carrière d'enseignant successivement à Wawa, Belle-Rivière et North Bay, où il choisit de prendre une retraite anticipée en 1986, pour se consacrer à plein temps au conte. Il est alors âgé de 57 ans. Camille Perron représente le Franco-Ontarien de « souche », de la deuxième génération; son père est né à Astorville, après que ses grands-parents, Québécois d'origine, eurent choisi de s'installer dans cette partie du Nouvel-Ontario. Sans être le seul, l'Ontario français, qu'il sillonnera au cours de ses innombrables tournées, deviendra son lieu de prédilection pour conter. Possédant une solide formation scolaire, par opposition au conteur traditionnel qui était souvent analphabète, Camille Perron manifeste toujours beaucoup d'intérêt pour tout ce qui reflète et appartient à l'Ontario français, en termes de spécificités et de particularités, dans la tradition orale, surtout dans le conte. Il appartient aussi à une famille de conteurs qui ont marqué son enfance. La mémoire des noms est fidèle : ses grands-parents, les deux Théophile Gauthier, Jos et Éva Groulx, Médéric Audet, la tante Corrina, etc.

Mais d'où lui vient donc ce goût pour le conte, comment a-t-il choisi ce moyen de communiquer ? C'est par accident, avoue-t-il, que l'idée de conter lui est venue, alors qu'il enseigne la littérature à l'école secondaire. Dans le but de motiver ses élèves, premier auditoire auquel il s'adresse, il leur récite des contes. L'expérience est concluante, il la poursuivra. Dès 1982, il offre des ateliers sur le conte folklorique dans différents milieux scolaires. Trois ans plus tard, on lui demande d'enregistrer quatre contes de Noël qui seront diffusés sur CBON, la radio française de Radio-Canada à Sudbury. Fait à noter, il est l'auteur[10] de ces textes. En 1986, grâce à l'initiative de Michel Morin, réalisateur à la même station, Camille Perron enregistre la première série *Histoire de conter*[11], qui sera suivie, en 1987, d'une deuxième série, non publiée à ce jour. À plusieurs reprises, la radio de Radio-Canada diffusera des enregistrements de ce conteur, tant au réseau régional, dans le nord-est de l'Ontario, que national. Il collabore aussi à la création d'émissions à la

Chaîne française de TVOntario, l'Office de la télécommunication éducative de l'Ontario, et auprès de réseaux télécommunautaires. Ajoutons ses innombrables participations à des activités diverses reliées à la tradition orale et au conte : le Festival franco-ontarien d'Ottawa, le Festival d'été de Québec, la tournée « Le conte populaire en Ontario français » organisée par le Centre franco-ontarien de folklore de Sudbury, le Festival folklorique de Bécancour, etc. En 1990, il est l'un des invités d'honneur au *Northern Storytellers Festival*, tenu à Whitehorse au Yukon ; et il participe à une tournée provinciale sous l'égide du Regroupement des organismes francophones d'alphabétisation de l'Ontario.

Dès 1985, des représentants de différents conseils scolaires de l'Ontario l'invitent à entreprendre des tournées dans les écoles élémentaires et secondaires, de Cochrane à Windsor, et de Sault-Sainte-Marie à Ottawa ; il effectuera le même genre de tournée, en 1988, dans une quinzaine d'écoles du Manitoba. Camille Perron présente en moyenne plus de deux cents spectacles ou prestations[12] par année.

Depuis 1986, année où il choisit son métier de conteur, il mène sa nouvelle carrière à un rythme endiablé. Quand on lui demande pourquoi il récite des contes, la réponse est sans équivoque :

> J'aime ça comme un fou. J'aime ça comme un fou. Je n'arrête pas. J'ai rencontré tous les groupes d'âge à partir des plus petits de 3 ou 4 ans jusqu'aux personnes âgées, et à tous les niveaux d'éducation : élémentaire, secondaire et universitaire. J'ai fait aussi la tournée des centres culturels. Je suis toujours étonné et émerveillé de l'intérêt que les gens manifestent pour les contes, quels que soient leur âge et leur éducation[13].

À l'amour du conte s'ajoutent aussi, poursuit-il, la magie, la fascination et le pouvoir que ce genre a toujours exercés sur lui depuis son enfance, dès qu'il entend des membres de sa famille, de sa parenté ou de son entourage lui réciter des contes. Camille Perron, alias « Pépère Cam », adore conter, et le public le lui rend bien. Il faut dire qu'il réussit magistralement à offrir des prestations de grande qualité. Pour l'avoir vu et observé très souvent en spectacle[14] au cours des dernières années, il est facile de témoigner de l'immense succès qu'il obtient auprès de tous ses auditoires. Le spectacle devient synonyme alors de *performance* en prenant ce terme dans son acception anglaise :

> La *performance*, c'est l'action complexe par laquelle un message poétique est simultanément transmis et perçu, ici et maintenant [...]. Dans la performance se recoupent les deux axes de la communication sociale : celui qui joint le locuteur à l'auteur ; et celui sur quoi s'unissent situation et tradition. À ce niveau joue pleinement la fonction du langage que Malinowski nomma *phatique* : jeu d'approche et d'appel, de provocation de l'Autre, de demande, en soi indifférent à la production d'un sens[15].

Les liens nécessaires et indissociables que Camille Perron crée, bien involontairement sans doute, entre la performance et la voix, le corps et le geste, composent cet univers propice au conte, et font la preuve d'une belle maîtrise de l'oralité. En ce sens, rappelons qu'il s'intéresse aussi (faut-il s'en étonner ?) au théâtre, autre lieu formel d'expression de l'oralité ; en effet, en plus d'être l'auteur de deux textes pour le théâtre, *Le Mystère de Beaucage* et *Mishomis*[16], il a déjà interprété le rôle principal de sa première pièce. Mais revenons au conte oral que Camille Perron définit comme « un film verbal » qui permet encore la création collective spontanée. Il explique ainsi sa perception :

> La société contemporaine a volé ma chanson, mon film, tout ce que je créais dans mon imaginaire. On ne peut plus écouter une chanson sans qu'il y ait la vidéo qui nous dit quoi penser et quoi voir pendant qu'on l'écoute [...]. Il n'y a plus de rêve, plus de place pour le rêve, c'est toujours le rêve de quelqu'un d'autre. Il n'y a rien à imaginer, il n'y a plus d'imagination. Le conte n'a pas encore été fait en film ou en vidéo, il permet la création spontanée[17].

Permettre à l'auditoire, en particulier au jeune public, de créer, à l'écoute du conte et à l'aide de la parole et des mots, son propre film, voilà selon lui la principale fonction du conte en nos temps modernes ; stimuler et provoquer par le fait même l'imagination, privilégier l'imaginaire, trop souvent occultés ou disparus. Lorsqu'il « interprète » et « crée », par exemple, la bête-à-sept-têtes, il affirme qu'il se demande toujours comment chaque personne se la représente en image, quel est son film. Si l'on fait exception du style oral, après l'importance de l'imagination et de la langue, la transmission de la culture, au sens large, constituerait, selon lui, les trois composantes essentielles du conte oral.

En quoi consiste son répertoire ? Il se divise en trois parties : la première se compose de contes traditionnels que Camille Perron a puisés dans la collection *Les vieux m'ont conté* du père Germain Lemieux, ce qui constitue sa source majeure d'information, à plus de 80 p. 100, affirme-t-il. Il s'agit de textes qu'il lit la première fois et qu'il adopte (il insiste sur la version syllabique) au début des années quatre-vingt, lorsqu'il décide d'utiliser le conte oral pour travailler avec ses élèves, et lorsqu'on lui demande d'en enregistrer quelques-uns[18]. La deuxième partie, environ 10 p. 100 du répertoire, provient des contes traditionnels qu'il a entendus dans son enfance. Et enfin la dernière partie représente ses textes de création : environ une quinzaine. Au total, il est plausible d'avancer que Camille Perron possède un répertoire d'une cinquantaine de contes. Et, comme tout bon conteur, il se permet de les adapter librement.

Il demeure donc, avant tout, le porte-parole du conte traditionnel. Ce que corrobore d'ailleurs d'autres gestes et habitudes de ce conteur. Ainsi, par exemple, sa tenue vestimentaire revêt-elle un caractère rituel lié à la tradition populaire : la chemise de paysan signifie qu'il est le dépositaire du conte ; la ceinture fléchée, que le conte est une fête ; le mocassin, que c'est la chaussure de l'aventurier, et que le conte est une aventure ; un pendentif, cadeau d'une Amérindienne, symbolise l'oiseau-tonnerre ; un petit sac de médecine, cadeau d'un Amérindien est symbole d'amitié ; une casquette ; et surtout le bâton de conteur ou *talking stick*, qui indique clairement que la personne qui le tient possède l'autorité et le droit de parole[19].

Conclusion

On pourrait croire que ce portrait de Camille Perron correspond à l'image du conteur traditionnel dont on déplore la disparition. Il n'en est pourtant rien. Comme tant d'autres, il appartient à une nouvelle génération de conteurs, les néo-conteurs, et ce, pour plusieurs raisons. Résumons-les. La plupart des néo-conteurs accusent une bonne formation scolaire, lisent les contes, se documentent et composent souvent de cette façon une partie de leur répertoire. Ce qui ne les empêche pas d'y inclure, à l'instar de Camille Perron, un choix de contes traditionnels. Un grand nombre d'entre eux agissent en tant que conteurs professionnels, c'est-à-dire gagnent leur vie en présentant des spectacles, et font appel à des agences ou à des représentants qui veillent sur leur carrière respective. Fait à souligner aussi, ce sont des créateurs : ils composent et publient leurs textes. Véritables spécialistes de l'oralité et de la scène, ils en maîtrisent habilement les techniques. Et chacun, enfin, semble conscient de représenter une certaine identité régionale ou nationale : conteur franco-ontarien, québécois, français, poitevin, bigouden, provençal, africain, et combien d'autres encore ? Pour distinguer le conteur traditionnel et le néo-conteur, Catherine Zacarte répond : « Je crois qu'il y a deux sortes de conteurs, ceux aux racines terrestres, de terroirs, et ceux dont la racine n'est pas une terre, mais une idée, et dont le répertoire puise aux sources du monde entier, représentant le territoire de cette idée[20]. »

Au delà de toutes les considérations énoncées jusqu'à maintenant pour découvrir la signification du conte de nos jours, n'existerait-il pas ultimement et individuellement une raison plus profonde de l'utiliser comme moyen de communication chez toute une génération de nouveaux conteurs ? Qu'est-ce qui les pousse vraiment sur scène ? Pour répondre à cette question, nous nous rallions à l'opinion suivante de Paul Zumthor :

> Le conte, pour celui qui le dit (comme la chanson pour celui qui la chante), constitue la réalisation symbolique d'un désir ; l'identité virtuelle qui, dans l'expérience de la parole, s'établit un instant entre le récitant, le héros et l'auditeur engendre selon la logique du rêve une fantasmagorie libératrice. D'où le plaisir de conter, plaisir de domination, associé au sentiment de piéger celui qui écoute, capté de façon narcissique dans l'espace d'une parole apparemment objectivée[21].

NOTES

1. Paul Zumthor, « Entre l'oral et l'écrit », *Les Cahiers de Fontenay*, n° 23, juin 1981, p. 9.

2. Paul Zumthor, *Introduction à la poésie orale*, Paris, Éditions du Seuil, coll. « Poétique », 1983, p. 284-285, [26 p.]. Cet ouvrage demeure à notre avis essentiel pour qui s'adonne à l'étude de l'oralité. Le présent article s'en inspire largement.

3. Olivier Poubelle, « Catherine Zarcate : portrait d'une conteuse (entretien) », *Dire*, n° 1, printemps 1987, p. 7-11 ; et « Yannick Jaulin : conteur poitevin (portrait) », *Ibid.*, n° 3, automne 1987, p. 7-11.

4. Georges Jean, « Pierre-Jakez Hélias et l'art de conter », *Le Français aujourd'hui*, n° 43, septembre 1978, p. 29-34 ; et Andrée Stephan, « Pierre-Jakez Hélias, un héraut bigouden », *Québec français*, octobre 1986, p. 14-17.

5. Georges Bélanger, « Entretien avec Martine Deval, conteuse », Dijon, France, 17 mai 1990, durée de l'interview : environ 4 heures.

6. Festival d'Avignon, *Cahier du festival Off* [sic] *d'Avignon*, 48e édition, 8 juillet au 2 août 1994, 78 p. ; Jean Guillon, « Contes de l'Inde », à La Saraillerie, le 12 juillet 1994 ; Bertrand N'Zoutani, « Musique et contes », au Temple Saint-Martial, le 17 juillet 1994.

7. Tenu pour la première fois à Montréal, du 5 au 14 novembre 1993, sous la présidence d'honneur de Michel Cailloux ; le deuxième Festival a eu lieu en novembre 1994, cette fois sous la présidence d'honneur du père Germain Lemieux, fondateur du Centre franco-ontarien de folklore de Sudbury.

8. Marc Laberge, *Destins*, Montréal, Québec/Amérique Jeunesse, coll. « Clip », n° 16, 1994, 106 p.

9. Les renseignements concernant Camille Perron proviennent en majeure partie d'un entretien qu'il nous accordait en mai 1991 : Georges Bélanger, « Entretien avec Camille Perron, conteur », Ottawa, le 6 mai 1991, École secondaire Samuel-Genest ; durée de l'interview : environ 1 heure 30. Nous tenons à remercier Nicole Richardson qui a procédé à la transcription de cet enregistrement, 25 p.

10. Comme la plupart des néo-conteurs, Camille Perron a écrit des textes. Citons, entre autres, les contes de Noël suivants : « Le Retour », 1977, 5 p. ; « Le Violoneux », 1979, 7 p. ; « La Légende des aurores boréales », s.d., 4 p. ; « Un conte de Noël », 1978, 7 p. ; d'autres textes divers : « Le Mouton d'Yvan », 1981, 11 p. ; « Cette année, l'hiver a été bien dur sur les érables », 1981, 7 p. ; « Ti-Jean et ses trois petits cochons », 1978, 15 p. ; « Le Mystère de Beaucage », 1980, 10 p., qui deviendra le sujet d'une pièce de théâtre du même nom en 1983 (voir à ce sujet la publication de Théâtre Action, *Les Pages blanches : synopsis de la banque de textes de Théâtre Action*, sous la direction de Michel-Louis Beauchamp, Vanier, 1993, p. 41-42, [152 p.]). À notre connaissance, ces contes n'ont pas été publiés, à l'exception de la pièce de théâtre : Camille Perron, *Le Mystère de Beaucage*, North Bay, La Société historique du Nipissing, 1985, [29] p.

11. Jean-Pierre Pichette, *Histoire de conter*, série I, Contes populaires de tradition orale recueillis par le père Germain Lemieux et racontés par Camille Perron, [réalisation de Michel Morin], Montréal, Les Entreprises Radio-Canada, SWC-002, 1987, [7 p.]. Livret de présentation d'un coffret de 2 cassettes contenant 8 récits populaires franco-ontariens d'une durée de 2 heures 40 minutes.

12. Précisons qu'il s'agit de spectacles d'inégale longueur.

13. « Entretien avec Camille Perron, conteur », *op. cit.*, p. 5.

14. Citons, entre autres, deux spectacles présentés à l'École secondaire Garneau d'Orléans (près d'Ottawa), le 9 mai 1991, devant un auditoire composé d'une vingtaine de personnes, élèves et adultes, et que nous avons enregistrés : Georges Bélanger, « Séance de contage de Camille Perron » (« Le Bâtiment merveilleux » et « Le Petit Avocat »), durée : 1 heure ; et « 2e séance de contage de Camille Perron » (« La Boule de fer » et « La Tasse de fraises »), durée : 1 heure ; Orléans, École secondaire Garneau, 9 mai 1991. À cette occasion, les deux spectacles ont également été enregistrés sur cassette vidéo.

15. Paul Zumthor, *op. cit.*, 1983, p. 32.

16. *Le Mystère de Beaucage*, *op. cit.*, et *Mishomis*, écrite et produite à North Bay, en 1988.

17. « Entretien avec Camille Perron, conteur », *op. cit.*, p. 24-25.

18. *Op. cit.*, la première série contient les 8 contes suivants : « Le Jeu de poker » ; « La Belle Jarretière verte » ; « Raquelore » ; « Cric et Croc, fins voleurs » ; « Placide-Eustache » ; « La Belle aux mains coupées » ; « Ti-Jean le paresseux » ; « Le Bâtiment merveilleux ».

19. « Entretien avec Camille Perron, conteur », *op. cit.*, p. 8-9.

20. « Catherine Zarcate : portrait d'une conteuse (entretien) », *op. cit.*, p. 8.

21. Anne Wilson, *Traditional Romance and Tale: How Stories Mean*, Ipswich (G.B.), D.S. Brewer, 1976, cité par Paul Zumthor, 1983, *op. cit.*, p. 53.

IDENTITÉ RÉGIONALE ET APPARTENANCE CULTURELLE : LA CHANSON FOLKLORIQUE FRANÇAISE DU SUD-OUEST DE L'ONTARIO

Marcel Bénéteau
Université Laval (Québec)

Les études sur le sud-ouest de l'Ontario français, bien qu'existantes, sont tout de même peu nombreuses. Quoique certains travaux dans les domaines de l'histoire et de la linguistique aient tenté de présenter une vue d'ensemble de la région, aucune vision claire ne se dégage de la francophonie du Sud-Ouest, ni dans le cadre d'une culture régionale ni dans le contexte plus large de la culture franco-ontarienne. L'étude ethnologique de la région, à peine amorcée, représenterait sans doute une étape importante dans le développement de ces deux visions complémentaires. Comme le remarque Jean-Pierre Pichette : « Le Nord-Ouest, le Sud et le Sud-Ouest n'ont pas encore été visités par les enquêteurs, et la connaissance qu'on en retire est forcément parcellaire. Cette tâche importante, qui relève de la fonction même de l'ethnologue, doit donc se poursuivre[1]. »

En effet, le sud-ouest de l'Ontario, c'est-à-dire la petite péninsule s'insérant entre le lac Érié et le lac Sainte-Claire, à l'extrémité méridionale du Canada, offre un intérêt particulier pour les enquêteurs, et ce, dans plusieurs domaines. C'est d'abord le berceau de la francophonie en Ontario : la colonie du Détroit, fondée par Antoine Laumet, sieur de Lamothe Cadillac en 1701, fut le premier peuplement français permanent à l'ouest de Montréal. Longtemps isolé par rapport aux autres centres francophones de l'Amérique du Nord, le Sud-Ouest, à cause de sa situation géographique, fut très tôt exposé à de fortes pressions d'assimilation, du point de vue culturel autant que linguistique. Ces pressions sont venues non seulement de la part de l'Ontario anglais, qui s'interpose sur une distance de presque 800 kilomètres entre le Détroit et la frontière du Québec, mais aussi de la présence américaine, qui entoure la péninsule du Sud-Ouest sur trois côtés.

Il y a d'ailleurs une autre dimension à considérer dans l'étude de la francophonie du Sud-Ouest, sur laquelle les chercheurs ont jusqu'à présent largement fermé les yeux : plusieurs endroits de la péninsule ont été peuplés par deux groupes de francophones, et ce à deux époques différentes. Au XVIIIe siècle, un premier groupe s'établit sur les deux rives de la rivière Détroit. Au milieu du XIXe siècle, une deuxième vague vient peupler le territoire le long du lac Sainte-Claire, plusieurs kilomètres à l'est de la première région.

Sauf dans quelques quartiers de la ville de Windsor et dans le village de Tecumseh, directement à l'est de la ville, les contacts entre ces groupes sont demeurés jusqu'à nos jours assez restreints. Malgré l'industrialisation de la région, les territoires au sud et à l'est de la ville étaient jusqu'à récemment restés essentiellement agricoles et leurs populations très sédentaires ; à la Petite Côte, du côté canadien de la rivière Détroit, certaines familles exploitent toujours le même ruban de terre que leurs ancêtres au XVIIIe siècle. Il y a eu relativement peu de mariages entre les deux groupes. Chaque région garde ses patronymes typiques[2].

Or, l'ensemble des études historiques, linguistiques et ethnologiques sur les francophones du Sud-Ouest ne tient pas compte de ces origines différentes et de leurs conséquences. Certains chercheurs admettent que ces facteurs auraient eu une influence sur le développement de la culture, mais aucune conclusion claire ne s'impose. Les principaux auteurs qui traitent de l'histoire des francophones du Sud-Ouest s'en tiennent largement aux événements dans l'ouest de la région au XVIIIe siècle[3]. Les travaux linguistiques ne sont pas plus clairs. Hull[4] et Almazan[5] décrivent un « parler du Sud-Ouest », mais les deux auteurs basent leurs conclusions sur un échantillon de population assez restreint et très localisé. Certains chercheurs américains (Craig[6] et Johnson[7]) rapportent cependant des variantes linguistiques d'une région à l'autre. Nos propres enquêtes sur la tradition orale du Sud-Ouest suggèrent qu'il y aurait, en effet, des différences assez marquées entre les parlers des deux régions.

On est donc en droit de se demander si le sud-ouest de l'Ontario français, comme un certain nombre d'études l'indique, forme un bloc homogène, ou si, selon d'autres résultats, nous n'aurions pas affaire à une société beaucoup plus complexe, qui serait composée d'au moins deux régions culturelles distinctes correspondant à une occupation du territoire qui s'est déroulée à deux époques différentes. Nos premières observations à partir de répertoires de chansons folkloriques provenant de l'est et de l'ouest de la région nous inclinent à adopter ce deuxième point de vue. C'est donc en se servant de chansons comme marqueurs culturels que nous allons tenter de justifier cette division du Sud-Ouest franco-ontarien en deux zones culturelles. Cette question a une importance qui va bien au delà des cadres théoriques et s'adresse directement à la perception d'une identité régionale.

Les travaux ethnologiques sur les Canadiens français du Sud-Ouest se révèlent encore plus rares que ceux sur l'histoire et la linguistique et ne nous en disent pas long sur l'existence d'une identité culturelle. Selon Jean-Pierre Pichette, deux ouvrages seulement mériteraient un commentaire. Le premier, *Legends of le Détroit*, publié en 1884 par Marie Caroline Watson Hamlin, rapporte 31 récits historiques ou légendaires relatifs aux Canadiens français établis sur les deux rives de la rivière Détroit[8]. Entre autres, « on peut y lire la plus ancienne version canadienne connue de la chasse galerie[9] ». Le deuxième serait un travail de Joseph-Médard Carrière, qui, en 1940[10], a recueilli 26 contes populaires à Tecumseh, à l'est de Windsor. « Ces contes, toujours inédits, constituent les premiers témoignages vraiment scientifiques du Sud-Ouest ontarien et les seuls durant plusieurs décennies[11]. » À cette maigre récolte, Pichette ajoute les travaux modestes de quelques amateurs.

Notre propre inventaire relève une source importante sur la culture matérielle des francophones du Détroit au XIXe siècle dans le livre *Memorials of a Half-Century* de Bela Hubbard[12]. L'auteur consacre deux chapitres à la vie quotidienne des Français du Détroit (dont il déplore la triste, mais inévitable disparition devant la civilisation américaine, considérée comme supérieure), donnant une description détaillée des costumes d'été et d'hiver, des habitations et des moyens de transport. Il décrit les méthodes de pêche et les pratiques agricoles, ainsi que quelques loisirs, comme la course à cheval sur la glace. Il donne aussi le texte de deux chansons entendues sur « notre rivière », chansons qui sont encore vivantes dans la région plus d'un siècle plus tard[13].

Plus récemment, dans le cadre de son étude linguistique, Almazan présente un bon nombre de proverbes, de métaphores et de dictons météorologiques dans un chapitre intitulé « L'aspect folklorique[14] ». Il fait aussi allusion à « plusieurs contes et quelques chansons » enregistrés au cours de ses enquêtes linguistiques[15]. Sauf un conte et deux chansons qu'il reproduit à titre d'exemples, ces échantillons de littérature orale ne sont pas transcrits et semblent être pour le moment introuvables. Mais, comme pour le reste de son étude, le lieu de provenance de ces faits folkloriques n'est pas indiqué.

Les archives de folklore de la Wayne State University contiennent aussi quelques études sur les francophones des deux côtés de la rivière Détroit, y compris quatorze chansons recueillies par Neil Johnson lors de ses enquêtes linguistiques. Nous y retrouvons aussi plusieurs chansons, légendes et coutumes recueillies à Monroe, River Rouge et Ecorse, du côté américain, et à Windsor, Rivière-aux-Canards et Pointe-aux-Roches du côté canadien.

Enfin, il faudrait mentionner le travail de Dennis Au pendant les années 70, dans la région de Monroe, au Michigan. Cette colonie française à l'embouchure du lac Érié, fondée par les habitants du Détroit vers 1780, est aujourd'hui presque complètement anglicisée. Dennis Au a pourtant réussi à relever un bon nombre de chansons, de croyances, de coutumes et de légendes auprès des francophones âgés de la région[16]. Il s'agit là, fait fort intéressant, d'un matériel qui présente bien des ressemblances avec celui que nous avons recueilli du côté canadien de la rivière Détroit.

Une synthèse de l'information provenant de ces sources variées reste à faire. Si nous tentons de placer ces études dans le contexte général des travaux ethnologiques sur l'Ontario français, nous nous butons à plusieurs problèmes. Tenons-nous-en simplement à la chanson folklorique, qui est le sujet de notre étude. Selon Jean-Pierre Pichette, « la chanson populaire, il faut le dire, est de loin le genre le plus vivant encore aujourd'hui en Ontario français[17] ». Son inventaire relève plus de 7 500 versions, provenant « presqu'exclusivement [du] nord-est et [de] l'est de la province[18] ». Marius Barbeau et ses collaborateurs, ainsi que Lucien Ouellet, du Centre canadien d'études sur la culture traditionnelle, furent les principaux enquêteurs dans la région d'Ottawa ; pour ce qui est du Nord-Est, c'est au père Germain Lemieux et à Pichette lui-même que nous devons le plus grand nombre de chansons. Ces travaux constituent une base de valeur inestimable, sans laquelle aucune autre étude sur la chanson folklorique française en Ontario ne pourrait se poursuivre. Mais les travaux n'ont pas progressé beaucoup plus loin que la collecte et s'il y a une impression qui s'impose jusqu'ici, ce serait que la chanson franco-ontarienne ne diffère qu'à quelques exceptions près de la chanson québécoise. (Il faudrait peut-être signaler que tous ces enquêteurs sont d'origine québécoise.)

En effet, la culture franco-ontarienne est souvent vue et représentée comme « le prolongement naturel du Québec ». Comme le dit Pichette : « Aujourd'hui encore, même si elle n'est plus représentative de la population franco-ontarienne dans son ensemble, cette perception [...] subsiste parfois, principalement dans les régions frontalières de l'est et du nord-est ontarien, chez ceux qui sont nés dans la province mère[19]. » Cependant, cette perception, avec la notion de « province mère », n'a jamais été forte dans le Sud-Ouest, particulièrement chez les Canadiens français de la rivière Détroit. Poursuivant ses réflexions sur la chanson franco-ontarienne, Pichette remarque qu'elle n'a pas reçu toute l'attention qu'elle mérite et en donne l'explication suivante : « On peut rappeler pour la chanson ce qu'on a parfois avancé de la littérature et même de la communauté franco-ontarienne : si peu différente de la tradition québécoise, elle passe presque complètement inaperçue aux yeux du lecteur qui la consulte dans ses chansonniers québécois. Cette *absence de particularité régionale* explique en partie pourquoi la culture acadienne émanant d'une population plus faible de moitié que la population française de l'Ontario, mais *plus typique et colorée*, est néanmoins plus facilement reconnaissable et, partant, mieux reconnue[20] » (les italiques sont de nous).

Germain Lemieux, dans son essai *Chanteurs franco-ontariens et leurs chansons* (1964) ne nous donne, en effet, que bien peu de renseignements sur ce qui caractérise ces chanteurs et leurs chansons. Par exemple, il ne définit pas la chanson franco-ontarienne par rapport aux autres chansons recueillies au Canada ; et, selon lui, c'est la région de Sudbury qui aurait la plus grande « valeur » pour le folkloriste, car le « groupe canadien-français de la région de Sudbury forme comme un résumé des nombreux centres traditionalistes du Québec et de l'Acadie[21] ». En effet, presque tous ses principaux informateurs ont une ascendance québécoise :

> M. Théodule Miville était gaspésien de naissance ; M. Adélard Boulay venait de la région de Rimouski ; M. Camille Chiasson, qui nous a conservé des dizaines de contes acadiens, était originaire du Nouveau-Brunswick ; les familles Bujold de Coniston, où nous avons trouvé d'excellents danseurs et chanteurs, viennent de la Baie-des-Chaleurs ; les Pelland de Sudbury, chanteurs inépuisables, sont originaires de la région de Joliette ; M. Aldéric Perrault, conteur et chanteur réputé, est natif de Saint-Théodore-de-

Chertsey, comté de Montcalm ; M. Joseph Dufresne venait de Saint-Félix-de-Valois ; Mme Arthur Parent (Anna Bélanger) a passé une grande partie de sa vie près de Rimouski[22].

Il semble tout à fait valable de parler de « prolongement naturel du Québec » dans une telle perspective. Nous croyons cependant être en droit de penser que la situation du sud-ouest de l'Ontario, où plusieurs familles habitent depuis presque trois siècles, est tout autre. Contrairement au nord de l'Ontario qu'on a comparé à un carrefour, à un couloir entre le nord-ouest du Québec et l'Ouest canadien, le Détroit pourrait être qualifié de cul-de-sac, à la limite de l'expansion française et à la frontière même de la culture états-unienne. Ce qui a été préservé et valorisé dans un tel milieu n'est pas forcément ce qui l'a été ailleurs.

Depuis 1989, nous avons recueilli plus de 1 500 versions de chansons folkloriques dans le sud-ouest de l'Ontario, représentant environ 600 chansons types. Ces chansons proviennent de trois sources. Nous avons d'abord interviewé et enregistré une soixantaine d'informateurs, dont l'âge s'étale pour la plupart entre 60 et 90 ans. Ces derniers forment, en général, le seul segment de la population qui peut encore chanter les chansons traditionnelles. Notre deuxième source comprend une vingtaine de cahiers manuscrits, écrits entre 1895 et 1950 environ. En troisième lieu, nous avons obtenu des enregistrements provenant de diverses sources : en plus des collections de Dennis Au et Neil Johnson, mentionnées plus haut, plusieurs informateurs nous ont fait parvenir des copies d'enregistrements qu'ils tenaient de leurs parents, aujourd'hui décédés. Ces enregistrements datent de 1942 à 1981.

Environ 72 p. 100 de ce corpus (431 chansons types) a été identifié d'après le *Catalogue de la chanson folklorique française* de l'Université Laval[23]. Un autre groupe de 8 p. 100 (51 chansons types) comprend des chansons qui ne sont pas inscrites au *Catalogue*, mais que nous avons pu identifier à partir de versions déposées aux Archives de folklore de l'Université Laval, au Centre canadien d'études sur la culture traditionnelle à Hull (au Musée canadien des civilisations) et au Centre franco-ontarien de folklore à Sudbury, ou encore publiées dans divers recueils de chansons traditionnelles françaises. Un dernier groupe de 20 p. 100 du corpus est composé de 120 chansons types que nous n'avons pas encore réussi à identifier à l'aide des sources mentionnées ci-dessus.

Une analyse détaillée du corpus reste à faire. Il serait donc imprudent de tirer des conclusions générales à partir du corpus entier. Mais des éléments qu'on pourrait qualifier de régionaux se dégagent de certaines chansons individuelles.

Plusieurs mots du lexique du Sud-Ouest figurent dans les chansons. Par exemple, le mot *roulin*, employé encore aujourd'hui pour signifier « vague », apparaît dans une version de *Naufrage en mer* qui date de 1897 :

> Voilà déjà bientôt trente ans que j'appartiens à ce bâtiment.
> Je n'ai jamais craint ni Dieu ni diable, ni *roulin* ni mer.
> Pour la première fois, le coup de vent contraire[24].

Ce mot, qui n'est attesté que dans la région du Détroit et anciennement en Louisiane, ne figure dans aucune des 40 versions que nous avons eu l'occasion d'examiner aux Archives de folklore de l'Université Laval et au Centre canadien d'études sur la culture traditionnelle. Les exemples sur le plan phonétique et morphosyntaxique sont aussi nombreux.

Plusieurs chansons contiennent des vers qui semblent inconnus ailleurs; par exemple, les cinq versions que nous avons recueillies de la chanson *Bon vigneron, bonne nouvelle* se terminent avec une variante du couplet suivant:

> Quand je suis sur mon corps de garde,
> Ma pipe et ma *match* allumée.
> Et mon chapeau à la cocarde,
> Oui je me bats comme in guerrier,
> Oui je me fous des officiers[25].

D'autres chansons représentent des versions uniques au Canada; par exemple, Mme Stella Meloche nous a chanté la première version canadienne d'une chanson relativement bien connue en France, *La Fille et les Trois Soldats*:

> C'est une jeune fille qui voulait se promener,
> Bras d'ssus, bras d'ssous,
> Tout du long des verts bocages,
> Avec-que trois jeunes dragons qui sont en armitage.
>
> Son père, aussi sa mère nuit et jour la charchaient,
> I l'ont charchée, qu'ils l'ont trouvée,
> Tout du long d'un vert bocage,
> Avec-que ces jeunes dragons qui sont en armitage.
>
> « Oh, dit's-moi donc, ma fille, que faitez-vous ici?
> Oh, dit's-moi donc, ma fille, que faitez-vous ici?
> Bras d'ssus, bras d'ssous
> Tout du long d'un vert bocage,
> Avec-que ces jeunes dragons qui sont en armitage?
>
> — Si vous saviez, mon père, comment je suis bin ici.
> Un qui balie, l'aut' fait mon lit,
> L'aut' qui peign' ma blond' chevelure,
> Et l'aut' me quint sur ces genoux: 'La bell', voulez-vous boire?'
>
> Si vous en r'tournez r-en France, vous ferez mes compliments.
> Mes compliments à tous mes parents
> Et à ma sœur Angélique.
> N'auraient-ils pas trop de malheur de me ouèr-e revenir-e?[26] »

Dans les deux régions, on retrouve des chansons qui reflètent des réalités locales. À Monroe, au Michigan, on retrouve une version d'*Il était une bergère* qui se rapporte aux activités des premiers colons de la région, où la pêche à l'esturgeon était beaucoup plus courante que l'élevage des moutons. On note d'ailleurs que les autochtones appelaient l'endroit la Rivière-aux-Esturgeons.

Il avait une vieille,
Youp ! y a un rat minette
qui acc'modait d'l'écurgeon,
Youp ! y a un rat mina.

Al' acc'modait d'l'écurgeon,
Al' acc'modait d'l'écurgeon.
Al' avait une chatt'
Youp ! y a un rat minette
qui mangeait son écurgeon,
Youp ! y a un rat mina.

A' dit : « S'tu mets la patt', tu goûteras du bâton. »
A' y a pas mis la patt', a' y a mis le menton.
La vieill' toute en colèr', al' a tué chaton[27].

Une chanson de composition locale, préservée dans un cahier à Belle-Rivière, reflète les batailles typiquement ontariennes concernant l'éducation. En 1894, le père Edmond Meunier, curé à Belle-Rivière, voulut transférer à la commission scolaire catholique une école publique située au sud du village. Quoique l'école en question appartînt à la commission publique, les élèves étaient francophones et catholiques. Les professeurs l'étaient aussi, et enseignaient le français et la religion. Les contribuables, qui payaient leurs impôts au système public, ne ressentaient aucun besoin de payer des impôts additionnels au système catholique pour un transfert qui en principe ne changerait rien. Donc, plutôt que de laisser la commission catholique s'emparer de leur école, un groupe de paroissiens décida une nuit de saisir l'école et de la déménager. La chanson raconte cette histoire et nomme la plupart des participants au cours de 20 couplets :

Écoutez je vais vous chanter
La chanson du rébellion.
Ils ont été chez Pierre Perreault
Lui dire qu'il vienne avec ses rouleaux.
Mais cependant ils croient d'avoir leur deux cents.

Le vieux Papineau qui est bon ouvrier,
Il dit que l'école peut se mouver.
Jina qui est indépendant,
Il dit qu'elle se mouvera en peu de temps.
Mais c'pendant, M. Papineau fournira son temps.

Revenant mais à Poisson,
C'est lui qui pose les fondations.
Il dit, « Faut se mettre en sûreté
Pour pas qu'elle s'écrase dans les écoulés. »
Mais c'pendant...

Faut aller voir Crapaud Girard,
Pour voir s'il va fournir sa part.
« Vous n'aurez qu'à m'avertir,
Ah oui, j'irai d'un grand plaisir. »
Mais c'pendant...

Faut avoir le vieux Beauchesne,
Pour nous accrocher les chaînes.
Faut aller chercher Paul Diesbourg
Pour nous aider à la sortir d'la cour.
Mais c'pendant...

On raconte la participation d'une douzaine d'autres paroissiens ainsi que la réaction du curé :

Quand ils se sont fait prêcher
Le jour de Noël, ça les a fait diabler.
Garçon Girard sort dehors,
Il dit : « Ça parle au diable ! »
Mais c'pendant...

Revenir à la misère,
Mais que ces gens, ça aillent à confesse.
Moïse dit qu'il s'en occupe pas,
Il y va pas tous les mois.
Mais c'pendant...

Jina, c'est lui qui est l'plus effronté,
Il a été se présenter.
Ils ont pas voulu le recevoir,
Ils l'ont envoyé du presbytère.
Mais c'pendant il a pas eu les sacrements[28].

Ces quelques exemples suggèrent que la chanson folklorique du sud-ouest de l'Ontario est, en effet, riche en particularités régionales. Nous croyons que l'analyse approfondie du corpus relèvera non seulement des différences entre les deux régions du Sud-Ouest, mais aussi entre le Sud-Ouest et les autres francophonies de l'Amérique du Nord.

Comme nous l'avons indiqué plus haut, le sud-ouest de l'Ontario est une région mal connue dans l'ensemble des recherches sur la francophonie de l'Amérique du Nord. La plupart des travaux effectués jusqu'à ce jour ont eu tendance à traiter les francophones du Sud-Ouest comme un groupe homogène, effaçant de la sorte sa complexité et associant ses membres à des groupes auxquels ils n'étaient pas forcément reliés. Pendant longtemps et, nous le croyons, largement par conséquent, deux stratégies d'adaptation ont été favorisées par les Canadiens français du Sud-Ouest : soit l'assimilation à la culture dominante anglophone (et, dans cette situation particulière, carrément étatsunienne), soit une émulation de la culture québécoise, au point de croire que « pour vivre sa culture, il faut aller vivre au Québec ». La culture régionale n'a jamais été considérée autrement que comme une version appauvrie de la version québécoise, sujette à être « améliorée » par l'imitation et l'importation culturelle[29]. La description et l'analyse d'un aspect de cette culture pourrait donc être une première étape dans la formation et la valorisation d'une identité régionale.

NOTES

1. Jean-Pierre Pichette, *Répertoire ethnologique de l'Ontario français: guide bibliographique et inventaire archivistique du folklore franco-ontarien*, Ottawa, Presses de l'Université d'Ottawa, 1992, p. 28.

2. D'ailleurs, quelques noms bien représentés dans la région de la rivière Détroit, tels que Bénéteau, Bondy, Bézaire, Drouillard, non seulement ne se retrouvent pas dans la région du lac Sainte-Claire, mais sont pratiquement inconnus ailleurs en Amérique du Nord.

3. Voir Ernest Joseph Lajeunesse, *The Windsor Border Region, Canada's Southernmost Frontier: A Collection of Documents*, Toronto, Champlain Society, Ontario Series, No. 4, 1960; et Vincent Almazan, *Français et Canadiens dans la région du Détroit aux XVIIe et XVIIIe siècles*, Sudbury, La Société historique du Nouvel-Ontario, « Documents historiques », n° 69, 1979. Comme le dit Almazan lui-même: « [...] pour suivre l'histoire de la population depuis la fin du XVIIIe jusqu'aux débuts du XXe siècle, il faudra consulter surtout les archives paroissiales ou d'autres documents semblables » (p. 55). Un tel travail a été entrepris récemment dans le cadre de l'*Inventaire du patrimoine franco-ontarien*.

4. Alexander Hull, *The Franco-Canadian Dialect of Windsor, Ontario: A Preliminary Study*, thèse, Université de Washington, 1955.

5. Vincent Almazan, *Les Canadiens français du Détroit — leur parler*, Belle-Rivière, 1977; étude déposée au Trésor de la langue française au Québec, Université Laval.

6. Cécilia Marie Craig, *The Significance of the Changing Culture Patterns of the Essex County French-Canadians, Supported by a Detailed Study of "S" [Staples] from 1908-1938*, thèse, Université Wayne State, 1939.

7. Neil Johnson, *The Sugar Bush Speech of the Detroit French Dialect*, thèse, Université Wayne State, Détroit, 1966; publiée dans *Michigan's Habitant Heritage*, Vol. 12, Nos. 2, 3, 4, 5, 1991 et Vol. 13, No. 1, 1992.

8. Marie Caroline Watson Hamlin, *Le Détroit des légendes*, traduit par Richard Ramsay, Sudbury, La Société historique du Nouvel-Ontario, « Documents historiques », n° 69, 1979.

9. Jean-Pierre Pichette, *op. cit.*, p. 31.

10. Ce n'est que tout récemment que J.-P. Pichette a pu avoir libre accès au manuscrit des contes de J.-M. Carrière et corriger la date de 1943 qu'il mentionnait dans son *Répertoire ethnologique de l'Ontario français*, p. 165; en fait, Carrière a recueilli ses contes en septembre 1940.

11. Jean-Pierre Pichette, *op. cit.*, p. 34.

12. Bela Hubbard, *Memorials of a Half-Century*, New York et Londres, G.P. Putnam's Sons, 1887.

13. *Le Berger Colin* (II. F-10) et *Mon père a fait bâtir maison* (I. N-11) d'après le *Catalogue de la chanson folklorique française* de Conrad Laforte.

14. Vincent Almazan, *Les Canadiens français du Détroit — leur parler*, p. 54-66.

15. *Ibid.*, p. 58.

16. Voir Dennis Au, « The State of the Oral Traditions Among the French-Canadians of Monroe County, Michigan », étude déposée aux Wayne State Folklore Archives, Université Wayne State, Détroit, Michigan, 1976, 30 p. dactylographiées; Dennis Au et Joanna Brode, « The Lingering Shadow of New France: The French-Canadian Community of Monroe County, Michigan », *Michigan Folklife Reader*, Kurt C. Dewhurst et Yvonne Lockwood, ed., East Lansing, Michigan State University Press, 1987, p. 321-345.

17. Jean-Pierre Pichette, *op. cit.*, p. 28.

18. *Ibid.*, p. 27.

19. *Ibid.*, p. 20.

20. *Ibid.*, p. 40.

21. Germain Lemieux, s.j., *Chanteurs franco-ontariens et leurs chansons*, Sudbury, Société historique du Nouvel-Ontario, « Documents historiques », n°s 44-45, 1964, p. 14.

22. *Ibid.*, p. 14.

23. Conrad Laforte, *Catalogue de la chanson folklorique française*, vol. 1-6, Québec, Les Presses de l'Université Laval, 1977-1987.

24. Manuscrit de Félix Drouillard, Rivière-aux-Canards, commencé en 1897, terminé vers 1903; chanson de Louisa Drouillard, p. 129.

25. Manuscrit de Louise Monforton, Petite Côte, Rivière-aux-Canards, vers 1920, p. 19.

26. Chantée par Mme Eddie Meloche (Stella Meloche), le 28 octobre 1993; Petite Côte, Rivière-aux-Canards; née à l'Île-aux-Dindes, rivière Détroit, 1902; chanson de son père, Henri Meloche.

27. Chantée par Mme Edna Jacobs (née LaVoy), le 15 février 1979, Erie, Michigan; coll. Dennis Au n° 4.

28. Manuscrit de Léo Plante, Belle-Rivière, 1930, p. 23-28.

29. Par exemple, l'organisation de soirées « cabane à sucre » dans une région où le climat n'a jamais permis la production de sirop d'érable.

LE PERSONNAGE DU « JOUEUR-DE-TOURS » DANS LES CONTES FRANCO-ONTARIENS ET DU MAGHREB

Évelyne Voldeng
Université Carleton (Ottawa)

Dans nos recherches sur Ti-Jean, le protagoniste de nombreux contes québécois et franco-ontariens, nous avons rencontré un personnage typé mais relativement complexe. À côté de Jean l'Esprit qui apparaît dans de nombreux contes merveilleux et facétieux, existe un Jean le Sot qui se laisse duper, interprète le langage littéralement et ce avec des conséquences désastreuses, mais est parfois gagnant malgré sa bêtise. Ti-Jean l'Esprit et Ti-Jean le Sot nous apparaissent comme les deux aspects d'un *Janus bifrons*, un *trickster*, un « décepteur » pour reprendre la traduction française donnée par Claude Lévi-Strauss[1], un joueur-de-tours retrouvé sous les traits de Ti-Jean, le protagoniste de nombreux contes facétieux franco-ontariens, et de Djoh'a[2], son pendant maghrébin.

Avant de considérer Ti-Jean et ses similitudes avec Djoh'a, il serait bon de dégager les caractéristiques du « décepteur » ou du « fripon divin », comme le qualifie Arthur Reiss, le traducteur de l'important ouvrage de Paul Radin *The Trickster*. L'illustre anthropologue, dans son livre *Le Fripon divin, un mythe indien*, déclare : « Sous la forme qui s'est conservée chez les Indiens de l'Amérique du Nord et qui doit être considérée comme la manifestation la plus ancienne et la plus archaïque, le Fripon est à la fois créateur et destructeur ; qu'il donne avec libéralité ou qu'il refuse ses dons, il est le trompeur qui est toujours lui-même trompé[3]. » Ce « décepteur » archaïque, ce joueur-de-tours, cet être ambivalent, souvent mi-animal, mi-humain, s'est transformé au cours des siècles. Dans de nombreux cas, comme le souligne Hasan El-Shamy dans son livre *Folktales of Egypt*[4], le nom d'un « décepteur » humain a supplanté celui d'un « décepteur » animal. M. El-Shamy fait de plus remarquer que l'ancien Dieu d'Égypte était un Dieu joueur-de-tours et qu'un certain nombre des animaux qui lui étaient associés, comme l'âne, l'hyène et le chacal, jouent encore le rôle de « décepteur » animal avec des caractéristiques humaines et quelquefois surnaturelles. Comme « décepteurs » animaux, on pense immédiatement au renard dans la tradition française et européenne, au coyote, au lièvre et au corbeau dans la tradition amérindienne, sans oublier l'âne de Djoh'a qui, à sa façon, l'aide à jouer des tours. Le « décepteur » qui nous intéresse ici est un « décepteur » humain, c'est-à-dire Ti-Jean et son semblable maghrébin Djoh'a.

Si l'on considère le répertoire de contes franco-ontariens recueillis par le père Germain Lemieux dans les 32 volumes de la série *Les vieux m'ont conté*, on y voit Ti-Jean souvent protagoniste de contes merveilleux ou héroïques, comme « La Belle Perdrix verte », « La Bête à sept têtes ». Dans quelques contes, Ti-Jean apparaît sous la forme de Jean le Sot, comme dans « Le Fou de la poule caille » ou « Le Fou en jupe », mais malgré sa sottise, il obtient souvent la réussite et la richesse. Le plus souvent, Ti-Jean est le représentant du monde de la ruse. Un informateur disait au père Lemieux : « Toujours que c'garçon-là s'appelait Ti-Jean. C'est toujours des Ti-Jean qui sont pas mal *smatt*, ben intelligents[5]. » Les contes où Ti-Jean est vainqueur grâce à son intelligence, à sa débrouillardise abondent, que ce soit « Ti-Jean enlève un géant », « Ti-Jean fin voleur », « Ti-Jean joue des tours au roi ».

Nous avons parlé ailleurs des origines possibles de Ti-Jean qui descendrait en plus ou moins droite ligne du Yann/Yannig des contes bretons[6]. Peut-être serait-il bon de présenter brièvement l'origine de Djoh'a. Il faut d'abord noter les transcriptions très variées de son nom : Djoh'a, si l'on part des écrits de la littérature arabe, Djeh'a ou Jeh'a et Jh'a dans le parler arabe maghrébin, Goha avec la prononciation égyptienne. Ce personnage semble d'origine arabe. Selon Charles Pellat[7], du moins jusqu'à ce que l'on soit plus amplement informé, il n'y a pas lieu de douter de l'existence historique de Djoh'a qui pouvait s'appeler Abû-I-Ghusn Nûh'al-Fazâri. À la fin du Moyen Âge, nous trouvons cependant un autre personnage du même type chez les Turcs. Il est aussi largement connu, mais sous le nom de Nasr-al-din Khôdja. Les orientalistes pensent que le recueil de Nasr-al-din Khôdja était un livre indépendant auquel on a ajouté des histoires de Djoh'a venant de la tradition orale.

On prête au Djoh'a du Maghreb des histoires plaisantes, des facéties et quelquefois des contes. La caractéristique du Ti-Jean protagoniste des contes facétieux est son côté espiègle, rusé, sa façon de faire le naïf, d'utiliser les situations absurdes ou de tourner en ridicule les puissants, caractéristique que l'on retrouve dans les diverses versions du conte type Aa.-Th. 1535 « Le Riche et le Pauvre Paysan[8] » dont il existe justement des versions maghrébines mettant en scène Djoh'a. Il nous a semblé que la meilleure façon de montrer la similarité entre Ti-Jean et Djoh'a était de souligner leur apparition respective dans les versions d'un même conte type, de voir comment ces personnages ont tous deux donné lieu à la création d'expressions métaphoriques, d'étudier leur apport comique et enfin leur apport idéologique.

Des versions du conte type Aa.-Th. 1535 se trouvent dans les 18 premiers volumes de *Les vieux m'ont conté*. Si l'on exclut une version franco-manitobaine et une version québécoise, nous nous trouvons en présence de onze versions franco-ontariennes de ce conte. Nous choisirons pour notre étude, en raison du nombre de séquences, le conte de « Ti-Jean-joueur-de-tours » du premier volume. Au roi qui est la dupe, Ti-Jean cède tour à tour une jument qui crotte de l'or, un chaudron magique qui cuit la soupe aux pois, un sifflet qui ressuscite les morts. En compensation de ses méfaits, Ti-Jean doit donner sa fille au roi mais lui substitue sa jument, Mademoiselle Bourrique. Condamné par le roi à mourir noyé, Ti-Jean se fait remplacer par un pauvre vacher. Dernier tour de Ti-Jean, il lance le roi à la mer, lui ayant dit qu'il y trouverait de beaux chevaux. Ce conte utilise les derniers épisodes du conte type 1535. Dans la quatrième partie du conte, intitulée par Aarne-Thompson « Imitation fatale », le joueur de tours, au moyen d'un sifflet ou d'un autre objet, ressuscite devant son ennemi une femme apparemment morte. L'ennemi, souvent le seigneur ou le roi, essaye le sifflet sur sa femme qu'il a auparavant poignardée et les conséquences sont désastreuses. Dans la cinquième partie du conte type, intitulée « Tromperie fatale », le joueur de tours s'échappe d'un sac où il avait été enfermé pour être jeté à l'eau. Il convainc un autre de le remplacer, le plus souvent un berger. Le « décepteur » revient devant son ennemi, conduisant un troupeau de bêtes qu'il dit avoir trouvé au fond de l'eau. Son ennemi plonge ou se fait jeter à l'eau pour trouver du bétail.

La version franco-ontarienne « Ti-Jean-joueur-de-tours » renferme des motifs d'autres contes types. Les motifs du fouet qui fait cuire et de la jument qui fait de l'or sont inspirés du conte 1539, intitulé « Habileté et crédulité », où un jeune homme vend des objets et des animaux pseudo-magiques. Le motif du cheval envoyé dans la chambre du roi à la place de la fille du paysan rappelle le conte 1440.

Si, pour quelques instants, nous nous tournons vers les versions maghrébines du conte Aa.-Th. 1535, mettant en scène Djoh'a, nous voyons qu'elles sont nombreuses et ont été recueillies notamment par Mohammed Abderrahman, Auguste Mouliéras et Jean Scelles-Millie. Notre choix s'est porté sur la version donnée par Auguste Mouliéras dans son recueil de contes kabyles recueillis et traduits en français, recueil intitulé *Les Fourberies de Si Djeh'a*[9]. Mouliéras nous donne une version très complète du conte type 1535, version qui s'étend sur cinq histoires, du récit 46 au récit 50 et nous montre Si Djeh'a aux prises avec des voleurs. Nous retiendrons en particulier les contes 47 et 49.

Dans l'histoire 47, Si Djeh'a, ayant couvert son âne de louis d'or avec de la glu, le revend fort cher aux voleurs en les persuadant qu'il crotte de l'or. Si Djeh'a leur recommande de donner du « vert » à l'âne et d'étendre sous lui des *haïks*, des couvertures. Pour reprendre la phrase de Mouliéras, « durant toute la nuit l'âne mangea et foira[10] ». Quand les voleurs vont voir Si Djeh'a pour se venger, ce dernier leur vend pour cent douros une pioche soi-disant merveilleuse qui découvre dans le sol de la cuisine un repas tout préparé : le couscous, avec deux poules et deux coqs au beurre qui avaient été, comme on l'imagine, cuits à l'avance par Si Djeh'a. Il va sans dire qu'à la fin de l'histoire « La Pioche des hôtes », les compères ont défoncé leur maison pour rien. Dans l'histoire 49, Si Djeh'a vend aux voleurs un couteau qui, apparemment, peut à la fois tuer et ressusciter, mais les femmes des voleurs ne retrouvent pas la vie.

Comme on le voit à la lecture des versions franco-ontariennes et maghrébines du conte type 1535, celles-ci, tout en présentant d'incontestables ressemblances, sont influencées par le contexte historique, géographique et socio-culturel. Le milieu ambiant se retrouve dans les descriptions que font les conteurs et conteuses. La faune, la flore sont généralement celles du milieu donné. La référence à la nourriture est aussi déterminée par le milieu auquel appartient le conteur : Ti-Jean mange de la soupe aux pois ; Djoh'a quant à lui se régale de couscous.

Il convient peut-être ici de remarquer que s'il y a « une constance motifémique dans différentes versions d'un même conte type, la définition invariante du motif est sujette à des variations dénominatives[11] ». Ainsi le Ti-Jean franco-ontarien se sert d'un fouet pour soi-disant faire bouillir la marmite de soupe aux pois alors que Si Djeh'a utilise une pioche pseudo-magique qui découvre dans le sol de la cuisine un repas tout préparé. Dans les versions franco-ontariennes du conte « Le Riche et le Pauvre Paysan », Ti-Jean se sert d'un couteau à boucherie ou d'un simple couteau pour tuer et faire revenir sa mère ou sa femme à la vie tandis que Djoh'a utilise une épée ou un couteau.

Que ce soit Ti-Jean, réunissant en lui les caractéristiques de Ti-Jean l'Esprit et Ti-Jean le Sot, ou Djoh'a, ces personnages ont donné naissance à des expressions métaphoriques. Du côté de Ti-Jean, on a les expressions « Jean qui rit et Jean qui pleure », « Gros-Jean en remontre à son curé », c'est-à-dire l'ignorant veut instruire qui sait, et « être Gros-Jean comme devant » quand on n'est pas plus avancé qu'auparavant. Avec Djoh'a, nous avons les expressions « aussi sot que Djoh'a » ou « le clou de Djoh'a ». L'explication de ce dernier syntagme est donnée par l'histoire de Djoh'a qui vendit un jour une maison à l'exception d'un clou. Il y suspendit une charogne puante, chassant ainsi le propriétaire de la maison. L'on parle du « clou de Djoh'a », quand une clause est insérée insidieusement dans un contrat de vente afin de frustrer, le moment venu, l'acquéreur de ses droits.

Avant de terminer sur le type d'homme représenté par Ti-Jean/Djoh'a, nous aimerions nous arrêter sur le comique créé par leurs aventures respectives. Avec le Ti-Jean/Djoh'a des contes facétieux, nous sommes en présence de comique de farce, parfois d'humour, très souvent de satire.

Dans la version franco-ontarienne choisie du conte type 1535, c'est-à-dire « Ti-Jean-joueur-de-tours », on se trouve, dans plusieurs séquences, en présence d'un comique de situation qui relève même du gros comique de la farce. Par exemple, la vieille jument de Ti-Jean, Mademoiselle Bourrique, casse le carrosse doré du roi, se vautre dans la chambre de soie du château et lance au souverain sa patte en pleine figure. L'incongruité, dans la plupart des cas, naît du contraste entre la solennité, la pompe du roi, la richesse du cadre et le résultat obtenu. Comme autre exemple, la vieille jument qui est censée faire de l'or, crotte d'une manière différente le salon du roi.

Il faut noter ici qu'une bonne partie du comique provient du jeu avec la langue, du jeu avec les mots, qu'il soit conscient ou non chez les protagonistes. Quelquefois, le comique peut même naître de l'interprétation anthropomorphique du langage des animaux, dans un monde où même les choses sont censées comprendre les humains. Ainsi Djoh'a vend sa chèvre à une chouette dont il interprète le hululement comme un acquiescement. Ce Djoh'a-là n'est pas sans rappeler le « Fou en jupe », le « Jean le Diot » des *Contes populaires de Haute-Bretagne* de Sébillot ainsi que le « Jean le Sot » des contes populaires de Louisiane. Ce dernier, dans une réactivation métaphorique, dit au chaudron de marcher parce qu'il a trois pieds et interprète le chant des grenouilles comme le mot « huit, huit, huit » et leur lance alors les aiguilles qu'il avait achetées pour sa mère, pour qu'elles les comptent.

Si on se tourne vers le langage humain, le jeu de mots ou le jeu sur les mots peut n'être qu'une simple absurdité ou une lapalissade comme quand Djoh'a dit qu'il porte le deuil du père de son fils. Le jeu sur les mots peut être à l'origine de toute une séquence comique fonctionnant avec la complicité de l'auditoire. Ainsi, grâce à une substitution d'anthroponyme, le roi, croyant épouser la fille de Ti-Jean, Mademoiselle Bourrique, se retrouve-t-il avec une vieille jument poussive dans la chambre nuptiale.

Ti-Jean, dans ses deux aspects de Jean le Sot et Jean l'Esprit, et Djoh'a mêlent en eux bouffonnerie et sagesse, simple stupidité et traits de raisonnement puissants. Il nous semble que ce que dit Henri Basset de Djoh'a peut s'appliquer à Ti-Jean : « Brouzi, M. de la Palice et le sage Ésope sont bien différents mais de la même famille ; et la chaîne qui les relie est ininterrompue, passant d'un type à l'autre par d'insensibles gradations[12]. »

On peut rappeler ici que, d'un pays à l'autre, Ti-Jean change quelque peu. En Louisiane, les histoires de Jean le Sot sont plus nombreuses que dans l'Ontario. Chez les Berbères, Djoh'a est rarement le symbole de l'imbécillité pure. On lui attribue plutôt une naïveté feinte qui lui fait pousser, de façon plaisante et conforme à ses intérêts, la logique à l'extrême, jusqu'à l'absurde.

À la lecture des contes de Ti-Jean et des histoires de Djoh'a, on se rend compte qu'ils représentent l'expression de l'humour spontané du peuple qui se retrouve à travers les facéties et les plaisanteries des personnages. Ce que Albert Memmi[13] dit du cycle de Djoh'a peut parfaitement s'appliquer au cycle de Ti-Jean. Leur cycle de contes et d'anecdotes nous révèle l'homme de la rue vu par lui-même. Il s'agit au fond d'un immense récit collectif et dans ce récit, c'est par l'humour, la satire, le rire, de redoutables armes, que le petit peuple qui n'a pas de pouvoir financier ou politique peut triompher des puissants de ce monde. Ti-Jean et Djoh'a, qu'ils soient petits paysans ou petits marchands, sont souvent en guerre contre les nantis et le type qu'ils représentent traduit une certaine idéologie. Djoh'a et Ti-Jean font partie des démunis. Doués de la sagesse de l'homme de la rue, ils représentent le peuple traditionnellement opprimé. Ti-Jean chez les Franco-Ontariens s'en prend au pouvoir abusif du clergé, du roi ou de ses représentants, au pouvoir des riches propriétaires terriens et des marchands. L'humour de Djoh'a n'épargne pas les riches, les hypocrites, les despotes, sultans ou autres, les cadis, les imams, les collecteurs d'impôts. Comme le souligne Pierre Karch dans son article « Une lecture rassurante : *Les vieux m'ont conté* » :

> Les contes tiennent compte de la lutte des classes, rassurent le peuple en lui disant qu'il est supérieur au roi qui représente la classe dirigeante qui le domine et l'exploite, l'incitent à la révolte et même à la révolution en multipliant les exemples de rois détrônés, exécutés, remplacés par des va-nu-pieds qui saisissent le pouvoir et permettent aux petites gens d'exprimer leurs frustrations, leurs désirs et leurs rêves le temps que dure le récit[14].

Ti-Jean et Djoh'a sont en puissance une telle arme idéologique qu'ils sont, en quelque sorte, réactualisés de nos jours et reparaissent dans des romans, des pièces de théâtre, des contes, des bandes dessinées et des films.

Nous voudrions, avant de conclure notre propos sur le joueur de tours, réexaminer quelques réactualisations de ce personnage. Dans l'Ontario et dans le Canada français où, pendant longtemps, le pouvoir anglophone était écrasant, les histoires de Ti-Jean vainqueur du roi et de la classe dominante étaient, il n'y a pas si longtemps, une revanche par le rire du petit Canadien français. Il suffit d'évoquer comme exemple une bande dessinée où Ti-Jean est le chef des patriotes pourfendeurs des Anglais. Dans *Ti-Jean le Québécois contre les Habits rouges*[15], Ti-Jean devient le chef des patriotes, sorte de héros national très apprécié par le petit peuple. Dans cette bande dessinée publiée en 1975 et dont l'histoire est censée se passer en 1763, le général Squarehead, représentant de Sa Majesté, aidé de l'infâme agent britannique Phipps à la tignasse rousse et au profil de renard, se bat contre les patriotes, leur interdit de parler français et les met en prison. Ti-Jean, malgré les machinations de l'Indien Œil poché, bat, grâce à sa ruse et à son courage, les Habits rouges. Et la bande dessinée se termine par la victoire des patriotes et les jeux d'hiver. Grâce à tout un système de citations et de références, que ce soit à la chanson de Gilles Vigneault « Mon pays ce n'est pas un pays c'est l'hiver » ou à la retraite de Russie, et grâce aussi aux jeux de mots sur les patronymes des antagonistes (le général commandant les Habits rouges Squarehead ou l'Indien traître Œil poché), nous entrons dans un univers de satire mordante.

Dans les contes franco-ontariens recueillis après la Révolution tranquille du Québec, on observe également une certaine mise en question du pouvoir laïc et du clergé pendant très longtemps associé au pouvoir étatique. La très récente bande dessinée franco-ontarienne, *Ti-Jean fin voleur*, n'est pas aussi innocente qu'on pourrait le penser. Ti-Jean, le fin voleur, refuse l'école du roi, l'école du pouvoir institutionnel, et se montre plus fort que le pouvoir royal autocratique grâce à son esprit de ruse et à son intelligence.

Il est bon de souligner ici que la transmission et la transcription des contes de Ti-Jean s'est souvent faite dans la parlure canadienne-française revalorisant le français oral canadien de même que la pièce d'Allalou, intitulée *Djeha*, revalorise l'arabe parlé algérien.

Dans le Maghreb, la réactualisation de Djoh'a est presque plus marquée que celle de Ti-Jean en Ontario. Les histoires de Djoh'a se sont en quelque sorte modernisées, mises au goût d'un public plus urbanisé. Il est intéressant de noter que Jean Scelles-Millie, dans son histoire de « Jiha et l'administration[16] », reprend la séquence de Mouliéras montrant Si Djeh'a aux prises avec les voleurs. Les voleurs sont remplacés par le ministre des Finances, le cadi des cadis et d'autres notables. Sous une forme modernisée, nous voyons reparaître la rancune de Djoh'a contre l'administration. Dans l'histoire rapportée par M. Scelles-Millie, l'âne de Jiha qui a mangé du *qsel*, une herbe laxative, crotte cette fois de beaux tapis persans et des cachemires de soie du ministre des Finances. Comme le fait remarquer Jean Scelles-Millie, le conte est une expression vengeresse et compensatoire de la colère du peuple contre les fonctionnaires, dans la mesure où le peuple s'identifie à l'âne qui fait de l'or pour un gouvernement dont les représentants lui donnent l'impression de s'enrichir à ses dépens et de l'opprimer.

C'est la même impression d'abus de pouvoir qui ressort de façon plus ou moins accentuée des versions franco-ontariennes de « Ti-Jean-joueur-de-tours ». Dans la version remaniée du tome 2 de *Les vieux m'ont conté*, le père Germain Lemieux écrit : « Ti-Jean en était rendu à ne pouvoir rien faire sans en obtenir la permission du roi. Celui-ci n'aimait pas Ti-Jean et, en guise de punition, le tenait dans une sorte de servitude à l'égard du pouvoir royal[17]. » Ce que M. Scelles-Millie dit à propos du conte « Jiha et l'administration » pourrait parfaitement s'appliquer à Ti-Jean-joueur-de-tours : « Dans une période de tension sociale et de crise, ce conte serait un récit révolutionnaire. À l'état latent et folklorique, c'est un récit de défoulement et d'équilibre compensatoire[18]. »

Djoh'a, il n'y a pas si longtemps, a été utilisé dans la littérature maghrébine dans un but idéologique précis. Souvent, dans ses réactualisations, Djoh'a est un travailleur émigré en France qui se tire d'affaire par la ruse et la débrouillardise. Il est parfois présenté comme un parasite sympathique. Comme le fait remarquer Jean Déjeux[19], le personnage de Djoh'a apparaît sous son nom propre ou sous un nom d'emprunt dans le théâtre algérien d'aujourd'hui, principalement dans l'œuvre de Mohammed Dib, celle de Kateb Yacine et celle de Rachid Boudjedra.

Il est intéressant de voir que, dans *La Poudre d'intelligence*, Kateb Yacine reprend l'histoire rapportée par Mouliéras de l'âne qui crotte de l'or, mais la politise en compromettant le sultan et les chefs religieux. Dans *Mohammed, prends ta valise*, Djoh'a-Mohammed attaque, par la dérision, l'ironie, le rire et la démystification, les bourgeois et les nantis. Rire, pour Kateb Yacine, c'est détruire, c'est préfigurer ce que le peuple fera en acte. Pour l'auteur, Djoh'a est l'intellectuel sorti du peuple qui affronte les pouvoirs en place et garde toujours le dernier mot. Cette définition, dans sa majeure partie, s'applique à Ti-Jean-joueur-de-tours qui lui aussi affronte le pouvoir en place, sort vainqueur de la confrontation et souvent même s'empare du pouvoir.

Si au Canada français Ti-Jean devient le chef des patriotes, si au Maghreb il est un personnage révolutionnaire, c'est qu'il représente certaines aspirations du peuple. Ti-Jean et Djoh'a sont des « décepteurs » humains. Et il convient peut-être, pour le mot de la fin, de revenir sur certaines définitions du « décepteur ». Ce dernier, nous dit Jung, est un psychologème, une structure psychique archétypale qui remonte à la plus haute antiquité[20]. Le « décepteur » est une figure de l'inconscient collectif, du désordre, sorte de sauveur bouffon à la Bakhtine, une sorte de divinisation du rire, comme le dit Srâdeddine Bencheneb. En définitive, Ti-Jean et Djoh'a, qui appartiennent à la famille de Panurge, de Till Eulenspiegel, de Scapin, du Joe Miller anglais, du Bertoldo italien et du Balakirew russe, sont des manifestations particulières de cet archi-décepteur, « racine intemporelle, ramifiée dans tous les temps et dans tous les pays, de toutes les créations picaresques de la littérature du monde[21] ». Ce héros décepteur, que ce soit Ti-Jean ou Djoh'a ou qu'il ait un autre anthroponyme, est à la source d'une littérature naïve et picaresque, mais qui, se raffinant, peut prendre la forme de productions littéraires idéologisées.

NOTES

1. Voir, entre autres, Claude Lévi-Strauss, *Le Regard éloigné*, Paris, Plon, 1983, p. 278.

2. Il existe de nombreuses graphies de l'anthroponyme Djoh'a. Quand nous ne nous référons pas à un conte en particulier, nous utilisons la graphie « Djoh'a » adoptée par Jean Déjeux dans son ouvrage justement intitulé *Djoh'a*.

3. Voir la traduction française de l'ouvrage de Paul Radin, *Le Fripon divin*, Genève, Georg, 1958, p. 7-8.

4. Hasan El-Shamy, *Folktales of Egypt*, Chicago et Londres, University of Chicago Press, 1980, p. 221.

5. Jean Du Berger, « Germain Lemieux et le folklore », *Revue d'histoire littéraire du Québec et du Canada français*, Éditions de l'Université d'Ottawa, n° 12, été-automne 1986, p. 126.

6. Voir Évelyne Voldeng, « Le cycle de Ti-Jean dans les contes populaires en Bretagne, au Canada français et aux Antilles », *Espace caraïbe*, Pointe-à-Pitre, 1993, p. 113.

7. Charles Pellat, « Djuha », *Encyclopédie de l'Islam*, tome II, 1965, p. 605.

8. Antti Aarne et Stith Thompson, *The Types of the Folktales*, New York, Burt Franklin, 1971, p. 181.

9. Auguste Mouliéras, *Les Fourberies de Si Djeh'a*, Paris, Ernest Leroux, 1892, p. 81-181 : soixante contes.

10. *Ibid.*, p. 136.

11. Clément Légaré, *Pierre la Fève et autres contes de la Mauricie*, Montréal, Quinze, 1982, p. 289.

12. Henri Basset, *Essai sur la littérature des Berbères*, Alger, Carbonel, 1920, p. 169.

13. Voir Jean Déjeux, *Djoh'a*, Sherbrooke, Éditions Naaman, 1978, p. 31.

14. Pierre Karch, « Une lecture rassurante : *Les vieux m'ont conté* », *Revue d'histoire littéraire du Québec et du Canada français*, Éditions de l'Université d'Ottawa, n° 12, été-automne 1986, p. 143.

15. Robert Toupin, *Une aventure de Ti-Jean le Québécois : les Habits rouges*, Laval, Mondia éditeur, 1975, 48 p.

16. Jean Scelles-Millie, *Contes mystérieux d'Afrique du Nord*, Paris, Maisonneuve et Larose, 1972, p. 167-173.

17. Germain Lemieux, *Les vieux m'ont conté*, Montréal, Éditions Bellarmin, Paris, Maisonneuve et Larose, 1973, tome 2, p. 281.

18. Jean Scelles-Millie, *op. cit.*, p. 173.

19. Jean Déjeux, *Djoh'a, hier et aujourd'hui*, Sherbrooke, Naaman, 1978, p. 37.

20. C.G. Jung, « Contribution à l'étude de la psychologie du fripon », *Le Fripon divin*, *op. cit.*, p. 183.

21. Charles Kérényi, « Le mythe du fripon et la mythologie grecque », *Le Fripon divin*, *op. cit.*, p. 153.

L'ÉCUREUIL NOIR
de DANIEL POLIQUIN
(Montréal, Éditions du Boréal, 1994, 204 p.)

Denis Bourque
Université de Moncton

Avec *L'Écureuil noir,* Daniel Poliquin vient de réaliser une œuvre qui fait preuve d'une candeur et d'une sensibilité étonnantes, d'une imagination fort ingénieuse, et parfois même hardie, et d'un raffinement très rare au niveau de l'écriture. L'œuvre se distingue également par une satire sociale mordante au moyen de laquelle Poliquin interpelle, en particulier, le lecteur d'âge mûr qu'il amène à s'interroger sur sa vie passée aussi bien que sur les phénomènes sociaux les plus actuels.

Écrit à la première personne, ce roman suit, avec beaucoup d'adresse et de subtilité, l'itinéraire d'une « conscience coupable », celle de Calvin, le bien nommé, qui, en jetant un regard souvent très lucide sur sa propre psyché et sur sa vie, nous décrit ses efforts pour transcender l'état lamentable dans lequel la culpabilité l'a plongé et pour renaître en homme libre.

C'est d'abord par le biais d'un retour sur l'enfance du narrateur que la conscience coupable se révèle à nous en exposant ses mécanismes les plus intimes. Dans le premier chapitre intitulé « L'enfant cri », cette exploration prend la forme d'une dénonciation : le narrateur remonte jusqu'aux sources du sentiment de sa propre insuffisance et de son autopunition qui sont un milieu social trop rigide (puisque privilégié) et un père moralisateur, tour à tour indifférent ou implacable. Sont démasqués de façon toute particulière un ordre social qui permet aux riches d'exprimer leurs rapports avec les moins nantis en termes de condescendance et de mépris, la duplicité, l'arrivisme et la bonne conscience aussi de gens qui s'agrippent à leurs privilèges et surtout au pouvoir que ceux-ci leur confèrent. Ce premier retour sur le passé s'effectue dans un contexte qui lui accorde un aspect à la fois dramatique et insolite : le narrateur s'adresse à son père mourant, lui remémorant le passé, tout en se préparant, à l'instant même, à débrancher l'appareil qui le maintient en vie. Il faut dire que Poliquin examine ici, avec beaucoup d'intensité, la profonde ambivalence de la relation père-fils : le soliloque du narrateur devant son père inconscient et ravagé par la maladie prend la forme d'un long plaidoyer d'amour, en même temps qu'il exprime toute une série de reproches déchirants et presque haineux. Car le fils a été victime de la culpabilité du père...

À plus d'une reprise, le narrateur souligne le rôle important qu'a joué l'imaginaire dans la longue marche vers la rédemption. Depuis son enfance, nous dit-il, sa conscience coupable a souvent eu recours à la fabulation comme échappatoire commode mais surtout nécessaire. Les deux chapitres suivants, intitulés «La samaritaine» et «Marquis», illustrent, sinon l'imagination fertile du narrateur, du moins la grande inventivité de Poliquin lui-même. On y voit défiler une galerie de personnages, tout aussi excentriques et captivants les uns que les autres, qu'il a été donné au narrateur de connaître en tant que propriétaire d'immeuble. Il faut dire qu'encore ici, comme au premier chapitre, il nous est présenté un portrait peu flatteur de la nature humaine, ces personnages revêtant, le plus souvent, des aspects sordides ou ridicules, voire grotesques. Heureusement, la représentation qu'en fait le narrateur est aussi ironique que pénétrante, car il sait jeter astucieusement sur le monde qu'il décrit un regard fort amusé et amusant. En réalité, il crée une véritable petite comédie humaine dont le trait le plus marquant est, justement, l'aspect risible de ses personnages. Soulignons que le narrateur lui-même n'échappe pas à la parodie. Au contraire, dans le récit — comme dans l'univers carnavalesque que décrivait Bakhtine et avec lequel ce roman est en affinité —, le rire est braqué sur le rieur lui-même. Son érudition, surtout, est livrée au rire le plus dévastateur. Il relate, par exemple, une anecdote où, alors qu'il était professeur auprès de travailleurs de chantier, ceux-ci, pour se moquer de lui, lui demandaient d'orthographier en classe des mots grossiers et où, lui, ridicule, se prêtait à leur jeu: «[...] je leur donnais les explications voulues avec tout le sérieux du monde. "Péter" s'écrit avec un seul t. N'oubliez pas le s lorsque vous écrivez "pet" au pluriel, comme dans la phrase: "j'ai lâché quatre pets après déjeuner". D'autres questions?»

Le dernier chapitre, «Monologue nocturne pour Zorah», retrace dix années de la vie du narrateur qui ont été marquées, surtout, par sa relation avec une femme nommée Zorah et par leur ascension sociale. Or, abruptement, une dépression nerveuse met fin à cette relation et, aux abords de la quarantaine, le narrateur est forcé à reconstruire sa vie.

Le roman se termine sur un «Épilogue provisoire» qui raconte la naissance d'un nouvel amour qui paraît être plus authentique que le premier et d'une amitié aussi qui s'avère, pour le narrateur, fort révélatrice en même temps que libératrice. À travers un jeune garçon exceptionnellement imaginatif, il redécouvre et revit le monde merveilleux de l'enfance.

Enfin, à part quelques descriptions d'une sexualité plutôt sordide dont j'aurais fort bien pu me passer, je n'ai rien à reprocher à ce roman. C'est un beau livre, intelligent, amusant, exquis, habilement construit également, car les différentes anecdotes qui sont racontées finissent par s'entrelacer de façon à peindre un tableau très complet et cohérent de la vie intérieure aussi bien qu'événementielle du narrateur. Si *L'Écureuil noir* constitue un présage de choses à venir, Daniel Poliquin pourrait bien passer à l'histoire littéraire comme l'un des écrivains franco-ontariens les plus remarquables de notre époque.

POUR ÉCHAPPER À LA JUSTICE DES MORTS
de STEFAN PSENAK
(Ottawa, Le Nordir, 1994, 64 p.)
et
NOCES D'AILLEURS
d'ANDRÉE CHRISTENSEN
(Vanier, Éditions du Vermillon, 1993, 102 p.)

Maurice Raymond
Université de Moncton

On a dit souvent (trop souvent) que le poète était prophète et que la poésie était amour (pas suffisamment). Religion, rituels, poésie ont frontière commune, et l'on sait depuis Hugo et Baudelaire que le poète est un officiant. Chacun des deux présents recueils reprend, à sa manière, mais avec plus ou moins de succès, ces marques distinctives du poète et de la poésie.

Pour échapper à la justice des morts de Stefan Psenak est un premier recueil de poèmes: il en a toute la minutie... et tous les défauts! S'ouvrant sur une dédicace, il offre ensuite une citation d'Anne Hébert (« Les morts m'ennuient / Les vivants me tuent» [p. 7]), puis un court texte de l'auteur lui-même, mis en exergue (« le rituel débute / une hostie agonise / sur nos langues insoumises » [p. 9]). Le corps du recueil est composé de deux parties ayant à peu près la même longueur et dont la deuxième s'ouvre sur une citation de Gérald Godin (« sans héritier sans enfants sans suite / sans lignée sans branche et sans progéniture / topographie du vide et des absences / je me rendrai à moi-même mon dû / un jour j'aurai / mottes de terre et racines aux pieds » [p. 39]). L'unité du recueil est assurée par l'utilisation systématique du futur (excepté pour le court texte mis en exergue et cité plus haut).

Psenak apporte donc — premier recueil oblige — un soin tout particulier à la présentation et à l'organisation de son livre. Cette minutie ne peut cependant masquer certaines faiblesses internes tout à fait regrettables. Par exemple, la résistance de la parole (« les langues insoumises » [p. 9]) annoncée dès le départ se transforme très vite chez lui en une affirmation prophétique de nature plus ou moins gratuite. L'auteur montre, de plus, un certain penchant pour les traits d'esprit et, il faut bien le dire, une propension aux formules ronflantes dont le titre n'est qu'une illustration. Un seul texte se démarque nettement des autres et vient toucher de son aiguillon le derme même de la fragilité poétique: à la page 26, un poème, non plus disposé sous forme de vers mais ramassé en un paragraphe, fait soudainement vaciller l'affirmation prophétique vers l'interrogation, le doute, l'angoisse: «... définirons-nous le pourquoi le comment devrons-nous chercher ailleurs ce qui se trouve ici geindrons-nous sans que personne ne nous entende [...] saurons-nous sauver notre peau chacun pour soi serons-nous aussi altruistes que nous le proclamons... »

Il est malheureux que le poète n'ait pas adopté ce ton plus souvent, et montré plus ouvertement son cœur et son angoisse. L'intellectualisme — il faut toujours s'en souvenir — est pour la poésie un péché destructeur.

Noces d'ailleurs d'Andrée Christensen est une œuvre montrant plus de maturité. Christensen a déjà publié trois recueils de poésie, dont un très intéressant « collage dramatique », aux Éditions du Nordir, intitulé *Pavane pour la naissance d'une infante défunte*. De plus, quelques-uns de ses poèmes ont été illustrés par des artistes réputés, tels Roland Giguère, Jennifer Dickson, Tony Urquhart, pour ne nommer que ceux-là.

Le recueil de Christensen a ceci de commun avec celui de Psenak qu'il y est également question, dès le départ, de rituel et de prophétie. Dans une sorte d'avertissement aux lecteurs, il est dit ceci: «... l'homme et la femme cherchent, à travers les déchaînements amoureux, à rompre la barrière qui les sépare du divin [...] De leurs rituels nuptiaux, excessifs et créateurs, l'énergie de la vie émerge, libre de toute contrainte, de toute limite » (p. 6). Et dans un beau poème à la respiration ample, intitulé « Le Temps de l'eau », ceci encore: « Sûr de son chemin / le prophète franchit le mystère des marées / depuis le blanc jusqu'au rouge / goûtant chaque saison de la femme // Sous la glace brûlante / en mal de sel / son front déploie la mer » (p. 25).

L'entreprise prophétique est ici assumée par la parole, chaque poème devenant une sorte de célébration du coït, de ces « rituels nuptiaux, excessifs et créateurs » dont l'auteure parle dans son avertissement. Les titres des différents poèmes ne laissent d'ailleurs aucun doute quant au caractère alchimique de l'entreprise: « Incarnation », « Alchimie », « Sacrifice », « Floramancie », « L'Œuvre au rouge », « Anneau perpétuel », « Réveil du temple », « Initiation », « Frère de sang », etc. Il s'agit pour l'homme et la femme d'« affranchir leur âme de ses limites terrestres » (p. 6), de briser la chrysalide du froid et de l'isolement: « Aux morsures de l'hiver / son aile à la soif infuse / s'ouvrira sous la neige » (p. 82).

Le recueil se termine sur un poème émouvant intitulé « Famille », et qui est une sorte d'invocation à l'amant, perçu à la fois par la narratrice comme son père, son fils et sa mère: « Père / je gravis ta semence / de haute montagne / ton ventre de pierre / refuge fécond // [...] Mère mère / complice de mes lunes ta Verge / rougie de tant de maternités / bénie entre toutes les formes / ta fièvre fertile berce / le plus beau mystère du monde ».

Il y a évidemment un excès dans cette parodie de prières connues, que d'aucuns interpréteraient comme le produit d'un esprit sacrilège; d'autres, plus simplement, comme une faute de goût. Bien qu'il se dégage de l'ensemble du recueil une ferveur véritable, il faut admettre que cet excès est réel: l'entreprise dionysiaque n'excuse pas une accumulation presque comique d'un certain vocabulaire érotique qui agit comme une surcharge lamentable, et qui risque à tout moment d'entraîner le livre entier vers l'abîme (ou la moquerie). La narratrice semble constamment à cheval (qu'on excuse ici l'expression) sur la frontière de plus en plus mince qui sépare le ridicule du sacré. Entre « la fourche de tes jardins suspendus » (p. 18) et cette « bête inédite [...] [ce] Midi envulvé [qui] mange sa lune en pleine lumière » (p. 74), nous éprouvons une sorte de malaise, comme une titillation malsaine menaçant à tout moment de faire exploser autre chose que la ferveur.

Pour nous, nous le disons ouvertement, la poésie érotique vaut tout au plus la poésie catholique, ou toute autre poésie en « ique ». Elle procède d'une mise en scène plus ou moins efficace et vise l'illustration d'une doctrine particulière, extérieure à tout acte poétique, et qui n'a avec lui que des rapports de fortune. L'essence de la « fabrication » poétique nous semble de nature résolument apollinienne. S'il faut parler de coït, de fusion ou de « rituels nuptiaux », il nous semble que ceux exigés en poésie par la manipulation des mots, leur intégration multiple ou leurs accouplements parfois violents suffisent amplement.

Nous devons dire pour conclure que ces livres publiés aux Éditions du Nordir et du Vermillon laissent, hélas, le lecteur sur sa faim. Celui de Christensen nous semble cependant supérieur ; les amateurs de mots juteux et d'une certaine forme d'érotisme littéraire y trouveront sûrement leur compte. Pour les autres, reste à espérer la publication prochaine d'une poésie plus « simple » et plus immédiatement poétique...

FRENCH TOWN
de MICHEL OUELLETTE
(Hearst, Le Nordir, 1994, 92 p.)[1]

Pierre Karch
Collège universitaire Glendon, Université York (Toronto)

Cindy, autrefois Sophie, nom que le personnage a jeté aux orties parce qu'il rimait avec « Softie », est une dure qui porte des jeans, joue dans les moteurs de voiture à ses heures et sacre tout le temps comme un diable entre deux sacrements. Cindy, c'est le diminutif de Cendrillon, tout comme *French Town* est un conte de fées avec une héroïne qui n'ira pas au bal, qui refuse même de porter une robe, n'importe laquelle. On la connaît bien, Cindy. Nul besoin de se rendre à Timber Falls pour la rencontrer ; aujourd'hui, on la retrouve un peu partout, tant le moule est bon, meilleur de fait que la pâte. Enfant, elle brûle réellement et symboliquement tous les jouets qui devaient la préparer à tenir un rôle d'épouse et de mère ; ce qu'elle veut, c'est chasser la perdrix avec son père.

Son frère Martin est, pourrait-on dire par dérision, un enfant de l'amour puisqu'il a vu le jour neuf mois après que son père ivre, mais pas mort, a battu et « pris » sa femme. Benjamin a été élevé par son grand frère, Pierre-Paul qui, lui, a de l'éducation, ce qui lui a monté à la tête comme les règles de grammaire lui remontent à la mémoire pour meubler le vide de la conversation. Si sa sœur représente le Nord, celui des mines et des usines, lui, représente le Sud, celui de la culture et des grandes entreprises. Ils ne parlent pas la même langue ; ils ne sont donc pas de la même famille. C'est pourquoi, étant la première à le reconnaître, elle le traite de « moumoune » et de « tête », comme cela se dit encore dans un pays où bien parler est aussi mal vu que d'avoir des manières et de se tenir à table.

French Town, malgré sa structure en clips ou brefs tableaux qui se succèdent comme on tourne les pages d'un album-souvenir, n'apporte rien de nouveau au portrait du colonisé. Ce n'est qu'une question de densité, d'épaisseur. Je ne serais pas surpris d'apprendre que c'est ce qui a tant plu aux membres du jury du Prix du Gouverneur général qui ont pris un malin plaisir à primer une pièce franco-ontarienne mettant en scène un héros qui nous fait honneur comme des caleçons troués sur une corde à linge.

Si je parle de corde à linge, c'est à cause de la scénographie qui « à la création du spectacle proposait un décor sobre et dépouillé — une galerie métallique sur laquelle se trouve une vieille laveuse qui occupe l'espace central arrière » (p. 7). Le spectateur voit tout de suite qu'on va laver son linge sale en famille et c'est ce qu'on fait. Le malheur, c'est que cela ne se lave pas. Plus on frotte, plus on répand les taches. Dans ce cas, il ne reste qu'une solution: mettre le feu aux poutres ou à la cabane. La crèche de Noël y passe tous les ans; c'est une tradition dans la famille. Puis ce sera le feu de French Town, en 1936. Ce n'est pas aussi traditionnel, mais c'est historique comme en témoigne la photo de la couverture, document tiré des Archives municipales de Smooth Rock Falls.

Pourquoi tous ces feux? Pour Simone, comme pour son fils aîné, Pierre-Paul, qui se flambe la cervelle plutôt que de mettre le feu à la maison familiale comme il en a menacé son frère, cela symbolise que le passé est révolu, qu'il ne sert à rien de l'évoquer avec nostalgie, qu'il faut au contraire aller au devant de l'avenir et lui tendre la main alors qu'il deviendra le présent.

Martin ne partage pas cet avis: «Mon avenir, pontifie-t-il, se trouve là où j'ai un passé» (p. 85). À l'heure du village global et du libre-échange, penser en termes de racines me paraît aussi profond que creux. Le danger, c'est que le lecteur ou le spectateur — j'ai été les deux puisque j'ai assisté à la représentation de la pièce à Toronto avant de la lire —, tout autant que la lectrice ou la spectatrice, sympathise avec Martin qui parle moins bien que son frère, ce qui en fait un personnage moins chiant que lui. Or l'idéologie qu'il professe me paraît aussi étroite d'esprit et néfaste que l'agriculturisme que promouvaient le clergé et bien des hommes politiques au début du siècle, pour que les Québécois, qu'ils gardaient sous leur tutelle, restent chez eux, groupés autour de l'église paroissiale, plutôt que d'abandonner leurs trente arpents pour travailler dans les usines des grandes villes canadiennes et américaines, faire des études et prendre en main l'économie du pays.

J'ai du mal à croire, mais il faut bien se rendre à l'évidence, que les choses aient si peu changé depuis et qu'on vive ici, aujourd'hui, le même dilemme que celui des Québécois du temps de la Dépression, de Mgr Laflèche et du curé Labelle. *French Town* est une pièce du terroir, comme *La Terre paternelle* était un roman du terroir. C'est le même style, ce sont les mêmes phrases lamentables: «Je te laisserai jamais m'enlever son héritage» (p. 86), celui d'un alcoolique colérique qui battait sa femme et ses enfants avant de mourir de ses excès. Tenir à pareil héritage, c'est du vice et non pas une vertu.

Franco-Ontariens, Franco-Ontariennes, tant que sera primé ce genre de discours, vous ne serez pas sortis du bois.

NOTE

1. Cette pièce de théâtre a valu à son auteur le Prix du Gouverneur général du Canada (section textes dramatiques), en 1994.

TRADITIONS ORALES DE PLAMONDON, UN VILLAGE FRANCO-ALBERTAIN

Gilles Cadrin et Paul Dubé
Faculté Saint-Jean
Université de l'Alberta (Edmonton)

Le petit village de Plamondon, en Alberta, a fait parler de lui dans la presse canadienne, il y a quelques années, lorsqu'un de ses enfants, Léo Piquette, osa s'adresser à l'Assemblée législative de l'Alberta dans la langue de ses ancêtres. Il fut interrompu par le président qui lui demanda de parler en anglais. Piquette refusa d'obtempérer et, pour son témoignage patriotique, fut chassé de l'Assemblée et dut faire des excuses publiques avant de pouvoir réintégrer ses fonctions de député de la région de Lac-la-Biche.

Son affirmation auprès de l'Assemblée étonna les Franco-Albertains qui ne s'attendaient pas à un tel geste du premier élu chez les Canadiens français depuis plus de trente ans. Plusieurs jugèrent que son effronterie risquait de compromettre les acquis que l'« élite » avait prudemment amassés ; d'autres n'y virent que le geste d'un politicien à la recherche d'éclat journalistique et même de gain politique ; d'autres, enfin, pensèrent qu'il n'appartenait pas à un petit gars de Plamondon, un village qui connaissait les pires ravages de l'assimilation, de porter le flambeau de la francophonie albertaine.

Pourtant, s'il s'agit d'identifier une région de l'Alberta francophone où la tradition orale française est encore bien vivante, il faut se tourner vers Plamondon, qui non seulement perpétue l'héritage folklorique canadien-français, mais contribue, modestement, il est vrai, à l'enrichir par un apport qui remonte aux premières années de son existence et qui se poursuit encore aujourd'hui.

La paroisse de Plamondon représente un cas bien particulier en Alberta parce que sa population, majoritairement francophone, est en grande partie d'origine franco-américaine. Ces Franco-Albertains se rattachent aux quelque 850 000 Canadiens français qui ont quitté le Québec entre 1850 et 1930. Ils avaient abandonné leur province parce qu'ils ne voyaient pas de possibilité de devenir un jour propriétaires terriens et ainsi poursuivre la vie de leurs pères. Ils avaient pris la route des États-Unis pour fuir la stagnation économique, le chômage, en somme le cul-de-sac dans lequel la situation sociale et économique du Québec les plaçait.

Les États-Unis, par leur besoin de main-d'œuvre, ouvraient aux Canadiens français les portes de l'avenir, de la prospérité, et même du bonheur. Ils étaient donc partis, des dizaines de milliers par année, pour envahir d'abord et principalement les États de la Nouvelle-Angleterre et aussi pour se répandre dans le Midwest américain qui s'ouvrait à la colonisation : le Michigan surtout, mais aussi le Montana, le Dakota, le Minnesota et l'Illinois, tel que l'a montré É.-Z. Massicotte dans son étude du mouvement migratoire des habitants du comté de Champlain. En somme, sur un total de 1 581 émigrants, il en dénombre 276 qui se sont établis dans le Michigan pendant les années 1880, 31 dans le Montana, 29 dans le Wisconsin, 22 dans le Dakota et 20 dans le Minnesota[1]. La région offrait donc des conditions d'accueil qui favorisaient l'arrivée de nombreux Canadiens français en quête d'une vie meilleure.

Pourquoi le Midwest des États-Unis ? C'est que, dès les années 1840, à cause de la crise agricole au Québec — baisse des prix, épuisement du sol et inaccessibilité des terres[2] — à laquelle s'ajoutait l'instabilité politique, de nombreux colons du Québec étaient allés jeter les bases des colonies qui continueraient d'accueillir, jusqu'au début du XXe siècle, chômeurs et colons canadiens-français. En dépit des efforts du clergé pour réduire les départs, les échos de la prospérité des cultivateurs du Midwest expliquent pourquoi cette région vit leurs rangs s'accroître par l'arrivée continue de colons du Québec.

Ainsi, une enquête menée en 1857 révélait que la majorité des familles des comtés du sud de l'Estuaire et de la Gaspésie qui émigraient se dirigeaient vers les États de l'Ouest[3]. Les années 1860 et le début des années 1870 virent de même un nombre considérable de fermiers canadiens s'installer dans le Midwest, ainsi qu'un grand nombre de bûcherons qui se firent remarquer dans l'industrie du bois au Michigan et au Minnesota[4]. En somme, selon les estimations de l'abbé Gendron en 1874, les États de l'Ouest comprenaient 150 000 Canadiens français[5]. Quant à leur mode de vie, il demeurait fondamentalement celui de la société canadienne. Par contre, même si le niveau de vie était plus élevé qu'au Canada, les Franco-Américains avaient le regard tourné vers leur patrie d'origine, et un fort pourcentage d'entre eux rentraient au pays après un séjour de quelques années aux États-Unis.

Joseph Plamondon est un de ces émigrés qui rapatria sa famille, « son peuple », pour l'établir en Alberta. Il était le onzième enfant d'une famille rurale qui avait quitté le Québec en 1867 pour s'installer à Sainte-Marie du Narrows, au Michigan[6]. Arrivé à l'âge adulte, Joseph prit une petite terre de 40 acres près du village de Provemont tout en pratiquant le métier de charpentier. En 1884, il épousa Mathilda Gauthier et, selon le récit de Dellamen, leur septième enfant, la vie à Provemont était idyllique[7]. La ferme nourrissait amplement la famille, les enfants fréquentaient tous l'école, encouragés par leur père qui, par désir de perpétuer chez ses enfants l'héritage culturel, avait dû apprendre à lire et à écrire par lui-même. Ses talents naturels lui avaient valu d'être le premier commissaire d'école de la paroisse et le responsable de plusieurs organisations. À l'église, sous la férule d'un prêtre irlandais — comme il se devait —, les Plamondon faisaient les frais de la musique et du chant car Joseph, bon musicien et chanteur, avait transmis à ses enfants ses goûts et ses talents en ces domaines.

En 1907, la quiétude familiale fut, par contre, troublée lorsque l'aîné, Isidore, annonça qu'il partait voir l'Alberta. Il répondait en somme à un appel qui se faisait entendre depuis que le curé Labelle s'était mis en train de coloniser les « Pays d'en haut » en rapatriant les Canadiens français de la Nouvelle-Angleterre. Dans sa foulée, d'autres agents de colonisation de l'Ouest, et principalement l'abbé Jean-Baptiste Morin, étaient allés chanter les mérites des terres des Prairies et avaient semé leurs invitations à revenir au Canada. Si bien qu'à la suite des troubles sociaux dans les filatures de la Nouvelle-Angleterre à la fin du siècle, les Franco-Américains se joignaient aux Canadiens français pour exiger que le gouvernement canadien consacre à leur rapatriement, comme le disait un éditorial, « la moitié des avantages qu'on offre aux Européens que l'on va chercher à grands frais là-bas, par delà l'Atlantique, pour coloniser l'Ouest[8] [...] »

L'appel lancé aux Franco-Américains ne se limita pas seulement à ceux des États de l'Est. Il se fit entendre dans le Midwest et, dès 1898, les journaux de l'Ouest canadien rapportaient le passage de délégués du Minnesota venus évaluer les possibilités qu'offrait le Nord-Ouest[9]. Le district du lac Castor, près de Lac-la-Biche, fit une telle impression que la délégation entreprit sur le coup les démarches nécessaires pour retenir quelques sections de terre à l'intention des colons éventuels du Minnesota.

À la même époque, un autre facteur allait contribuer au rapatriement des compatriotes du Midwest : le plan de l'abbé Jean-Baptiste Morin, soumis à Wilfrid Laurier en 1899, sans doute comme solution à la résistance que montraient certains évêques, politiciens et intellectuels du Québec pour empêcher le départ de colons canadiens-français vers l'Ouest. Ce plan de rapatriement entrait tout à fait dans les vues nationalistes et politiques du premier ministre. Considérant l'abbé Morin comme un agent valable et un ami politique, et voulant faire taire les plaintes de favoritisme à l'endroit des immigrants russes, Laurier demanda à Clifford Sifton, ministre de l'Intérieur, d'accorder sa considération au plan de l'abbé Morin, appuyant sa recommandation de l'évaluation suivante : « *You know that the French-Canadian farmers of those Western States are a very desirable class of immigrants. You and I agree on this, and therefore, nothing to be added on this point*[10]. »

Soucieux d'augmenter la population de l'Ouest tout en maintenant la représentation relative des Canadiens français, Laurier comprenait que l'Ouest américain constituait un bassin de population francophone où il fallait dorénavant aller puiser.

Les demandes de Mgr Émile Legal, évêque du diocèse de Saint-Albert, tombèrent donc dans de bonnes oreilles lorsque, le 23 janvier 1903, il écrivit à Laurier pour que ce dernier recommande le père L. Laganière, o.m.i., au poste d'agent d'immigration qui, à l'instar de l'abbé Morin, dirigeait déjà ses efforts de recrutement auprès des Franco-Américains. Il le présentait comme « jeune, fort et énergique » et parlant couramment le français et l'anglais ; il se disait persuadé que le père Laganière se donnerait « tout entier à la tâche de nous amener de nouveaux colons et surtout de rapatrier ses compatriotes qui sont allés se fourvoyer aux États-Unis[11] ».

Convaincus que le clergé seul ne pouvait attirer un nombre suffisant de colons en Alberta, les laïcs se mirent aussi de la partie en décembre 1905 et fondèrent la Société de colonisation d'Alberta[12]. Le but était de renseigner les colons éventuels et d'orienter leur établissement en Alberta. Un mois après la fondation de la société, Wilfrid Gariépy, le secrétaire, rapportait avoir reçu sept lettres demandant des renseignements sur l'Alberta[13]. Au cours de sa première année d'existence, la société a répondu à plusieurs centaines de lettres venant de l'Est et des États-Unis[14]. Enfin, pour montrer l'importance de la Société de colonisation, le *Courrier de l'Ouest* rapporta, le 28 mars 1907, que plus de 150 *homesteads* avaient été pris par des Franco-Américains dans les quinze derniers jours[15]. Il n'est donc pas étonnant alors que les échos des campagnes de propagande menées par Sifton dans les journaux américains ou par les agents et les sociétés de colonisation de l'Ouest se rendissent jusqu'aux Plamondon et à un grand nombre de leurs compatriotes qui vinrent par la suite élire domicile en Alberta.

Les gens de Provemont n'entreprirent pas le retour au Canada sur les promesses seules de la propagande des prêtres-colonisateurs et du gouvernement canadien. Joseph Plamondon et ses frères Thomas et Évangéliste vinrent d'abord prendre connaissance de la « Terre promise » et, après avoir passé trois mois en Alberta, Joseph prit la décision d'aller chercher sa famille et de l'établir en Alberta. Il se sentait investi de la mission de perpétuer la langue et la culture canadiennes-françaises dans sa famille en créant pour elle un nouveau village. Le 7 mai 1908, il partait à cette fin avec ses enfants, accompagné de plusieurs familles de Provemont. La première étape du voyage les amena à Morinville d'où, après un séjour de quelques mois, ils s'acheminèrent en charrette vers la région de Lac-la-Biche. Après onze jours, la caravane s'arrêta à l'endroit où se dresse aujourd'hui le village de Plamondon. Joseph, le « père Joe», prit possession du territoire qui servira de creuset aux apports culturels amenés au cours des années suivantes par des colons francophones d'origines diverses : des Franco-Américains, des Canadiens français du Québec et de l'Ouest, des Français et des Suisses.

Ils n'étaient pourtant pas les premiers arrivés. Des familles de Métis du nom de Lafleur, Ladouceur, La Poudre, Tremblay, Cardinal, Augé, Castor, Boucher, Fosseneuve, etc., formaient une communauté de langue française établie de longue date, estimée déjà à trois cents personnes lorsque les premiers missionnaires catholiques avaient visité la région de Lac-la-Biche en 1844[16]. Par la force de leur nombre et de leur identité culturelle qui se formait et s'affirmait depuis un siècle au contact des coureurs de bois, et plus tard sous l'influence des missionnaires, ils joueront un rôle important auprès des nouveaux arrivants. De cultures crie et canadienne-française, ils marqueront la vie des colons en les initiant à divers aspects de la réalité primitive de la région tout en les exposant à certains aspects de la vie culturelle canadienne-française que les nouveaux immigrants ignoraient ou qu'ils avaient perdus pendant leur séjour aux États-Unis.

Ces Métis, habitant près du lac et dans les parages de la Compagnie de la baie d'Hudson, se débrouillaient relativement bien au niveau économique. Ils accueillirent avec empressement et générosité les nouveaux venus et, pendant les premières années, leur offrirent de la nourriture, du poisson et de la viande sauvage. Pour mieux les aider à survivre, ils initièrent aussi les enfants des familles pionnières à l'art de la chasse, de la trappe et de la pêche. Plusieurs de ces derniers se lièrent d'amitié avec des Métis, partagèrent leurs coutumes et apprirent le cri. Grâce à la communauté de langue et de culture, les rapports entre les deux groupes étaient si naturels qu'un des informateurs de la région confondait encore les « tunes sauvages » et les *reels* du Québec. Rappelant comment ses frères avaient appris le violon dès leur arrivée en Alberta, grâce aux Métis dont plusieurs étaient de bons « violoneux », il affirmait candidement : « Édouard était le meilleur dans les tunes sauvages. » Cela étant dit, il ajoutait d'un ton interrogateur : « C'était peut-être pas sauvage — ça venait du Québec — les rigodons qu'ils appellent ça[17]. »

C'est donc avec grande reconnaissance que les pionniers parlent des familles métisses qui non seulement les aidèrent à passer à travers les difficultés des premières années, mais leur fournirent aussi un apport au niveau de la culture matérielle et du folklore. Avec le passage des années et l'esprit particulier du groupe, la communauté prit forme. De nouveaux colons arrivaient régulièrement du Michigan, auxquels s'ajoutaient des colons du Québec et, en 1914, un contingent de Bretons. Tous ces colons, unis par une langue commune, le français, soucieux de conserver leur patrimoine culturel, allaient s'efforcer de faire vivre la tradition orale française. Ils allaient aussi chercher à créer leur propre tradition orale à partir de leur vécu. C'est à Joseph Plamondon, grand amateur de chant et de musique, que revient le mérite d'avoir donné le ton. Dans leurs récits, les enfants de Plamondon évoquent le rôle du « père Joe» qui, grâce à son violon et à ses chansons, était l'âme des nombreuses soirées qui regroupaient la famille et les voisins. Parmi eux, Albert Chevigny avait la réputation de connaître toutes les chansons folkloriques françaises. Les enfants Plamondon jouaient aussi des instruments de musique et, avec des amis de la place, formèrent au cours des années plusieurs ensembles qui animèrent les danses et les soirées de la région. Plus que partout ailleurs, il semble que la population de Plamondon ait vécu la tradition folklorique canadienne-française. Alvine Cyr, dans son livre *Yes Father — Pioneer Nursing in Alberta*[18], le confirme. Envoyée à Plamondon en 1933 comme infirmière en l'absence d'un médecin, elle évoque à plusieurs endroits dans ses mémoires le tempérament enjoué de la population, les talents de conteurs de plusieurs pionniers[19] et les aptitudes des gens de la région à jouer de la musique[20].

Si Plamondon offre un caractère particulier, c'est que sa population a contribué à maintenir bien vivant le folklore par la création de quelques chansons, légendes et pièces musicales qui s'intégraient au corpus folklorique canadien-français, français et métis de la région. Parmi les chansons répandues dans la région, il faut mentionner celle qui a pour titre *J'aime mieux les États que l'Alberta* :

> Pour moi, j'aime mieux les États que l'Alberta,
> Parce qu'on récolte plus de fruits par ici, (bis)
> Mais il faut bien suivre son mari.
>
> (Refrain)
> Je vas retourner au Canada,
> Parce que les enfants sont tous placés là.
> Je vas retourner au Canada,
> Parce que les enfants veulent tous rester par là.
>
> Il faut laisser notre fille par ici,
> Car son mari aime trop son pays.
> Parlez-lui pas du Canada.
> Il faut laisser notre fille par ici,
> Car son mari aime trop son pays
> Et elle aussi suit son mari.
>
> J'ai rien à dire contre mon mari,
> Car quand je m'ennuie,
> Il m'emmène par ici,
> Mais c'est sa bourse qui en pâtit.
> J'ai rien à dire contre mon mari,
> Je m'en retourne avec lui[21].

Cette chanson, attribuée à Mathilda Plamondon, épouse de Joseph, semble s'être répandue dans la région sans doute à cause de la pertinence de son thème auprès des épouses des pionniers. En fait, la chanson rappelle la vérité du dicton : « Qui prend mari, prend pays. » N'était-ce pas là l'expérience de ces nombreuses femmes qui avaient dû quitter le charmant petit village de Provemont, au Michigan, les paroisses bien établies du Québec ou encore de la Bretagne ? Que ces arrachements du sol natal ou d'adoption eussent été causés par les caprices d'époux, tels d'autres Samuel Chapdelaine, toujours en quête de pays neuf, ou par des idéaux nobles, tels que la perpétuation de la culture dans un milieu français, ou tout simplement par l'exigence implacable d'assurer la subsistance des siens, il reste que ces ruptures étaient souvent des plus tragiques pour les épouses qui devaient laisser derrière elles leur famille et même certains de leurs enfants.

C'est ce qu'évoque cette chanson d'une mère qui ne cache pas ses préférences lorsqu'elle retourne aux États pour voir sa fille et tenter de convaincre son gendre de venir s'installer en Alberta. Mais, peine perdue, le mari préfère les États et impose sa volonté. Il y avait là matière à une complainte : le déchirement d'un cœur de mère. Pourtant la chanson ne verse jamais dans les accents déchirants de la complainte, car l'auteur a su diffuser la montée du tragique par l'emploi d'arguments anodins et humoristiques pour expliquer les sentiments et les actions des personnages. L'épouse accepte la volonté de tous, époux, fils et gendre, mais non sans sa petite revanche : ses voyages aux États, lorsqu'elle s'ennuie trop, coûtent cher à son mari. Ainsi, le code social et moral traditionnel est-il clairement renforcé parce que les valeurs du couple ne sont pas remises en question.

Si la chanson populaire expose les normes sociales et le code de conduite d'un groupe, elle sert aussi à peindre ses activités. Pour les gens de Plamondon, la chasse, la trappe et la pêche dépassaient le niveau des loisirs et des passe-temps et faisaient partie des activités essentielles à la survie des familles vivant de l'agriculture. Par son importance et son caractère d'aventure épique, la trappe a inspiré deux chansons qui évoquent les difficultés des randonnées en hiver pour trapper le rat musqué sur le lac Athabaska. La première, *La Chanson du Nord pour prendre des rats musqués*[22], met en scène un trappeur et ses associés. Même si la chanson raconte les épreuves et les péripéties du voyage vers Fort McMurray, elle n'adopte pas le ton de la complainte : son refrain exprime l'espoir de ceux qui sont portés par le rêve : « Ça va venir, ça va venir, / Ne décourageons-nous pas. / Avant que l'hiver soit passé, / On va en prendre des rats musqués. »

On reconnaîtra là le calque d'une chanson de la Bolduc, écrite après la crise des années 30. Exemple typique des créations albertaines, cette chanson adopte le timbre de « Ça va venir, décourageons-nous pas », qui se voulait une invitation à croire à des jours meilleurs. Effectivement, elle présente un trappeur et ses compagnons qui partent trapper dans le Nord, pleins d'espoir et d'enthousiasme, mais qui, dès le départ, doivent faire face à des obstacles. D'abord, la voie gravelée du chemin de fer qui ne convient pas au voyage en traîneau à chiens. La solution : mettre des roues au traîneau pour l'adapter aux rails du chemin de fer. En « barouchon », les aventuriers peuvent ainsi entreprendre le périple pourvu qu'ils veillent à céder le passage aux trains et aux véhicules d'entretien. Malgré le froid et la neige, ils arrivent à Great Waterways où ils comptent coucher chez Ti-Joe Fontaine. Par malheur, la femme, « qui était fort montée », ne leur offre pas l'accueil et ils doivent poursuivre jusqu'à Fort McMurray, d'où ils repartiront « cassés » et, comme le dit la chanson : « Fort en fort et en plus fort, / Pour le nord, nous galvaudons / Derrière nos traînes paquetées de poissons / Et d'autres bagages que nous avons. »

En fin de compte, l'aventure se solde par l'échec et, comme c'est le cas dans plusieurs complaintes traditionnelles, la chanson se termine par une mise en garde contre l'attrait des richesses illusoires et par l'invitation à trouver plutôt le bonheur chez soi :

Mes chers amis, je vous en prie
De ne pas prendre sur ma chanson.
Le petit peu que nous avons,
Dépensons-le à Plamondon,
Car les choses sont « inconvénientes »
De faire des si grands bouts de chemin.
Par le petit peu qui y'a dedans,
Ça nous paye pas de faire si loin.

Toujours sur le thème de la trappe, la version d'Émile Plamondon, intitulée *Les Trappeurs du Nord*[23], reprend sur bien des points les éléments de la chanson précédente. Il s'agit de trappeurs qui se rendent dans le nord de l'Alberta, de leurs difficultés et de leurs succès. En somme, toujours sur le timbre et le refrain modifié de la chanson de la Bolduc, se poursuit le récit des préparatifs du départ, des difficultés à se rendre au Muskeg Country avec une traîne trop chargée, des trois semaines passées à tendre des collets sans succès et du découragement qui s'empare des trappeurs. Mais, à la vue de deux « beaux renards croisés » parmi les prises des autres trappeurs de la région, ils reprennent espoir, poussent encore plus vers le nord et leur persévérance se voit couronnée de succès. C'est pourquoi le dernier couplet ne se termine pas sur une mise en garde, mais sur l'évocation de l'euphorie du retour et par l'éloge du foyer :

Là on s'en retourne chez nous.
Je vous dis qu'on fait la roue
Avec nos sacs pleins de pelleteries.
Ça sera pour habiller les petits
Et aussi nos petites femmes
Qui sont jolies et on les aime ;
Quand ça vient dessus l'argent,
Ils la dépensent pas pour rien.

Dans une autre chanson intitulée *Un jeune homme découragé*[24], il s'agit aussi d'un séjour dans le Nord pour effectuer un travail qui n'est pas spécifié. Cette complainte sur un air « western » offre le récit de la mésaventure d'un jeune homme qui, à la veille de se marier, doit partir de chez lui pour gagner un peu d'argent :

Quand j'étais un jeune garçon,
Je travaillais à la maison.
Quand j'étais pour me marier,
Il fallait que j'aille gagner.
Mon père me disait :
Je peux plus bien te garder
Quand tu seras marié,
J'aurai que rien à te donner.

Au « camp », il surmonte l'ennui et travaille si bien que le patron lui promet de doubler son salaire. Pourtant l'aventure se gâte :

Trois mois que j'ai travaillé,
J'ai manqué de me ruiner.
Quand j'ai été pour collecter,
Il a refusé de me payer.

On est rendu au mois de mai :
C'est le temps de s'en aller.
Mais je vous dis que c'est bien coûtant,
Quand c'est qu'on a pas d'argent.

Trois jours et trois grandes nuits,
En chemin que je suis parti.
Un village que je suis arrivé,
J'avais même pas encore mangé.

Un restaurant que je suis allé,
J'ai rentré comme un effronté.
J'étais assis là pour manger :
J'ai mangé comme un défoncé.

L'histoire en somme peut paraître bien anecdotique : le jeune homme, incapable de payer, se fait jeter dehors à grands coups de pied et revient à la maison. Pourtant, cette complainte présente un thème sérieux : l'émancipation du futur époux par rapport à son père et au foyer familial. À celui-ci, il faut ajouter le thème de l'initiation au monde extérieur comme composante d'un rite de passage lourd de conséquences, le mariage. L'épreuve est rude, certes, et le jeune homme revient à la maison, pas plus riche qu'avant, tout découragé, mais un peu plus sage.

Outre ces chansons dites « locales » qui évoquent le milieu et ses effets sur les rapports humains ou encore les difficultés et les drames intérieurs associés aux activités courantes de la région, Plamondon a enrichi la tradition orale de quelques chansons historiques ou de circonstance. *Il y a cinquante ans*[25], de Dellamen Proulx, chantée sur le timbre de *Ma Normandie* et *Dans le bon vieux temps*, trace l'histoire de la famille Plamondon à partir du moment où elle quitte le Michigan. Il est question du séjour à Morinville, du voyage vers la région d'accueil, de la joie d'en prendre possession et des réalisations des cinquante premières années.

À ce genre de chansons, qui sert à marquer une étape importante de la vie, s'ajoutent celles qui ont un caractère nettement humoristique par les doubles sens, le rapport incongru des situations et le côté cocasse des mots et des sons reproduits. Dans *Le Petit Coq de chez nous*[26], il est question d'un coq qui n'est pas pataud en amour et qui pourrait bien aller aux États et « faire le saut » pour faire pondre les poules qui ne produisent pas. Si cette dernière chanson tire son comique des doubles sens, *Le Petit Cochon*[27] tire le sien de la comparaison tout à fait anodine entre « un petit cochon bien maigre » et un hérisson, le tout agrémenté des grognements que laisse entendre le chanteur. Ce même recours au jeu des sons provoque aussi le rire dans la chanson brève, *La Lune de miel*[28], où se reconnaît sans équivoque l'allusion aux Ukrainiens et aux Russes qui formaient, avant la dernière guerre, le deuxième groupe en importance de la province. Dans cette chanson, comme le voyage de noces se fait en Russie, les paroles imitent la langue russe. Quelques mots en anglais font allusion aux *sommets de l'Everest*, suivis de « daradatarom » répétés au rythme de plus en plus accéléré d'une mélodie cosaque. Enfin, il faut mentionner *Les Lampions*[29], chanson qui aurait été composée au Michigan. Tout en faisant allusion à la Bible, à la parabole des vierges folles, elle met en scène un couple marié qui attend au purgatoire d'entrer au ciel. Comme le mari est sur le point de manquer d'huile, il décide d'en emprunter du lampion de son épouse. À ce point, le comique ne provient plus du contexte religieux mais du caractère loufoque des agissements du mari. En somme, dans cette dernière chanson comme dans *Le Petit Coq de chez nous* et dans *La Lune de miel*, le sous-entendu qui plane contribuait à soulever la gaieté générale lors des veillées.

Il ne pouvait pourtant pas y avoir de veillées à Plamondon sans le récit d'histoires et la présentation de contes et de légendes. Leur rôle était avant tout de divertir, mais ils offraient aussi un rappel des codes sociaux et moraux traditionnels. Ce sont d'abord les aventures de Ti-Jean qui dominent le corpus des contes fournis par les informateurs de la région. Dans *Belle à l'été, je laisse belle compagnie*[30], Ti-Jean peut revenir après trois ans passés en mer à la ville nommée Portugal, tromper le roi et épouser ensuite la princesse. Le héros aux talents sans limites doit toutefois son succès à sa fidélité à la pratique religieuse et à son respect des morts. De la même façon, le conte du *Merle blanc*[31] illustre la valeur du respect des morts et de la générosité, tandis que *Ti-Jean veut manger*[32] et *Ti-Jean gardien des cochons du roi*[33] mettent l'accent sur la ruse du héros[34]. Dans *Le Petit Joual vert*[35], le respect et la générosité du héros à l'endroit d'une vieille dame lui mériteront les bons conseils d'un prince métamorphosé en cheval et, en fin de compte, la réussite. À ce groupe de contes apportés du Québec, s'ajoute le conte religieux intitulé *La Tasse de fraises*[36]. Dans celui-ci, le crime d'Alphonse, qui tue sa sœur pour une galette, est exposé par l'intervention du surnaturel : la leçon ne pourrait pas mieux marquer l'esprit des jeunes qui se laisseraient emporter par la convoitise.

Les légendes courantes de la région de Plamondon avaient aussi pour but d'atteindre les jeunes esprits et de contrôler leur comportement par la menace que représentent les mauvais génies. Parmi ceux-ci, un informateur mentionne les loups-garous, apparaissant sous la forme de « paquets de poil avec quatre pattes et des gros yeux, qui courent après les enfants qui bavardent le soir[37] ». Les feux follets, pour leur part, fréquentent les forêts le soir et piquent les gens qui s'y aventurent ou parfois se posent, sous forme de « paquets de feu », sur les poteaux de clôture, pour faire peur aux enfants[38]. Le Bonhomme-sept-heures, « avec sa grosse face noire qui venait voir par la fenêtre[39] » complète la galerie des êtres imaginaires qui exerçaient une forme de contrôle sur les jeunes enfants.

Chez les plus vieux, la légende contribuait aussi à rappeler certaines règles de comportement. L'une d'elles se rapportait au respect du jour des Morts. À Plamondon, les parents interdisaient à leurs jeunes filles d'aller veiller ce jour-là, en leur disant que, si elles sortaient, quelqu'un allait sauter contre leur voiture ou dans leur « bogey » et leur faire peur[40]. Une autre légende, d'origine métisse, rappelait l'obligation de respecter les règles du mariage et illustrait le sort réservé à ceux qui transgressaient les interdits de l'Église et de la société :

> Cette histoire qui est la vérité m'a été contée par un vieux Métis des années longtemps passées. Il y avait une femme qui est tombée malade autour de la rivière aux Hiboux, et puis, elle a fait venir le prêtre. Le prêtre a été la visiter puis lui a donné les derniers sacrements — elle était pas mal malade — mais cette femme-là restait avec un autre homme, puis le prêtre lui avait dit que si elle devenait mieux, il voulait pas qu'elle retourne rester avec cet homme-là, et puis après qu'elle est revenue mieux, elle a continué à rester avec cet homme-là. Toujours que le prêtre a entendu parler de ça et il avait ça dans son idée.
>
> Quelques années après, elle est retombée malade, puis là, elle a redemandé le prêtre encore. Là, le prêtre a refusé d'y aller parce qu'il avait su quelle sorte de vie qu'elle menait. Là il y avait un vieux Métis qui m'a rencontré puis il me contait ça, cette histoire-là. Il dit : « La femme y'était malade... pis yé mort... toujours que là... ça l'a enterrée dans les côtes de sable... puis les souffleux... tu sais les souffleux..., ça habité le diable, ça mangé la femme[41]. »

Telle est la perception des pouvoirs du prêtre transmise par cette légende : son rôle lui confère la puissance de priver une personne du repos éternel en la livrant aux alliés du diable, les siffleux (marmottes), que les Indiens considéraient être des animaux sortis de l'enfer.

Par contraste avec les légendes qui peuplent de mauvais génies le monde imaginaire des gens de Plamondon, la légende de *La Fille du paradis*[42] leur rappelle la présence des âmes qui gémissent à la recherche de leurs parents[43], de prières ou de sépulture, et qui n'offrent aucune menace aux vivants. Cette légende prend sa source dans la tragédie de 1875 qui vit le massacre du frère Alexis Reynard et la disparition d'une jeune orpheline, en route de la mission de Fort Chipewyan vers celle de Lac-la-Biche. La jeune fille ne fut jamais retrouvée ni le guide iroquois, auteur du crime, bien que, selon une légende des Indiens Castors de la Rivière-la-Paix, leur campement eût été visité dans le passé par un revenant qu'ils lièrent par la suite à l'auteur de l'enlèvement de la jeune orpheline[44].

Chez les gens de Plamondon, l'histoire du massacre du frère Reynard et de la disparition de la jeune orpheline était connue et occupait l'esprit des trappeurs qui s'aventuraient dans les forêts longeant la rivière Athabaska qui avaient été témoins du crime. Il n'est pas étonnant que, l'ambiance aidant, naquit en l'imagination de ces trappeurs une légende locale. Émile Plamondon y contribua et en explique les circonstances :

> En 1935, moi puis mon frère Clifton, on était des trappeurs et on trappait dans ces pays-là, mais cette année-là, on décida de se rendre plus loin. On était rendu à peu près où ces gens-là avaient dû passer. On était assis à notre campement avec un bon feu qui roulait. Le soir était froid et puis, il faisait clair de lune, pas de vent et tout à coup on a entendu comme une plainte : ça, ça sonnait « presquement » humain. On a entendu ça cinq ou six fois, je vous assure que ça nous a frappés au cœur : on savait l'histoire de cette jeune fille qui avait disparu 75 ans avant. Puis on l'a pas « r'attendu » ces fois-là. On l'a pas « r'attendu » de l'hiver, mais l'année d'ensuite — c'était un bon pays à orignal — on a retourné, et puis mes garçons et puis mes neveux ont « r'attendu » la même plainte. On connaît les cris des animaux sauvages et je vous dis que c'était pas le cri d'un animal sauvage. À ce point-là, on a baptisé « la fille du paradis » et, quelques années après, j'ai composé une mélodie que j'ai appelée : « Les soupirs de la fille du paradis[45] ».

Certes, l'air langoureux, plaintif et discordant à l'occasion, jette le trouble dans l'âme de l'auditeur. Pourtant, comme en témoigne Jérémie Plamondon, la fille du paradis, loin d'effrayer les chasseurs, prend maintenant l'image d'un bon génie qui les avait protégés : « Pendant que le camp a été là, rien n'a été volé. Il n'y a pas eu d'ours qui ont fait du dommage à la cabane. Mais, après avoir déménagé, tout de suite les ours se sont mis à déraciner le camp[46]. »

Il avoue que les soupirs de la fille les avaient fait partir, mais qu'avant tout, il s'agissait de trouver un meilleur emplacement. Par la suite, des objets furent perdus, et il soutient qu'ils ont été pris par d'autres chasseurs, en dépit du code sacré de la forêt. C'est pourquoi il reconnaît qu'au départ, il « était comme Saint-Thomas » et qu'il ne croyait pas à l'influence protectrice de la fille mais, qu'avec le recul des années, il y croit[47].

Ainsi, non seulement était née une nouvelle légende, mais un bon génie qui ferait obstacle à tous ces mauvais génies de la forêt qui avaient jeté tant de trouble dans l'âme des enfants.

La tradition orale à Plamondon ne s'est pourtant pas arrêtée avec la création de ces derniers contes et légendes même si elle a connu des années maigres à la suite de la pénétration partout — même dans un endroit isolé comme Plamondon — des phénomènes modernes de communication. Assez récemment, au cours de la deuxième moitié des années 80, avec la résurgence du militantisme francophone liée aux revendications scolaires des minorités de langues officielles, une nouvelle expression orale y a vu le jour. Il s'agit d'un théâtre populaire de création collective, organisé et dirigé par quelques chefs de file, fait par et, jusqu'à un certain point, pour les gens de Plamondon, dans la mesure où l'intrigue des quelques productions repose, entre autres, sur les origines et l'évolution du village. D'autre part, le collectif créateur a choisi comme « genre » dramatique un modèle qui a déjà fait ses preuves dans la culture collective canadienne-française, *Les Belles Histoires des pays d'en haut*, le téléroman de Claude-Henri Grignon, bien connu et diffusé partout et longtemps dans la francophonie canadienne-française au point où son personnage principal, Séraphin Poudrier, est devenu un être légendaire. Le prologue de la première production de la trilogie signale en fait cette double inspiration :

> Séraphin Plamondon est le descendant du vieux Séraphin Poudrier. La sœur du vieil avare avait épousé un Plamondon qui vivait à Lac Leelanan au Michigan. Elle a eu un fils unique qu'elle a nommé Séraphin, en honneur de son frère... Dieu sait pourquoi !
>
> Pendant l'année 1908, beaucoup de Franco-Américains du Lac Leelanan partirent à la recherche d'un pays nouveau [...] Notre histoire aujourd'hui est à propos de [...] l'aventure vers l'ouest du Canada dans un petit village nommé... vous l'avez deviné... Plamondon[48] !

Ces pièces qui racontent la venue et ensuite la vie à Plamondon reprennent tous les vieux clichés et stéréotypes créés dans *Les Belles Histoires...* : l'avarice de Séraphin, la douceur de Donalda, la sociabilité d'Alexis, la lâcheté du père Ovide et de tous les autres, Todore, Georgiana, le notaire, etc., avec les particularités langagières de chacun : « viande à chien », « crétac », « bouleau noère », etc. Le but est bien de divertir vu les blagues, les quiproquos et les tours de tous contre l'avare sans cœur. Or, dans le contexte du moment — nouvelle affirmation des communautés francophones et publication des taux d'assimilation — et étant donné le rôle des meneurs-animateurs dans le milieu, on peut supposer que ces expressions populaires ont été conçues pour rassembler les gens dans une fête collective, pour recréer en quelque sorte les veillées d'antan, mais aussi pour rappeler et se rappeler ses racines anciennes et son cheminement presque héroïque de survivance, un phénomène qui n'est pas sans faire écho à l'actuel projet de survivance qui exigera peut-être des défenseurs encore plus zélés que les pères fondateurs.

Ainsi semble être née une nouvelle pratique orale qui mise beaucoup sur la transmission du code culturel traditionnel de la francité canadienne, tout en faisant la jonction avec les autres grands codes culturels nord-américains.

NOTES

1. Consulter É.-Z. Massicotte, « L'émigration aux États-Unis il y a 40 ans et plus », reproduit dans *Textes de l'exode*, textes réunis et présentés par Maurice Poteet, Montréal, Guérin, 1987, p. 202.

2. Voir Fernand Ouellet, *Histoire économique et sociale du Québec (1770-1850)*, Montréal, Fides, 1971, p. 472-475.

3. Voir Yolande Lavoie, *L'Émigration des Québécois aux États-Unis de 1840 à 1930*, Québec, Éditeur officiel, 1979, p. 14-15.

4. *Ibid.*, p. 21-22.

5. *Ibid.*, p. 26.

6. Le nom est devenu Provemont et enfin, aujourd'hui, Lake Leelanau. Ces renseignements sur l'histoire de la famille Plamondon et ceux qui suivent sont tirés de divers récits de famille et d'historiques de la paroisse de Plamondon, dont: *Joseph-Mathilda et famille, 1884-1982*, A. L'Heureux, E. Chevigny, Z. Piquette, éd. (inédit), 1982 ; Octave Chevigny, « Histoire de Plamondon, 1908-1958 », dans *1908-1958. Jubilé d'or, Plamondon, Golden Jubilee* (inédit), 1958.

7. Voir *Joseph-Mathilda..., op. cit.*, p. 76.

8. « Colonisation et repatriment [*sic*] », *L'Ouest canadien*, 31 mars 1898, p. 1. L'article proviendrait du journal *Le Travailleur*.

9. « Rapport des délégués du Minnesota sur le Nord-Ouest canadien », *L'Ouest canadien*, 20 octobre 1898, p. 7.

10. Archives nationales du Canada (ANC), Laurier Papers, c763/30488, W. Laurier à C. Sifton, Washington, February 13, 1899.

11. ANC, Laurier Papers, c797/69425, E. Legal à Wilfrid Laurier, 23 janvier 1903.

12. *Courrier de l'Ouest*, 7 déc. 1905, p. 8 ; 12 déc. 1905, p. 8 ; 28 déc. 1905, p. 4.

13. *Ibid.*, 25 janvier 1906, p. 8.

14. *Ibid.*, 7 mars 1907, p. 4.

15. *Ibid.*, p. 4.

16. Juliette Champagne, « Les Métis du Lac-la-Biche d'après les William Pearce Papers », dans *Après dix ans... Bilan et prospective*, sous la direction de G. Allaire, P. Dubé, G. Morcos, Edmonton, Institut de recherche de la Faculté Saint-Jean, 1992, p. 189.

17. Coll. Réal Girard, enreg. REG 16., Héritage franco-albertain (HFA).

18. Alvine Cyr Gahagan, *Yes Father — Pioneer Nursing in Alberta*, Manchester (N.H.), Hammer Publications Inc., 1979.

19. *Ibid.*, p. 83, 87, 101.

20. *Ibid.*, p. 117.

21. Coll. Raymonde Ménard, enreg. RAM 3.1, (HFA).

22. *Ibid.*, enreg. RAM 2.26.

23. *Ibid.*, enreg. RAM 4.34.

24. *Ibid.*, enreg. RAM 2.24.

25. *Ibid.*, enreg. RAM 6.1.

26. *Ibid.*, enreg. RAM 4.36.

27. *Ibid.*, enreg. RAM 4.37.

28. *Ibid.*, enreg. RAM 4.38.

29. *Ibid.*, enreg. RAM 4.35.

30. *Ibid.*, enreg. RAM 5.34.

31. *Ibid.*, enreg. RAM 3.53.

32. *Ibid.*, enreg. RAM 3.26.

33. *Ibid.*, enreg. RAM 3.25.

34. Dans *Le Conte du gros géant*, les enfants abandonnés en forêt par leur mère éliminent le géant et son épouse grâce à leur ruse ; *ibid.*, enreg. RAM 1.38.

35. *Ibid.*, enreg. RAM 2.14.

36. *Ibid.*, enreg. RAM 1.37.

37. *Ibid.*, enreg. RAM 2.9.

38. *Ibid.*, enreg. RAM 1.39, 2.9.

39. *Ibid.*, enreg. RAM 2.9.

40. *Ibid.*, enreg. RAM 2.9.

41. *Ibid.*, enreg. RAM 4.6.

42. *Ibid.*, enreg. RAM 4.28.

43. Voir l'interprétation de J. Du Berger, dans *Légendes d'Amérique française*, p. 85, citée dans *Héritage de la francophonie canadienne*, J.-C. Dupont et J. Mathieu (directeurs), Québec, PUL, 1986, p. 99.

44. Voir A. Philippot, *Une page d'histoire des missions arctiques : le frère Alexis Reynard, O.M.I. (1828-1875), premier « Apôtre Inconnu » du Grand Nord canadien*, Lablachère, Notre-Dame de Bon-Secours, 1931, p. 177-178.

45. *Ibid.*, enreg. RAM 4.29.

46. *Ibid.*, enreg. REG 16.

47. *Ibid.*, enreg. REG 16.

48. Création collective, *Séraphin Plamondon*, texte inédit, ACFA régionale de Plamondon, 1989.

PIERRE FALCON : LE DÉTOURNEMENT LITTÉRAIRE D'UNE TRADITION ORALE

(Première partie[1])

Jacques Julien
Université de la Saskatchewan (Saskatoon)

Le voyageur qui arrive au Manitoba par l'est voit bien des panneaux qui lui annoncent un « Falcon Lake », presque à la frontière de l'Ontario et du Manitoba. Par contre, celui qui continue vers la Saskatchewan portera-t-il attention au cheval blanc qui marque l'accès au petit village de Saint-François-Xavier ? S'il se rendait jusqu'au musée local, il pourrait lire, gravé sur une plaque commémorative bilingue, un résumé de la vie d'un certain Pierre Falcon. On y parle de « romances amusantes qu'il composa, comme la "Chanson de la Grenouillère" qui exprimait l'esprit national des Métis et décrivait avec humour les événements politiques qui les touchaient[2] ».

Tant de choses ont été écrites sur ce Pierre Falcon qu'il nous a semblé utile d'en faire une synthèse critique. Il s'agit donc de rouvrir un dossier, d'en étaler toutes les pièces afin de préparer le terrain pour une nouvelle recherche qui réexaminera la question de fond en comble. Car une impression se dégage et se confirme : la plupart des textes écrits sur Falcon n'ont pas cessé de reprendre, souvent mot à mot, une histoire de base, histoire qui s'est en quelque sorte formée après coup et qui emprunte beaucoup au texte même des chansons. S'il faut établir brièvement cette histoire, notre attention se concentrera sur les chansons pour leur donner toute leur importance.

Notre étude devrait dégager une autre perspective de même qu'une nouvelle lecture remettra en question la perception commune qu'on a donnée de Falcon et de son œuvre. Ainsi, devrait-on montrer quelles sont les parties crédibles du répertoire attribué à Falcon et lesquelles doivent être contestées.

Le gouvernement du Manitoba a reconnu la place importante occupée par Falcon dans la fondation de la province en lui consacrant une petite brochure dans sa collection de documents sur l'histoire ancienne[3]. La figure de notre chansonnier prend place dans la galerie des portraits de ses contemporains immédiats, Cuthbert Grant, Pascal Breland et Lord Selkirk. Le Collège universitaire de Saint-Boniface, héritier et dépositaire d'une longue tradition culturelle, s'est également associé à la figure de Falcon, puisque Annette Saint-Pierre y a préparé une collection maison intitulée *Au pays des Bois-Brûlés*[4].

La littérature franco-manitobaine reconnaît aussi au chansonnier un rôle de fondateur. Avant Louis Riel, c'est lui qui ouvre l'*Anthologie de la poésie franco-manitobaine*, et les superlatifs de même que les réserves signalées par des guillemets ne manquent pas pour en parler.

> C'est pour ces chansons « engagées » qu'il faut retenir Falcon. En effet, quoiqu'il ne s'agisse pas de poésie proprement dite, il ne s'agit pas non plus de simples ritournelles ou ballades pour voyageurs — bien que ceux-ci chantaient [*sic*] les chansons de Falcon. La poignée de chansons qui subsistent des dizaines qu'il aurait composées font de lui le « trouvère » franco-manitobain dont les « chansons de geste » rappellent les luttes et les exploits d'un peuple, les Métis, qui tentait d'établir un pays « français » dans la vallée de la Rivière-Rouge. C'est un début « poétique » semblable à la tradition orale des chansons populaires au Québec[5]...

George Bryce exprime un point de vue plus réservé quand il écrit : « *his verse making was, of course, of a very simple and unfinished kind*[6] ». Un jugement que Barbara Cass-Beggs nuance en situant cette rusticité dans un contexte plus large : « *his airs and verses were primitive, for they were the product of a primitive life*[7] ».

On comprend facilement la fascination exercée par Pierre Falcon, porteur d'un double héritage, français et amérindien, à l'articulation historique de la création de la nation métisse et du Manitoba. Toutefois, cette double appartenance a suggéré aussi des généralisations raciales superficielles, dont témoigne, par exemple, Martial Allard. L'auteur prétend que, de son père français, Falcon tenait le côté chanteur alors que, de sa mère indienne, il aurait hérité de la facilité de conter[8]. Barbara Cass-Beggs varie sur le même thème quand elle accorde également au sang français le goût pour le chant alors qu'elle attribue à l'ascendance amérindienne le goût de la danse : « *the Métis [...] inherited their love of dancing from the Indians and their enjoyment of singing from the lilting songs sung by the French voyageurs*[9] ».

Bien qu'elle soit importante, la position que Falcon occupe dans l'histoire, la culture et l'imaginaire est marquée par l'ambiguïté et la légende. On a mentionné que le lac Falcon demeure encore une association routinière bien qu'on la sache douteuse. Pas un recueil qui n'y fasse allusion, reprenant une association que Margaret Arnett MacLeod a bien résumée :

> *In fact he [Falcon] became such a noted figure that one of Manitoba's loveliest lake, Falcon Lake, near the Ontario border, was named in his honour, a fitting recognition of the happy contribution he made to the life of this period*[10].

Toutefois, une note de l'*Anthologie de la poésie franco-manitobaine* rappelle que « la tradition selon laquelle le lac Falcon doit son nom à Pierre Falcon a été mise en doute par l'historien-archiviste Pierre Picton, qui croit plus probable que l'appellation vient d'une traduction d'un nom saulteux[11] ». La brochure publiée par le ministère de la Culture du Manitoba complète cette information :

> *[...] there are some who contend that Falcon Lake and neighbouring West Hawk Lake bear the names of two Indian tribes that once inhabited the district and whose reservations are now located on the western edge of Shoal Lake. The names of these tribes, SHE-SHE-GEN-CE and SHAWINABINAIS describe two species of falcons which were probably tribal emblems*[12].

Les sources

Avant de s'engager dans le corps de cet article et pour en faciliter la lecture, il faut faire une présentation générale des sources, regroupées dans la Bibliographie, qui ont parlé de Pierre Falcon et montrer les relations que ces études entretiennent entre elles. La littérature qui se rapporte au chansonnier se base à la fois sur des données de la tradition orale et sur des documents publiés. Cependant, il apparaît clairement que ce sont les données imprimées qui fondent la plus grande partie des analyses. Bien que plusieurs auteurs amorcent leur recherche à partir d'entrevues ou de cueillette, les essais qu'ils écrivent sur Falcon et son œuvre délaissent ces témoignages oraux ou en ignorent la portée de sorte que leurs conclusions retournent à l'autorité des sources imprimées. De toute façon, à mesure que le temps passe, les auteurs se citent les uns les autres et ne remettent plus en cause les premières affirmations présentées.

Pour établir le contexte socio-historique global, la recherche pourrait explorer la collection « Pierre Falcon » aux Archives de la Société historique de Saint-Boniface, puis les Archives provinciales du Manitoba qui conservent les documents sur Falcon dans la collection Margaret Arnett MacLeod. Selon son habitude, Conrad Laforte, aux entrées des titres attribués au chansonnier métis dans le tome VI de son *Catalogue de la chanson folklorique française*, indique les sources sonores que l'on peut consulter. Ce sont d'abord les collections C.-M. Barbeau, Henry Lane et la collection É.-Z. Massicotte. Margaret Arnett MacLeod a entendu chanter les petites-filles de Falcon. Elle a reproduit le texte de leurs chansons et, avec l'aide d'Henri Caron, la mélodie. Existe-t-il des enregistrements de ces séances ? Elle ne l'indique pas. De même pour Margaret Complin qui a fait des entrevues : existe-t-il encore des traces du travail qu'elle a fait sur le terrain ?

Laforte ajoute la collection Henri Létourneau à partir de laquelle l'ethnomusicologue Lynn Whidden a préparé l'édition du recueil *The Métis Way* (1993) fait pour la Saskatchewan Music Education Association. La collection Richard Johnston que cite également le *Catalogue* est le point de départ du *Seven Métis Songs of Saskatchewan* de Barbara Cass-Beggs. Elle indique que Richard Johnston aurait visité la Saskatchewan, en 1957, pour y recueillir des chansons traditionnelles, qu'il lui aurait fourni la liste de ses informateurs et lui aurait donné accès à ses notes et à ses rubans.

Sauf pour les entrevues réalisées par MacLeod, ces références à des collections ne portent que sur deux chansons de Falcon : *La Victoire des Bois-Brûlés* et *La Rivière-Rouge* (dite aussi *La Ballade du général Dickson*). La conservation de ces sources orales est relativement récente. Plus près de la création originale, au XIXe siècle, c'est évidemment l'imprimé qui est le support de diffusion, le canal qui va rapidement disséminer les premières œuvres de Pierre Falcon. Il était encore vivant en 1863 quand est paru le premier texte qui parlait de lui et de ses chansons. Nous nous attarderons aux écrits qui ont un rapport avec l'étude de ses chansons et nous laisserons de côté ceux qui n'ont fait que raconter sa vie.

Hubert LaRue présente le premier à ses lecteurs du *Foyer canadien*, en 1863, « Pierriche Falcon [...] le poète et le chanteur de la Rivière-Rouge[13] ». Le passage sur Falcon s'inscrivait dans un exposé plus vaste que le folkloriste consacrait aux « chansons populaires et historiques ». Cet article donne pour la première fois le texte des deux chansons principales : *La Victoire des Bois-Brûlés* et *La Ballade du général Dickson*.

Quelque temps après, en 1871, l'historien Joseph James Hargrave publie son livre *Red River*. Il dit avoir recueilli des lèvres même du chansonnier métis *La Victoire des Bois-Brûlés* qu'il croit être le premier à faire imprimer dans un appendice de son ouvrage. MacLeod se trompe certainement quand elle dit de lui : « *the historian Hargrave who published an English version of the words in his* Red River[14] », puisque c'est la version française qu'il donne.

L'historien et politicien Joseph Tassé, dans son livre *Les Canadiens de l'Ouest* (1878), affirme lui aussi avoir rencontré Falcon en 1872, bien que le chansonnier soit alors « très-vieux, cassé, et [qu'il] parle peu[15] ». Sous la plume de l'historien, on voit se dessiner les traits les plus permanents d'un portrait qui correspond bien à l'image populaire qu'on voudra se faire des Métis après l'escarmouche de 1816, le coup d'éclat de 1869 et la catastrophe de 1885. Derrière les rides du vieillard, Tassé découvre le feu du jeune homme qu'il aurait été, excitable et enthousiaste. Bryce, qui reconnaît s'être basé sur Joseph Tassé pour décrire Falcon, reprendra ce cliché d'un « *excitable, patriotic spirit*[16] » dont la romancière Agnes Laut fera un trait dominant de son personnage. Tassé lui prête jusqu'à la fin cette fougue et ce goût pour le champ de bataille et condense même cette passion dans un bon mot, une phrase célèbre prononcée au moment de la rébellion.

> Malgré son âge avancé [en 1869], il voulait à tout prix dérouiller son vieux fusil de chasseur. « Pendant que les ennemis seront occupés à me dépecer, disait-il, nos gens taperont dur et pourront porter de bons coups[17]. »

N'est-ce pas à cause de la passion qui éclate dans les exclamations de son chant de victoire qu'on a conclu à un caractère emporté, imprévisible, excité ? Ne dira-t-on pas la même chose de Riel et des Métis en général ? Cette description routinière de Barbara Cass-Beggs montre jusqu'à quel point le cliché est passé dans l'usage : « *Emotionally they [the Métis] were excitable, imaginative and ambitious ; passionate, restless, easily amused and generally devout*[18]. » Pas tout à fait, car les descendants de Pierriche ont tenu à corriger ce portrait d'un vieillard belliqueux. À leurs yeux, l'ancêtre apparaissait tout changé à la fin de sa vie, comme dans les hagiographies du « pécheur repenti ». En les écoutant parler de lui, on le voit donc, pieux et assagi, se mettre en chemin à l'aube pour assister à la messe, faire ses dévotions, lire et relire les pages usées de son paroissien : « *The grandchildren of Falcon, the singer, recall his kindliness and saintly character, and the long hours he spent reading his prayer book — a book that today bears evidence of his love for it*[19]. » Quelques auteurs seulement connaîtront ce témoignage et la plupart des biographes s'en rapporteront au récit de Joseph Tassé.

Quand se termine le XIXe siècle, l'histoire avait transmis par l'imprimé deux chansons de Falcon qui étaient alors le seul échantillon accessible d'un répertoire plus vaste. Si l'importance historique de *La Victoire des Bois-Brûlés*, par l'événement qu'elle célèbre, ne fait aucun doute, nous ne disposons d'aucun indice qui nous permette de savoir comment l'écrit a opéré une sélection dans la tradition orale. Martial Allard confond les interventions savantes et populaires, prenant l'une pour l'autre, quand il propose qu'« il faut se rappeler que seules les chansons les plus chantées, les plus populaires donc, nous sont parvenues. La transmission orale fait instinctivement un choix parmi les plus populaires[20]. » Les choix de LaRue et de Hargrave, par exemple, ne relèvent pas d'un processus de transmission orale, mais d'une sélection savante, lettrée. Les chansons recueillies « des lèvres mêmes » de Falcon ont capté l'attention par leur contenu historique, par ce qu'elles pouvaient offrir d'intéressant et de compréhensible pour les lecteurs de l'Est. Il y a un monde entre cette sélection ciblée et ce que la mémoire collective contemporaine de Falcon a pu mémoriser. De sorte que, Tassé en témoigne, de nombreuses chansons de Falcon ont continué de circuler par les canaux habituels de transmission de la chanson orale alors que l'écrit avait, dès le départ, réduit le corpus à deux spécimens.

Toutefois, d'autres intervenants construisent par la suite sur le legs de l'histoire et complètent notre connaissance de Falcon. Ce sont donc les romanciers qui prennent le relais. L'épopée des voyageurs, la traite des fourrures, les luttes entre la Compagnie du Nord-Ouest et la Compagnie de la baie d'Hudson ont inspiré plusieurs œuvres de fiction, dont certaines ont exploité le personnage et les œuvres de Falcon. Henri-Émile Chevalier, écrivain français déjà bien décrit dans les volumes du *Dictionnaire des œuvres littéraires du Québec*, cite *La Victoire des Bois-Brûlés* dans son *Peaux rouges et Peaux blanches ou les Douze Apôtres et leurs femmes*. Le cas le plus intéressant demeure celui d'Agnes C. Laut, l'auteure de *Lords of the North* (1900). Elle se veut à la fois romancière et historienne. Afin d'assurer des bases historiques à son travail, elle dit s'être inspirée de l'histoire de la Compagnie du Nord-Ouest. Elle reconnaît également sa dette envers le sénateur L.R. Masson, qui a compilé les manuscrits des « Bourgeois », envers George Bryce, Gunn, Hargrave, Ross. C'est dire qu'elle avait fait tout le travail de recherche nécessaire pour l'écriture de son roman.

Par cette œuvre de fiction historique, Agnes Laut contribue fortement à donner vie à la figure de Falcon. Il nous reste bien un portrait de Falcon peint par Tallenbach en 1883, d'après une photographie (MacLeod). Le peintre a immortalisé un vieil homme un peu hagard devant l'objectif et qui correspond bien à l'image entretenue par la piété familiale. Toutefois, la romancière, comme Tassé avant elle, veut faire revivre, au lieu de ce visage fermé, la turbulence créatrice qui conviendrait aux premières années de la nouvelle nation métisse. Agnes Laut peint donc un Pierriche jeune, fougueux, un modèle pour la renaissance de la culture métisse contemporaine, une figure de l'imagerie folklorique qu'on se fait de l'époque des voyageurs.

> *In Grant's company came Pierre, the rhymster, bubbling over with jingling minstrelsy, that was the delight of every half-breed camp on the plains. Bareheaded, with a red handkerchief banding back his lank hair, and clad in fringed buckskin from the bright neck-cloth to the beaded moccasins, he was as a wild figure as any one of the savage rabble*[21].

La romancière rehausse encore les couleurs de son portrait quand elle montre son Falcon frappé par le génie poétique, en proie à une inspiration naturelle, spontanée, écologique en quelque sorte, reçue du vent et du soleil, du chant des oiseaux plutôt que des livres.

> *Yet this was the poet of the plain-rangers, who caught the song of bird, the blur of cataract through the rocks, the throb of stampeding buffalo, the moan of the wind across the prairie, and tuned his rude minstrelsy to wild nature's fugitive music ... Once I asked Pierre how he acquired his art of verse-making. With a laugh of scorn, he demanded if the wind and the waterfalls and the birds learned music from beardless boys and draggle-coated dominies with armfuls of books*[22].

Enfin, Agnes Laut fixe définitivement le cliché d'une composition faite dans la nature, au rythme des pas du cheval, une figure si pittoresque que les commentateurs la reprendront unanimement. « Il faut donc s'imaginer notre Pierriche se promenant à cheval, se laissant bercer par le pas cadencé de son poney indien, tout en chantonnant l'une de ses chansons[23] », écrit un Martial Allard lyrique. Pour *La Grenouillère*, l'abbé Picton ne préfère-t-il pas la mélodie de Cuthbert Falcon, parce qu'elle aurait « *more of the " horsemen's swinging rhythm "*[24] », rapportait Complin. Elle précisait encore l'importance de cette onomatopée qu'elle croyait « *well adapted to the rhythmic swing of a band of horsemen galloping across the prairies*[25] ». Et Martial Allard d'élucubrer encore à propos de ce rythme de la chanson « parce qu'elle suggère le balancement du cavalier quand le cheval va au pas et non le galop comme le dit Mme Complin[26] ».

Le long article de Margaret Complin, paru en 1939, témoigne de l'intérêt qu'on portait toujours à Falcon. Publié dans les *Mémoires de la Société royale du Canada*, son étude inaugure une troisième approche du chansonnier, celle des analyses et des enquêtes. Barbara Cass-Beggs rappelle que la chercheuse travaillait déjà sur Falcon depuis 1934[27]. Margaret Complin, à partir d'un indice fourni par Isaac Cowie, s'était orientée vers Lebret, en Saskatchewan, où le commis disait avoir entendu chanter la première chanson de Falcon en 1869

(*The Company of Adventurers*, Toronto, 1913). Barbara Cass-Beggs, à qui la fille de Margaret Complin a remis une copie du mémoire de sa mère, refera plus tard le même parcours.

Au moment de la rédaction de son étude, Complin avait fait allusion à une version que Marius Barbeau connaissait et dont elle souhaitait voir la publication : « *it would be interesting to compare the Quebec variant with those which have been found in Manitoba*[28] ». Le folkloriste devait donner les fragments de son texte dans *The Beaver*, en 1942. Cette publication de la Compagnie de la baie d'Hudson jouera ensuite un rôle important comme véhicule d'une série d'études dues à Margaret Arnett MacLeod en 1956 et en 1957, qu'elle devait ensuite regrouper dans le recueil *Songs of Old Manitoba* (1960).

Parallèlement à MacLeod, Martial Allard, étudiant à la maîtrise à l'Université Laval, originaire de Saint-Boniface, préparait, sous la direction de Luc Lacourcière, une thèse qu'il devait terminer en 1961. Son manuscrit, *Pierre Falcon, barde des Prairies*, deviendra la référence la plus citée dans les études sur Falcon et sur ses chansons. Margaret Arnett MacLeod le présente plusieurs fois comme l'autorité concernant le chansonnier métis, bien qu'il n'ait pas encore terminé sa maîtrise au moment où elle publie ses propres études. Leurs travaux s'effectuent d'ailleurs en interrelation, puisque Martial Allard se réfère aussi aux publications de MacLeod (qu'il orthographie McLeod). Toutefois, le mémoire de Martial Allard accorde relativement peu de place aux chansons. Il en traite dans les pages 57 à 80, soit vingt-trois pages sur un total de quatre-vingt-quatre... Surtout, et bien que la thèse ait l'avantage de fournir une synthèse de ce qui était connu alors sur Falcon, elle demeure bien plus une collection de textes qu'une analyse. Martial Allard veut donner à Falcon une stature importante et il accepte sans discrimination tous les témoignages qui servent cette cause. Enfin, il est dommage que l'auteur n'ait pas tenté une amorce de comparaison des textes ou de critique textuelle qui lui aurait permis de pondérer l'apport des différentes sources.

Stimulée par les recherches de Richard Johnston et par la lecture du mémoire de Complin, Barbara Cass-Beggs écrit à la fin des années soixante *Seven Métis Songs of Saskatchewan*. Le recueil est dédicacé à Joseph Gaspard Jeannotte, dont les parents étaient venus du Dakota du Nord à Lebret, Saskatchewan, le même endroit où Margaret Complin avait effectué sa recherche sans obtenir de résultats très encourageants[29].

Enfin, l'étude de Tatiana Arcand, « Les chansons de Pierre Falcon : reflets poético-historiques[30] », est sans doute le texte le plus récent consacré à notre sujet. Bien que la référence antérieure ne soit pas donnée, cette analyse est presque entièrement reprise dans le texte de présentation de l'*Anthologie de la poésie franco-manitobaine* (1990).

L'oral dans l'écrit

Margaret Complin, Margaret Arnett MacLeod, Barbara Cass-Beggs ont voulu recueillir sur place les versions orales du répertoire de Pierre Falcon.

Leurs articles rendent partiellement compte de leurs enquêtes. La liste qu'elles dressent des informateurs doit retenir notre intérêt, mais il faut également chercher à saisir comment cette information orale a fait son chemin dans l'écrit. Et aussi, par ricochet, tâcher d'entrevoir comment cette oralité, s'il était devenu clair qu'elle aurait puisé elle-même à une tradition écrite tacite, ne serait peut-être qu'un relais.

Dans la recherche de témoignages de la tradition orale, les chercheurs Complin puis Allard sont passés par les mêmes intermédiaires, les abbés Antoine D'Eschambault et Pierre Picton, qui devaient les acheminer aux informateurs. Complin et MacLeod parlent souvent des « descendants » de Falcon qui représentent deux groupes, issus chacun d'un des fils du chansonnier et l'on sait qu'il en avait trois. On trouve d'abord des enfants de Jean-Baptiste Falcon, troisième fils du chansonnier, et qui auraient vécu à Sainte-Anne-des-Chênes : François-Xavier, petit-fils, ses sœurs Alphonsine Falcon (Mme L. Mainville), Anna Falcon (Mme E. Daneault). Leur nièce, Mme M. Pelland, les accompagne et participe aux entrevues. Une photo des trois femmes a paru dans *The Beaver*[31], pour illustrer l'article que MacLeod consacre à « Dickson the Liberator ». Margaret Complin mentionne aussi une arrière-petite-nièce de la femme de Falcon, une informatrice qui l'a menée à Simon Blondeau, « *a famous old buffalo hunter*[32] ». Celui-ci chantait une version de *La Victoire des Bois-Brûlés* que la chercheuse trouvait « *very colloquial* », mais très circonstanciée.

Pour la reconstitution des mélodies, Complin s'est servie des transcriptions faites par l'abbé Pierre Picton alors que c'est Henry [Henri] Caron, organiste à Winnipeg, qui note la mélodie des chansons pendant les entrevues faites par MacLeod.

Alors que le premier groupe d'informateurs est assez homogène et proche de la famille Falcon, Marcien Ferland a publié, dans son recueil *Chansons à répondre du Manitoba*, quelques chansons, dont *La Victoire des Bois-Brûlés*, qu'il tenait de Paul Lavallée. Les enregistrements auraient eu lieu « à Saint-Ambroise en 1978[33] » et le folkloriste donne de son informateur un portrait qui éclaire le contexte général de la culture métisse.

> M. Paul Lavallée naquit à Saint-Laurent en 1891. Sa mère, Indienne de la tribu des Cris, ne parlait pas français. M. Lavallée apprit le français et la langue crise à peu près simultanément, tout comme les enfants de son village natal[34].

Ces indications seront utiles au moment d'interroger les textes qui nous ont transmis la chanson de Falcon.

Toutefois, en dépit de l'accès à ces témoignages directs, on dirait que les caractéristiques de la tradition orale ne passent pas dans les versions imprimées. Un historien comme Hargrave est censé avoir recueilli les paroles des lèvres mêmes de Falcon, et Complin, par exemple, suppose que celui-ci parlait une langue française métissée : « *Falcon, possibly because of the difficulties of his Metis dialect*[35] ». Or, quel était l'état de la langue parlée par les Métis de la Rivière-Rouge, au début du XIXe siècle ? L'article de Robert Papen[36] permettrait sans doute d'avancer une réponse. Comment s'exprimait Pierriche Falcon dont le père parlait sans doute français et la mère cri ? Puisque les voyageurs et les bourgeois maintenaient toujours des liens vivants avec la culture et la langue de leur Bas-Canada d'origine, quel français parlaient-ils ? On sait que le jeune Pierre a passé dix ans au Québec, où il a reçu son instruction. Quelles traces ce séjour a-t-il laissées dans son esprit, entretenu et ravivé par les communications qu'il a continué d'avoir avec des visiteurs de l'Est français ? Enfin, le « métchif », comme langue, résulte du mélange de substantifs français et de verbes cris et ce mélange devrait se retrouver chez les informateurs plus contemporains. Complin, par exemple, parle d'une version notée par l'abbé Picton « *who has " made exact copies as now sung by different Métis singers, and a copy as near as possible to the Métis version in plain, popular French "*[37] ». L'abbé conclut d'ailleurs de son analyse des différentes versions que « *the essentials of both words and tune are similar in all versions*[38] ». Mais la chercheuse ne publie pas ces textes originaux, ni la version que l'abbé Picton en a tirée, tout comme elle n'avait pas utilisé la version très familière de Simon Blondeau.

Marcien Ferland est le seul qui adopte une approche sensible aux particularités de la tradition orale, texte et interprétation, lorsqu'il écrit, un peu comme l'avait fait Tassé avant lui :

> [...] les Métis [...] dotèrent leurs chansons [...] d'une phonétique particulière qui les distingue de leurs souches françaises et québécoises ; de plus, ils supplantèrent plusieurs mots français pour les remplacer par certains mots métis ou métissants ; enfin, on remarque dans l'exécution de leurs mélodies, une certaine nonchalance produite sans doute par la présence de nombreuses tenues et de notes intercalaires. Tout cela, avec un certain degré d'insouciance vis-à-vis de la forme, les rapproche des monodies indiennes[39].

Cependant, puisque Ferland semble se baser sur une situation récente du parler métis, ses observations laissent entière la question de l'évolution de la langue métisse entre 1814, 1869 et les lendemains de 1885. En particulier, ces commentaires ne nous aident pas à mieux entendre la voix de Pierriche Falcon.

Biographie de Falcon

Est-ce à cause des difficultés que posent la collection et l'interprétation des textes que la biographie de Falcon occupe habituellement la plus grande partie des études consacrées au chansonnier jusque dans les notes de Pierre Picton et dans l'ouvrage de Giraud ? Puisque ce sont avant tout les chansons qui nous intéressent, il suffira de réunir ici quelques faits utiles au lecteur.

Les Falcon sont d'origine française. Le grand-père, venu de la Picardie, arrive au Canada après la Conquête et il épouse Marie-Geneviève Tremblay en 1763. Ils vivent à Baie-Saint-Paul, puis déménagent ensuite à Montréal et s'installent dans le district Blairfindie de Laprairie, connu maintenant comme L'Acadie. Souvent orthographié Lacadie, cet endroit se trouve aujourd'hui près de Saint-Jean-sur-le-Richelieu.

Pierre-Jean-Baptiste Falcon, père de Pierre, est né en 1766. Il a épousé une Amérindienne, que les uns disent crie, bien que Bryce affirme qu'elle vient du Missouri (« *an Indian woman from the Missouri country*[40] »). S'ils ont eu plusieurs enfants, l'histoire n'a retenu que les noms de leurs deux fils, Pierre et Joseph.

Né le 4 — Allard donne le 1er — juin 1793, la même année que Cuthbert Grant fils, au Fort-au-Coudre (ou Fort la Coude), en anglais Elbow River (ou Elbow Fort, d'après Complin), rivière du Cygne, près de l'actuel Swan River, au Manitoba, le jeune Pierre est surnommé Pierriche. L'abbé Picton, que cite Martial Allard, pense que « la terminaison " iche " étant un diminutif dans les langues algonquines, Pierriche serait synonyme de Petit Pierre[41] ».

À l'âge de cinq ans, son père envoie le garçon chez ses grands-parents à L'Acadie, où il est baptisé le 18 juin (en septembre, selon Allard) 1798. Complin identifie un oncle paternel, Édouard, qui s'occupera de Pierriche[42]. Son éducation se fait au Bas-Canada où il demeure pendant dix ans. On s'est beaucoup interrogé sur ce que Falcon avait retenu de ces années d'apprentissage. En particulier, savait-il lire et écrire ? Le débat avait été lancé par une phrase de l'historien Hargrave qui indiquait dans son *Red River* que Falcon, qu'il avait rencontré, « *neither reads nor writes* », ce qui ne l'empêche pas d'affirmer (et je souligne), trois lignes plus loin : « Chanson *écrite* par Pierre Falcon[43] ». Alors que la formule passe chez tous les auteurs, Margaret Arnett MacLeod, se fondant sur les renseignements donnés par les descendants de Falcon, conteste cette interprétation dans *The Beaver*[44]. Dans la famille, on prétend que Hargrave aurait fondé son opinion sur un document laissé à Fort Garry, en 1835. Dans une note de son article « Songs of the Insurrection », MacLeod rapporte l'interprétation selon laquelle le Pierre Falcon qui avait mis sa marque sur un document, le 14 février 1835, était le fils de Pierre Falcon, le chansonnier. Cette défense de la mémoire de l'ancêtre amène Allard à écrire d'abord : « tous deux [Pierre et Jean-Baptiste] étaient bien instruits selon la tradition familiale[45] », pour nuancer plus tard son appréciation dans la suite de son texte :

> Pierriche ne savait lire et écrire que très peu certes et pourtant il fut fait juge de paix. Ceci nous laisse voir à quel point il était estimé comme homme juste et droit, puisque malgré ce manquement, il réussit à atteindre ce poste de confiance[46].

Même quand ils le dépeignent en notable local, les descendants de Falcon ont tenu à souligner l'activité d'écriture exigée par le rôle. Margaret Arnett MacLeod transcrit leur souvenir qui le montre assis à une table d'écriture : « *they also recall him in velvet smoking jacket and skull cap, seated at his writing table, issuing government bounty for wolf heads*[47] ». Cependant, est-il inconcevable que Falcon ait été illettré et juge de paix ? Qu'on pense aux cas de Pascal Breland, de Louis Riel père. Tout le contexte de la culture métisse naissante devrait permettre une mise en perspective de cette question d'écriture. S'agit-il de savoir écrire ou bien d'utiliser l'écriture ? Cette habileté n'est-elle pas surtout une distinction que les générations ultérieures ont voulu projeter sur une époque où elle n'était pas pertinente ? À la suite d'Agnes Laut, tous les auteurs n'insisteront-ils pas justement sur le caractère oral de la composition et de la transmission des chansons ?

Quoi qu'il en soit, Pierriche, âgé de quinze ans (1808), revient à la Rivière-Rouge où il sera commis ou acheteur de fourrures pour la Compagnie du Nord-Ouest. En 1812, il épouse Marie Grant, la fille de Cuthbert Grant père, bourgeois de la Compagnie du Nord-Ouest, et sœur de Cuthbert Grant fils, devenu plus tard « *Warden of the Plains* ». Complin rapporte que Marie Grant ne parlait pas français au moment de son mariage et qu'elle ne l'a jamais parlé couramment. Les époux Falcon auront sept enfants, trois fils et quatre filles.

Pierriche Falcon établit sa réputation de chansonnier en juin 1816, à l'occasion de la bataille des Sept-Chênes qu'il célèbre dans *La Victoire des Bois-Brûlés*. L'escarmouche se joue au lieu-dit des Sept-Chênes ou La Grenouillère, « l'dix-neuf de juin ». Les belligérants sont Cuthbert Grant et son groupe de Métis et d'Amérindiens, face à Robert Semple, gouverneur anglais, et à ses soldats du Fort Douglas. L'affrontement fait 21 victimes, dont le gouverneur.

Quelques mois plus tard, Lord Selkirk arme des soldats errants à la suite des guerres de Napoléon. Il saisit le Fort William et y fait arrêter William McGillivray, une figure mythique à la Rivière-Rouge. Tatiana Arcand estime que la lecture de la chanson de la Grenouillère aurait provoqué la colère de Milord. « Une copie de " La chanson de la Grenouillère " étant tombée entre les mains de Lord Selkirk, ce dernier, en route vers la colonie, saisit aussitôt le Fort William par représailles[48]. » Cette affirmation confère un caractère dramatique à la chanson, mais on ne voit pas comment elle serait fondée dans les conditions de l'époque. Lord Selkirk, au moment de l'escarmouche, se trouvait encore bien à l'est. Dans le contexte d'une transmission orale, peut-on entrevoir la possibilité d'une distribution écrite à quelques mois de la composition ? Hargrave écrira : « *so far as I know, notwithstanding its wide oral circulation, [the song] has never hitherto appeared in print*[49] ». Quelques notes manuscrites ont pu circuler, comme aide-mémoire, mais tout cela tient de la spéculation. Certains croient que Falcon aurait été présent au Fort William et qu'il aurait saisi la scène dans « La Danse des Bois-Brûlés ».

L'année 1821 voit la fusion des deux compagnies rivales. Falcon continue de travailler pour la nouvelle Compagnie de la baie d'Hudson. En 1824, il s'installe à Grantown (Saint-François-Xavier), à 18 milles à l'ouest de La Fourche. Il y vit comme propriétaire fermier. En 1837, il compose la *Ballade du général Dickson*. Un aventurier, James Dickson, qui s'est donné le nom de Montezuma II, vient chercher du renfort auprès de Cuthbert Grant. Il semble que Margaret Complin fait une mauvaise lecture du contexte historique de l'événement. Elle insiste sur le lien entre cette sollicitation de Dickson et la rébellion des patriotes de 1837 : « *Dickson [...] endeavoured to incite the Métis to revolt during the Papineau trouble of 1837*[50]. » La brochure que le ministère de la Culture du Manitoba (1983) consacre à Grant rappelle plus justement les intentions de Dickson : « *to recruit mercenaries who would help him to establish a free Indian state in California*[51] ».

À partir de 1855, Pierre Falcon est juge de paix du district du Cheval-Blanc, comme Cuthbert Grant avant lui. Des membres de sa famille se déplaceront ensuite vers Sainte-Anne-des-Chênes. Alors que s'ouvre l'ère dominée par Louis Riel, certains attribuent au chansonnier *Les Tribulations d'un roi malheureux*, une chanson qu'il aurait composée en 1869. Les paroles font allusion à William McDougall, repoussé à la frontière de Pembina, en décembre 1869.

Devenu un bon vieillard, pieux, doux, très « français » : « *his descendants today remember their grandfather as a " tender, noble, saintly old man " and a " true Frenchman of quiet, peaceful manners "*[52] », Pierre Falcon meurt, le 26 octobre 1876, à 83 ans.

Dès la seconde moitié du XIXe siècle, la réputation de Falcon s'était déjà répandue au delà des frontières de la Rivière-Rouge. D'après Complin, la chanson de *La Victoire des Bois-Brûlés* était toujours très populaire en 1864 alors qu'Antoine Gingras, un négociant métis, la chante[53] et qu'Isaac Cowie écrit l'avoir entendue plus d'une fois dans la vallée de la Qu'Appelle, en 1869[54]. C'est sans doute une erreur de typographie qui donne 1896 comme date de cet événement à la page 27 dans le texte de Barbara Cass-Beggs.

Dans la vie de Falcon, il semble que plusieurs éléments soient reconstitués après coup. On « pense » qu'il a fait plusieurs choses simplement parce qu'on voudrait qu'il ait été au feu de l'action historique tout comme il est fort possible qu'il y ait été aussi. Toutefois, la plupart du temps, il s'agit d'une reconstitution de la biographie à partir des chansons de Falcon qu'on prend comme scénario de la vie de l'auteur : il aurait été présent aux Sept-Chênes, on le trouverait dans l'ombre au Fort William et il aurait suivi la marche de McDougall vers la Rivière-Rouge. Le processus est bien connu : la légende et l'histoire populaire en ont fait de même pour les troubadours provençaux. Alors que les recherches antérieures, y compris celle de Martial Allard, ont tout lu sans discrimination, on doit comprendre maintenant que ces documents, écrits et oraux, n'ont pas la même intention ni la même portée.

BIBLIOGRAPHIE

ARCHIVES PROVINCIALES DU MANITOBA, document sur Falcon dans la collection Margaret Arnett MacLeod.

ARCHIVES DE LA SOCIÉTÉ HISTORIQUE DE SAINT-BONIFACE, « The Pierre Falcon Collection ».

AU MUSÉE NATIONAL [Musée canadien des civilisations], Ottawa, Collection Henry Lane ; Collection Henri Létourneau ; Collection C.-M. Barbeau ; Collection É.-Z. Massicotte ; Collection Richard Johnston.

ALLARD, Martial, *Pierre Falcon, barde des Prairies*, thèse de maîtrise, Université Laval, 1963, 84 p.

ARCAND, Tatiana, « Les chansons de Pierre Falcon : reflets poético-historiques », *Langue et communication*, Actes du neuvième colloque du CEFCO, 1989, CEFCO, 1990, p. 19-35.

BRYCE, George, « Worthies of Old Red River », *Transactions of the Manitoba Historical Society*, Manitoba Free Press Print, February 11, 1896.

CASS-BEGGS, Barbara, *Seven Métis Songs of Saskatchewan*, BMI Canada Limited, 1967, 31 p.

CHEVALIER, Henri-Émile, *Peaux rouges et Peaux blanches ou les Douze Apôtres et leurs femmes*, Paris, P. Toubon, 1864, 310 p.

COMPLIN, Margaret, « Pierre Falcon's "chanson de la Grenouillère" », *Mémoires de la Société royale du Canada*, Section II, 1939, p. 49-58.

COWIE, Isaac, *The Company of Adventurers*, Toronto, W. Briggs, 1913, 515 p.

FERLAND, Marcien, *Chansons à répondre du Manitoba*, Saint-Boniface, Éditions du Blé, 1979, 1991, 218 p.

HARGRAVE, Joseph James, *Red River*, Montréal, J. Lovell imprimeur, 1871, 506 p.

LARUE, F.A. Hubert, « Chansons populaires et historiques », *Le Foyer canadien*, Québec, 1863, p. 368-370.

LAUT, Agnes C., *Lords of the North*, Toronto, William Briggs, [n.d.], 442 p.

LÉVEILLÉ, J.R., *Anthologie de la poésie franco-manitobaine*, Saint-Boniface, Les Éditions du Blé, 1990, 591 p.

MANITOBA, (dans le texte : *Manitoba*), *Pierre Falcon*, Winnipeg, 1984.

MACLEOD, Margaret Arnett, « Bard of the Prairies », *The Beaver*, Spring 1956, p. 20-25.

——, « Dickson the Liberator », *The Beaver*, Summer 1956, p. 4-7.

——, « Songs of the Insurrection », *The Beaver*, Spring 1957, p. 18-23.

——, *Songs of Old Manitoba*, Toronto, The Ryerson Press, 1960, 93 p.

——, *Cuthbert Grant of Grantown*, Toronto, McClelland and Stewart, 1963, 175 p.

Métis Songs : Visiting Was the Métis Way, recueil préparé par Lynn Whidden, Regina, Gabriel Dumont Institute, 1993, 86 p.

PAPEN, Robert A., « La variation dialectale dans le parler français des Métis de l'Ouest canadien », *Francophonies d'Amérique*, PUO, n° 3, 1993, p. 25-38.

SAINT-PIERRE, Annette, *Au pays des Bois-Brûlés*, Saint-Boniface, CUSB, 1977, 24 p.

TASSÉ, Joseph, *Les Canadiens de l'Ouest*, Montréal, Cie d'imprimerie canadienne, t. II, troisième édition, 1880.

NOTES

1. La seconde partie de cette étude paraîtra dans la prochaine livraison de *Francophonies d'Amérique* (numéro 6, hiver 1996).

2. Manitoba Culture, Heritage and Recreation, 1984, p. 12.

3. Culture, Heritage and Recreation, 1984.

4 Saint-Boniface, CUSB, 1977, 24 p.

5. J.R. Léveillé, *Anthologie de la poésie franco-manitobaine*, Saint-Boniface, Les Éditions du Blé, 1990, p. 20.

6. George Bryce, « Worthies of Old Red River », *Transactions of the Manitoba Historical Society*, Manitoba Free Press Print, February 11, 1896, p. 7.

7. Barbara Cass-Beggs, *Seven Métis Songs of Saskatchewan*, BMI Canada Limited, 1967, p. 27.

8. Martial Allard, *Pierre Falcon, barde des Prairies*, thèse de maîtrise, Université Laval, 1963, p. 47.

9. Barbara Cass-Beggs, *op. cit.*, p. 6.

10. Margaret Arnett MacLeod, « Bard of the Prairies », *The Beaver*, Spring 1956, p. 20.

11. J.R. Léveillé, *Anthologie [...]*, *op. cit.*, note 1, p. 127.

12. Manitoba, *Pierre Falcon*, Winnipeg, ministère de la Culture, 1984, p. 8.

13. F.A. Hubert LaRue, « Chansons populaires et historiques », *Le Foyer canadien*, Québec, 1863, p. 368.

14. Margaret Arnett MacLeod, « Bard of the Prairies », *loc. cit.*, p. 23.

15. Joseph Tassé, *Les Canadiens de l'Ouest*, Montréal, Cie d'imprimerie canadienne, t. II, troisième édition, 1880, p. 351.

16. George Bryce, « Worthies of Old Red River », *loc. cit.*, p. 6.

17. Joseph Tassé, *op. cit.*, p. 350.

18. Barbara Cass-Beggs, *op. cit.*, p. 5.

19. Margaret Arnett MacLeod, *Songs of Old Manitoba*, Toronto, The Ryerson Press, 1960, p. 35.

20. Martial Allard, *op. cit.*, p. 53.

21. Agnes C. Laut, *Lords of the North*, Toronto, William Briggs, [n.d.], p. 201.

22. *Ibid.*

23. Martial Allard, *op. cit.*, p. 42.

24. Margaret Complin, « Pierre Falcon's "chanson de la Grenouillère" », *Mémoires de la Société royale du Canada*, Section II, 1939, p. 56.

25. *Ibid.*, p. 57, note 17.

26. Martial Allard, *op. cit.*, p. 66.

27. Barbara Cass-Beggs, *op. cit.*, p. 3.

28. Margaret Complin, *op. cit.*, p. 52.

29. Margaret Complin, *op. cit.*, p. 53.

30. Tatiana Arcand, « Les chansons de Pierre Falcon : reflets poético-historiques », *Langue et communication*, Actes du neuvième colloque du CEFCO 1989, 1990, p. 19-35.

31. Voir l'article de Margaret MacLeod dans *The Beaver*, Summer 1956, p. 6.

32. Margaret Complin, *op. cit.*, p. 53.

33. Marcien Ferland, *Chansons à répondre du Manitoba*, Saint-Boniface, Éditions du Blé, 1979, 1991, p. 205.

34. *Ibid.*, p. 204.

35. Margaret Complin, *op. cit.*, p. 55.

36. Robert A. Papen, « La variation dialectale dans le parler français des Métis de l'Ouest canadien », *Francophonies d'Amérique*, PUO, n° 3, 1993, p. 25-38.

37. Margaret Complin, *op. cit.*, p. 55.

38. *Ibid.*, p. 37.

39. Marcien Ferland, *op. cit.*, p. 204.

40. George Bryce, *op. cit.*, p. 6.

41. Martial Allard, *op. cit.*, p. 16.

42. Margaret Complin, *op. cit.*, p. 51.

43. Joseph James Hargrave, *op. cit.*, p. 488.

44. Margaret Arnett MacLeod, « Songs of the Insurrection », *The Beaver*, Spring 1957, note p. 19.

45. Martial Allard, *op. cit.*, p. 10.

46. *Ibid.*, p. 44.

47. Margaret Arnett MacLeod, *Songs of Old Manitoba*, *op. cit.*, p. 35.

48. J.R. Léveillé, *Anthologie [...]*, p. 140.

49. Joseph James Hargrave, *op. cit.*, p. 488.

50. Margaret Complin, *op. cit.*, p. 50-51.

51. Ministère de la Culture du Manitoba, *Cuthbert Grant*, Manitoba, 1983, p. 8.

52. Margaret Complin, *op. cit.*, p. 52.

53. *Ibid.*, p. 52.

54. *Ibid.*, note 12, p. 52.

TRADITION, ORALITÉ ET CRÉATION THÉÂTRALE

Roger Parent et David Millar
Faculté Saint-Jean
Université de l'Alberta (Edmonton)

Le projet *Pour une théâtralité franco-albertaine* (PUTFA) visait à déterminer la valeur opératoire de la sémiologie de la culture dans l'élaboration de stratégies de développement culturel. À la recherche de moyens propices à stimuler la vitalité ethnolinguistique d'une communauté par l'art, ce projet voulait initialement cibler des procédés de jeu théâtral et de dramatisation qui favoriseraient l'articulation de la spécificité culturelle des Franco-Albertains. De septembre 1993 à mai 1994, quatre professeurs du Conservatoire d'art dramatique de Québec et une dizaine de comédiens semi-professionnels ont participé à cette tentative d'adapter la formation d'acteur au contexte culturel de la francophonie de cette province et, par extension, de l'Ouest.

Composée de quatre modules de six semaines[1], la formation proposée englobait les techniques d'interprétation, d'improvisation et d'écriture dramatique. À ce parcours se sont ajoutés des cours complémentaires en chant et danse[2] ainsi qu'un dernier module que Jean Guy, directeur du Conservatoire, avait intitulé « La préparation créative » et qu'il avait défini comme « regard sur l'histoire passée, observation de l'histoire récente, réflexion sur une dramaturgie régionale possible[3] ». Ce volet s'éloignait des sentiers battus des méthodes de formation conventionnelles. Au delà des questions techniques, il s'agissait de trouver le moyen de sensibiliser les comédiens, de lieux d'origine différents, à l'horizon d'attentes du public francophone albertain de façon à mieux répondre aux besoins vitaux de cette culture. À cet égard, une approche interdisciplinaire axée sur l'ethnologie et l'histoire a fourni des éléments de solution importants qui, selon nous, indiquent l'apport de la littérature et de la tradition orale pour la création culturelle et la formation artistique, particulièrement au sein de cultures enfouies ou opprimées.

Module « La préparation créative » : problématiques principales

À première vue, cette rencontre entre un ethnologue, un historien de l'oralité et des comédiens peut sembler douteuse, car elle risque d'orienter l'expression culturelle vers sa dimension folklorique. Notre démarche se situait pourtant dans la lignée d'initiatives comme celles, par exemple, du Théâtre Passe Muraille[4]. Ce genre de théâtre exige plus de l'acteur que la capacité d'interpréter un texte. En improvisant à partir de récits tirés du vécu collectif, il interprète aussi la culture du milieu représenté. Dans l'optique d'une telle « théâtralité », les besoins culturels reliés au contexte franco-albertain ont suscité une interrogation sur le préjugé négatif attribué à la tradition orale dans l'activité créatrice.

Le défi d'orienter la formation d'acteurs vers une culture spécifique soulevait aussi le problème des perspectives culturelles différentes, et parfois conflictuelles, mises en relation par le projet, tant chez le public que chez les stagiaires. Les comédiens provenaient de milieux francophones différents[5]. Certains éprouvaient un malaise à créer pour une culture qui n'était pas la leur. Par contre, les artistes « de souche » se trouvaient souvent incapables de verbaliser en quoi consistait leur identité culturelle, conséquence inévitable d'une collectivité privée, depuis près d'un siècle[6], d'écoles et d'autres moyens légitimes de transmission culturelle. De fait, le caractère hétérogène du groupe reflétait les strates multiples du public cible.

Au plan théorique, nous ferons état de trois principes sémiologiques dont la valeur opératoire a été démontrée dans la résolution, du moins partielle, de ces problématiques. De Tynianov, nous avons retenu le double postulat du fonctionnement systémique de l'œuvre littéraire et de la nature de l'évolution esthétique comme substitution de systèmes. Notre stratégie pédagogique doit aussi beaucoup au concept des fonctions culturelles de Lotman qui a facilité l'identification de besoins culturels collectifs. Cette réflexion sémiologique servira à situer les contributions méthodologiques apportées par les ethnologues et les historiens de l'oralité au processus de formation. De plus, les techniques d'entrevue pour la cueillette des récits de vie et la sensibilisation au décodage des textes de la tradition orale comme signes de vécu collectif ont permis la découverte d'un terrain commun entre l'historien de l'oralité et l'artiste.

Les bases sémiologiques

La notion même de tradition semble aux antipodes de l'art dont la fonction dominante, en tant que système signifiant, consiste à générer des significations nouvelles[7] et à créer un espace imaginaire générateur de possibles nouveaux. L'art annonce et prépare le changement social, dit le peintre Kandinsky : un art « qui ne renferme en soi aucune puissance d'avenir, qui n'est que le produit du temps présent et n'enfantera jamais " demain " est un art castré[8] ».

La tradition orale : une littérature authentique

Les contes, légendes et chansons de la tradition orale constituent néanmoins des textes artistiques véritables dans le sens où Lotman entend ce terme :

> l'expression dans un système déterminé de signes (la « fixation ») et la faculté de se présenter sous un certain rapport (dans le système des signaux fonctionnant dans une collectivité) en tant que « notion élémentaire »[9].

Par exemple, les grandes catégories discursives du récit[10] deviennent rapidement évidentes dans cette phrase du conte « La Branche d'olivier chantant » :

> Toujours — dans les contes ça va vite — au bout d'un an et un jour, il va reconduire sa fille, puis là, il suit un petit chemin que l'ours lui avait indiqué[11].

Dans la voix, une instance narrative se manifeste ouvertement par les intrusions d'un narrateur qui commente l'univers fictif. L'ellipse mentionnée signale une distorsion temporelle au niveau de la durée. Le commentaire du narrateur et la modification à volonté du déroulement chronologique du récit deviennent signes d'omniscience dans la catégorie du mode.

Quant à la logique narrative[12] de cette histoire (qui raconte les aventures subies à la suite d'une branche d'olivier reçue en cadeau), l'armature syntaxique se développe autour de la quête de la jeune sœur : retrouver son mari, mi-prince, mi-ours. Dans le jugement objectif du texte, cette action devient un processus d'acquisition de mérite par rapport aux mobiles éthique (fidélité) et hédonique (passion amoureuse). La morale implicite qui se dégage de cette attribution de mérite s'ajoute à une série de traits caractéristiques (signes de début et de fin, morale, etc.) qui lui confèrent sa vérité formelle comme genre de la tradition orale[13].

Du point de vue de leur fonctionnement systémique, le caractère oral ou écrit de ces textes ne change absolument pas leur nature intrinsèque en tant qu'œuvres proprement littéraires. En tant que système composé d'un ensemble d'éléments qui « se trouvent en *corrélation mutuelle* et interaction[14] », l'œuvre d'art tire son unité formelle de l'interaction de ses liens intersystémiques, manifestation de ce que Tynianov a appelé la fonction synnome ou constructive, « sa possibilité d'entrer en corrélation avec les autres éléments du même système et par conséquent avec le système entier[15] ». D'autre part, la différence entre la valorisation de ce corpus par opposition à des œuvres non traditionnelles dépend des facteurs impliqués dans la réception de ces œuvres dans tel ou tel contexte social et met en évidence la présence de liens extrasystémiques ainsi que la fonction autonome de l'œuvre, c'est-à-dire « la corrélation d'un élément avec une série d'éléments semblables qui appartiennent à d'autres séries[16] ». Cette fonction autonome ouvre la porte à des substitutions entre systèmes, soit par un remaniement hiérarchique intérieur ou par des emprunts aux systèmes voisins, mettant en branle le processus de l'évolution littéraire et esthétique.

Les liens extrasystémiques et la tradition orale

Porteuse de signes véritables de littérarité, la littérature orale obéit à la même dynamique évolutive que tout texte littéraire écrit, sa fonction autonome lui permettant d'entrer en relation avec d'autres types de systèmes et d'époques. Du point de vue de la simultanéité ou de l'évolution synchronique, on peut tenter de situer le conte et les autres genres traditionnels dans leur milieu réel et dans leur temps de façon à en recréer le contexte communicatif. À cet égard, les écrits de l'ethnologue Jan Vansina montrent que la tradition orale comporte toujours une rétroaction communautaire qui guide, corrige et inspire la performance de l'artiste[17]. Or, la présentation publique du conteur, y compris le texte oral qui en ressort, constitue un acte théâtral. De fait, l'art du conteur se retrouve dans les formes dramatiques et les techniques d'expression dont traite le jeu d'acteur. Des liens extrasystémiques peuvent alors relier la tradition littéraire orale à un art connexe de son époque.

La tradition orale s'intègre aussi à d'autres arts et à d'autres époques dans les multiples transformations d'une évolution de type diachronique « provoquées par l'intrusion, à l'intérieur d'un système [...] d'un corps étranger[18] ». Ainsi, l'art du conteur se retrouve toujours dans de nombreux programmes de formation professionnelle, comme à l'École internationale de théâtre de Jacques Lecoq à Paris. Par contre, dans la brochure descriptive de l'école, Lecoq précise que pour assurer la vitalité continue de cet art, comme des autres formes léguées par la tradition et l'histoire du théâtre, il faut que ces territoires dramatiques soient réimaginés dans la sensibilité de l'époque présente. Même phénomène de transformation dans le domaine de la musique populaire : la chanson *Germaine*, recueillie par Marius Barbeau auprès des habitants de Charlevoix et intégrée à l'album *Profil* du groupe Garolou, remonte aux temps des croisades et a été chantée par tous les peuples d'Europe[19]. Grâce au renouvellement apporté par les procédés musicaux qui donnent à cette interprétation de *Germaine* sa version joyeusement « rockeuse », la chanson rejoint la sensibilité esthétique d'une autre génération.

Les liens intersystémiques entre les textes littéraires de la tradition orale d'une époque révolue et la production artistique actuelle révèlent ainsi la présence continue d'éléments traditionnels dans les procédés de création. Ces éléments se trouvent souvent intégrés à de nouveaux moyens de communication et de diffusion, telle la transposition des contes de Grimm dans les bandes dessinées de Walt Disney. La dichotomie tradition/création ne renvoie pas à deux réalités mutuellement exclusives et irréconciliables entre lesquelles les artistes devaient obligatoirement choisir, mais constitue plutôt un continuum de possibilités formelles entre deux champs de forces. Ces possibilités se trouvent non seulement dans l'évolution synchronique du présent, mais peuvent être empruntées à d'autres époques et à d'autres milieux.

La tradition orale et l'évolution

Tout comme le texte, la culture est un système ou plutôt une « hiérarchie de systèmes signifiants couplés dont la corrélation se réalise dans une large mesure par l'intermédiaire de leur rapport au système de la langue naturelle[20] ». Lotman et les sémioticiens de Tartu y distinguent trois fonctions fondamentales. La culture agit comme programme d'actions ou de fonctions auprès de la collectivité, comme mécanisme générateur de textes nouveaux ou comme mémoire collective, « un appareil collectif de conservation et de traitement de l'information[21] ».

Ces rôles de mémoire, de programme d'actions et de production textuelle fonctionnent de façon interdépendante. La combinaison particulière qui confère à une collectivité sa spécificité socioculturelle relève d'un principe organisateur permettant l'autorégulation de l'ensemble et l'invariabilité de sa structure : « la composition et les corrélations des sous-systèmes sémiotiques particuliers définissent en premier lieu un type de culture[22] ».

Conçue à partir du modèle saussurien du signe linguistique, la théorie de Lotman présente la culture comme un système modelant second, appuyé sur le système premier du langage. Cette langue n'est pas automatiquement la langue naturelle de la collectivité. L'inverse se produit aussi. Que plusieurs cultures partagent le même code linguistique ne garantit pas une évolution et une identité communes, d'où le paradoxe constaté dans le projet : le fait de parler la même langue ne devenait pas *ipso facto* un point de ralliement entre les comédiens. Ce problème de communication interculturelle devenait en soi la manifestation de la fonction autonome des différentes cultures francophones rassemblées.

La culture comme système autonome

La culture des francophones de l'Ouest ayant un statut autonome véritable, la hiérarchie de ses fonctions culturelles diffère nécessairement de celles du Québec et des communautés d'expression française en Europe. Ayant reconquis après un siècle de luttes, le contrôle de leurs écoles et de leur système scolaire, les Franco-Albertains doivent reprendre le fil perdu de leur évolution culturelle. Énorme processus de création culturelle dans lequel l'art pourra, selon nous, jouer un grand rôle pour redéfinir cette identité fragmentée. Par contre, l'autonomie de cette culture exige l'adaptation des procédés et des credos artistiques des autres cultures à ses besoins et à la hiérarchie spécifique de ses fonctions culturelles. Si le modèle de Lotman est juste et si la mémoire collective constitue un des piliers principaux de la dynamique culturelle, alors la création culturelle dans la francophonie albertaine, et possiblement dans d'autres communautés semblables, doit adopter un parti pris sur le continuum tradition/création différent de celui prôné par le discours esthétique du Québec moderne.

La quête de modernisation pour combler un retard social et historique dans cette province a provoqué, comme dans le *Refus global* de Borduas, des réactions de rejet et de déni à l'égard de la notion de tradition :

> D'ici à notre devoir est simple.
> Rompre définitivement avec toutes les habitudes de la société, se désolidariser de son esprit utilitaire[23].

Par contre, à la suite du succès international de la renaissance artistique suscitée par la Révolution tranquille, la production culturelle de cette collectivité constitue la norme, implicite ou explicite, pour les autres communautés francophones du pays comme le montre, par exemple, le contrôle presque exclusif exercé sur la programmation artistique de Radio-Canada par les artistes du Québec.

Appropriées à l'horizon d'attentes de la population québécoise (ou devrions-nous dire montréalaise ?), ces normes ne reflètent pas nécessairement la hiérarchie des fonctions culturelles des autres francophonies du Canada. Au Québec, la tradition orale se trouve déjà intégrée à l'héritage culturel. La mémoire collective représente un acquis. En Alberta, elle est à découvrir. Cette nécessité collective de reprendre contact avec un héritage historique, folklorique, légendaire et mythique nous semblait offrir une voie fertile à la création artistique. Dans le module de « La préparation créative », le fait de ne pas avoir éliminé *a priori* le corpus de la tradition orale a ainsi ouvert la voie à de nombreuses pistes pour le travail théâtral : dramatisation de légendes et de contes, exploitation de techniques d'expression comme le contage, narration avec chœur dramatique, etc. Au plan méthodologique, il fallait cependant trouver les moyens d'amener des comédiens et des comédiennes de différentes cultures francophones à dramatiser un passé qui n'était pas nécessairement le leur ou dont ils avaient peu conscience.

Les solutions méthodologiques

Le théâtre, le récit et l'histoire orale partagent un élément déclencheur : la mémoire émotive et kinésique. Par exemple, le « jeu vrai » développé par le Conservatoire d'art dramatique de Québec s'inspire beaucoup de l'enseignement de Jacques Lecoq dont les méthodes s'appuient sur le concept du « mimisme » comme acte de cognition, une « saisie du réel qui se joue dans notre corps. L'homme normal est "joué" par le réel qui se réverbère en lui[24] ». Dans le cadre du projet de formation, ce jeu très physique semblait ainsi répondre aux besoins d'un milieu où la langue et la culture se trouvent constamment menacées, permettant ainsi d'aller chercher le non-dit par le biais du non-verbal[25]. Le sensoriel joue un rôle catalyseur dans d'autres types d'arts et de recherches. Qui ne sait pas que le goût d'un petit gâteau incite Proust à écrire *À la recherche du temps perdu* ? À l'instar d'Alain Corbin, les anthropologues se lancent dans l'étude de l'odorat et de ses significations sociales[26]. L'histoire orale dépend aussi de l'activation de la mémoire à long terme, surtout au moyen de stimuli sensoriels dont certains sont définis culturellement et d'autres agissent comme des indices mnémoniques de la subjectivité et de l'évolution individuelles[27]. Selon certaines études, suivre ces traces pour développer un récit de vie a une valeur thérapeutique chez les gens âgés[28]. La mémoire sensorielle apparaît donc comme point de départ essentiel au théâtre comme dans les domaines de l'histoire orale et de l'ethnographie. Un module de formation s'est établi autour de cette question, avec la participation des professeurs David Millar et Jean-Pierre Pichette (directeur du Département de folklore de l'Université de Sudbury) et de Maurice Morin (réalisateur indépendant d'émissions radiophoniques).

Ethnographie et tradition orale

La contribution du folkloriste Jean-Pierre Pichette a mis en évidence les richesses du patrimoine populaire comme matière éventuelle à dramatisation : musique, danse, contes, légendes, fêtes et croyances, travail quotidien et métiers. Au plan méthodologique, l'enregistrement vidéo d'une entrevue avec un couple pionnier d'Edmonton a montré que les méthodes d'enquête folklorique permettent de recueillir des « textes » de la tradition orale (dans le sens où l'entendent Lotman et Pjatigorskij) : contes, cahiers de chansons. De plus, ce type de recherche fait ressortir les systèmes signifiants reliés à la vie quotidienne, tels les jeux d'enfants, les métiers (la trappe, le domptage d'un cheval sauvage, la gestion d'une ferme ou d'un magasin), la cuisine, la médecine et l'architecture. Plus fondamentalement, l'approche ethnographique a servi à démystifier le stéréotype idyllique du « bon vieux temps », lieu de célébration entre les générations, pour faire entrevoir aux comédiens le courage de gens ordinaires dans la misère noire[29]. Soulignons à cet égard le rôle joué dans la renaissance franco-ontarienne par une multitude de créations inspirées d'entrevues, notamment la série *Villages et Visages* de TVO, les films de l'ONF et le Théâtre du Nouvel-Ontario[30].

Maurice Morin, dans sa série d'émissions *Un siècle à l'horizon*, a fourni aux stagiaires l'exemple d'un montage d'histoire, de folklore et d'expériences personnelles. Son canevas de la vie francophone des Prairies, exprimé de vive voix, documentait beaucoup d'éléments culturels qui n'avaient jamais été mis par écrit auparavant. Cette approche a sensibilisé les acteurs aux significations sonores contenues dans les accents régionaux, la juxtaposition des voix, les bruits naturels et les pauses. L'expérience combinée de Maurice Morin en journalisme et en histoire orale lui a également permis de faire valoir l'importance de la notion de masse critique, c'est-à-dire la nécessité de se procurer un nombre suffisant de sources pour assurer la représentation adéquate d'un vécu diversifié. Un projet de pièce radiophonique avec les stagiaires est ressorti de l'exploration des possibilités dramatiques de diverses versions ethniques d'une légende manitobaine, « La Prairie du cheval blanc », entamant ainsi la réflexion sur la création interculturelle.

Histoire orale

En vingt ans de projets d'histoire orale, David Millar a développé sa théorie de « mémoires clés » dont le fonctionnement relève autant du pouvoir évocateur des sens physiques que des structures narratives reliées à l'expression verbale[31]. Ces mémoires créent une carte cognitive où elles agissent comme les lignes de force magnétiques, attirant et orientant les fragments de subjectivité les uns vers les autres. Liées aux changements de personnalité au cours des différentes étapes de la vie, elles organisent le récit de vie en une série d'images paradigmatiques. L'art du conteur, comme du comédien, dépend ainsi de l'accès et de la sensibilité à ces sous-textes iconiques.

Pour PUTFA, la formation en histoire orale comprenait les aspects suivants : écouter des entrevues provenant d'un projet franco-albertain des années 80, discuter de sa thématique et en faire un mime, se sensibiliser aux techniques de question ouverte et d'écoute en entrevue. Les stagiaires devaient enregistrer une entrevue en groupe avec le professeur pour se familiariser avec l'utilisation du magnétophone, le placement du micro et la résolution des problèmes techniques. Au plan éthique[32], il convient de rappeler ici quelques principes de communication propices à la création d'un climat de complicité et de confiance : expliquer clairement l'utilisation éventuelle de l'enregistrement, donner le contrôle de l'entrevue à l'informateur en le laissant signer la permission de dépôt à la fin, démarrer l'enregistrement avec une expérience particulière de son enfance, pratiquer un silence intéressé (la meilleure des questions ouvertes), inciter la personne à aller dans le détail : « Comment c'était d'être là ? »

Dans l'ensemble, la présentation visait à faire ressortir la multivocalité de l'histoire orale. En plus de l'histoire publique, autobiographique et familiale, il y a celle d'une localité ou d'une génération, des idées et des mentalités. Le récit de vie d'un individu peut s'enchevêtrer à plusieurs types de passé. Les cycles de la vie peuvent eux-mêmes fournir un sujet d'enquête. Parmi toutes ces options, il faut accepter que l'on ne découvre pas une seule vérité, mais qu'on reçoive plutôt de multiples témoignages. Si c'est un problème pour l'historien, pour l'acteur-créateur en quête de matière dramatique authentique, c'est un atout précieux. Effectivement, plusieurs pièces se sont développées à partir de l'histoire orale : *Il était une fois Delmas... mais pas deux fois*, *Paper Wheat*, *La Sagouine*[33].

Au plan méthodologique, les comédiens étaient encouragés à aller en profondeur, à faire ressortir les sentiments plutôt que les faits chronologiques, le privé avant le public, les traditions ancestrales de préférence aux jugements sur les jeunes d'aujourd'hui, le non-dit à l'anecdote usuelle. Comme mise en application, ils devaient interviewer un ami ou une amie, et improviser sur le « non-dit » de cette entrevue[34]. Pourquoi le non-dit ? On voulait éviter une improvisation trop calquée sur l'événementiel, de type « drame documentaire » ; c'était aussi une façon de donner confiance aux acteurs, de les convaincre qu'ils pouvaient créer à partir de la complicité établie, de parvenir à une compréhension de l'intériorité de l'autre en dehors de toute verbalisation.

À la grande surprise de tous, faire démarrer l'improvisation à partir du non-dit de l'entrevue s'est avéré très fertile sur le plan créateur. Préalablement au travail collectif sur le thème, les improvisations individuelles avaient tendance à se référer aux faits du vécu relatés dans l'entrevue. Une fois mises sous la consigne du non-verbal, ces improvisations ont fusionné en un ensemble qui, évitant le piège du documentaire, combinait musique, danse et mime dans une expression théâtrale nouvelle profondément ancrée dans les sentiments et le vécu des francophones de la région. Le non-dit semble avoir conduit à une expression plus directe de l'émotivité et de l'universalité des récits de vie. Dans une formation idéale, si le temps le permettait, on bouclerait le processus en présentant la création aux informateurs et en les invitant à donner leurs suggestions et leurs commentaires pour les réinvestir dans un nouvel encodage. Une rétroaction semblable guide et nourrit la représentation orale en Afrique et en Europe[35].

Conclusion

L'expérience interdisciplinaire du module de « La préparation créative » montre que l'historien, le folkloriste et le créateur dramatique peuvent faire cause commune autour de l'articulation d'une identité culturelle. Le fonds que recueille l'acteur pour une création pourrait servir à d'autres fins, constituer, par exemple, la matière de base à une analyse linguistique du dialecte franco-albertain. La notion de récit, ce système modélisant qui, de façon explicite ou implicite, véhicule une expérience personnelle et collective du monde, est fondamentale à la démarche. Le vécu inhérent au récit tourne autour de la mémoire sensorielle, puissance évocatrice de la vie émotive qui nourrit l'expérience subjective que font l'individu et la collectivité du monde. La mémoire sensorielle constitue ainsi un lien commun des plus importants entre tous ces types de recherche théoriques et artistiques.

L'historien recherche le témoignage involontaire parce que celui-ci comporte nécessairement moins de biais ; sa manifestation en entrevue provient de l'encouragement accordé au détail émotif et à l'absence d'interruptions. Le théâtre met en valeur les langages gestuel, corporel et vocal. La qualité de la production radiophonique dépend de la qualité des voix et des sons, d'une certaine redondance ou masse critique de matériaux à monter. La tradition créative, la représentativité ethnologique, la vérité historique aussi ne peuvent s'établir que d'après un certain corpus de variantes, un poids d'évidence. Chaque discipline peut ainsi apprendre des autres dans ce processus dialogique entre divers systèmes signifiants et, à travers la multiplicité des *patterns* et des constantes qui recoupent leurs discours respectifs, faire avancer la constitution d'une culture. Si l'historien de l'oralité et l'ethnologue assurent la préservation de certains aspects précieux de la mémoire collective, le procédé artistique peut servir à en renouveler l'expression ou à en faire ressortir des significations nouvelles.

NOTES

1. Jean Guy, directeur du Conservatoire : techniques d'interprétation ; Paule Savard : techniques d'interprétation et travail corporel ; Marc Doré : improvisation ; Jacques Lessard : écriture dramatique.

2. Laurier Fagnan : chant; Christine Hanrahan, assistée de Rachel Avery et de Maria Bokor : danse.

3. Jean Guy, « Autour d'un projet de formation entre l'Alberta et le Conservatoire d'art dramatique de Québec », prospectus envoyé au ministère des Affaires culturelles du Québec, 1er novembre 1993.

4. Diane Bessai, *The Canadian Dramatist*, Vol. 2 , *Playwrights of Collective Creation*, Toronto, Simon & Pierre, 1992, p. 31-130.

5. L'Ouest du Canada, le Québec et l'Europe.

6. En 1892, l'Ordonnance 22 a désigné l'anglais comme langue officielle de l'enseignement dans l'Ouest. Les francophones de l'Alberta ont alors cherché à préserver leur culture et leur langue à travers *des programmes d'étude occultes*. Des chercheurs, comme Yvette Mahé, constatent cependant l'échec de l'initiative, indiquant qu'un bon nombre d'enseignants « n'avai[en]t pas la conviction et les compétences attendues pour aider [les] petits Canadiens français à grandir avec la mentalité de leur nationalité » (Yvette Mahé, « L'influence d'un curriculum caché dans le développement culturel des Albertains francophones (1892-1960) », communication présentée lors de la Journée du savoir, le 5 mars 1993, ACFAS — Alberta, p. 9). Ayant reconquis, un siècle plus tard, le contrôle de leurs écoles et de leur système scolaire grâce à la Charte des droits et libertés, les quarante mille francophones de l'Alberta connaissent toujours un taux d'assimilation de 65 p. 100.

7. Umberto Eco, *A Theory of Semiotics*, Bloomington, Indiana University Press, 1976, p. 261-276.

8. W. Kandinsky, *Du spirituel dans l'art et dans la peinture en particulier*, Paris, Denoël/Gauthier, 1969, p. 37.

9. Juri M. Lotman et Alexandre M. Pjatigorskij, « Le texte et la fonction », *Semiotica*, vol. 2, La Haye, Mouton, 1969, p. 205.

10. Gérard Genette, *Figures III*, Paris, Seuil, 1972, p. 71-76.

11. Jean-Pierre Pichette, *Anthologie de la littérature orale du Canada français*, Sudbury, Université de Sudbury, 1985, p. 21.

12. Voir Claude Bremond, *La Logique du récit*, Paris, Seuil, 1973, 349 p.

13. Jean-Pierre Pichette, entrevue sur cassette vidéo, 14 avril 1994.

14. Iouri Tynianov, « De l'évolution littéraire », *Théorie de la littérature. Textes des Formalistes russes réunis, présentés et traduits par Tzvetan Todorov*, Paris, Seuil, 1965, p. 123.

15. *Ibid.*

16. *Ibid.*

17. Jan Vansina, *Oral Tradition as History*, Madison, University of Wisconsin, 1985, p. 34-40 ; cf. Vansina, *De la tradition orale*, Tervuren, Musée royal de l'Afrique centrale, 1961.

18. Algirdas J. Greimas et Joseph Courtés, *Sémiotique : dictionnaire raisonné de la théorie du langage*, Paris, Hachette, 1979, vol. 1, p. 98.

19. Marius Barbeau, *Le rossignol y chante*, Ottawa, Musée national, 1962, p. 114, et Garolou, *Germaine*, dans son album phonographique *Profil*, 1979.

20. V.V. Ivanov, I.M. Lotman, B.A. Ouspenski, A.M. Piatigorski et V.N. Toporov, « Thèses pour l'étude sémiotique des cultures », *Sémiotique*, Paris, Recherches internationales à la lumière du marxisme, nouvelle critique, 1974, n° 81 - 4, p. 147.

21. *Ibid.*, p. 143.

22. *Ibid.*, p. 130.

23. Pierre de Grandpré, *Histoire de la littérature française du Québec*, tome III, *(1945 à nos jours) — La poésie*, Montréal, Beauchemin, 1969, p. 208.

24. Jacques Lecoq, *Le Théâtre du geste : mimes et acteurs*, Paris, Bordas, 1987, p. 17.

25. Roger Parent et David Millar, « Pour une théâtralité franco-albertaine : survol et genèse », *Cahiers franco-canadiens de l'Ouest*, vol. 6, n° 1, 1994, p. 27-46.

26. Alain Corbin, *Le Miasme et la Jonquille : l'odorat et l'imagination sociale aux XVIIIe-XIXe siècles*, Paris, Aubier Montaigne, 1982, 334 p. ; David Howes, « Le sens sans parole : vers une anthropologie de l'odorat », *Anthropologie et sociétés*, vol. 10, n° 3, 1986, p. 29-45 ; Annick Le Guerer, « Le déclin de l'olfactif : mythe ou réalité », *Anthropologie et sociétés*, vol. 14, n° 2, 1990, p. 25-45.

27. Alain Liury, *La Mémoire, résultats et théories*, 4e éd., Liège, Mardaga, 1992, 236 p. ; J.A. Neuenschwander, "Remembering Things Past : Oral Historians and Long-Term Memory", *Oral History Review*, 1978, p. 45-53 ; Louis Moss, Harvey Goldstein (dir.), *The Recall Method in Social Surveys*, Londres, University of London Institute of Education, 1979, 176 p.

28. Claudine Attias-Donfut, *Générations et âges de la vie*, Paris, PUF, « Que sais-je ? » n° 2570, 1991, 126 p. et « La génération : un produit de l'imaginaire social », *Sciences humaines*, n° 37, mars 1994, p. 30-33 ; Willa Baum, "Therapeutic Value of Oral History", *International Journal of Aging and Human Development*, Vol. 12, No. 1, 1981, p. 49-53, et Robert N. Butler, "The Life Review : An Unrecognized Bonanza", p. 35-38 dans le même numéro.

29. André Girouard, « Les "Good Old Days" pas pour moi, ou Comment les Franco-Sudburois ont vécu la crise des années 1930 », *Revue du Nouvel-Ontario*, n° 5, 1983, p. 139-150.

30. Robert Dickson, « L'espace à créer et l'espace qui reste », *Revue du Nouvel-Ontario*, n° 4, 1982, p. 45-80 ; Paul-François Sylvestre, « L'héritage des années 1980 : riche mais vulnérable », *Liaison Théâtre-Action*, janv. 1990, p. 25-39 ; Yolande Jimenez, « La saison des 20 ans : le Théâtre du Nouvel-Ontario donne la parole aux autres », *Liaison Théâtre-Action*, nov. 1990, p. 12-13 ; Jean-Claude Jaubert, « Des fées se penchent sur le berceau du cinéma ontarois », *Liaison Théâtre-Action* , nov. 1990, p. 25-39.

31. David Millar, « Mémoire, histoire orale et conscience historique », Nicole Gagnon (dir.), *L'Histoire orale*, Saint-Hyacinthe, Edisem, 1978, p. 39-54.

32. David Millar et Roger Parent, « Histoire orale et création dramatique : stratégies nouvelles en milieu minoritaire », à paraître dans *Cahiers franco-canadiens de l'Ouest*, vol. 6, n° 2, 1994.

33. André Roy, *Il était une fois Delmas... mais pas deux fois*, [pièce inédite sur un village francophone de la Saskatchewan], 1990 ; 25th Street Theatre, *Paper Wheat : The Book*, Saskatoon, Western Producer, 1982, 95 p. ; Antonine Maillet, *La Sagouine*, Montréal, Leméac, 1974, 215 p.

34. David Millar et Roger Parent, « Le non-dit », à paraître dans *Cahiers franco-canadiens de l'Ouest*, vol. 7, n° 2, 1995.

35. Comparez la notion de « performance » dans Vansina (1985) avec celle de la formation de la mémoire collective dans Attias-Donfut (1994), et Maurice Halbwachs, *La Mémoire collective*, Paris, PUF, 1950, p. 68-79.

L'ÉTAT ET LES MINORITÉS

de JEAN LAFONTANT (dir.)
(Saint-Boniface, Éditions du Blé / Presses universitaires de Saint-Boniface, 1993, 272 p.)

Marcel Martel
Université York (Toronto)

Cet ouvrage réunit quatorze textes de la trentaine de conférences présentées au colloque multidisciplinaire sur l'État et les minorités tenu au Collège universitaire de Saint-Boniface en novembre 1992. Dès la page couverture, le titre intrigue le lecteur. De quel État et de quelles minorités s'agit-il ? Répondons d'abord à la deuxième interrogation. Plusieurs des textes de ce volume portent principalement sur deux communautés minoritaires au Canada : sept sont consacrés aux groupes minoritaires francophones et deux aux Amérindiens. Quant à l'État, Jean Lafontant précise dans sa présentation de la problématique générale du colloque — et de ce recueil — qu'il s'agit de « l'incidence de l'État dans la formation et le développement des groupes de revendication (mouvements, "communautés", minorités, clientèles, de quelque nom qu'on veuille les appeler)... » (p. IX).

L'actualité du moment domine les propos des conférenciers, ce qui agace toujours le lecteur lorsque la publication du volume survient quelques mois après l'événement. Le colloque se déroule quelques jours après le rejet des propositions constitutionnelles de l'entente de Charlottetown par la population canadienne. Au lendemain de cet échec, plusieurs auteurs ne peuvent demeurer silencieux.

Cette actualité constitutionnelle ramène à l'ordre du jour le problème de la réponse du fédéralisme canadien aux demandes québécoises, aux revendications des groupes minoritaires de langue officielle et à celles des Amérindiens. L'opposition entre les droits collectifs et les droits individuels condamne ces pourparlers à un cul-de-sac. Dans son texte, J. Yvon Thériault ne peut s'empêcher de commenter quelques-uns des passages de la conférence de l'ancien premier ministre Trudeau, prononcée au désormais célèbre restaurant *La Maison du Egg Roll* de Montréal, sur les dangers de la reconnaissance juridique des droits collectifs dans la Constitution. Il juge que les droits collectifs des Amérindiens et des Québécois francophones « sont inhérents à l'univers de la démocratie libérale, et la logique des droits vivifie l'appartenance à un monde commun particulier » (p. 24). Par contre, Thériault reconnaît que le libellé de l'entente de 1992 à ce chapitre était maladroit. Dans ces circonstances, quelles sont, pour reprendre le questionnement de Robert

Vandycke, les solutions « politiques et juridiques adaptées à la diversité des situations minoritaires » (p. 81) au Canada ? En somme, comment se sortir de ce cul-de-sac ? Pour Jean A. Laponce, la réponse se loge à l'enseigne du fédéralisme asymétrique : un mélange de fédéralisme territorial dont bénéficieraient les francophones québécois et certaines communautés amérindiennes concentrées dans un territoire donné, et de fédéralisme personnel au profit des communautés francophones minoritaires et autres groupes amérindiens. Dans la même lignée, Vandycke opte en faveur de l'asymétrie dans la reconnaissance des droits de chacune des nombreuses communautés minoritaires présentes au pays : les Anglo-Québécois, les Franco-Québécois, les Acadiens et les autres francophones du reste du pays. Cette proposition s'explique par la diversité des situations de ces groupes minoritaires. Pierre Foucher privilégie aussi l'asymétrie. Il la retient devant l'incapacité à réconcilier les revendications des communautés minoritaires en faveur de la protection de leurs droits collectifs par l'État fédéral et les demandes du Québec pour l'exercice d'une plus grande autonomie. La solution de l'asymétrie de ces auteurs a toutefois du plomb dans l'aile. Les rejets successifs des ententes du lac Meech et de Charlottetown témoignent de l'attachement des Canadiens aux concepts de l'égalité entre tous les citoyens et toutes les provinces.

Depuis une décennie, la question amérindienne est devenue un enjeu majeur dans le jeu constitutionnel canadien. Le texte de Jean-Jacques Simard pose un jugement sans équivoque sur l'action de l'État fédéral à l'égard des nations amérindiennes. Cet État poursuit un processus de réduction envers les Amérindiens (perte de leurs terres, développement d'une dépendance économique et politique vis-à-vis de l'État, etc.), amorcé sous le régime français. Ce régime conduit les Amérindiens en dehors de « l'espace-temps » et en marge de la société blanche. Le *leadership* amérindien et les champions de la cause autochtone ne trouvent pas grâce chez Simard. Le mythe du bon sauvage, un construit « de l'envers absolu de l'homme moderne » (p. 177), est plus d'actualité que jamais. Les défenseurs de la cause amérindienne l'ont adapté à l'air du temps avec les mouvements environnementaux et de quête de spiritualité. Ces militants de la cause amérindienne, qui bénéficient de la complicité des *leaders* des communautés mises en cause, ne cherchent qu'à maintenir les Amérindiens dans leur état de réduction. Il y a toutefois des changements à l'horizon. Simard interprète les conflits au sein des communautés amérindiennes comme des signes de leur « entrée dans la modernité » et de contestation « du régime des réductions » (p. 182).

La problématique des rapports de l'État fédéral et des groupes minoritaires fournit l'occasion à quelques auteurs de s'interroger sur les objectifs de la politique du multiculturalisme. Deux textes de ce recueil permettent aux opposants de fourbir leurs armes. D'abord celui de Fernand Girard, qui insiste sur le fait que le multiculturalisme a « peut-être été créé de toutes pièces par des politiciens et certaines élites intellectuelles » (p. 96). L'auteur prétend que ce concept pourrait être une forme « subtile de purification » ethnique : « la société dominante ferait croire à l'existence vivace de minorités alors même qu'elle les assimile, pour ainsi dire, *de l'intérieur* » (p. 105). Autre son de cloche, celui d'Amaryll Chanady. L'auteur présente les contradictions du multiculturalisme. D'une part, l'État promeut un idéal de tolérance qui interpelle la population canadienne. D'autre part, la réalité quotidienne de l'immigrant diffère de cette idéalisation. Le nouveau venu en terre canadienne expérimente l'intolérance et la marginalisation.

Cette question des rapports de l'État fédéral et des minorités touche une corde sensible chez les groupes minoritaires francophones, car elle a été longtemps analysée sous l'angle de la dépendance financière vis-à-vis du gouvernement central. La situation financière des organisations des communautés minoritaires n'est pas étrangère à leur capacité d'occuper l'espace politique. À ce sujet, l'article de Gratien Allaire analyse les sources de financement du pilier du réseau institutionnel francophone de la Saskatchewan : l'Association catholique franco-canadienne de la Saskatchewan (ACFC). Cet organisme était largement financé par l'Église et les contributions populaires, dont certaines venaient du Québec bien que les données sur la Société Saint-Jean-Baptiste de Montréal soient insuffisantes, comme le signale l'auteur. L'ACFC bénéficie de l'appui monétaire de l'État fédéral à la toute fin des années 60. Il serait pourtant indispensable d'analyser les causes et les circonstances de cet interventionnisme fédéral auprès des communautés minoritaires, car la présentation du rôle du gouvernement fédéral par Hubert Guindon requiert un traitement plus nuancé. Ce dernier affirme que ces communautés sont tombées « dans la souricière que leur a tendue le régime de Trudeau, celle des subventions aux "minorités officielles" » (p. 270). Nos recherches sur l'Association canadienne-française d'éducation de l'Ontario (ACFEO) rejoignent les observations de Daniel Salvas sur la Fédération canadienne-française de la Colombie-Britannique (FCFCB), à propos des difficultés financières de ces deux organisations pendant la décennie 1960-1970. Dans le cas de l'ACFEO, faute d'avoir pu convaincre le gouvernement québécois de l'ampleur de sa crise financière, et même encouragé par celui-ci, l'organisme accepte les subventions du gouvernement fédéral.

Au terme de la lecture, ce recueil nous laisse un quasi-instantané de la réflexion d'universitaires sur la problématique des rapports entre l'État et les groupes minoritaires dans une conjoncture politique déterminée : celle des tentatives d'accommodement du fédéralisme aux revendications québécoises et amérindiennes après cinq années de discussions constitutionnelles. L'échec de ces pourparlers maintient cette réflexion à l'ordre du jour.

C'ÉTAIT HIER, EN LORRAINE
de MONIQUE GENUIST
(Regina, Éditions Louis Riel, 1993, 138 p.)
et
RIVIÈRE DES OUTAOUAIS
de VINCENT NADEAU
(Sudbury, Prise de parole, 1994, 125 p.)

Carol J. Harvey
Université de Winnipeg

Pour François Paré, « il n'est pas facile d'écrire et de vivre dans l'insularité et l'ambiguïté d'une culture minoritaire et largement infériorisée » (*Les Littératures de l'exiguïté*, Hearst, Le Nordir, 1992, p. 7). Les écrits publiés en marge des grandes littératures accusent la vulnérabilité des auteurs en revendiquant leur droit à la différence. Cependant, deux livres publiés récemment par de petites maisons d'édition de l'Est et de l'Ouest relèvent le défi, un défi d'autant plus difficile que les auteurs engagent leur moi en livrant au lecteur certains de leurs propres souvenirs d'enfance.

Pourtant, les livres de Monique Genuist, *C'était hier, en Lorraine*, et de Vincent Nadeau, *Rivière des Outaouais*, frappent autant par leurs différences que par leurs ressemblances. Professeure émérite de littérature à l'Université de la Saskatchewan, Genuist a grandi en Lorraine pendant la Seconde Guerre mondiale. Les souvenirs qu'elle garde de cette époque nourrissent le cadre spatio-temporel de son roman : restrictions et privations, bombardements et alertes de nuit, arrivée des Américains, libération. De son côté, Nadeau a grandi sur la rive ontarienne de la rivière des Outaouais, cadre qu'il choisit également pour son jeune héros. Dans l'univers de ce dernier, les conflits se situent à l'échelle moins dramatique mais non moins douloureuse d'un milieu canadien-français minoritaire où les livres de la bibliothèque municipale sont presque tous en anglais et où seule l'école élémentaire bénéficie d'un enseignement en français.

Ceci dit, ni l'un ni l'autre de ces livres n'appartient au genre de l'épopée. Car le monde de l'enfance est dominé non par les événements politiques et sociaux, mais par la famille et les amis et par les petits événements de tous les jours. Ces ouvrages racontent sur un mode mineur la découverte progressive des êtres et des choses qui constituent l'univers de leurs jeunes protagonistes. C'est pourquoi les auteurs se rejoignent dans les sentiments et les sensations, les leçons et les jeux qui forment l'expérience quotidienne de l'enfance.

D'entrée de jeu, il importe de noter que même si un écrivain met en scène l'espace natal qui l'a façonné, il ne fait pas pour autant son autobiographie. De fait, ni Genuist ni Nadeau n'ont affirmé l'identité entre auteur, narrateur et personnage qui, selon Philippe Lejeune, est la marque même de l'autobiographie (*Le Pacte autobiographique*, Paris, Seuil, 1975, p. 23). Pour présenter son récit, chaque auteur emploie des techniques d'écriture différentes. Genuist choisit de raconter à la troisième personne l'enfance de sa protagoniste, nommée Nadine, alors que Nadeau opte pour un *je* plus ambigu et ne donne pas de nom au narrateur de ses récits d'enfance. Sans être une autobiographie, ce dernier livre est donc à première vue plus subjectif.

Paradoxalement, c'est dans le roman de Genuist que les émotions sont décrites avec le plus d'intensité. Jalousie à l'égard de la sœur aînée, sainte nitouche à côté de Nadine, constamment grondée par ses parents; sentiments maternels pour le petit frère; premières amours avec l'ancien camarade de classe si éblouissant dans son costume de marin... Bien que les épisodes soient présentés dans un ordre chronologique, à l'intérieur de certains épisodes, le passé et le présent se chevauchent parfois d'une manière déconcertante. De même, entre les épisodes, il arrive que le temps se télescope, abolissant les distances spatio-temporelles. Ainsi, l'on passe abruptement d'une période de la vie de Nadine à une autre, de la petite fille espiègle à l'adolescente déjà grande et sage. Ce flou temporel rend le développement psychologique du personnage difficile à suivre et donne au roman un caractère plutôt décousu.

Malgré la subjectivité apparente de Nadeau, qui raconte ostensiblement sans personnage interposé pour filtrer ses souvenirs, il réussit à se distancer du *je* de la narration. Qu'il s'agisse d'entrer en fraude dans la salle de cinéma, de prendre conscience de sa situation de minoritaire ou d'essayer de monter sa propre bibliothèque, Nadeau est prêt à raconter l'épisode d'un ton détaché et souvent avec une ironie amusée. La structuration des temps du récit, plus méthodique que chez Genuist, contribue également à la distanciation: chaque récit est commencé au passé par le narrateur adulte; cependant, après cette mise en situation initiale, c'est l'enfant qu'il a été qui focalise l'anecdote, narrée alors au présent. Grâce au jeu astucieux de ce narrateur double, les souvenirs sont filtrés avec plus d'objectivité.

Le jardin de l'enfance n'est pas toujours édénique et les deux auteurs ont le mérite de peindre les ombres au tableau sans pour autant sombrer dans le pessimisme ni verser dans le mélodrame. Dangers de la sexualité, vieilles personnes négligées par la famille ou la communauté: tout est démasqué par Nadine, petite fille curieuse et intelligente. Dans *Rivière des Outaouais*, la mère est une femme un peu trop digne, toujours prête à édicter les règles de la bienséance. Jamais le narrateur ne l'appelle « ma mère », encore moins « maman », mais « une certaine personne de ma connaissance » ou « la dame au col de renard » — appellations révélatrices des relations entre les deux. Les préjugés et les interdits des bien-pensants (y compris le clergé), avec leurs aphorismes comme « fuir pour mieux combattre », sont aussi mis discrètement en évidence au cours des épisodes.

À ceux qui aiment rire, nous recommandons en particulier le livre de Nadeau. En plus de l'ironie à laquelle nous avons déjà fait allusion, l'écrivain use librement de l'hyperbole (en parlant par exemple de la « narcomanie cinéphilique » de son jeune personnage). Il jouit d'ailleurs d'une facilité verbale peu commune, multipliant à volonté les mots et les expressions pittoresques. De son côté, Monique Genuist a su trouver des accents vrais pour son roman de l'apprentissage de la vie, qui plaira par la personnalité attachante de la petite Nadine.

Pour conclure, il nous semble que ces livres publiés en marge des grandes littératures résistent au classement de « petites littératures » de François Paré. Mis à part la spécificité des cadres, bien des expériences racontées font partie de la condition universelle de l'enfance.

L'AUTOPORTRAIT MYTHIQUE DE GABRIELLE ROY: ANALYSE GENETTIENNE DE LA MONTAGNE SECRÈTE *DE GABRIELLE ROY*

d'YVON MALETTE
(Ottawa, Éditions David, 1994, 292 p.)

Paul Dubé
Université de l'Alberta (Edmonton)

Depuis sa publication en 1961, *La Montagne secrète* de l'auteure manitobaine Gabrielle Roy a été qualifiée par la critique d'« allégorie », de « conte symbolique », de « fable poétique », de « parabole », bref, d'« œuvre à message » dont le contenu importait davantage que l'expression, qui, elle aussi, n'a pas été exempte de la défaveur critique. François Ricard, qui recense les commentaires cités ci-dessus dans le *Dictionnaire des œuvres littéraires du Québec: 1960-1969* (Montréal, Fides, vol. IV, 1984, p. 594), précise cependant que cette réception critique n'a quand même pas totalement discrédité l'œuvre dans laquelle se trouvent, ajoute-t-il, de nombreux éléments salutaires reconnus par nombre de critiques. Ricard, qui connaît intimement l'œuvre de Roy — il a entrepris depuis quelque temps une étude biographique de la grande auteure manitobaine —, estime (ou estimait) que ces lectures sont en quelque sorte justifiées dans la mesure où *La Montagne secrète* « se présente d'emblée comme une œuvre idéologiquement très chargée qui retient moins par sa fable ou son écriture que par les idées qui s'y trouvent contenues et dont l'expression symbolique semble effectivement constituer la véritable fin de l'œuvre » (p. 595). Dans une telle configuration critique, il n'est pas étonnant, comme le fait remarquer Malette dans son introduction, que la dimension proprement formelle de l'œuvre ait été écartée en faveur de son contenu, de ses significations, et que c'est justement cette grande lacune que son étude vient combler.

Dans sa préface au livre de Malette, Réjean Robidoux réfute d'entrée de jeu cette réception critique négative — dont certaines analyses lui paraissent de mauvaise foi —, affirmant au contraire qu'il s'agit, d'une part, d'une œuvre charnière (« au milieu géométrique de [la] carrière » (p. 13) de l'écrivain), et d'autre part, que c'est un « authentique roman », « un vrai roman, fonctionnel et réussi », ces deux derniers termes énonçant, on le suppose, que le texte atteint cette unité caractéristique de l'œuvre littéraire.

Yvon Malette compte dans son livre critique rétablir l'équilibre en redonnant à la forme la place qui lui convient. « Sous l'angle de la narrativité », Malette dit vouloir « voir comment la technique narrative participe à la structure et à la signification du récit régien» (p. 21), cela, comme l'indique le sous-titre de son livre, à partir d'une «analyse genettienne» structurale de l'œuvre, fondée sur les grandes catégories formelles élaborées dans *Figures III* (Seuil, 1972) et *Nouveau Discours du récit* (Seuil, 1983), et réparties ici en cinq chapitres: 1) la durée; 2) l'ordre; 3) la fréquence narrative; 4) le mode; 5) la voix.

Pour éviter de rebuter ses lecteurs, Yvon Malette nous avertit dès le départ qu'une telle analyse «véhicule par la force des choses toute une nomenclature plus ou moins jargonesque, que non seulement je ne tente pas de masquer, mais que je mets même en italique...» (p. 16) et à laquelle il apporte parfois de courtes définitions, et/ou des références aux œuvres séminales genettiennes. Il suppose, cependant, que ses lecteurs maîtrisent bien cette terminologie, et en fait, il pourrait dire ce que dit Genette dans son ouvrage de 1983: «que ce livre ne s'adresse qu'aux lecteurs de *Figures III*. Si vous n'en êtes pas et que vous soyez parvenus jusqu'ici, vous savez ce qu'il vous reste à faire» (p. 8).

C'est donc avec terminologie, découpages, quelques tableaux, et chiffres à l'appui que nous pénétrons dans les formes du roman pour découvrir, par exemple, à la fin du premier chapitre sur la «durée», après un relevé exhaustif des «anisochronies» et des «mouvements narratifs» (ellipse, pause descriptive, sommaire, scène), que la «scène» domine sur le «sommaire» dans *La Montagne secrète*, et que dans celle-ci, «l'alternance de la *scène* objective et de la *scène* subjective lui donne son rythme particulier, comme si les variations de la *durée narrative* n'en finissaient plus d'exprimer ce déchirement entre le "vivre" et le "raconter", entre cette double vérité qui aura si profondément marqué la *durée diégétique*» (p. 79-80). Quand on sait que *La Montagne secrète* tente de cerner le processus génétique de la création artistique, et de définir l'art poétique de l'auteure, il est pertinent de voir, en suivant Malette, que l'analyse narratologique révèle — dans la forme même de ce roman clef, au niveau le plus élémentaire de sa technique — cette dimension de la problématique régienne que l'auteure n'a pas cessé d'identifier dans son œuvre depuis *Rue Deschambault*, et avec beaucoup d'insistance dans *La Détresse et l'Enchantement*.

Plus loin dans son livre et suivant ce même leitmotiv, Malette montre comment le jeu de la focalisation contribue lui aussi à exprimer ce passage du vivre au raconter, et qu'encore une fois, le «mode» narratif vient servir le sens de l'œuvre: «le changement du mode narratif confirme indirectement l'une des exigences premières de l'acte artistique: la nécessité de s'éloigner du "vivre" pour mieux vivre le "raconter"» (p. 187).

Dans sa conclusion, Malette affirme, vu le projet de Roy dans *La Montagne secrète*, que c'est l'analyse formelle «dans l'organisation et la narration de la *matière diégétique*, qui pouvait le mieux révéler la conception que la romancière se faisait de l'acte d'écriture et de sa condition d'écrivain» (p. 269). Bien qu'il avance à la page précédente que «l'œuvre n'a pas pour autant révélé tous ses secrets», son analyse semble vouloir clore cette discussion sur l'aspect formel, car c'est au niveau d'une «réflexion sur l'art et sur l'artiste» (p. 268) que l'ouverture interprétative existe, dit-il. Ainsi, grâce à l'analyse structurale qui maintenant se greffe à toutes les autres analyses de «contenus», Malette croit avoir atteint son objectif, celui d'avoir révélé la profonde unité de *La Montagne secrète*, cet «authentique roman, fonctionnel et réussi».

Pour ce qui est des études narratologiques, le livre de Malette est peut-être un modèle dans le genre par la rigueur et l'étendue de l'analyse. Malgré l'usage d'une terminologie quelque peu rébarbative, de répétitions, d'un recensement exhaustif de données relatives à des phénomènes littéraires propres au récit, le critique ne s'(nous) empêtre jamais dans des gloses interprétatives incompréhensibles qui sont trop souvent l'apanage de la critique contemporaine; au contraire, et paradoxalement, Malette arbore un style dégagé, sobre et simple, où l'argumentation se donne dans la transparence... Une sorte de modèle donc pour quiconque veut faire une étude d'inspiration genettienne.

Pour conclure, deux remarques s'imposent. D'abord, malgré une impression claire et dénuée de coquilles, la présentation graphique du texte est aléatoire, voire capricieuse: les marges extérieures de la page sont réduites à moins d'un centimètre, quand elles ne sont pas, dans certaines parties, inégales d'une page à l'autre, le pire se trouvant dans la partie bibliographique de la fin où tout sur la page de droite est rangé contre l'extérieur. Cela donne au livre et aux Éditions David une réputation d'amateurs...

Deuxièmement, par rapport à cette notion de l'unité de l'œuvre que l'étude de Malette veut implicitement dévoiler, il nous semble, sans avancer qu'il s'agit là de liens ténus, que la présente lecture formelle de *La Montagne secrète* se trouve immanquablement investie des analyses de «contenus», de sorte qu'elle semble mener trop «naturellement» à une cohérence de l'œuvre qu'il faudrait, au contraire, problématiser. À cet égard, il serait bon de se référer à Genette lui-même qui met en garde contre ces lectures totalisantes: «[...] il me paraîtrait fâcheux de chercher l'"unité" à tout prix, et par là de forcer la cohérence de l'œuvre — ce qui est, on le sait, l'une des plus fortes tentations de la critique, l'une des plus banales (pour ne pas dire des plus vulgaires), et aussi des plus aisées à satisfaire, n'exigeant qu'un peu de rhétorique interprétative» (*Figures III*, p. 272); qu'il serait plus enrichissant, comme Genette a voulu le faire pour la *Recherche*, de «déconstruire» et de «déstabiliser l'image d'une œuvre close et homogène», et que finalement, «la fonction de la narratologie n'est pas de recomposer ce que la textologie décompose» (*Nouveau Discours du récit*, p. 108).

ARISTIDE RACONTE

d'ARISTIDE FOURNIER

(Montréal, Éditions Hurtubise HMH, 1994, 188 p.)

André Magord
Université de Poitiers

La vie d'Aristide, présentée sous la forme attrayante du récit autobiographique, s'érige en témoignage riche de l'épopée mal connue de ces familles québécoises qui, au début de ce siècle, ont migré vers les prairies de l'Ouest. Au delà de sa dimension historique, Aristide est aussi, et peut-être avant tout, l'incarnation rare et quasi mythique du rêve de tous les pionniers nord-américains : le rêve de la réussite matérielle qui permet ensuite le détachement intellectuel et l'accomplissement spirituel de l'être.

Aristide Fournier n'a que trois ans lorsque ses parents quittent leur Québec natal, en 1910, et partent s'installer en Saskatchewan. Le monde de son enfance est celui des pionniers qui, poussés par le désir de réussir et la nécessité d'entreprendre, ne cessent d'être dynamiques et inventifs. Imprégné de ces valeurs, le jeune Aristide se donne rendez-vous avec l'avenir. « Je n'allais pas me croiser les bras toute ma vie » (p. 48). De fait, le personnage illustre l'exemple parfait de la réussite du pionnier autodidacte qui sait penser l'avenir du monde qu'il crée et qui réalise sa vision.

Dans le contexte difficile de la crise économique, de la sécheresse des années trente et de la Seconde Guerre mondiale, Aristide, inspiré et créateur, accumule les entreprises réussies : il est tour à tour barbier, maître de poste, cultivateur, notaire, propriétaire d'un magasin général et d'un garage, pilote d'avion et juge de paix.

La première quête d'Aristide, celle de la sécurité matérielle, aboutit, somme toute, rapidement puisque notre personnage prend sa retraite à cinquante ans. Il peut maintenant se consacrer à « la vie communautaire ».

Le récit, jusqu'alors centré sur l'évocation des différentes entreprises matérielles, nous révèle un personnage profondément humain, attaché à sa famille, à sa religion et à sa langue. Aristide, le patriarche, prend du recul et de la hauteur. Son passe-temps favori, l'aviation, lui permet de contempler son œuvre et sa vie. « L'important c'est pas de voler loin... mais surtout de voler par moi-même » (p. 124). Il voyage, cherche constamment à s'instruire et s'interroge sur l'avenir de sa famille, de sa langue, de son village et de son pays. La modestie du personnage, quelque peu suspecte lors de l'évocation de sa réussite matérielle dans un monde démuni, s'avère alors sincère et louable. L'amour que lui rendent tous ses proches confirme la qualité du personnage.

Le livre n'est toutefois pas exempt de faiblesses. Bien que le récit de type autobiographique pose toujours le problème de la sélection de l'information à retenir, seuls les trois derniers chapitres dépeignent le personnage central de façon approfondie. La vie du village, les relations entre les pionniers de multiples origines, la situation des francophones et de leur langue sont autant de thèmes qui auraient mérité d'être développés plus longuement. Le narrateur aurait ainsi pu exprimer davantage les émotions que l'on devine retenues et qui font défaut. Enfin, les témoignages ou les hommages proposés à la fin de l'ouvrage apportent une légitimité excessive et inutile à un personnage qui a su convaincre le lecteur par ses propres mots.

En revanche, le récit, structuré en dix chapitres avec sous-titres indiquant le contenu, est facile à suivre. Les mots sont ceux d'Aristide, recueillis scrupuleusement, empreints de sagesse, d'ironie ou de tendresse. Les moments importants comme les souvenirs plus anodins sont narrés avec le même souci du détail, précisions qui colorent les images et pimentent le parcours.

L'ÉTUDE DE LA TRADITION ORALE FRANCO-LOUISIANAISE

Barry Jean Ancelet
Université Southwestern Louisiana (Lafayette)

Les premiers érudits à se pencher sur la tradition orale de la Louisiane française s'intéressaient surtout à ses origines françaises et africaines dont ils cherchaient les vestiges dans le conte traditionnel. Cette préférence provenait en partie des particularités linguistiques de la région, mais surtout du fait qu'à l'époque les études folkloriques valorisaient les contes de style européen, comme ceux recueillis par les frères Grimm en Allemagne[1], ou les contes d'animaux, comme ceux dont Joel Chandler Harris s'inspira pour écrire les contes de l'Oncle Rémus[2]. Quand Alcée Fortier produisit sa collection de contes dans les années 1890[3], il recueillit presque exclusivement des contes d'animaux, soulignant aussi les relations entre la Louisiane et l'Afrique. Dans les années 20 et 30, Calvin Claudel[4] et Corinne Saucier[5] cherchèrent des contes et des « farces » pour souligner les liens entre la Louisiane et la France. Comme ses prédécesseurs, Élisabeth Brandon orienta sa collection des années 40[6] vers les vestiges de la tradition française, quoiqu'elle y ait poliment admis quelques autres genres, comme les blagues et les farces. Cette insistance à ne chercher que ce qui mettait en évidence les vestiges européens et africains faussa longtemps l'image de la tradition orale de la Louisiane française.

Malgré cette approche tant soit peu touristique, la Louisiane n'est pas seulement un avant-poste des cultures française et africaine. Le folkloriste Richard M. Dorson, dans son étude des cultures régionales américaines, nota le caractère essentiellement américain de la tradition populaire louisianaise : « *Distinctively French elements are not as conspicuous as might be expected in the Cajun folklore*[7]. » En effet, les Cadiens et les Créoles noirs se rattachent moins à la France et à l'Afrique qu'à l'Amérique du Nord où, après tout, ils ont passé les trois derniers siècles. Bien que des parallèles intéressants puissent être établis entre les « vieux pays » et le Nouveau Monde, on aurait tort de négliger les autres aspects de la tradition populaire de la Louisiane française.

Alcée Fortier fut le premier à recueillir systématiquement la tradition orale louisianaise. Professeur à l'Université Tulane à la fin du XIXe siècle, Fortier s'intéressait particulièrement aux Créoles noirs de la Nouvelle-Orléans. Les contes d'animaux de tradition afro-antillaise, qu'il publia sous le titre *Louisiana Folk-Tales,* restent une collection de base pour l'étude du folklore louisianais. Il essayait de rendre le créole louisianais en utilisant une méthode de transcription dont les objectifs se situent entre ceux de la linguistique et ceux de la littérature, et qui rappelle la méthode que Joel Chandler Harris utilisa pour rendre le dialecte des Noirs anglophones. Fortier fut lui-même un folkloriste actif : fondateur de la New Orleans Folklore Society, qui plus tard devint la Louisiana Folklore Society, il fut aussi président de la American Folklore Society, en 1894.

Après lui, l'étude de la tradition orale en Louisiane stagna jusqu'aux années vingts, quand Corinne Saucier se mit à la tâche. L'américanisation de l'enseignement en Louisiane rendait les études sur la tradition francophone impossibles. Ce fut donc dans le Tennessee, à l'école normale George Peabody, qu'elle écrivit un mémoire de maîtrise intitulé *Contes et chansons louisianais en dialecte français avec notes linguistiques*[8]. Elle poursuivit ensuite ses études sous la direction du professeur Luc Lacourcière à l'Université Laval de Québec. Sa thèse, *Histoire et traditions de la paroisse des Avoyelles en Louisiane,* soutenue en 1949, inclut une collection de contes qui furent publiés en 1972 en traduction anglaise sous le titre *Folk Tales from French Louisiana*[9]. Calvin Claudel, originaire aussi de la paroisse des Avoyelles, présenta sa thèse, *A Study of Louisiana French Folktales in Avoyelles Parish,* à la University of North Carolina, en 1948. Plus actif que Saucier dans le domaine du folklore, il utilisa ses recherches initiales pour alimenter de nombreux articles publiés dans le *Journal of American Folklore* et d'autres revues d'érudition. En collaboration avec Joseph-Médard Carrière, auteur de *Tales from the French Folklore of Missouri*[10], il fit plusieurs études du folklore américain d'expression française. Claudel et Saucier durent l'un et l'autre quitter la Louisiane pour poursuivre leurs recherches. Dans les années 40, Élisabeth Brandon, qui faisait son doctorat à Laval sous la direction de Luc Lacourcière, vint en Louisiane pour y trouver ses matériaux. Sa thèse, *La Paroisse Vermillon : mœurs, dictons, contes et légendes,* fut soutenue en 1955 et des parties furent publiées en plusieurs livraisons dans la revue *Bayou* de 1955 à 1957 (numéros 64 à 69).

À la même époque, il se faisait quelques travaux en Louisiane, mais non en folklore. Les professeurs James Broussard, Hoguet Major et John Guilbeau dirigèrent des recherches au Département d'études françaises à la Louisiana State University et leurs étudiants recueillirent chansons et contes au cours de leurs études sur les dialectes louisianais. Mais ces thèses, axées sur la linguistique, n'analysent pas les aspects littéraires et culturels du répertoire[11].

Des ethnomusicologues comme Alan Lomax, Harry Oster et Ralph Rinzler qui, depuis les années 30, travaillaient en Louisiane, renouvelèrent l'intérêt pour le folklore. Profondément engagés, ils réussirent à revaloriser la musique traditionnelle à l'aide de festivals et de programmes scolaires et effectuèrent ainsi une véritable renaissance culturelle, basée sur la tradition vivante et non pas sur la tradition fossilisée[12]. Par contre, les chercheurs qui travaillaient sur la tradition orale ne faisaient aucun effort pour préserver la culture qu'ils étudiaient. Après l'établissement du Conseil pour le développement du français en Louisiane (CODOFIL), en 1968, les responsables du mouvement français se rendirent compte que la langue n'existait pas seule et s'occupèrent de préserver la culture qu'elle véhiculait. En 1974, la présentation du premier festival « Hommage à la musique acadienne » intégra officiellement les musiciens à l'action du CODOFIL. Cette année-là, le même organisme s'engagea discrètement dans la collecte de données tirées de la tradition orale. Les textes recueillis devaient servir à la préparation d'émissions de radio en français. Cette collection, encore fort modeste, servit de noyau aux archives de folklore du Centre d'études louisianaises de l'Université Southwestern Louisiana, établies en 1977. Depuis, le Centre continue à développer la collection qui, aujourd'hui, comprend plusieurs milliers de contes représentant des centaines d'heures d'enregistrement.

À lui seul, le nombre de contes rassemblés depuis 1974 indique clairement que la tradition orale est bien vivante en Louisiane française malgré les théories, si fréquemment énoncées, qui prévoient la désintégration prochaine de la tradition, théories formulées en fonction d'un concept statique de la culture. Mais si on tient compte des changements organiques qui se produisent dans la société et dans les mœurs, et qu'on considère la tradition orale dans ce contexte vivant, on arrive à d'autres conclusions. Les premiers chercheurs, qui constituèrent leurs collections avant que l'ethnologie n'insistât sur l'importance du contexte dans lequel une histoire est racontée et de la fonction qu'elle remplit, avaient nécessairement une conception limitée de la tradition orale. Ils ne trouvèrent donc que les contes d'animaux et les contes merveilleux, en somme ce qu'on demandait aux informateurs. L'interprétation de ces données conduisit à de fausses conclusions et à la prédiction de la disparition imminente de la culture traditionnelle. Les rumeurs qui annoncent cette mort ne résistent pas à une étude approfondie et ouverte qui révèle que la tradition orale reste vigoureuse tout en se transformant.

Le répertoire louisianais peut se diviser en deux catégories : les vestiges et les actualités. La première catégorie se compose de contes d'animaux et de merveilles, souvent les seuls représentés dans les premières collections. Ces contes appartiennent à un répertoire fermé dans lequel les conteurs fouillent longuement quand un folkloriste tenace insiste pour les entendre. Ils sont néanmoins importants dans l'héritage et les conteurs qui les connaissent sont hautement respectés comme gardiens du patrimoine. Le répertoire de la seconde catégorie est plutôt ouvert, se composant de blagues, de « menteries », de contes légendaires et de récits historiques. Ceux qui les racontent ne sont pas toujours célèbres ni vénérés, ils sont même parfois à peine tolérés. On appelle leurs histoires des « bêtises » aussi souvent au moins que des

« contes », mais ces « blagueurs » jouent un rôle important dans leurs communautés, un rôle qui rappelle celui des bouffons du Moyen Âge. Par le biais de l'humour, ils présentent les transformations qui se produisent dans l'identité de leurs compatriotes. Ils servent donc de baromètre social et culturel. Leurs contes surgissent naturellement et spontanément, sans qu'on les demande et souvent malgré les protestations des auditeurs.

À la fin de l'introduction à son volume de trente-trois contes, Corinne Saucier exprimait la certitude que sa collection était « *representative, if not all inclusive, of our southern Louisiana form of oral literature known as folklore, a heritage that is disappearing in our mechanized age*[13] ». Pour elle, la tradition orale se limitait à quelques genres bien précis et un folkloriste devait étudier les relations entre la Louisiane et l'Afrique ou la Louisiane et la France pour valoriser la tradition régionale. Aujourd'hui, ces relations paraissent de moins en moins importantes, mais la tradition orale ne s'en porte pas plus mal et s'adapte à des genres brefs comme la blague et la « menterie » qui conviennent à la vie moderne. En plus, depuis que le récit historique est reconnu comme genre traditionnel, d'innombrables contes sont entrés dans le répertoire étudié par le folkloriste. Le folklore louisianais n'est donc pas en voie de disparition, mais au contraire se multiplie et dès que quelques personnes se rassemblent, on entend inévitablement l'entrée en matière traditionnelle : « T'as entendu le conte pour... »

Donc, loin d'être en voie de disparition, comme on l'avait prédit, la tradition orale d'expression française est en voie de transformation. D'autre part, cette tradition est plus complexe et variée, quant aux genres qu'elle pratique, qu'on ne l'avait cru jusqu'ici. Et, quoi qu'en disent les études ayant cherché à souligner ses origines françaises et africaines, elle a surtout été déterminée par le brassage culturel qui s'est produit en Louisiane et par les contextes plus larges qui l'ont influencée, comme ceux du Sud américain, de l'Amérique anglophone et des aires hispanophone et créolophone, entre autres.

On entend souvent que la tradition orale se meurt. Certains l'affirment parce qu'ils voudraient avoir le dernier mot sur le sujet. D'autres ne voient dans la tradition qu'un héritage conservé tant bien que mal, malgré la modernisation, par un groupe ethnique ou régional. Mais si on considère la tradition comme la transmission d'une culture, on se rend compte qu'à mesure que la culture change, la tradition se transforme et s'adapte aux changements de la vie quotidienne. La tradition orale, dont tant de chercheurs annoncent le décès, survit malgré eux. On raconte toujours des contes dont les antécédents remontent à la civilisation classique, car aussi paradoxal que cela paraisse, la tradition orale, genre ostensiblement fragile, résiste pourtant à l'usure des siècles.

La transmission emprunte deux voies, l'une diachronique et l'autre synchronique, et la survie de la tradition orale dépend de ces deux courants : celui qui prend sa source dans la mémoire, et l'autre, dans l'actualité. Le répertoire du premier, de première importance, consiste en l'héritage de contes reçus des ancêtres et soigneusement conservés. L'autre répertoire, plus spontané, est formé des blagues et des « bêtises » que l'on retient quelques jours ou quelques semaines pour les raconter aux amis. Le premier, linéaire, dépend de ce fil fragile qui lie les générations. L'autre, cyclique, surgit spontanément en réponse aux événements de la vie quotidienne. La transmission synchronique se produit instantanément, disparaît souvent pendant des années, et réapparaît soudainement quand les circonstances la raniment.

Lorsque le diachronique et le synchronique se recoupent, une histoire basée sur l'actualité peut se transformer en conte transmis à la postérité si un conteur s'en empare et la fait entrer dans son répertoire « officiel ». Il peut aussi arriver qu'un conte, qui n'existe plus guère que comme vestige, touche un nerf sensible et, enrichi de nouveaux détails tirés de l'actualité, redevienne contemporain. Ainsi, diachronique et synchronique se soutiennent-ils l'un l'autre. Et dans ce cas, la tradition n'est pas un fil fragile, mais un entrelacs de chaîne et de trame dans lequel la transmission formelle s'enrichit de contes populaires qui entrent dans le répertoire d'un conteur quand ils répondent aux besoins du moment et suivent alors les normes de la narration orale.

Le répertoire se transforme nécessairement car le rythme accéléré de la vie moderne préfère aux contes d'animaux et de merveilles qui autrefois animaient les veillées, les blagues et les menteries qui se racontent entre deux portes. Le répertoire se transforme aussi parce que la définition du folklore change chaque fois que les folkloristes y admettent de nouveaux genres. Les contes légendaires et les récits historiques colportés depuis des générations sont récemment entrés dans le répertoire reconnu.

Les caractéristiques des conteurs changent aussi. Ils sont plus âgés qu'autrefois car les jeunes savent de moins en moins raconter en français. La langue, longtemps en voie d'extinction, reprend du poil de la bête parmi les jeunes qui l'étudient à tous les niveaux, du cycle primaire au supérieur. Néanmoins, la relève n'est pas assurée, et l'avenir de la tradition orale d'expression française est loin d'être garanti. Par contre, il ne faut pas oublier que la culture louisianaise s'est toujours montrée souple et robuste, et les militants ont choisi de parier qu'elle s'adaptera aux contingences linguistiques.

Les histoires racontées en français ont tendance à représenter la partie de la tradition orale qui vient de l'intérieur de la culture, tandis que celles racontées en anglais représentent surtout un point de vue de l'extérieur. En même temps, la difficulté de préserver la langue française en Louisiane influence le répertoire. On peut entendre en anglais certains des contes qui ne sont pas liés au français. Les conteurs sont moins intéressés par les questions de préservation culturelle et linguistique que par la réaction de leurs auditeurs. Ils vont instinctivement raconter leurs blagues dans la langue qui saura le mieux faire rire leurs amis. Toutefois, il existe une très grande partie du répertoire qui se raconte encore en français. Les causes de ce phénomène sont multiples. D'abord, bon nombre des meilleurs conteurs sont plus à l'aise en français. Leur rythme et leur vocabulaire sont plus forts dans leur langue maternelle. D'autre part, le français peut servir de code secret par lequel on peut restreindre son auditoire. Ainsi, les indigènes peuvent éliminer les étrangers non francophones pour conter des blagues « sur les Américains », et les adultes peuvent essayer d'éliminer les enfants pour raconter des contes grivois, quoique, dans ce dernier cas, l'humour peut servir de telle motivation que les enfants finissent par apprendre suffisamment de français pour comprendre. De plus, le français est un déterminant culturel important qui peut servir à souligner les origines et l'appartenance d'un conteur. Beaucoup de conteurs choisissent de raconter dans cette langue parce qu'elle a une portée affective qui illustre leur ethnicité cadienne ou créole.

Les premières études du folklore louisianais, celles de Fortier, Saucier, Brandon et Claudel, avaient surtout recueilli des contes d'animaux et de merveilles ; les quelques menteries et blagues recueillies (surtout celles de Jean le Sot) y étaient traitées en anomalie. Mes années de collecte personnelle ont donné un résultat tout à fait contraire[14] : j'ai retrouvé quelques contes d'animaux et de merveilles parmi d'innombrables blagues et menteries. Les premiers folkloristes partis à la recherche des correspondances européennes et africaines trouvaient sur le terrain ce qu'ils étaient venus chercher. Les méthodes modernes, plus ouvertes, révèlent un répertoire plus large qui s'intègre à la vie quotidienne où il est difficile de ne pas entendre de blagues. Les contes légendaires et les récits historiques sont maintenant reconnus comme appartenant au même répertoire, qui s'enrichit chaque jour de nouveaux contes de Pascal. Tous ces genres sont inextricablement liés à la conjoncture culturelle d'où ils surgissent quotidiennement.

Ainsi, le répertoire cadien et créole a-t-il été fortement influencé par le contexte américain dans lequel les Franco-Louisianais vivent depuis plus de 350 ans. Les attaches historiques entre la Louisiane et l'Afrique, la Louisiane et la France jouent toujours et déterminent encore une partie du répertoire, surtout en ce qui concerne la tradition ancestrale, mais on ne doit pas négliger les liens socio-géographiques et culturels qui rattachent la Louisiane à l'Amérique et qui s'affirment dans le répertoire contemporain. La présence des contes d'animaux et des contes de fées souligne la place de la Louisiane dans le monde francophone et créolophone, mais le répertoire contemporain montre qu'elle est aussi liée au Sud américain par ses récits concernant les misères de l'esclavage, au Far West par ses menteries de chasses et de pêches merveilleuses, et à l'Amérique francophone par ses légendes. Les correspondances avec le répertoire du Missouri soulignent l'ancienne présence française dans la vallée du Mississippi. La popularité de la blague met en évidence la situation ambiguë des Cadiens et des Créoles noirs aux États-Unis et dans le monde moderne en général. Certains contes renvoient aux autres influences qui se trouvaient en Louisiane à travers les siècles : espagnoles, allemandes, amérindiennes, irlandaises, entre autres. Finalement, la Louisiane présente les mêmes caractéristiques que d'autres régions où plusieurs cultures s'affrontent et se mélangent : c'est dans les blagues concernant la dualité linguistique et culturelle que ses traits se manifestent surtout.

Ainsi, la blague qui touche un point sensible dans une certaine culture à un certain moment est-elle au moins aussi importante pour la compréhension de cette culture que la fable qui relève d'une situation universelle et intemporelle. Quand Vieux Nèg et Vieux Boss luttent d'astuce, l'histoire reflète l'affrontement entre Noirs et Blancs, et ce que l'histoire révèle est au moins aussi important qu'un conte de Bouki et Lapin qui renvoie à la tradition ancestrale. Un conte de Pascal, ancré dans l'actualité des bars de Mamou vaut bien un conte de merveilles enraciné dans le passé européen. Le conte légendaire et le récit historique sont régionaux, étroitement liés à leur lieu d'origine ; mais ils sont aussi universels, car leurs thèmes reprennent les préoccupations des hommes et des femmes qui partout essaient de comprendre et d'interpréter leur environnement.

NOTES

1. Jacob et Wilhelm Grimm, *The Complete Grimm's Fairy Tales*, New York, Pantheon Books, 1944.

2. Joel Chandler Harris, *The Complete Tales of Uncle Remus*, Boston, Houghton Mifflin Company, 1955.

3. Alcée Fortier, *Louisiana Folk-Tales*, Memoirs of the American Folklore Society, No. 2, Boston, Houghton Mifflin Company, 1895.

4.. Calvin Claudel, *A Study of Louisiana French Folktales in Avoyelles Parish*, diss. University of North Carolina, 1948.

5. Corinne Saucier, *Histoire et traditions de la paroisse des Avoyelles en Louisiane*, diss. Université Laval, 1949.

6. Élisabeth Brandon, *La Paroisse Vermillon : mœurs, dictons, contes et légendes*, diss. Université Laval, 1955.

7. Richard M. Dorson, *Buying the Wind : Regional Folklore in the United States*, Chicago, University of Chicago Press, 1964.

8. Corinne Saucier, 1923.

9. Corinne Saucier, Baton-Rouge, Claitor's Publishing Division, 1972.

10. Evanston et Chicago, 1937.

11. Voir, par exemple, les mémoires d'Adams Shelby Homes Trappey, *Creole Folklore in Phonetic Transcription* (Louisiana State University, 1916) ; d'Anna T. Daigle, *Folklore and Etymological Glossary of the Variants from Standard French in Jefferson Davis Parish* (Louisiana State University, 1934) ; et d'Edward T. Voorhies, *A Glossary of Variants from Standard French in St. Martin Parish, Louisiana, Followed by Some Folklore* (Louisiana State University, 1949).

12. Pour une discussion complète, voir Barry Jean Ancelet, *Musiciens cadiens et créoles*, Austin, University of Texas Press, 1984 ; Barry Jean Ancelet, *Cajun Music : Origins and Development*, Lafayette, University of Southwestern Louisiana Center for Louisiana Studies, 1989 ; et Barry Jean Ancelet, Jay Edwards and Glen Pitre, *Cajun Country*, Jackson, University Press of Mississippi, 1991.

13. Corinne Saucier, *op. cit.*, 1972, p. 15.

14. Voir Barry Jean Ancelet, *Cajun and Creole Folktales*, New York, Garland Publishing, 1994.

HISTOIRE ORALE DES FRANCO-AMÉRICAINS DE LOWELL, MASSACHUSETTS : MÉMOIRE, HISTOIRE ET IDENTITÉ(S)

Brigitte Lane
Swarthmore College (Pennsylvanie)

> On a aimé ta visite, car tout ce qu'on a parlé ensemble nous ramenait de vieux souvenirs qui flattent le cœur. Ça a été comme revoir un *movie* parler avec toi.
>
> (M. et Mme M., Lowell, printemps 1983)

Les Franco-Américains de la Nouvelle-Angleterre demeurent, aujourd'hui encore, un des groupes ethniques les moins connus et les moins visibles du kaléidoscope culturel américain. Pourtant, la ville de Lowell est, dans la mémoire nationale des États-Unis, la cité icône par excellence de la révolution industrielle. Là, des milliers d'immigrés, généralement pauvres et originaires d'« ailleurs » divers, sont allés pour tenter de se créer une vie meilleure. Ils ont dû, pour cela, se construire une nouvelle identité, apprendre à fonctionner dans une autre langue, côtoyer (ou accepter) des mœurs nouvelles.

Si l'immigration canadienne-française débute à Lowell vers les années 1840, ce n'est alors qu'une immigration d'artisans : charpentiers et forgerons, pour l'essentiel. La grande vague d'immigration massive ne se fera, elle, qu'après la fin de la guerre de Sécession, provoquée par le retour à la vie normale, à la prospérité et par le désir de nombreux petits fermiers canadiens d'échapper à la pauvreté et à de rudes conditions de travail. Peut-être un facteur d'accoutumance préalable a-t-il aussi joué pour certains Canadiens français qui étaient déjà familiarisés avec l'est des États-Unis, puisque 30 000 d'entre eux avaient participé aux combats de la guerre civile dans les armées du Nord. Pour ceux-là (et pour ceux qui, arrivés directement du Canada sans expérience préalable, s'installèrent aux États-Unis), la tentative de sédentarisation allait être aussi largement une expérience d'urbanisation car un grand nombre vinrent travailler dans les manufactures de la Nouvelle-Angleterre. L'image du recruteur américain (envoyé au Canada par les patrons des manufactures pour en ramener une main-d'œuvre vaillante et peu coûteuse) est désormais un stéréotype socio-historique dans l'histoire de l'immigration américaine.

Une fois arrivés aux « États », ces immigrés canadiens-français et leurs descendants, animés par un esprit communautaire, allaient s'établir progressivement en communautés immigrées puis ethniques. Ce fut le cas à Lowell où « le Petit Canada », centre d'immigration canadien-français et village urbain culturellement homogène, allait être, pendant plusieurs générations, le bastion d'un double combat de la part de ses habitants : lutte pour la « survivance » de leur langue — le français —, mais aussi pour la « survivance » de leur foi — la religion catholique[1]. Du point de vue historique, le remplacement du terme « Canadiens » par « Franco-Américains » marque le passage de la culture immigrée d'origine à l'état de culture ethnique.

La mémoire joue un rôle important dans la vie des Franco-Américains de Lowell, comme l'exprime Mme Yvonne Lagassé :

> Y a bien des gens qui aiment ça, parler de l'ancien temps. C'est pour faire renouveler la mémoire. Et puis, quand vous commencez à parler d'l'ancien temps, de ce qui s'passa't, vous voyez, c'est un silence ! Les gens écoutent ça pareil comme si ça arrivera't dans l'moment, là ! C'est intéressant ! Et les jeunes, y en a beaucoup qui aiment à entendre parler de t'ça — pas, je dirais, pas toutes — mais y en beaucoup que ça intéresse[2] !

De même, signe d'un désir de maintien de la mémoire collective du groupe, se dresse, au coin de la rue Aiken et de la rue Hall, un modeste monument à la mémoire du Petit Canada. Ce quartier fut détruit en 1964. Sur la plaque commémorative figure, en français et en anglais, le texte suivant :

> LE PETIT CANADA. En souvenir des Canadiens de langue française et de leurs descendants les Franco-Américains, qui ont vécu ici. Nos cœurs n'oublieront jamais leur courage, leurs sacrifices, leur foi, leur fierté. 1875-1964. JE ME SOUVIENS.

Tandis qu'autour du texte apparaissent, groupés en colonnes, les noms des rues qui marquèrent autrefois l'espace du Petit Canada.

Pour les Franco-Américains de Lowell, ce lieu est devenu « lieu de mémoire », dans un des sens où l'entend l'historien français Pierre Nora, c'est-à-dire un « lieu de commémoration[3] ». Il est évident que la devise canadienne-française « JE ME SOUVIENS », apparaissant sur ce monument en lettres majuscules, est le rappel d'un héritage historique, linguistique et religieux, fait de loyauté envers la France : les Franco-Américains ne sont pas pour rien les cousins culturels des Québécois.

Comme l'écrit Pierre Vidal-Naquet : « Toute communauté se définit par une mémoire commune qui élimine autant qu'elle intègre. Elle est sélective comme toute mémoire, individuelle ou collective[4]. » Ainsi, la valorisation de la mémoire, chez les Franco-Américains de Lowell, exprime-t-elle à la fois une curiosité vis-à-vis du passé fondateur du groupe et un désir de continuité historique et spirituelle dans l'avenir, par le biais des mythes du passé. La « mémoire » historique est le lien entre les générations. Dans ce cas précis, elle souligne une affinité inhérente, ancrée à la fois dans le passé et le présent, avec « le Québec », lieu géographique, historique et culturel des origines, des « racines » encore vivantes dans la mémoire du groupe.

Le but de cet article est triple. Le premier est d'explorer cette « mémoire » collective à l'aide de récits franco-américains contemporains sur l'immigration d'origine, c'est-à-dire celle allant du milieu du XIXe siècle jusque vers les années 1920.

Quatre étapes (ou phénomènes) seront ici considérés dans l'étude des phases successives d'insertion des immigrés d'origine canadienne-française, étapes qui ont permis l'élaboration progressive d'une identité franco-américaine lowelloise : 1. la migration physique elle-même (le voyage d'origine), soit le passage de la frontière entre le Canada et les États-Unis, voyage vers « un autre monde » qui est source de récits d'aventures dont la narration prend parfois un ton héroïque ; 2. l'intégration socio-culturelle partielle des immigrés canadiens-français dans le milieu du travail, par le biais des manufactures ou d'autres lieux d'emploi, qui est encore une source de témoignages chez les personnes les plus âgées ; 3. la sédentarisation des immigrés dans la ville de Lowell (« de l'intérieur ») dans le cadre d'une communauté culturelle homogène créée par eux-mêmes, le « Petit Canada » — cette démarche ayant résultée d'une sorte de repli culturel volontaire du groupe pour assurer sa continuité identitaire ; 4. l'assimilation progressive des descendants de ces immigrés « nés aux États-Unis », par le biais de l'américanisation qui prit, pendant un temps, la forme d'une division interne, d'une « cassure » avec un biculturalisme conflictuel, aussi bien sur le plan individuel que collectif (sentiment de rupture entre les générations). Ces différentes étapes seront illustrées par des témoignages recueillis à Lowell[5].

Le deuxième but est de poursuivre une interrogation parallèle sur la nature des rapports entre mémoire ethnique et histoire nationale et de voir le rôle que ces deux dimensions ont joué dans l'histoire des Franco-Américains lowellois et dans l'établissement progressif de leur identité au sein de la société américaine.

Enfin, le troisième objectif est de remettre en question la notion de rupture de la mémoire culturelle par l'assimilation. En effet, pour certains Franco-Américains de Lowell, le souvenir de Jack Kerouac, héros de la *Beat Generation*, figure littéraire internationale, se situe en dehors de la « mémoire » franco-américaine lowelloise. Je voudrais ici suggérer, au contraire, que la plaque horizontale qui figure sur la tombe de l'écrivain américain, dans le cimetière Edson, est tout aussi signifiante, en ce qui concerne l'héritage franco-américain lowellois, que celle commémorant le Petit Canada au coin de la rue Aiken. Dans le cadre historique de la succession des générations, ces deux « lieux de mémoire » lowellois représentent les deux pôles extrêmes et complémentaires (non pas opposés) du parcours identitaire franco-américain tel qu'il a été vécu dans cette ville par les immigrés canadiens-français et leurs descendants, depuis à peu près un siècle et demi : de l'immigration à l'assimilation.

La tradition orale / l'histoire orale, miroir interne de la mémoire ethnique : du passage de la frontière au « Petit Canada »

Quiconque s'interroge sur l'histoire d'un groupe ethnique a souvent l'impression de contempler un miroir à deux faces : d'un côté, la tradition orale du groupe (« regard intérieur » et miroir interne de l'expérience de ce groupe minoritaire) ; et de l'autre, l'histoire officielle nationale, le « regard de l'extérieur » et l'autre face d'un miroir qui projette une image synthétique, globalisante et qui tend, trop souvent, dans son souci d'insertion, de classification et de regroupement, à faire preuve d'oubli en ce qui concerne la complexité des expériences vécues et leurs dimensions émotionnelles diverses. Comme chacun le sait, l'histoire est non seulement faite d'idéologie mais elle est idéologie elle-même, qu'elle en soit consciente ou non. C'est pourquoi l'histoire orale d'un groupe ethnique, miroir interne de cette minorité, peut être un complément précieux de documentation à l'histoire nationale.

Dans le répertoire traditionnel de l'histoire orale franco-américaine de Lowell, les récits d'immigration tiennent une place particulièrement importante. Dans une communauté qui compta, à ses débuts, un grand nombre d'analphabètes et qui s'appuya lourdement sur la tradition orale comme fondation culturelle, ces récits jouent en quelque sorte, dans la totalité de leurs variantes, le rôle fondamental de « mythe des origines ». Ils sont le souvenir de l'arrivée sur le territoire américain, d'ancêtres canadiens-français issus d'une zone culturelle « autre » — à une époque où le mythe américain dominant était encore celui de l'Eldorado, bien que Lowell ait été située seulement « de l'autre côté des montagnes ».

Récits d'immigration : voyages et passages

J'ai parti du Canada...
Pour m'en v'nir dans les États,
À c' t'heure j'suis rendu dans les États.
Il faudrait bien mouiller ça.

(Chanson d'immigration composée à
Lowell par Narcisse Geoffroy)

C'est vers les années 1840 que les fameuses *mill girls* des manufactures textiles de la ville de Lowell commencèrent à être remplacées par des ouvriers d'origines diverses, entre autres, les Canadiens français dont le plus grand nombre était d'origine québécoise. Nombreux sont les récits d'immigration sur le passage des « lignes » (la frontière canado-américaine), dans la communauté franco-américaine de Lowell, puisque chaque famille en détient au moins un dans ses archives. Bien souvent ces récits sont repris par les descendants afin de retracer la généalogie familiale, communautaire et culturelle de leur famille devenue désormais américaine.

Comme le montre un texte de l'abbé Bilodeau décrivant une situation de départ devenue aujourd'hui vignette historique, le départ du Canada pour la

Nouvelle-Angleterre ne se faisait pas toujours le cœur joyeux pour ceux et celles qui partaient. C'est le cas, en particulier, de l'« habitant » qui quittait sa terre et qui devait, avant le grand voyage, vendre ses meubles et autres possessions qu'il ne pouvait emporter avec lui ; démanteler, en quelque sorte, son univers familier préalable qu'il allait quitter, par nécessité, pour aborder l'inconnu :

> Qui de nous n'a assisté, écrit l'abbé canadien, à une de ces ventes de départ, un jour gris d'automne, car c'est à l'automne qu'on part de préférence. La paroisse est réunie ; les femmes causent par groupes, les jeunes filles font éclater leur rire, les hommes fument nonchalamment. Cependant la maison est sens dessus-dessous. Lits et couchettes démontés, chaises, tables, tous les meubles, ustensiles de cuisine, vaisselle en désordre sur les vieux matelas ou de simples paillasses, chaudières, seaux, et pour finir, le ber, le vieux ber où dormit plus d'une génération, tout pêle-mêle attend l'adjudication à des prix ridicules. Dans un enclos, les animaux de la ferme font ensemble des beuglements qui ressemblent à des plaintes. La faucheuse, la batteuse, le crible, les herses, la charrue, les voitures de la ferme, tout est là en vente, et le fermier silencieux, la fermière de même, passent tristes à travers ce désordre... Il était roi dans son domaine, il devient tributaire d'une grande compagnie industrielle ou plutôt l'esclave de l'usine. Et que dire des sentiments de la mère ? Avec les meubles, c'est toute une partie de sa vie qui s'en va... La vente terminée, on clouera des planches sur les fenêtres, puis on ira passer la nuit chez le voisin ou chez quelque parent afin d'être prêt à partir le lendemain[6].

Suivent maintenant quelques récits du voyage d'immigration lui-même recueillis dans des familles franco-américaines lowelloises. Dans le premier récit, Yvonne Lagassé raconte la venue progressive de sa famille aux « États » :

> Mon oncle Narcisse Geoffroy, il est v'nu de Saint-Jean-de-Matha. Il est arrivé ici avec son père [...] Il était le plus vieux d'la famille et pis ils sont v'nus s'installer. Et pis ma grand-mère... Comme que j'vous disais — après que mon grand-père ait été installé avec son garçon pour travailler — ils ont faite v'nir ma grand-mère. Ils avaient pas d'terre eux-autres. Non, c'était un moulin à bardeaux, ils faisaient les bardeaux pour les maisons, mais les gensses étaient pas riches. Fait qu'ils faisaient pas faire de bardeaux. Fait qu'ils pouvaient pas vivre avec le moulin à bardeaux que son père lui avait donné. Fait qu'y avait un jardin, une vache, des cochons, pour la maison — le manger pour la maison. Fait qu'ma grand-mère au bout de trois, quat' semaines, a' toute vendu et elle a apporté seulement le linge de corps, hein, le linge personnel ! Et elle s'est venue avec ses dix autres enfants, dix enfants ! Et puis dans les chars, c'tait pas comme aujourd'hui. Ça runnait par le charbon et puis l'bois. Pis ça arrêtait à toutes les poteaux, pis y en a beaucoup qu'étaient malades. Toujours que dans l'train, y avait un monsieur dans le train. Il dit : « Crains pas ! Même que t'arrives à Lowell, j'vas t'le dire. » Elle dit : « Mon mari m'attend à la station. » Fait que toujours rendue à Nashua — après Nashua c'est Lowell — elle dit : « J'pense, qu'elle dit au monsieur — j'pense qu'on arrive à Lowell. » Il dit : « C'est Nashua ! » Ma grand-mère, elle était brillante. J'pense qu'elle a lu tous les livres à la bibliothèque Baron. Et puis *L'Étoile*, ça c'était son journal ! Toujours qu'ils sont arrivés à Lowell. Elle a dit : « J'pense que c'est icitte Lowell ! » Fait qu'il a dit : « Non, non ! T'as

> encore un boutte à aller. Attends ! Ils ont été virer jusqu'à Boston ! Fait que avec dix enfants qui y en avait. Qu'y avait trois, quatre qu'étaient malades ! Et puis là, toujours, elle est v'nue à bout d'se faire comprendre. Et ses bagages et ils l'ont faite rembarquer dans un autre train. Pis là, les gensses de Boston, ils ont téléphoné à Monsieur Geoffroy qu'il attende, que sa femme elle était à Boston avec tous ses enfants qu'avaient passé tout droit ! Toujours là, elle est rev'nue ! De Boston à Lowell, ça prenait une heure dans l'train !
>
> Et pis, mon grand-père il s'est engagé maçon. Les fondations des maisons étaient en pierre. C'était pas du ciment comme aujourd'hui ! C'étaient des maçons qui f'saient ça ! Et pis, à part de t'ça, sur sa vieille âge, il avait un peu d'argent et durant la Première Guerre, il a acheté un gros terrain de bois dans Pelham. Puis l'charbon est devenu rare et il s'est acheté une scie ronde et il vendait le bois. Et il s'est fait beaucoup d'argent comme ça[7] !

Il faut noter ici l'impact de la tradition orale qui soumet la narration à une forme quasi héroïque faisant de l'ancêtre un héros voyageur confrontant les dangers d'un monde inconnu. La narration est à la fois récit de voyage et conte de fées puisqu'elle met ouvertement l'accent sur le stoïcisme de la voyageuse canadienne, son courage, et conclut sur le fait que le « rêve américain », qui avait motivé le grand voyage, a été réalisé par la famille : fortune / ascension sociale. Cela suggère d'ailleurs, de manière implicite, que ce n'était pas toujours le cas. Le concept de « passage prend non seulement un sens topographique mais aussi un sens rituel, initiatique : il y a eu transfert dans un monde différent et meilleur[8] ».

Dans le deuxième témoignage ci-dessous, le voyage par le train a été particulièrement tragique et sans doute marquant dans la vie d'une jeune enfant, puisqu'il a eu comme conséquence de la rendre temporairement aveugle. Mme Corinne Foster raconte :

> Ma mère Mathilda est venue au monde à Sorel, Province de Québec, puis ils ont déménagé à Fiskdale, au Springfield. C'était dans l'hiver et puis mon grand-père a trouvé d'l'ouvrage dans les moulins.
>
> Quand ils sont v'nus à Lowell, c'était dans les 1900. Quand ils sont arrivés, ils sont pas allés dans le P'tit Canada. I'sont allés à Centralville. Ils sont venus ici pour bâtir des maisons. Et ils ont entendu que mon oncle Jacques Boisvert construisait ici. Alors, ils sont venus à Lowell !
>
> Mon grand-père, au Canada, il était maçon. Mon grand-père c'est lui qui f'sait les solages et Papa construisait les ch'minées. Je crois bien que Maman avait sept ou huit ans quand ils sont v'nus à Lowell. L'était jolie fille mais elle était aveugle parce qu'elle avait attrapé frette en s'en v'nant en train. Il faisait pas mal froid dans l'mois d'janvier. Au mois d'janvier, ils sont toutes v'nus en train jusqu'à Fiskdale et puis j'te gage que, dans la nuit, quand ils sont sortis du train, Maman, elle a attrapé du froid dans les yeux parce que ses p'tits yeux ont tourné tout collés ensemble et puis Mémère savait pas que faire ! Ça fait qu'ils lui ont donné toutes sortes de remèdes. Et puis, quand ils sont venus à Lowell, elle avait du trouble, pauvre elle ! Peut-être qu'elle était en famille parce qu'elle a dû avoir ma tante Edna dans c'temps là. Deux p'tits bébés dans l'chose et puis Maman qui était aveugle ! Ça fait qu'elle était pas

> pour voir le soleil: fallait qu'elle soit sous la table tout'l'temps! Y avait des grandes nappes sur les tables dans c'temps là.
>
> Elle était pas capable d'aller à l'école! Ma grand-mère avait des origines indiennes mais elle en parlait jamais. Peut-être pour pas s'ennuyer! Ils étaient dix enfants dans sa famille. Grand-père et grand-mère, ils sont jamais r'tournés au Canada. C'est p't'être pour ça qu'ils en parlaient jamais! Ils ont eu quinze enfants[9].

Ici le traumatisme physique semble refléter un traumatisme mental: peut-être le choc émotionnel du déracinement chez une enfant sensible, arrachée à son environnement.

Voici, enfin, le récit des origines d'une autre famille de Lowell, la famille Brunelle. Ce récit est particulier, car il offre la caractéristique inhabituelle d'être relié directement à l'histoire de France et de remonter jusqu'à la période napoléonienne. M. Roger Brunelle raconte (récit 3):

> Mon grand-père s'appelait Anatole Brunelle. Il y a encore des vieux dans la communauté de Lowell (surtout la communauté franco-américaine) qui connaissent mon grand-père non pas sous le nom d'Anatole Brunelle mais Arcole Brunelle. Et Arcole a un sens historique assez significatif, à cause de la bataille. Eh bien, voici: l'histoire qui circulait depuis plusieurs années dans la famille c'est que, à la naissance de mon grand-père qui était le premier des garçons de la famille, sa grand-mère était présente. Et cette grand-mère était la fille d'un soldat qui avait fait une carrière militaire avec Bonaparte pendant une vingtaine d'années. Et vers les 1815, il avait émigré au Québec. Il avait épousé une Québécoise. Lui, il s'appelait Bourja. Il était originaire du sud de la France, en Provence, parce que Bourja c'est un nom provençal. Et sa fille a épousé un Brunelle, mon arrière-arrière-arrière-grand-père. [...]
>
> C'était à la suite de la défaite de Napoléon, la deuxième défaite, que ce Bourja, soldat pendant vingt ans, était venu au Canada. [...]
>
> C'est pour ça, nous avons une tradition même dans les noms. J'ai découvert des ancêtres qui avaient le nom de Joséphine, Napoléon, Marie-Louise. Ce sont des noms qui sont très communs dans mes ancêtres. [...]
>
> Il y a dû avoir certainement plusieurs Québécois qui ont traversé l'océan pour pouvoir... Ils avaient l'espoir de se défaire de la tutelle anglaise, ici en Amérique, pour rétablir les liens avec la France. Ça, c'est une tradition qui existe dans certaines familles. [...]
>
> Le passage de la famille du Québec aux États-Unis? Ça c'est un passage qui s'est fait comme pour beaucoup d'autres familles entre 1870 et 1920. Pour nous, c'est arrivé (les premiers contacts de la famille Brunelle avec Lowell) au milieu, il y a à peu près un siècle, en 1880. [...] Je suis certain qu'il y a à peu près un siècle, mais le passage définitif est arrivé vers 1899-1900, alors que mon arrière-grand-père et sa femme, ainsi que mon grand-père, sont arrivés ici dans la paroisse Saint-Louis. Elle n'existait pas à l'époque mais ils habitaient de l'autre côté de la rivière, du côté de Dracut, dans la partie de Lowell qui est aujourd'hui Centralville. Ils se sont établis là et ils ont travaillé. Le grand-père a travaillé dans — pas une usine — mais il était machiniste. C'est-à-dire, il faisait des outils dont on se servait dans les filatures. C'était

> encore une tradition. [...] Un artisanat. Parce que mon arrière-grand-père était forgeron. Alors, étant forgeron [...] il a pu s'adapter au travail du fer et du métal. Et même un de mes oncles maintenant est machiniste et il travaille pas loin d'ici. Alors, mon grand-père est resté ici, à Lowell, depuis 1899 jusqu'à 1906. Et lui, il est retourné au Canada ainsi que la plupart de ses filles et deux de ses fils. Mais mon grand-père est resté. Il a épousé ma grand-mère en 1907 et ils sont restés. En 1908, il a acheté une maison sur la rue Beaver et la famille y habite toujours. [...]
>
> Je suis la quatrième génération, mais « troisième où les gens sont restés d'une façon permanente », de ce côté-ci des montagnes. C'est-à-dire nous, notre famille, les origines sont dans la vallée du Saint-Laurent. Mais mes grands-parents n'étaient pas d'une famille de cultivateurs. Mon grand-père, mon arrière grand-père étaient forgerons et son père à lui travaillait dans les registres. Il travaillait pour le gouvernement, ce qui veut dire qu'il pouvait écrire. Et ça, c'est significatif dans le milieu du siècle[10] !

Ce récit possède une certaine singularité historique, car il remonte, ce qui est rare, à ce que l'on pourrait appeler l'origine des origines : la France. C'est aussi un récit de loyauté, à travers le temps et l'espace, au mythe napoléonien, fort répandu dans les campagnes françaises, au XIXe siècle, dont il est intéressant de voir l'importation en Amérique du Nord[11].

Le travail dans les manufactures : les limbes

> Ah, mon Dieu ! Qu'ils ont donc travaillé fort dans c'temps-là ! Mon grand-père, il a travaillé dans les moulins. Oh, il aimait pas ça !
>
> (Interview à Lowell, 1983)

Que ce soit dans les manufactures de textile, de papier ou de chaussures, le labeur était dur pour la main-d'œuvre immigrée, les journées longues et les conditions de travail ainsi que les salaires souvent peu satisfaisants. Pourtant, le marché de l'emploi étant irrégulier, qui aurait osé se plaindre ? La connaissance de l'anglais était cruciale pour l'avancement, et les positions de pouvoir et d'autorité étaient généralement le privilège des anglophones. Mme Ouellette, de Lowell, fut employée de l'âge de quatorze à vingt-six ans aux manufactures, mais travailla surtout à la Lawrence Hosiery, une fabrique de bas. Elle raconte :

> Fallait commencer à six heures le matin. Fallait s'lever d'bonne heure : cinq heures ! Et puis on travaillait, puis on avait une heure pour manger. Et puis après, on travailla't jusqu'à six heures. Après ça, on a commencé à sept heures. On f'sait les manches, les poignets. On rentrait l'poignet, là... C'était dur comme ouvrage ! Si on laissait aller, ça s'brisait tout ! C'était tout des Canadiens — surtout des femmes. Faisait chaud là ! Et le bruit là ! Oh ! On pouvait presque pas parler aux autres !
>
> Y avait les manufactures qui employaient beaucoup de gensses, hein ! C'est ça qu'était la différence entre un hosiery et puis un moulin. Un moulin, ça voulait dire de ceux qui *weava't* le linge. Et puis, un *hosiery*, y a pas de *weave*

room. C'est tout à l'aiguille, oui ! C'est toute du tricot. Dans le *hosiery*, le travail était plus propre. Dans le *quad room*, le linge arriva't. Le linge, le coton. Mais comme le Suffolk, le Merrimack, ça, ça arriva't direct du Sud. [...]

Une femme qui *weava't*, c'était pareil comme un homme ! Le travail pour les femmes, c'était la même chose mais c'était ben plus dur pour une femme pour *weaver* qu'un homme parce que, quand ça v'nait pour virer cette roulette-là, en haut, pour quand qu'un brin cassa' t... En arrière-là du métier, y avait — c'était en *brass* ! Et pis, quand qu'un brin cassa't, c't'affaire-là toucha't... C'était à l'électricité et ça faisait arrêter l'm'tier ![12]

On travaillait le samedi matin mais le samedi était jour de paye : on était payé à midi moins cinq et, quand les banques fermaient le samedi, on avait nos payes le vendredi. J'donnais toute la paye à mon père. Mais, si y avait des collections, mon père disa't tout l'temps d'donner. On donnait cinq à dix sous dans les collections quand quelqu'un était malade ou mourait. Et mon beau-père donnait dix piasses à Salvation Army quand v'naient les fêtes. Les hommes et les femmes faisaient des gros salaires comme *weavers* et, si on travaillait la nuit, on gagnait mieux encore. Mon *boss*, y m'aimait ben ! Vu qu'mon mari était malade, i'm'faisait travailler l'dimanche, en cachette des autres[13].

À Lowell, et sans doute ailleurs, le lieu de travail ne fut jamais vraiment un point d'intégration socio-culturelle en raison des différences linguistiques qui y régnaient et du sentiment souvent profond d'appartenance et de ralliement à leur groupe ethnique que ressentaient les travailleurs. Néanmoins, le témoignage ci-dessus suggère que les *boss* anglophones savaient parfois montrer une certaine compassion pour leurs employés, en particulier quand il s'agissait de femmes qui étaient dans des situations familiales difficiles.

Il semble que la conscience ethnique doive, rétrospectivement, être considérée comme une des forces dominantes de la dynamique sociale du lieu de travail. Elle joua à double sens et fut parfois la base de la division hiérarchique aussi bien que le terrain fondamental de communication et de solidarité parmi les employés. La double division, linguistique et ethnique, semble être allée à l'encontre d'une intégration maximale : les manufactures ne jouèrent pas vraiment le rôle de « creuset » ethnique à Lowell dans les premières phases de l'immigration.

Le Petit Canada, « milieu de mémoire » et lieu de résistance ethnique : l'invention d'un paradis communautaire

> *We drove Ma and Nin, in the old '34 Plymouth, over the Moody Street Bridge, over the rocks of eternity, and down Merrimac Street in parlous solitudes, past the Church St. Jean Baptiste, which on Sunday afternoons seems to swell in size...*
>
> (Jack Kerouac, *Doctor Sax*, 1959)

Le « Petit Canada » de Lowell ne fut pas établi au tout début de l'immigration canadienne-française, mais en fut plutôt le résultat : une invention plus tardive. D'après Richard Santerre, c'est seulement en 1875 que Samuel Marin aurait construit rue Aiken le premier *block* de ce qui allait devenir le quartier « français »[14]. Paradoxalement, c'est un double phénomène d'expansion et de ghettoïsation qui devait être à la source de l'établissement de cette enclave ethnique au cœur même du centre industriel américain en plein essor qu'était alors la ville de Lowell.

La plupart des témoignages de l'époque sur ce village urbain « canadien » insistent sur sa très grande densité de population[15]. Aujourd'hui, les Franco-Américains de Lowell s'accordent généralement pour dire que le terrain couvert par le « Petit Canada » du début comprenait les *blocks* entre le Canal et la courbe formée par la rue Perkins, autrefois nommée Pawtucket Street. Richard Santerre note, par ailleurs, que c'est seulement à partir de 1896 que le Petit Canada en vint à couvrir « toute la zone allant de Moody Street à la rivière[16] ».

Mme Yvonne Lagassé, qui a vécu toute sa vie à Lowell, évoque, sous forme d'un bref récit de vie, à la fois la topographie et l'atmosphère quotidienne du Petit Canada tel qu'elle le connut, dans sa première jeunesse (récit 4) :

> Je suis née le deux de février 1906 — j'suis pas jeune — dans une grande maison de quinze familles un p'tit magasin qu'il y avait en bas... au long de la rivière Merrimack : cent soixante et dix-neuf Perkins Street ! Le P'tit Canada était un p'tit coin que j'dira's de la ville de Lowell. Partir au pont d'la Pawtucket (le pont du Canal), aller au pont d'la rivière Merrimack (le pont d'Centralville). Après, partir du pont d'Centralville, aller au pont d'la Aiken (qui était le Canal) et ensuite l'autre pont qui était le pont d'la Cabot aussi, le pont du Canal. C'était ça qui était le P'tit Canada. Y avait la Perkins, y avait la Ward, y avait la Coolidge, y avait la Aiken, y avait la Hall Street. Ça, c'était le P'tit Canada. Où j'demeura's, la Perkins commença't au pont d'la Pawtucket jusqu'aux manufactures de Lawrence Hosiery. Et dans l'P'tit Canada était comme une p'tite ville : des magasins, il n'y avait d'toutes sortes : la viande, les groceries, le store à meubles... des stores à bonbons, même le store à pianos d'monsieur Délisle. J'vous dis qu'du bonheur dans l'P'tit Canada, y en ava't ! Étaient toutes sortes de grosses bâtisses de quinze, dix familles. Je crois la plus p'tite bâtisse était de six familles. À part de t'ça, le monde s'aimait. Et du bonheur, y en avait, parce qu'il y avait d'l'amour ! Toujours, je voudrais pas oublier la grosse bloc de quarante-huit familles qu'on l'app'lait « le bloc double » et y avait une grande cour. Et le celui qui faisait face, on l'app'lait « le bloc simple ». Le monde s'adonnait bien et les familles étaient bonnes, enfin toute[17] !

Ce Petit Canada du début du siècle, décrit par Mme Lagassé comme un milieu familial de solidarité et d'entraide, nous paraît aujourd'hui quasi utopique tant il est idéalisé. Il semble avoir formé un groupe relativement homogène culturellement où tout le monde parlait le français « à la canadienne ». Ce Canada français miniature en vint peu à peu à se suffire à lui-même. Le Petit Canada de Lowell avait ses médecins, ses magasins et de nombreux petits cafés ou « buvettes ». Ses habitants vivaient, pour la plupart, à proximité de leur lieu de travail et les visiteurs les plus exotiques de ce village urbain (signe d'une diversité ethnique extérieure) étaient sans doute certains des marchands ambulants qui venaient y vendre leurs marchandises. Mme Lagassé évoque ci-dessous ces *peddleurs* pittoresques dont le passage semblait être un des grands événements de la vie quotidienne (récit 5) :

> Comme que j'vous ai dit, on avait pas besoin d'aller en ville pour acheter que c'qu'on avait besoin. Y'avait d'abord la glace, la gage comme on l'appela't. Ces pauvres hommes qui travailla't surtout le samedi. Vous savez, autrefois, on avait pas l'électricité, on avait pas les frigidaires et il fallait conserver not' manger, surtout dans l'été. Et puis les magasins on alla't à grocery seulement que le samedi. Des fois, le vendredi soir, par rapport qu'on avait pas de glace. Nous avions des glacières avec un plat en d'sous qu'il fallait vider deux fois par jour. Et puis les messieurs, pour quinze cents, ils emplissa't not' glacière, ben pleine de glace ! [...]
>
> Après, y avait les peddlars qu'on l'appela't. Le premier j'm'rappelle était M. Lantagne. Lui, il venda't pas mal... Comme que j'diras ? Pas à la livre, comme aujourd'hui. C'était à la boîte, au quart ! Les pommes, les patates, et puis... Pensez donc ! On avait une boîte de pommes pour cinquante cents. Et puis des fois, des pommettes ! Tout était vendu comme ça. J'm'en souviens d'lui. [...]
>
> Et puis on a eu M. Jean-Baptiste Dalphond. Lui, il venda't toutes sortes de choses, toutes sortes de légumes, de fruits... Enfin, toute ! J'm'en souviens qu'i'allait chez ma grand-mère Lafortune. Il cria't pas dehors comme les autres. Il monta't en haut et puis il disa't à ma grand-mère : « Avez-vous besoin d'quelque chose aujourd'hui, Madame Lafortune ? » Elle disa't : « Assieds-toi, mon Baptiste ! Tu vas prendre une tasse de thé puis un beigne. » L'ava't toujours des beignes ou des galettes qu'elle faisait elle-même. Jean-Baptiste, il savait qu'y ava't un p'tit lunch là ! Fait que, elle disait : « Écoute Baptiste, j'veux avoir des bonnes bananes jaunes, j'veux pas avoir des bananes noires. » Toujours qu'elle était bien servie par lui. Il vendait toutes sortes de choses.
>
> Et puis, on a eu un monsieur Couture. M. Couture vendait lui aussi dans les rues, comme ça. Et on a eu un monsieur Bellerose. M. Bellerose, c'était un homme malade. I'l'était pas sur la rue tous les jours. Une fois ou deux par semaine, pour gagner sa vie...
>
> Et puis, on a eu un monsieur Dubois. J'pense qu'il a été le dernier peddlar qu'a passé dans les rues. Tout ce monde là sont morts aujourd'hui mais ont laissé des beaux souvenirs aux Canadiens, parce que les Canadiens aima't ces hommes-là. On l'ava't une fois d'temps en temps des Juifs qui venaient avec une charge de bananes. Les bananes, dans c'temps-là, se vendaient pas à la livre. Ça se vendait à la douzaine. Et puis, soit une charge de tomates ou une charge de concombres. Il venda't un peu meilleur marché parce qu'il v'nait d'Boston. Mais des fois. C'était pas tout l'temps fameux !
>
> En tous cas, on en a eu d'autres aussi ! [...]
>
> L'lundi matin, passa't un gros bonhomme avec un cheval et puis une voiture. Et puis il cria't : « Soap ! Soap ! » On descenda't en bas vitement. Il nous donna't une grosse barre de savon pour ce que c'est qu'on ava't : soit les os, la graisse ou des restants de viande qui étaient pas bons. On lui donna't ça !

> Et parfois, c'était une sorte de potasse qu'il venda't, qu'il nous donna pour les not' graisse. On demanda't ça ! Ça, ça lavait les planches, les passages. [...]
>
> Et puis, y en avait un autre qui avait une p'tite moustache. J'm'en souviens pas d'son nom. Lui, il était comique. Et puis, on avait une dame — la Syrienne — qui parla't bien l'français. J'm'en rappelle ! Après que j'ai été mariée, je restais dans l'Rosemont. Et puis, elle venait chez ma tante, en bas. Elle disait pas « Madame Geoffroy »... Elle disait : « Madame a froid ! » Elle disait : « Dis à la femme d'en haut qu'elle descende ! » Que j'descendais ! Et puis, on avait un plaisir de l'entendre parler : « Ajète les bonnes culottes ! Aujourd'hui, bons lacets ! Tu vas voir ça, ça va durer longtemps ! » Elle avait toutes sortes de choses ! Ces Syriens-là étaient du bon monde. L'aimaient les Canadiens. Les Canadiens aima't acheter de quoi de bon !
>
> En tous cas, à part de t'ça, on avait les ragmen qu'on l'appela't : les acheteurs de guenilles ! Y en a un, y en ava't beaucoup qui passa't, puis qui cria't : « Rag ! Rag ! » Et puis, y en a un qui avait pas d'chevaux, qui ava't une voiture à deux roues. On l'appelait : « Caïf, mon Juif ! » Les enfants couraient après. C'étaient des Juifs qui achetaient des guenilles, des bouteilles, des flacons. N'avait une cent, deux cents ! Des fois, les guenilles, c'était deux livres pour une cent. [...]
>
> Et puis, y avait les vendeurs de bois. Y en avait un gros-t-Irlanda's. Il venda't le kindling dans les rues. Et puis, il cria't : « Green Wood ! » [...]
>
> Et puis, plus tard est venu M. Grégoire qui a vendu pour la Watkins. Il a commencé. Il avait été mis dehors de son ouvrage. Il travaillait pour la Boston-Maine, à la shoppe. Là, l'a commencé le travail pour la Watkins, d'une maison à l'autre. Bon garçon et bons produits !
>
> J'oubliais même que nous avions un arrangeur de parapluies qui passait, j'dirais à toutes les deux semaines, avec ses aiguilles, ses broches. Il v'nait souvent chez ma grand-mère Geoffroy. C'était un gros Juif mais il parla't beaucoup le franca's ! Fait on s'arrangeait ben avec !
>
> C'est pour vous dire que le P'tit Canada, malgré la pauvreté mais la richesse et l'amour que les gens ava't — ne manquait de rien. Tout en ménageant ils manquaient de rien[18] !

Né en 1910, à peine un peu plus jeune que Mme Lagassé et aujourd'hui décédé, le père Armand Morrissette évoquait, en 1983, un Petit Canada « explosé », plus récent, plus urbain, plus étendu et plus diversifié, socialement et culturellement, que celui décrit par elle. Dans cette nouvelle topographie du terrain franco-américain lowellois, la rue Merrimack et la rue Moody étaient devenues les rues principales :

> La Moody était jadis la rue Sainte-Catherine des Canadiens de Lowell. Tout le monde y parlait français, y compris plusieurs familles avec des noms comme O'Beirne, O'Flahavan, Moore, Murtagh, Thompson, O'Brien, Lord, Sawyer, Thurber, Sigman, Tumas, Protopapas, Brady et Grady...
>
> La rue Moody était la rue principale des Franco-Lowellois, avec ses rues transversales et parallèles, depuis la « négresse » de l'hôtel de ville, le Yorick Club et la bibliothèque municipale jusqu'à la résidence des frères maristes, en haut d'la côte.
>
> Il y avait la Dutton, la Worthen, la Coburn, la Tilden, la Tremont, la Prince où se trouvaient les bureaux de *L'Étoile*, la Hanover, la Suffolk, la Ford, la Dodge

et la Race où demeura un temps la future actrice Bette Davis. Puis, la Cabot, la Austin, la Aiken, la Spaulding et la James. [...] Il y avait de tout sur la Moody et ses ramifications. [...]

Il y avait des restaurants, des cafés, des épiceries, des charcuteries, des boulangeries, des magasins de variétés « petits et gros », des garages, les bicyclettes Bellerose, les beignets Rousseau, la poolroom de Philias « Garçon » Bouchette, les automobiles Rochette, le bloc du maire Beaudry, le singe de M. Rocheville, les chaussures Brownstein puis celles de Harvey Saucier, le vieux cireur de bottes grec, qui aussi nettoyait les chapeaux d'hommes, l'aimable cordonnier April, la buanderie chinoise.

Au temps de la prohibition, il y avait aussi les « malheureux faiseurs et vendeurs de boisson » qui, en fin de compte, devenaient de gros messieurs prospères...

Puis il y avait le photographe Charlie Landry, beau parleur, bon gars, promoteur de lutte et de boxe à la C.M.A.C. Il y avait aussi le Lambert's Lounge, devenu le Cabot Lodge, où on pouvait assister souvent à des spectacles « de première classe », coin Cabot et Moody, dans l'immeuble qui est maintenant le Club Passe-Temps lui-même. Il y avait aussi des barbiers-coiffeurs, des filles de joie, des petits nains, des pharmacies, la succursale des postes, l'inventeur des « potato chips », la librairie Baron, les Frères Champagne, au coin de la Spaulding, le professeur de violon Bergeron. À l'autre coin, Mlle Georgianna Desrosiers, maîtresse de piano, puis, plus tard, Raymond Tremblay, avec ses pianos.

Il y avait aussi le petit magasin de « La Pipe » Geoffroy, près du couvent Saint-Joseph et de la maison des Sœurs grises.

Il s'en passait des choses sur la Moody. L'été, avec ses pétards du Quatre Juillet et ses grands défilés, les peddleurs Dubois et les « passeurs » de glace ; l'automne, avec la Halloween, la Thanksgiving, les bancs de neige, les lueurs de Noël, les rencontres du Jour de l'an et « le paradis à la fin de vos jours », les traîneaux, les grelots et puis le carême sans « candy » avec, au bout, la visite des reposoirs du Jeudi saint, puis le grand jour de Pâques. Ensuite, les lilas du mois de Marie et la distribution des prix, les mariages, les vacances[19]...

Dans cette ville miniature qui semble avoir acquis un peu l'atmosphère d'une fête foraine, se manifeste désormais un mélange des ethnies même si la langue française et l'Église catholique en restent encore les points de ralliement. C'est cet univers déjà diversifié et à l'esprit urbain que l'écrivain Jack Kerouac connut, aima et décrivit dans ses romans.

Jack Kerouac : assimilation et « division(s) » interne(s)

Ti-Jean naquit en mon pays,
Connut ses rues, ses gens, leur vie.
Ti-Jean devient, comme il se doit,
Contestataire en lowellois.

Ti-Jean Bougeotte alla très loin :
Ivre, drogué, la plume en main,
Pondant roman après roman,
Ti-Jean Canuck devint un grand.

Ti-Jean repose au cimetière
Edson... Les Saints renient sa bière
L'eau bleue coule encore aujourd'hui
Près de Ti-Jean en mon pays. »

(Extraits du poème « Le Pays de Ti-Jean »,
par Roger Lacerte, auteur lowellois)

Dans le cimetière Edson à Lowell (non loin de la rivière Merrimack), se trouve, en effet, une tombe plate, une pierre au ras de terre, sur laquelle a été fixée une plaque avec l'inscription suivante: « Ti-Jean Kerouac — He Honored Life » 1922-1969.

Jack Kerouac (de son vrai nom Jean-Louis Lebris de Kerouac), issu d'un milieu modeste, était le fils d'un modeste imprimeur de Lowell d'origine française. Dans son introduction à son ouvrage *Lonesome Traveler* (*Le Voyageur solitaire*), en 1960, l'écrivain s'invente une carte d'identité culturelle intime où ressort l'importance et le poids émotionnel qu'il accordait à son appartenance ethnique:

> NOM: Jack Kerouac
> NATIONALITÉ: Franco-Américain
> DATE DE NAISSANCE: 12 mars 1922
> Ai eu une belle enfance, mon père imprimeur à Lowell, Mass. [...]
> Ai eu une bonne éducation chez les frères jésuites à l'école paroissiale de Saint-Joseph, m'a permis plus tard de sauter en sixth grade à l'école publique...
> Nom de ma mère, Gabrielle, ai appris à raconter naturellement des histoires de ses longs récits sur Montréal et le New Hampshire [...]
> Suis connu sous les noms de « Madman Bum » (« Vagabond fou ») et « Angel »
> En fait, suis pas « beat » mais catholique étrange, mystique, solitaire[20]...

À travers ce bref texte, Kerouac affirme son attachement à sa culture ethnique d'origine. Il suggère également que son image publique d'écrivain américain « beat » cache en fait une dualité interne, une contradiction. Ainsi, suggère-t-il, derrière l'auteur américain se trouve le Franco-Américain, derrière le « Vagabond fou », un catholique mystique et solitaire. En effet, le père Morrissette, qui avait connu Jack depuis l'adolescence et avait pris très tôt au sérieux son désir de devenir écrivain, racontait:

> Il revenait toujours chez sa mère, et puis il vivait comme un moine. Il avait sa p'tite chambre et puis un crucifix, un p'tit bureau et sa machine à écrire et un p'tit tas d'papier. Il était très religieux, profondément religieux. C'était pas un catholique pratiquant dans le sens d'appartenir à une paroisse et puis d'être un collecteur, et puis d'être président de la Société du Saint-Nom, mais c'était un mystique. Pour moi, c'était une sorte de saint, à la mode de saint François d'Assise. Il était très sincère j'pense et il était fasciné par les mystères de la religion. Et puis, souvent, il venait à l'Église. Il s'asseyait devant l'crucifix, là, et il m'disait: « Il m'semble qu'il bouge! » C'est pas une vraie vision mais il a écrit de très beaux poèmes sur le Christ. Il était très, très bien! Aussi, on disait: « Le Prophète des Beatniks ». Il aimait pas ça du tout! Premièrement, lui, il était très bien habillé. Et puis, vous savez, il buvait beaucoup, mais j'l'ai jamais vu saoul. J'l'ai toujours trouvé très correct. Ensuite, on disait: « C'est un communiste! » Le contraire! C'était un capitaliste. En dernier, il a fait beaucoup d'argent. Il avait une très belle maison, ici à Lowell. Et puis, ensuite, il avait une maison en Floride, il avait une maison à Cape Cod[21].

Entre le poète mystique au crucifix et l'écrivain arrivé, gentleman, propriétaire et bien habillé, faut-il voir une contradiction, une évolution ou un dédoublement culturel ?

« Nul n'est prophète en son pays ! » et Kerouac fut certainement plus loyal envers le milieu franco-américain de Lowell que ce dernier ne le fut à son égard. En fait, si ce n'avait été du père Morrissette, il n'est pas certain qu'il aurait eu droit à un enterrement religieux. Marginal volontaire dans la société américaine, Kerouac semble à la fois avoir été étonné et avoir souffert de la marginalisation que lui imposait son milieu ethnique. Une fois de plus, le père Morrissette témoigne :

> Vous savez, ça l'ennuyait beaucoup de voir qu'il était pas apprécié à Lowell. Il m'a dit souvent : « Dirais-tu un mot pour moi ? », i' dit. « J'ai tant fait pour Lowell. J'ai mis Lowell sur la map. » Il y a toujours eu cette objection que : (Ah, les prêtres !) — que : « Kerouac, c'est un vaurien ! Faut pas l'encourager ! Faut pas l'donner comme exemple ! » Ça m'peinait beaucoup de voir que les gens l'appréciaient pas. Ici surtout, à Lowell, vous savez ! C'est très catholique et les prêtres encourageaient pas du tout Kerouac. On laissait pas les enfants le lire, parce qu'on disait : « C'est un ivrogne, c'est un vaurien, c'est un voyou, c'est un dévergondé ! » Mais, on en est bien revenu. C'était un génie[22] !

C'est également le père Morrissette qui évoquait en 1982 l'enterrement de Kerouac :

> C'est moi qui ai fait les funérailles. Y avait beaucoup d'monde partout mais y avait pas quarante personnes de Lowell. La plupart, c'était des Sampas, des Grecs. Y avait des camarades, des machins comme ça. Des Franco-Américains, non ! Alors, je suis monté dans le corbillard, là, avec son entrepreneur. Alors le monde... Les gens s'sont rapprochés dans la rue parce qu'ils ont vu qu'il s'passait quelque chose. Tout l'tambour et l'tremblement des journalistes, tout ça ! Alors, y a un type qui m'a dit : « Qui c'est-i-ça ? » J'ai dit : « Kerouac. » Il a dit : « Qui ?[23] »

Qu'y a-t-il de typiquement franco-américain dans les écrits de Jack Kerouac ? Le père Morrissette disait :

> Ce que j'ai bien aimé de Kerouac, c'est qu'il a gardé son identité. C'était pas un écrivain franco-américain dans le sens qu'il parlait en français. Mais c'était un écrivain franco-américain dans le sens qu'il a gardé son identité. Dans ses livres, il parle toujours du P'tit Canada. Il parle de l'esprit français. Il avait toujours l'esprit français[24].

Dans un article fort judicieux intitulé « The French-Canadian Heritage of Jack Kerouac, as Seen in His Autobiographical Works », Peter Woolfson faisait déjà remarquer, en 1979, que les œuvres autobiographiques de Kerouac reflétaient certaines valeurs d'origine canadienne-française : sa préoccupation de la mort, son goût pour les signes et la prophétie, sa vision de la Nature et du flot du temps avec son sens intime du rythme des saisons, sa valorisation du travail — valeurs qui existent dans d'autres cultures mais que le poids et l'accent particuliers qu'il leur donne rattachent au système de valeurs des Canadiens français établis aux États-Unis[25].

Sans doute faudrait-il ajouter à cette liste la manie du départ et le goût du voyage qui rappellent ces coureurs des bois canadiens devant figurer dans les récits de la mère de Jack, quand celui-ci était enfant.

Jack Kerouac avait commencé ses études à l'école catholique chez les jésuites et les termina à l'école publique, avant d'aller à l'Université Columbia où il reçut une bourse à cause de ses talents de footballeur. Pour un jeune homme de sa génération, le « rêve américain » c'était désormais l'éducation — éducation dans l'école américaine qui requérait une assimilation poussée ainsi que l'acquisition d'un biculturalisme parfait. Le « creuset américain » le plus puissant, c'était désormais l'école. Pierre Vidal-Naquet suggère que, même aujourd'hui, l'école est le lieu essentiel où est entretenue (dans le sens de maintenue vivante) la « mémoire collective », la mémoire culturelle d'un groupe[26]. Ainsi, il est possible de dire que Kerouac fut exposé très jeune, par le biais de l'école, non seulement à deux cultures divergentes mais à deux « mémoires culturelles » conflictuelles : la mémoire franco-américaine de l'école des jésuites (mémoire familiale et ethnique) et la mémoire de l'école publique (mémoire nationale et totalisante).

Il semble que Kerouac ait ressenti un état douloureux de fragilité intérieure en raison de cette division. Et ne serait-il pas juste de voir en ce même « effet » de « fracture interne » le symbole même de la « cassure » qui s'opère, à cette époque, au sein de la communauté franco-américaine en raison de l'assimilation progressive et croissante des jeunes ? L'américanisation est devenue impérative, quasi obligatoire pour les membres de la nouvelle génération qui veulent pouvoir assumer un destin individuel normal au sein de la société américaine. La tragédie de cette génération franco-américaine est que leur assimilation dans la société américaine anglophone de cette époque signifie l'insertion dans une société protestante, matérialiste, fonctionnelle, vivant dans le présent et prônant l'individualisme.

Elle exige, par conséquent, des jeunes Franco-Américains une conversion, au moins partielle, à un ensemble de valeurs et à une idéologie fondamentale qui représentent exactement le contraire des valeurs traditionnelles franco-américaines. Celles-ci prônent, en effet, l'esprit communautaire, la transcendance de la religion sur le matériel et le respect et l'amour du passé. Il serait difficile de trouver deux modèles culturels en plus parfaite opposition. Le désir d'assimilation devient alors un choix, choix qui peut prendre la forme de l'oubli de l'héritage ethnique. Chez le jeune Franco-Américain qui cherche à fonctionner dans ces deux traditions d'orientation contraire, trois choix sont donc possibles : l'oubli volontaire de l'héritage ethnique (anglicisation du nom, silence sur ses origines) ; le repli dans l'héritage ethnique, qui est refus du mouvement du monde, emprisonnement dans le passé et fossilisation ; ou l'effort de vivre dans les deux dimensions culturelles, par souci de réconcilier les deux cultures et de ne pas sacrifier le présent au passé, ou vice versa. Mais, parce que la synthèse est impossible, dans le contexte historique de l'époque, se crée alors, chez l'individu, une sorte de schizophrénie culturelle qui est source de souffrance. Ni totalement inséré dans une culture ni totalement inséré dans une autre, l'individu se trouve plutôt déchiré entre les deux mondes qui forment la base de son identité : sa culture privée, familiale, ethnique et sa culture environnante publique et nationale, puisque, né aux États-Unis, il est par définition américain. Il semble difficile de trouver une forme plus claire de crucifixion culturelle.

Ainsi, cette division interne et ses conséquences sociales semblent être la source, pour une grande part, de l'œuvre tourmentée de Kerouac. Et quand de jeunes *fans* québécois viennent aujourd'hui encore, dans l'enthousiasme de leur culte, déposer sur la tombe de l'écrivain des bouteilles de bière vides ou des résidus de drogue, peut-être sont-ils poussés secrètement, sans le savoir, par le désir profond qu'avait leur héros de pouvoir concilier son identité d'auteur américain avec son identité d'enfant canadien, de « Canuck ».

Quel lieu devrait-on alors considérer désormais comme le véritable « lieu de mémoire » de Kerouac à Lowell : le 9 Lupine Road où il est né, les emplacements lowellois qu'il a décrits dans ses romans, en particulier dans *The Town and the City*, que ce soit la rue Moody, la grotte de l'Église et ses douze stations de la Croix poétiquement décrites dans *Dr. Sax* ? Ou bien encore les vieux bars et tavernes de la ville où il errait souvent : le « Nicky's Bar » au 112 de la rue Gorham ou la « Old Worthen » ? Ou devrait-on aussi ajouter à cette liste les bois environnants de Lowell ? En effet, Kerouac disait — sans doute en quête d'une paix intérieure qui lui était inconnue — vouloir finir, tout comme le grand philosophe Thoreau (lui aussi d'origine française), en « ermite dans les bois ».

En réalité, l'identité culturelle profonde de Kerouac ne se trouve dans aucun de ces lieux particuliers mais dans l'espace de relation existant entre eux : dans leur opposition même. À la maison familiale s'opposera plus tard l'école publique ; à l'église, les bars où il crut pouvoir trouver l'oubli. C'est à partir de l'impossibilité totale de résoudre cette incompatibilité profonde que s'est faite la naissance poétique de l'écrivain et que s'est fixée sa blessure. C'est dans l'état de coïncidence de ces contraires culturels, dans la synthèse culturelle impossible que s'est figée son identité profonde, sorte de méta-identité puisque, par son œuvre même, il devait réussir à exprimer l'inexprimable de son époque, que ce soit en français ou en anglais.

Tout comme ce Christ de l'Église catholique qu'il croyait parfois voir bouger devant lui, Kerouac fut un crucifié mais un crucifié culturel. Encore mystiquement vivant dans la « mémoire collective » des Franco-Américains de Lowell, il a aujourd'hui, pour certains, la valeur d'un Messie mais pour d'autres, ironiquement ceux justement avec lesquels il aurait sans doute partagé l'amour du passé et un attachement profond à la tradition canadienne, il reste encore et toujours un « mystère » incompris, un accident malheureux dans la mémoire franco-américaine lowelloise. Eût-il vécu, il aurait aujourd'hui plus de soixante-dix ans !

Dans « Le Couple histoire / mémoire », Vidal-Naquet remarque qu'« une tâche importante dans la transmission de la mémoire revient aux romanciers parce qu'ils peuvent "atteindre ce qui est sensible en chacun". C'est là, ajoute-t-il, où la littérature, le roman et le témoignage possèdent des vertus incomparables[27]. » Ainsi, la littérature (bien que fiction) peut-elle jouer un rôle mnémonique intermédiaire entre l'histoire orale et l'histoire officielle / « nationale » d'un groupe, en éveillant chez son public non seulement un intérêt nouveau mais un désir de représentation artistique ou autre à partir d'un « regard intérieur ». Jack Kerouac a bien joué son rôle !

Les deux plaques commémoratives décrites plus haut, celle du Petit Canada et celle de la tombe de Kerouac, symbolisent deux moments bien différents dans la formation de l'identité franco-américaine lowelloise : la première parle à un public tourné vers le passé, la deuxième à un public ancré dans le présent. La première correspond à une période de désir de survivance culturelle et de prédominance de la dimension ethnique ; la deuxième correspond à une période d'assimilation nécessaire et obligatoire avec prédominance de la dimension nationale. Et pourtant, toutes deux reflètent un sentiment commun d'engagement émotionnel et culturel, d'attachement poétique fait à la fois de fierté et de nostalgie du passé « canadien » de Lowell. Et si un fossé semble, parfois, les séparer il est né sans doute, essentiellement, du passage d'une culture où dominait la tradition orale à une culture dominée par l'écriture savante.

Ainsi, faut-il peut-être voir dans la mort prématurée de Jack Kerouac, en 1969, l'annonce symbolique de la fin d'une époque de résistance générale de la culture ethnique à l'américanisation : avec l'impact de l'école publique, de l'armée, de la vie publique, en général, et avec l'augmentation des mariages mixtes. Le combat pour la langue et la foi était devenu presque impossible au sein d'une société américaine de plus en plus laïcisée. Armand Chartier parlait, en 1991, d'« ethnicité retrouvée » (dans le sens de « vécue comme prioritaire ») par la génération des Francos de moins de cinquante ans, pendant les années 1960-1990[28]. Mais aujourd'hui, en ce qui concerne les très jeunes, cette expression prise dans le sens de cette époque ne semble plus convenir. Les nouvelles générations sont davantage préoccupées par le présent que par le passé et le modèle culturel qui faisait passer la culture ethnique en premier et la culture d'insertion en deuxième, a été, comme cela s'imposait pour l'uniformisation de la nation, virtuellement renversé. De nos jours, bien des jeunes descendants des Franco-Américains de Lowell apprennent le français à l'école, comme langue étrangère. Ils ne perçoivent plus leur fidélité à leur identité ethnique comme une obligation morale fondamentale mais plutôt comme un « supplément » culturel, un élément d'exotisme et de diversité qui les différencie de leurs jeunes amis qui sont, tout comme eux : « Américain[s] et autre chose ».

Les descendants des Canadiens français sont aujourd'hui présents (que leur nom soit anglicisé ou non) dans tous les milieux : politique, financier, médical, universitaire, et autres. Parce qu'ils ne sont pas singularisés, contrairement à certaines autres minorités ethniques, par une dimension raciale ou un langage politique particulier, ceux que l'on surnomma autrefois « les Chinois de l'Est », afin de faire ressortir leur résistance à l'assimilation, sont aujourd'hui largement assimilés. Ils se sont assimilés. N'ont-ils pas gardé néanmoins, tout comme les Indiens-Américains avec qui ils se sont si fréquemment intermariés un sens de l'histoire qui, sans la renier, transcende l'histoire nationale et appelle au renouveau ? Alors que le monde va, de plus en plus clairement dans la direction de la globalisation, de la mise en valeur du multiculturalisme et de la remise en question de l'idée d'identité nationale comme dimension culturelle unique, il n'est pas impossible que se manifeste bientôt, chez les jeunes Américains d'origine franco, un enthousiasme inattendu pour les récits d'immigration ou les récits de vie des habitants du Petit Canada lus, de manière nouvelle, sous forme de mythes des origines. Car l'histoire orale, à la fois narration émotionnelle et mémoire inscrite dans le langage, a pour don de fixer le passé dans le sacré. La mémoire culturelle, inscrite de manière souvent secrète dans les modes de vie et les mentalités, est une méta-mémoire invisible mais dont on ne saurait se passer car elle est la fondation même de l'identité collective des êtres, qu'ils soient issus d'un milieu monoculturel ou non[29]. Elle est, par là-même, une force souterraine indestructible. Il semble donc, à l'avenir, que l'identité poétique des descendants lointains des premiers Franco-Américains de Lowell doive moins se situer — comme cela a été le cas pour Jack Kerouac — « entre mémoire et histoire », pour reprendre la formule de Pierre Nora, qu'à la fois « dans l'histoire et la mémoire ».

NOTES

1. Voir Gérard Brault, *The French-Canadian Heritage in New England,* Hanover et Londres, University Press of New England, 1986 ; Armand Chartier, *Histoire des Franco-Américains de la Nouvelle-Angleterre, 1755-1990,* Sillery, Québec, Éd. du Septentrion, 1991 ; Claire Quintal (dir.), *L'Émigrant québécois vers les États-Unis : 1850-1920,* Québec, Conseil de la vie française en Amérique, 1982, 122 p. Actes du colloque de l'Institut français du Collège de l'Assomption (Worcester, Mass., 14 mars 1981). Pour une perspective américaine de l'immigration dans la région de Boston, voir Frederick Coburn, *History of Lowell and Its People,* New York, Lewis Historical Publ., 1920 ; et les travaux plus récents d'Oscar Handlin. Pour une perspective historique française, voir aussi François Weil, *Les Franco-Américains : 1860-1980,* Paris, Belin, 1989.

2. Entrevue avec Mme Yvonne Lagassé, 23 mars 1983. Voir Brigitte Lane, *Franco-American Folk Traditions and Popular Culture in a Former Milltown : Aspects of Ethnic Urban Folklore and the Dynamics of Culture Change in Lowell, Mass.,* New York et Londres, Garland, 1990, p. 367. Il sera désormais fait référence à cet ouvrage sous l'abréviation *AEUF.*

3. Voir les sept volumes des *Lieux de mémoire* de Pierre Nora (Paris, Gallimard, 1984-1992) et, plus particulièrement, « Entre mémoire et histoire », vol. I, p. XV-XLII. Il faut ici compléter la théorie historique de Nora sur les « lieux » par la théorie anthropologique de Marc Augé sur les

« non-lieux » qui ne sont pas marqués historiquement. Cf. *Non-lieux: introduction à une anthropologie de la surmodernité*, Paris, Seuil, 1992.

4. Pierre Vidal-Naquet, « Le couple mémoire-histoire face à la Shoah », *Hommes et Migrations* (« Mémoires multiples »), n° 1158, octobre 1992, p. 15-17. Il sera désormais fait référence à cet article sous l'abréviation « CHM ».

5. Voir Brigitte Lane, *AEUF*, pour le texte complet des entrevues personnelles faites au cours de quatre années d'enquêtes à Lowell, Mass., au début des années 80. Le système de transcription adopté a cherché à recréer, de la manière la plus simple et la plus authentique possible, la sonorité et la spécificité de la langue des informateurs.

6. Georges-Marie Bilodeau, *Pour rester au pays : étude sur l'immigration des Canadiens français aux États-Unis de 1840 à nos jours*, [Montréal], Leméac, 1981, p. 31-32.

7. Mme Yvonne Lagassé, 22 février 1983. Cf. Lane, *AEUF*, p. 322-323.

8. Sur le plan de la narration héroïque et de la dimension rituelle du « récit de voyage dans l'autre monde », voir les travaux d'Albert Lord, de Victor Turner et d'Arnold Van Gennep.

9. Mme Corinne Foster, 26 avril 1983. Cf. Lane, *AEUF*, p. 324. Pour les chansons d'immigration, voir aussi Brigitte Lane, « Ethnic "Survivance" in Some Franco-American Folksongs », *The Harvard Advocate*, n° spécial sur « Folklore, Myth and History », automne 1983, p. 47-53 ; « De la culture immigrée à la culture ethnique : la chanson populaire d'expression française et l'expérience franco-américaine en Nouvelle-Angleterre », *Études de linguistique appliquée*, n° 70, avril-juin 1988, Paris, Didier Érudition, n° spécial sur « Foyers francophones aux États-Unis », p. 51-63.

10. M. Roger Brunelle, 22 février 1983. Cf. Lane, *AEUF*, p. 325-326. La bataille d'Arcole eut lieu le 17 novembre 1796 et opposa les armées françaises aux armées autrichiennes.

11. Sur le mythe napoléonien, voir Jean Tulard, *Napoléon ou le Mythe du sauveur*, Paris, Fayard, 1977.

12. Mme Ouellette, 16 février 1983. Cf. Lane, *AEUF*, p. 329. Mme Ouellette est aujourd'hui décédée. Pour les conditions générales de travail dans les manufactures, voir Tamara Hareven et Randolph Langenbach, *Amoskeag : Life and Work in an American Factory-City*, New York, Pantheon Books, 1978.

13. *Ibid.*, Brigitte Lane, *AEUF*, p. 330.

14. Richard Santerre, *The Franco-Americans of Lowell, Mass.*, Lowell, Franco-American Day Committee, 1972, non paginé. Frances Early considère, dans « French-Canadian Beginnings in an American Community, Lowell, Mass. 1868-1886 » (diss. Concordia University, 1979), qu'à cette époque, seulement un habitant du quartier sur trois était Canadien et que la ghettoïsation ne s'est faite qu'après 1880.

15. Dans un rapport fait au Bureau de la santé en 1880, un officiel notait l'extrême densité de population (1 076 personnes pour deux acres) ainsi que l'insalubrité générale du quartier. Voir G. Kengott, *The Record of a City : A Social Survey of Lowell*, New York, Macmillan, 1912, p. 70.

16. Richard Santerre, *op. cit.*, *AEUF*, p. 97.

17. Mme Yvonne Lagassé, 12 février 1982. Cf. Lane, *AEUF*, p. 334.

18. Mme Lagassé a réalisé, en juin 1982, une bande sonore en trois parties sur *Le Petit Canada de Lowell* : « Les rues et les magasins » ; « La lumière dans le Petit Canada » et « Les peddleurs ». Cf. Lane, *AEUF*, p. 514-532.

19. Père Armand Morrissette, « Faits et gestes », *Le Journal de Lowell*, octobre 1977 et novembre 1981.

20. Jack Kerouac, *Lonesome Traveler*, New York, Grove Press, 1960, p. VI-VIII. Introduction de l'auteur (ma traduction).

21. Père Armand Morrissette, 20 octobre 1982. Cf. Lane, *AEUF*, p. 362. Le père Morrissette est aujourd'hui décédé.

22. *Ibid.*, p. 360-361.

23. *Ibid.*, p. 361.

24. *Ibid.*, p. 363.

25. Peter Woolfson, « The French-Canadian Heritage of Jack Kerouac as Seen in His Autobiographical Works », *Le Farog-Forum*, février 1979, p. 19 sq. Voir aussi Ann Charters, *Kerouac : A Biography*, San Francisco, Straight Arrow Books, 1973 et *Un homme grand : Jack Kerouac à la confluence des cultures*, Ottawa, Carleton University Press, 1990 (Actes de la Rencontre internationale J. Kerouac à Québec, octobre 1987).

26. Pierre Vidal-Naquet, « CHM », p. 15. L'auteur parle même de « mémoires opposées » entre l'école libre et l'école laïque françaises. Pour l'expérience franco-américaine, voir Claire Quintal (dir.), *Les Franco-Américains et leurs institutions scolaires*, Worcester, Mass., Collège de l'Assomption, 1990.

27. *Ibid.*, p. 16.

28. Armand Chartier, *op. cit.*, chapitre V.

29. Pour l'apport de l'histoire orale à l'histoire nationale, voir Barbara Allen et Lynwood Montell, *From Memory to History : Using Oral Sources in Local Historical Research*, Nashville, Tennessee, American Association for State and Local History, 1981. Sur l'écriture de l'histoire nationale, consulter Pierre Nora, « Comment écrire l'histoire de France », *op. cit.*, vol. III, 1, p. 1-32.

DE L'INFLUENCE DE LA RELIGION SUR LES DICTONS MÉTÉOROLOGIQUES DE LA VALLÉE DE LA RIVIÈRE SAINT-JEAN : UN APERÇU DE LA NOUVELLE-ANGLETERRE[1]

Roger Paradis
Université du Maine (Fort Kent, Orono)

En 1785, un petit groupe d'Acadiens exilés colonisa la haute vallée de la rivière Saint-Jean. Les vastes terrains alluviaux de cette région attirèrent aussi un groupe plus nombreux de colons du Québec. Il s'agissait là du territoire du Madawaska, objet de contentieux entre la Grande-Bretagne et les États-Unis. Les Indiens Malécites habitaient également le Madawaska où ils étaient relégués à une misérable réserve près de la rivière Madawaska. Des familles *yankees* arrivèrent au compte-gouttes en 1820 et construisirent leurs fermes sur la rivière Fish. Plus tard, toujours au XIXe siècle, un petit groupe de colons écossais et irlandais établirent des concessions à l'embouchure de la rivière Allagash. En 1842, le traité de Webster-Ashburton partagea ce territoire le long de la rivière Saint-Jean, et les familles se trouvèrent divisées politiquement[2]. Malgré cette frontière politique, la vallée demeura une communauté internationale possédant une langue et une culture communes. Cependant, les Américains du Madawaska étaient davantage soumis aux influences de l'assimilation que leurs cousins de l'autre rive, si bien qu'ils se trouvèrent petit à petit absorbés dans la réalité culturelle *yankee*. Par la force des choses, ils conservèrent des relations socio-économiques étroites avec leurs parents de l'autre bord qui représentaient, et représentent toujours, leur garantie contre une assimilation totale au sein du creuset américain.

L'objet de cette étude est la communauté française du Madawaska, dont bien des descendants se sont installés partout en Nouvelle-Angleterre et plus particulièrement dans l'État fortement industrialisé du Connecticut[3]. Ils y apportèrent leur langue et leur culture, y compris leur lot de dictons météorologiques. Certains de ces émigrés ont conservé le don ancestral de pressentir le temps qu'il fera.

Le Madawaska devint une voie importante d'accès à la Nouvelle-Angleterre pendant certaines périodes des XIXe et XXe siècles. Les colons suivaient les portages traditionnels du Témiscouata à partir de Rivière-du-Loup, en suivant la rivière Madawaska jusqu'à la rivière Saint-Jean. Les Canadiens et les Acadiens avaient suivi ce trajet pendant trois siècles, dans un premier temps sous la bannière fleurdelisée, puis sous la croix de Saint-Georges[4].

Les mouvements migratoires à destination ou en provenance de la vallée de la Saint-Jean reflétaient les aléas des conflits de frontière ainsi que les hauts et les bas du commerce du bois. En 1827, quand John Baker proclama l'indépendance de la république du Madawaska, l'émigration augmenta brusquement tandis que l'immigration s'effondra. Une fois ce personnage mis sous les verrous d'une prison de Fredericton, l'émigration se stabilisa. Les médiations de La Haye produisirent également des effets apaisants sur les imbroglios frontaliers. Le jugement rendu par le roi des Pays-Bas en 1831 fut estimé irrecevable par le Maine et le Massachusetts, si bien que les bûcherons du Nouveau-Brunswick reprirent l'abattage de plus belle. L'immigration remonta en flèche tandis que l'émigration battit des records de faiblesse. Le mécontentement dans le *Pine Tree State* culmina, en 1838, lors de la guerre d'Aro(o)stook, guerre qui s'acheva sans effusion de sang grâce à la mise sur pied du traité de Webster-Ashburton[5]. L'exploitation forestière tomba au point mort. L'immigration devint irrégulière à cause des incertitudes quant au résultat des négociations anglo-américaines. L'émigration augmenta brusquement. Le même chemin qu'avaient suivi les soldats loyalistes pour se rendre à Fort Kent servait maintenant de voie de sortie aux émigrants.

Après l'établissement définitif de la frontière, l'immigration reprit et augmenta rapidement[6]. La population passa bientôt de 3 500 en 1840 à 14 000 en 1870. Un taux de natalité élevé et un taux de mortalité bas (en particulier la mortalité infantile) contribuèrent aussi à cet accroissement. Les dernières concessions de part et d'autre de la rivière Saint-Jean ainsi que celles plus en retrait furent occupées. On aurait pu croire que les colons du Québec finiraient par envahir le comté à moins de leur faire barrage. Le développement des terres agricoles s'arrêta brusquement, dans les années 1870, quand les dirigeants du Maine vendirent le reste des terres boisées à une poignée de barons de l'industrie forestière. La situation était très similaire de l'autre côté de la rivière où le gouvernement vendit de grandes étendues des meilleures terres arables à la compagnie des chemins de fer du Nouveau-Brunswick. Le manque de terres arables était aggravé par les sols rocailleux et par la présence de collines se succédant jusqu'à la vallée du Saint-Laurent, comme si la nature et la politique s'étaient mises d'accord pour décourager la colonisation de ce territoire. Cela provoqua une brusque augmentation de l'émigration au profit de centres industriels comme Millinocket, Bucksport, Waterville, Pittsfield, Lewiston et Biddeford. L'émigration fut facilitée par le prolongement opportun de la ligne de chemin de fer Bangor-Aro(o)stook jusqu'à la vallée de la Saint-Jean. Certains émigrants se rendaient jusqu'aux villes *yankees* de Lowell, de Waltham, de Woonsocket et de Manchester. Le commerce du bois continuait à attirer des immigrants dont beaucoup restèrent et grossirent les rangs des prolétaires. L'industrie du bois présentait bien moins d'attraits que ne le faisaient la vie citadine et les revenus réguliers.

Ces mouvements migratoires se poursuivirent jusqu'à la Première Guerre mondiale, après laquelle il y eut une émigration massive en provenance du

Madawaska américain. Les années de prospérité étaient passées et il n'était pas question de revenir à l'autoconsommation. On abandonna les fermes les plus isolées et on les mit aux enchères. Au cours de ces années de dépression, le Madawaska perdit une forte proportion de sa jeunesse, au profit des villes commerçantes du Connecticut. En 1972, j'en ai rencontré dans les villes comme Waterbury, Southington, New Britain, Bristol et Hartford. Ils étaient indépendants économiquement et rudes à la tâche, si bien qu'ils connurent la réussite, la prospérité et même la richesse pour certains d'entre eux[7]. Les colons de la première génération avaient préservé leur culture ancestrale, mais leurs enfants avaient choisi l'anglais plutôt que le français comme première langue et connaissaient la tradition orale de façon plus nostalgique que pratique. Ce constat a été confirmé par des recherches sur le terrain qui se poursuivent actuellement. À part la musique, la disparition de la culture traditionnelle est généralisée et grandissante, surtout en ce qui concerne les dictons météorologiques. À mesure que les sciences progressent, ces dictons étaient considérés comme des vestiges du passé dont il fallait se débarrasser à la façon d'un bagage culturel superflu. Seuls quelques-uns ont survécu et, pour la plupart, dans leur version anglaise : «*The third makes the month*» ; «*Rain before seven clear before eleven*» ; «*Red sky in the morning...*» ; etc.

L'Église constituait l'un des piliers principaux de la société franco-américaine. On consultait le prêtre de la paroisse en cas de maladie, pour recevoir des conseils matrimoniaux et même pour circonscrire les feux de forêt[8]. Selon un témoignage, les colons avaient recours au prêtre pour appeler la pluie de leurs prières. À l'occasion, celui-ci aspergeait d'eau bénite un périmètre destiné à contenir un feu. Parfois même, il réussissait à empêcher un incendie de s'étendre en l'entourant de médailles de la Vierge placées sur des souches d'arbres ou accrochées à des branches. Lors des visites du prêtre à la paroisse, on avait l'habitude de le prier de bien vouloir bénir le foyer contre la foudre et les incendies. On comprend que les gens étaient terrifiés par la foudre, et rien ne pouvait les inciter davantage à se prosterner qu'un orage. Au moindre coup de tonnerre, la mère de famille se précipitait sur le flacon d'eau bénite et sur le rameau de buis béni pour oindre ses enfants. On faisait des signes de croix sur toutes les portes et les fenêtres. On allumait des cierges et les enfants se mettaient à prier avec ferveur. À peine avait-on fini d'égrener son chapelet que l'orage était terminé[9].

Les messes et les neuvaines «pour les biens de la terre» étaient «de rigueur» pendant le printemps, l'été et l'automne : les saisons du renouveau. Des pluies trop abondantes ou des gelées printanières tardives pouvaient s'avérer catastrophiques pour les colons du Madawaska. Des nouvelles semailles impliquaient une récolte tardive et donc menacée par les gelées. Toutes les plantations devaient être achevées avant le dimanche de la Fête-Dieu, soixante jours après Pâques. C'était prendre un risque que de planter après cette date. Une mauvaise récolte pouvait entraîner une famine, comme la «grande disette» de 1796 dont les Madawaskains se souviennent encore sous son appellation locale de « misère noire[10] ». Les mauvaises récoltes étaient monnaie courante dans la région frontière du Madawaska jusqu'à ce que les machines du XXe siècle aient diminué la saison des semailles et des récoltes, et par là même réduit les risques de gelées. Des pluies estivales trop abondantes menaçaient de faire pourrir les récoltes dans les champs. Un soleil trop ardent risquait de les faire sécher sur pied et de les anéantir. Des récoltes abîmées par le gel ou par des pluies persistantes ne se gardaient pas. « Le foin chauffait », m'a dit un fermier. Les bêtes sont difficiles et n'aiment pas le foin qui sent mauvais. Les céréales risquaient de se gâter. « De la farine qui chauffe goûte mauvais », d'ajouter le même fermier[11]. Par conséquent, les gens demandaient de la pluie mais pas trop ni trop souvent, et du soleil mais pas trop longtemps. Ils priaient aussi pour que Dieu leur épargne les ravages du gel.

De mémoire d'homme, la rivière Saint-Jean n'avait jamais débordé avant le XXe siècle. Les colons avaient bâti leurs maisons au-dessus du niveau de crue. Le sol de la forêt était couvert d'un épais tapis de mousse qui faisait éponge au dégel du printemps. Les assauts contre les pins géants s'interrompirent à la fin du XIXe siècle après l'abattage de la forêt de sapins et de cèdres. Une fois le couvert des arbres disparu ou sérieusement amoindri, les crues présentaient une menace constante. Les colons dont les bâtiments se trouvaient dans la plaine d'inondation étaient particulièrement vulnérables. Ceux qui le pouvaient reconstruisaient leurs maisons sur des hauteurs, mais il était plus difficile de déplacer les granges et les étables. Face à l'adversité, les familles se réfugiaient dans la prière, motivées par une foi très vive. Les familles se rassemblaient parfois au pied d'un calvaire et priaient pour que la pluie cesse et que le froid hivernal s'en vienne afin que les rivières amorcent leur décrue. Dans une certaine paroisse, un prêtre marchait sur les berges de la rivière, son bréviaire à la main, pendant la saison des crues. Naturellement, les gens pensaient qu'il priait « pour pas que ça floode[12] ». Les gens pensaient que les prières servaient à quelque chose ; elles ne pouvaient sûrement pas faire de mal.

La plupart des dictons du Madawaska étaient inspirés par la célébration des fêtes religieuses du calendrier liturgique. Les dimanches et les fêtes d'obligation, par exemple, les gens observaient le prêtre avec soin pour voir de quel côté il fermait son missel. S'il le fermait « du côté de l'épître », cela annonçait du mauvais temps pour le reste de la semaine ; « du côté de l'évangile » était un présage de beau temps[13].

Les premiers colons n'avaient pas de calendrier, mais ils possédaient une façon de deviner la longueur de chaque journée grâce au solstice d'hiver. Ils inventèrent ce poème non dénué d'imagination :

> Du vingt décembre à Noël,
> les jours rallongent le pas d'une hirondelle,

Aux Rois,
un pas d'oie (ou de coq).

À la Chandeleur,
trois quarts d'heure (ou douze pas de coq).

Après le temps des Fêtes, on attendait impatiemment la fête de la Saint-Paul, le 25 janvier. On disait que le temps de cette journée déterminait le temps du reste de l'année. Le 2 février, la Chandeleur, occupait une place importante au calendrier avant de céder le pas à la marmotte américaine. On célébrait la Chandeleur au cours d'une messe où l'on bénissait les cierges. Pendant l'après-midi et la soirée, on quêtait de porte en porte pour les pauvres de la paroisse. On devait, bien sûr, consacrer un dicton à ce jour mémorable qui constituait, pensait-on, un tournant de l'hiver. Il y avait un joyeux proverbe à ce sujet : « À la Chandeleur, la neige est à sa hauteur ».

Le temps qu'il faisait le dimanche de la Passion était censé se maintenir pendant la Semaine sainte ; on disait que la provenance du vent, ce jour-là, influençait la direction du vent pendant les quarante jours suivants. On était inquiet, à cette période, à cause de la proximité des plantations du printemps. Le Vendredi saint, tout le monde s'attendait à du mauvais temps ; s'il faisait beau, le printemps serait tardif et froid. La précocité de Pâques annonçait un printemps précoce ; cela ne manquait jamais, même si on en ignorait la raison. Le dimanche après l'Ascension était un jour de réjouissance au calendrier liturgique et on estimait que c'était signe de temps ensoleillé. Quand il pleuvait, on pensait que cette pluie empoisonnerait le sol, comme l'indique ce proverbe : « À l'Ascension la pluie est poison. »

Le plus souvent, on attribuait le temps rigoureux à la disgrâce divine, mais il était possible d'expier ses fautes par des prières et des sacrifices appropriés. Le 14 avril, à la Saint-Marc, on pouvait, par exemple, faire dire une messe spéciale « pour les biens de la terre », suivie de la bénédiction des semences. Dans certaines paroisses, on célébrait cette cérémonie le cinquième dimanche de Pâques ou dimanche des Rogations, et les Rogations tombaient les lundi, mardi et mercredi suivants. Après les cérémonies religieuses, tout le monde attendait la pluie et tous étaient déçus si elle ne tombait pas.

Le mois de mai était particulièrement consacré au culte de la Vierge Marie. On espérait une température clémente, selon les mots de l'adage populaire : « C'est le mois de Marie, c'est le mois le plus doux. » On croyait que la première pluie du mois avait des qualités curatives spéciales comme l'eau bénite et qu'elle ne gâtait rien. Un fermier m'a dit que la pluie de mai « tuait les barbeaux (scarabées) », fort nuisibles ; raison suffisante de souhaiter de la pluie. On ne voyait pas la neige d'un bon œil, si tard dans la saison, mais on se rassurait avec la pensée suivante : « la neige du mois de mai enrichit la terre. » Dans le même ordre d'idées, on pensait que des précipitations abondantes en mai étaient signe de récoltes généreuses. « De la pluie en mai, bonne récolte de blé. »

Pour obtenir du beau temps les jours de noces, on invoquait Marie en accrochant un chapelet sur la corde à linge la veille au soir. Le dimanche après l'Ascension était habituellement une journée magnifique, mais on pensait que, s'il était gâché par la pluie, celle-ci « empoisonnerait la terre » et qu'il s'ensuivrait une période de sécheresse. On disait mille Ave en cas de sécheresse, de crue, de fléau ou de catastrophe naturelle, ou encore pour demander une faveur personnelle. On consacrait tous les samedis à la Vierge, cette sainte favorite dont on attendait du beau temps. Si, par contre, le temps était mauvais, il ne devait pas durer.

Il y avait trois jours fériés importants en juin, à commencer par le dimanche de la Trinité, suivi de la Fête-Dieu et de la Saint-Jean-Baptiste. On croyait que « quand il mouille à la Trinité, il mouille pour trois dimanches de suite[14] ». Le jeudi suivant le dimanche de la Trinité se célébrait la Fête-Dieu. Ce jour-là, il y avait une procession solennelle dans la communauté, dont le temps fort était une messe en plein air célébrée chez une famille de la paroisse. Tout le monde était présent à cet événement. Si cette célébration était interrompue par du mauvais temps, cela signifiait une mauvaise récolte, mais s'il faisait beau et que la cérémonie se déroule comme prévue, on était assuré d'une bonne récolte. C'est Samuel de Champlain qui a donné le nom de Saint-Jean-Baptiste à la rivière en 1605; ce saint est d'ailleurs le patron des Madawaskains. Sa fête est le 24 juin qu'on considérait comme le jour le plus long de l'année. Pendant les travaux du printemps, les hommes confiaient leur vie à ce saint et priaient pour obtenir du beau temps. Non seulement le grésil et la pluie rendaient les travaux des champs pénibles, mais ils les rendaient plus dangereux. On estimait que le temps de ce jour décidait du temps du reste de l'été, comme le précisait le dicton : « Quand il mouille à la Saint-Jean-Baptiste, il mouille pour sept dimanches de suite. »

Sous cette latitude septentrionale, il arrivait de geler jusqu'à la Saint-Pierre, le 29 juin. Ce jour-là, on comptait sur un orage car on croyait que la pluie était bénéfique pour les récoltes en plus d'être néfaste envers les insectes nuisibles ; par exemple, on disait : « Pluie à la Saint-Pierre tue les vers[15]. »

On fêtait la Saint-Martial et les sept frères martyrs le 10 juillet ; si par malchance il y pleuvait, il allait pleuvoir pendant quarante jours consécutifs.

La période des récoltes de septembre ne comportait pas de jours fériés. Ce qu'on nomme « l'été des Sauvages » ou « l'été de la Saint-Martin » commençait le dernier jour d'octobre et durait deux semaines. C'était également la saison où le clan des Malécites levait le camp afin de rejoindre ses quartiers d'hiver.

Novembre était « le mois des morts », mois lugubre qui indiquait l'arrivée de l'hiver ; la Toussaint, le 1er novembre, était annonciatrice de beau temps. Le 2 novembre marquait « le jour des Morts » où l'on imaginait les chers disparus de retour sur terre. Comme c'était un jour de deuil général, la pluie était normale. À la Sainte-Catherine, le 25 novembre, on espérait de la neige fraîche. Il s'agissait de « la bordée de Sainte-Catherine » qui était l'occasion de faire de la tire de mélasse qu'on appelait « bonbon de Sainte-Catherine ». La tire était versée sur la neige fraîche pour la faire refroidir, après quoi on la roulait, l'étirait et la coupait en morceaux pour Noël.

Le 8 décembre ou fête de l'Immaculée Conception, on disait que « la neige qui tombe est pure ». C'était le jour où les enfants pouvaient avaler de la neige sans se faire réprimander par leurs aînés.

Le temps des trois dernières semaines de l'Avent devait décider du temps des trois dernières semaines de janvier. On disait : « Quand les Avents sont belles (ou mauvaises), les après sont mauvaises (ou belles). » On faisait attention au temps des trois premiers jours d'hiver car ils annonçaient le temps des trois mois suivants.

La veille de Noël, on attendait de la neige qu'on appelait « la bordée de Noël ». On surnommait « les journaux » les douze jours de Noël, du 26 décembre à l'Épiphanie. Cette période de douze jours donnait des indications sur le temps des douze mois suivants[16]. Il y avait un dicton à ce sujet : « De Noël aux Rois, marque le temps des mois. » Ainsi s'achevait le cycle météorologique d'une autre année liturgique.

Les dictons religieux sont aujourd'hui moribonds, victimes du passage du temps. L'instruction a démystifié les phénomènes climatiques et la science a remplacé la religion en matière de prévisions météorologiques. Jusqu'à la génération précédente, le météorologue était l'objet de moquerie et de dérision, mais ce n'est plus le cas. Entre temps, les satellites météo ont enlevé à la météorologie l'élément de conjecture. Les anciens ont maintenu nos prédictions météorologiques traditionnelles, mais ils ont eux-mêmes rejoint les rangs des sceptiques. À l'âge de 84 ans, grand-père résumait ainsi la situation : « Nous autres on était tend'é de croyance. Des choses qu'on avait attendu [entendu] répéter toute notre vie, bien, là, on prenait ça comme de l'argent comptant. On creyait ça dur comme du fer. Nous autres foullait lire le temps. Aujourd'hui, tu vires un piton puis le voilà. »

L'art poétique du dicton donnait de la couleur et du caractère au parler populaire ; ces adages lui conféraient de la substance et de la personnalité. Les dictons religieux raffermissaient la foi des gens et si, par hasard, l'un d'entre eux se confirmait par les faits, on en faisait un dogme populaire. Ce dogme rassurait les croyants contre l'adversité et, surtout, il donnait un sens à leur vie.

Ces gens nous ont laissé peu de documents écrits ; c'est pourquoi ils ont généralement été laissés pour compte et souvent maltraités par l'histoire. On a fait d'eux la cible privilégiée d'insultes telles que « les pouilleux », « le troupeau » ou encore « la masse imbécile et rustre ». Alexander Hamilton les traitait de « bande de pourceaux ». Nous vivons à une époque riche de sa démocratie, et nous devons étudier les traditions orales de notre peuple pour pouvoir le comprendre. La voix du peuple est la voix de la démocratie : nous devons l'écouter.

NOTES

1. Article traduit de l'anglais par Patrick Hallé, Université d'Ottawa.

2. On consultera l'excellente histoire de cette région par Thomas Albert, *Histoire du Madawaska*, Québec, Imprimerie franciscaine missionnaire, 1920. Voir également, du Rév. Charles Collins, *The Acadians of Madawaska*, Boston, New England Historical Society Publication, 1870. On trouvera de la documentation dans le Fonds Prudent-L. Mercure, Archives nationales du Canada, MG 30, H12, 3 vol. L'impact des différends frontaliers sur la colonisation du Madawaska est traité dans l'article de Roger Paradis, « John Baker and the Republic of Madawaska », *Dalhousie Review*, Vol. 52, No. 1, 1972, p. 78-95.

3. Au sujet de l'émigration du Canada vers la Nouvelle-Angleterre aux XIXe et XXe siècles, voir *L'Émigration québécoise vers les États-Unis, 1850-1920*, deuxième colloque de l'Institut français, *Vie française*, Québec, Conseil de la vie française en Amérique, 1962, 122 p. ; « L'émigration des Canadiens français aux États-Unis », *Recherches sociographiques*, vol. 5, n° 3, 1964, Québec, Les Presses de l'Université Laval. Consulter l'introduction à l'histoire franco-américaine et à la culture de la Nouvelle-Angleterre d'Albert Reno (dir.), *A Franco-American Overview*, 4 vol., Cambridge (Mass.), National Dissemination Center, 1979-1983 ; l'étude du folklore franco-américain en Nouvelle-Angleterre de Luc Lacourcière, *Oral Traditions: New England and French Canada*, Québec, Les Archives de l'Université Laval, 1972 ; le texte de Roger Paradis, « Franco-American Folklore, a Cornucopia of Culture », dans Céleste Roberge, dir., *Vers l'évolution d'une culture*, Orono, University of Maine, 1973, p. 43-88. On trouvera des articles sur le folklore de la Nouvelle-Angleterre dans *Vie française. Le patrimoine folklorique des Franco-Américains*, sixième colloque de l'Institut français du collège de l'Assomption, Québec, Conseil de la vie française en Amérique, 1986.

4. Nive Voisine, *Le Chemin du Portage de Témiscouata de 1783 à 1839*, thèse, Université Laval, 1958. Voir également Fr. Marie Victorin, « Le portage de Témiscouata », *Mémoires*, Société royale du Canada, vol. 1, n° 12, 1988, p. 55-93. Le portage Majarmette des rivières Chaudière-Kennebec constituait également une voie classique d'accès à l'État du Maine pour les immigrants du Québec.

5. Bien que dépassé, l'ouvrage de Henry Burrage sur ce sujet demeure excellent : *Maine in the Northeastern Boundary Controversy*, Portland (Maine), 1919. Le rôle de Baker est étudié dans l'article de Roger Paradis, « John Baker and the Republic of Madawaska, an Episode in the Northeastern Boundary Dispute », *Dalhousie Review*, Vol. 52, No. 1, 1972, p. 78-95.

6. Béatrice Craig est l'auteure des recherches les plus récentes à ce sujet : « Agriculture and the Lumberman's Frontier in the Upper St. John Valley, 1800-70 », *Journal of Forest History*, July 1988, p. 125-137. Craig explique le rôle des liens de parenté dans l'immigration à destination de la haute vallée de la Saint-Jean. Cf. son article « Migrant Integration and Kinship Ties in a Frontier Community, Madawaska, 1785-1850 », *Histoire Sociale / Social History*, n° 38, 1986, p. 277-297.

7. Le travail sur le terrain avait pour but d'enregistrer de la musique et des chansons populaires, mais nous n'avons pas négligé d'autres aspects du folklore, dont les dictons météorologiques. Nous en discuterons plus en détail dans une publication à venir. Les enregistrements ont été déposés aux Archives de folklore de l'Université Laval. Un grand nombre de chansons, de légendes et de contes contiennent un thème religieux ; en voir l'inventaire par sœur Catherine Jolicoeur, *et al.*

8. *Notes de terrain*, 8-25-74, p. 31. Les incendies de forêt étaient le fléau de la vie des colons en raison des nombreux « abattis » ; il arrivait qu'un « brûlis » que les « tasseux » croyaient éteint continuât à brûler en sous-sol et reprît ailleurs. *Notes de terrain*, témoignage d'Onézime Hébert, 11-2-72, p. 12.

9. *Notes de terrain*, 11-6-74, p. 31-32.

10. Thomas Albert, *Histoire du Madawaska*, *op. cit.*, p. 122-125.

11. *Notes de terrain*, 11-8-74, p. 33 ; 9-24-94, p. 6.

12. *Ibid.*, 9-24-94, p. 6-7.

13. *Ibid.*, 6-21-73, p. 29-30, *passim*. Voir aussi L.E. Huot, *Calendrier paroissial*, St. David (Maine), 1914, p. 7-18. Consulter également Stith Thompson, *Motif Index of Folk Literature*, Vol. 6, Bloomington, Indiana University Press, 1966, D2140.6.1 — Contrôle du temps par la prière à un saint ; V233.6.1 — Les saints vus comme prophètes du temps ; Q312.4 — Les limites du pouvoir de Dieu sur les éléments. L'apparition des numéros 3 et 4 sont des vestiges des Écritures.

14. *Ibid.* Voir également le 10 juillet, fête de la Saint-Martial.

15. *Notes de terrain*, 11-7-74, p. 32. Cette croyance s'étendait à la médecine populaire, si bien qu'on donnait parfois « de la pluie de Saint-Pierre » aux enfants pour les débarrasser de leurs vers. Voir aussi Marcella Bélanger-Violette, *Le Fait français du Madawaska américain*, thèse de doctorat, Collège Saint-Louis-Maillet, Edmundston (N.-B.), 1953.

16. Ailleurs, on croyait que les six derniers jours de décembre présageaient le temps des six derniers mois de l'année et les six premiers jours de janvier, celui des six premiers mois de l'année. Voir sœur Marie-Ursule, *La Civilisation traditionnelle des Lavalois*, Québec, Les Presses de l'Université Laval, 1951, p. 167. Voir aussi Letha Curtis Musgrave, « Twelve Days of Christmas », *British Heritage*, Vol. 5, No. 1, 1984, p. 10-12.

LES FRANCO-AMÉRICAINS DE L'AN 2000 : LA BASE DE DONNÉES FRANCO-AMÉRICAINE

Éloïse Brière
Université de l'État de New York à Albany

et

L'INVENTAIRE FRANCO-AMÉRICAIN : RECHERCHE EN COURS

Joseph-André Senécal
Université du Vermont

Bien que la présence des Franco-Américains dans le nord-est des États-Unis soit plus que centenaire, ce phénomène demeure toujours aussi mal connu de nos jours. Face à cette situation, l'*Action pour les Franco-Américains du Nord-Est* (l'ActFANE) a décidé de mettre en place des structures afin de diffuser des données sur la population franco-américaine, ce qui n'avait pas été fait depuis fort longtemps. Entre 1916 et 1940, Albert Bélanger avait publié plusieurs guides[1] qui s'intéressaient surtout aux membres du clergé, aux hommes d'affaires, aux petits commerçants, aux journalistes, aux avocats et aux membres des autres professions. Ces guides présentaient un attrait certain autant au Québec que dans le nord-est des États-Unis.

La nouvelle banque de données sera accessible à tous par voie électronique (comme Internet), dès qu'elle sera complétée, fin 1996. Ce moyen rapide et pratique pour rejoindre les Francos, en particulier les spécialistes de divers domaines (musiciens, artisans, folkloristes, enseignants, historiens, etc.), va permettre de mieux répondre aux demandes de différents organismes à la recherche d'experts au courant des spécificités culturelles francophones.

Une bonne connaissance du français en Amérique du Nord peut avoir une grande importance, que ce soit lors d'un procès où les accusés sont francophones (qu'il s'agisse de Francos ou bien de Québécois) ou dans le monde des affaires et du tourisme, où les services de traduction permettent d'avoir accès au marché québécois.

Cela dit, le projet de l'ActFANE vise surtout le domaine de l'éducation, afin que le fait francophone soit représenté dans l'enseignement étatsunien. La création d'équipes de consultants destinés à conseiller les Départements d'éducation des différents États en ce qui concerne l'inclusion d'éléments francophones, est au cœur du projet original. Avec de telles équipes, l'ActFANE sera en mesure de conseiller les universités et les autres organismes éducatifs qui sont désireux de faire une place à la langue et à la culture de langue française dans leur enseignement.

La banque de données franco-américaine de l'ActFANE est située au Département d'études françaises à l'Université de l'État de New York à Albany. Elle est subventionnée par les Services culturels français de New York, ainsi que par la Délégation du Québec à New York.

Pour de plus amples renseignements, veuillez contacter :

The ActFANE Franco-American Database Project
c/o Éloïse Brière
Department of French Studies
Humanities 237
The University at Albany
Albany, NY
U.S.A. 12222

téléphone : (518) 442-4103
télécopieur : (518) 442-4188
courrier électronique : EAB13@CNSVAX.ALBANY.EDU

Pour sa part, le Centre de recherche sur les Franco-Américains du Nord-Est (CREFANE) de l'Université du Vermont a décidé d'offrir à la communauté scientifique l'inventaire de la documentation relative aux Franco-Américains de la Nouvelle-Angleterre et de l'État de New York. Ce projet de longue haleine porte le nom de *INFA : Inventaire franco-américain. The Franco-American Bibliography.* Cette initiative de l'Université du Vermont semblait des plus naturelles, compte tenu de la croissance du nombre de chercheurs dans les études franco-américaines.

L'*INFA* comprendra des renseignements sur les ouvrages franco-américains ainsi que sur les titres étrangers qui présentent un intérêt pour ce domaine d'études. L'*INFA* recensera systématiquement les livres (y compris les brochures, les dépliants ou tout autre document publié à titre d'auteur), les journaux, les périodiques, les articles de périodiques et de journaux savants, les thèses, les mémoires et, en plus de cette documentation, les sources iconographiques et sonores. Chaque titre sera accompagné d'un aperçu du contenu et d'une note sur l'histoire de son édition.

Le projet se divisera en deux parties. Il y aura d'abord une bibliographie courante, *INFA 1990-*, puis un inventaire rétrospectif, *INFA 1609-1989*, qui comptera cinq tomes : 1) livres ; 2) journaux et périodiques ; 3) articles de périodiques et de journaux ; 4) documents d'archives ; 5) index (ce dernier tome devrait paraître en 2007). La parution de *INFA 1990-1994* et des deux premiers tomes de *INFA 1609-1989* s'échelonnera de juin 1996 à juin 1997. Ces ouvrages seront disponibles sur disques optiques, en anglais et en français.

Le projet *INFA* est sous la direction de Joseph-André Senécal de l'Université du Vermont et d'Yves Roby du Département d'histoire de l'Université Laval. Le projet bénéficie de la collaboration de Linda Jones, bibliothécaire du Conseil international des études canadiennes à Ottawa, et de Nancy

Crane, chef des Services documentaires à la bibliothèque Bailey-Howe de l'Université du Vermont. Ensemble, celles-ci effectuent un contrôle bibliographique qui exploite les deux grands catalogues nationaux : les banques DOBIS (Canada) et OCLC (États-Unis).

L'*INFA* continue à recruter des collaborateurs qui pourraient contribuer à la recherche en cours, soit pour l'*INFA 1990-* et, surtout, pour le tome 3 de l'*INFA 1609-1989* pour lequel des milliers d'articles ont déjà été repérés.

Pour tout renseignement supplémentaire, prière de communiquer avec :

Yves Roby
Département d'histoire
Université Laval
Sainte-Foy (Québec)
G1K 7P4

téléphone : (418) 656-7051

CREFANE
Canadian Studies Program
The University of Vermont
589 Main Street
Burlington, VT 05405-0160

téléphone : (802) 656-3062
télécopieur : (802) 656-8518

NOTE

1. Albert Bélanger (dir.), *Guide franco-américain des États de la Nouvelle-Angleterre : 1916*, Fall River (Mass.), 1916.
——, *Guide franco-américain : 1921*, Fall River (Mass.), 1921.
——, *Guide officiel des Franco-Américains*, publié neuf fois entre 1922 et 1940.

HISTOIRE DE LA LOUISIANE FRANÇAISE 1682-1804

de BERNARD LUGAN

(Paris, Librairie académique Perrin, 1994, 273 p.)

Paul Lachance

Université d'Ottawa

Cette histoire de la Louisiane française par Bernard Lugan dépasse le cadre chronologique de l'étude classique de la même colonie par Marcel Giraud, dont les quatre tomes couvrent la période 1698-1723. En effet, si la colonisation du bassin du Mississippi ne commence réellement qu'en 1698 avec la construction du fort Maurepas à Biloxi, déjà en 1682 (année choisie par Bernard Lugan comme point de départ), Robert Cavelier de La Salle, après sa descente du Mississippi à la tête d'une expédition de 22 Français et de 30 Amérindiens, avait pris possession de toute la région qu'il venait de traverser au nom de Louis XIV. L'auteur raconte d'abord les explorations, en commençant par celles des Espagnols bien avant les voyages de La Salle, et les débuts de la colonisation française. Le cœur de son livre, c'est-à-dire quatre des sept chapitres, porte sur les années 1713-1763, l'époque d'un véritable « empire du Mississippi ». Un dernier chapitre, pertinemment intitulé « De l'Empire abandonné à l'Empire vendu », est cependant curieusement divisé : neuf pages sur la cession de la rive gauche du Mississippi à l'Angleterre et de la rive droite à l'Espagne à la suite de la guerre de Sept Ans, cinq pages seulement sur les quelque quatre décennies de la domination espagnole, et dix-sept sur la rétrocession de la rive droite à la France en 1800 et sa vente aux États-Unis, trois ans plus tard.

L'importance stratégique de la vallée du Mississippi dans les guerres franco-anglaises pour la suprématie sur le continent nord-américain au XVIIIe siècle est clairement démontrée. Chaque puissance justifiait ses ambitions impériales comme une stratégie défensive nécessaire pour contenir l'expansion de l'adversaire et échapper à l'étouffement dans un territoire borné. La France voulait « éviter à la Nouvelle-France d'être prise à revers » (p. 46). Les colonies anglaises, pour leur part, se sentaient « encerclées par les possessions françaises qui leur interdisaient toute pénétration vers l'ouest » (p. 70).

Puisant aux archives des colonies, de la marine, et de la guerre, Lugan décrit de façon réaliste les moyens dérisoires consacrés par la France à la défense de sa colonie, la dispersion de quelques centaines de soldats dans une mince ligne de forts érigés aux endroits stratégiques dans la vallée du Mississippi, et la conduite brutale des guerres contre les Renards, les Natchez et les Chicasas. Dans les annexes, on trouve une description de l'emplacement et de la construction des forts et postes de haute et de basse Louisiane, parfois avec le nombre de soldats dans les garnisons, une liste des tribus amérindiennes importantes du Sud et du Nord, et plusieurs cartes utiles montrant les voies de communication entre le Canada et la Louisiane et l'emplacement des forts français et anglais.

L'ouvrage sera surtout apprécié par les amateurs de la géographie de la Nouvelle-France, de son histoire militaire et diplomatique et des relations entre les Amérindiens et les Français. Par contre, ceux qui s'intéressent à l'histoire économique et sociale seront moins satisfaits. En effet, Lugan n'incorpore pas les nouvelles perspectives des historiens comme Daniel Usner et Gwendolyn Hall sur l'interaction des colons canadiens et français avec les Africains et les Amérindiens en basse Louisiane et la formation d'une culture « créole » distincte ayant le français comme langue de base.

On s'étonne que Lugan, auteur de neuf ouvrages sur l'histoire africaine, ne mentionne qu'en passant et inexactement la présence des Africains en Louisiane. Dans la section concernant le peuplement de la colonie, il ne les oublie pas tout à fait, mais il est approximatif quant à ses données numériques et ne tient pas compte des statistiques précises fournies par Gwendolyn Hall. Selon Lugan, les esclaves viennent de l'Angola et du golfe de Guinée. Pourtant, si quelques-uns sont originaires de ces régions, ils sont beaucoup moins nombreux que ceux qui sont transportés de Sénégambie. « Très recherchés à la Louisiane, ose-t-il affirmer, ils n'étaient vendus qu'à ceux qui pouvaient les loger, les nourrir et étaient en mesure de les traiter correctement » (p. 82). Si c'était bien le cas, comment expliquer que seuls 1 320 Africains furent recensés en 1732 malgré l'importation de 5 790 d'entre eux depuis 1719 ? Sur la composition raciale de 1742, Lugan renverse la proportion réelle des esclaves noirs en disant que les Blancs formaient alors les deux tiers de la population.

Il n'y a qu'une seule allusion au rôle des Noirs dans la défense de la colonie. En comparaison avec le Canada, où on compte 12 000 hommes dans la milice en 1745, et 15 000 en 1754, la milice en Louisiane à la même époque « n'avait qu'un effectif de 400 hommes renforcés par 200 ou 300 nègres » (p. 167). Mais, en lisant l'histoire de Lugan, on n'apprendra pas, par exemple, que le gouverneur Périer, après le soulèvement des Natchez en 1729, avait envoyé un groupe d'esclaves armés pour détruire le village de Chaouachas dans une tentative de décourager la révolte d'autres nations indiennes, ou que Bienville avait créé une compagnie distincte de Noirs libres dans la première campagne contre les Chicasas en 1737.

Un chapitre entier porte sur « La Politique indienne » entre 1713 et 1752. Lugan ne donne pas d'estimation de la population des nations indiennes dans la vallée du Mississippi au XVIIIe siècle. Parmi les cartes à la fin du livre, aucune ne montre les territoires toujours sous leur contrôle. Néanmoins, l'auteur reconnaît que les Amérindiens « ont presque toujours constitué la majorité des combattants dans les expéditions militaires» (p. 168). Étant donné le petit nombre de soldats alloués par la métropole pour défendre un territoire immense, le «principal atout de la Louisiane fut l'habileté de la politique indienne conduite par ses dirigeants» (p. 216). À la différence du Canada où les méthodes de guerre européennes furent imposées après 1754, les méthodes de guérilla qui caractérisent la «guerre de brousse» persistèrent dans la vallée du Mississippi et permirent aux établissements français de cette région de se maintenir après la perte du Canada jusqu'en 1763. Dans ce contexte, parler d'un «empire du Mississippi» semble hyperbolique. Il s'agit plus exactement de prétentions impérialistes dans une région où les rivalités amérindiennes primaient toujours sur celles des Européens.

Enfin, la perspective eurocentriste de l'auteur est particulièrement évidente en fin de volume, dans l'exposé de la vente de la Louisiane aux États-Unis. Si la décision de Napoléon est correctement située dans le contexte de l'échec de l'expédition Leclerc pour rétablir l'autorité de la métropole sur Saint-Domingue, en revanche, Lugan attribue entièrement ce qu'il nomme la «tragédie de Saint-Domingue» (p. 206) à la fièvre jaune sans mentionner la résistance des insurgés noirs provoquée par la tentative bonapartiste d'y rétablir l'esclavage. Heureusement, de telles analyses sont plus rares pour la période que Lugan connaît le mieux.

GÉNÉRAL

JOS VIOLON, UN VRAI CONTEUR POPULAIRE AU XIXe SIÈCLE

Aurélien Boivin
Université Laval (Québec)

De tous les conteurs du XIXe siècle, dont les récits ont été fixés à l'écrit par des littéraires, Jos Violon est indéniablement le meilleur et probablement le plus authentique. Louis Fréchette, qui avait tout mis en œuvre, au début des années 1880, pour assurer sa renommée comme poète en tentant de rivaliser avec Victor Hugo et en se faisant sacrer poète-lauréat par l'Académie française[1], l'a immortalisé dans huit de ses contes que Victor-Lévy Beaulieu a réunis en recueil en 1974[2], soit un peu moins de soixante-dix ans après la mort de l'écrivain lévisien. Essayons de mieux faire connaître ce conteur exceptionnel, avant de le montrer à l'œuvre, de préciser la richesse de son imaginaire et de révéler ses secrets dans l'art de conter.

Jos Violon, conteur

Fréchette, qui a été souvent impressionné, dans son enfance, par le célèbre conteur Jos Violon, ne rate jamais une occasion de le présenter sous ses beaux jours et de communiquer son admiration pour cet homme exceptionnel. Voilà ce qu'il en dit dans ses *Mémoires intimes* :

> C'était un type très remarquable que celui-là. Dans son état civil, il s'appelait Joseph Lemieux ; dans la paroisse il se nommait José Caron ; et dans les chantiers, il était universellement connu sous le nom de Joe [*sic*] Violon. D'où lui venait ce curieux sobriquet ? C'est plus que je ne saurais dire. Il se faisait déjà vieux quand je l'ai connu et il était loin de s'imaginer que j'évoquerais sa mémoire plus d'un demi-siècle après sa mort[3].

Ce Jos Violon, ainsi que Fréchette le baptise dans ses contes d'abord publiés dans les périodiques[4], à la fin du XIXe et au début du XXe siècle, non seulement a-t-il déjà existé, mais il jouissait, dans tout le canton et même « d'un bout à l'autre du pays[5] », d'une solide réputation de conteur. On accourait de partout pour l'entendre et l'écouter. Laissons encore la parole à Fréchette :

> L'été, ces réunions avaient plus d'attraits encore. À quelques arpents en aval de chez nous [à la Pointe-Lévis], dans un enfoncement de la falaise encadré de noyers gigantesques, dans un site qui aurait pu faire le sujet d'un charmant tableau, il y avait un four à chaux, dont le feu — dans la période de la cuisson, bien entendu — s'entretenait toute la nuit [...]. Les abords en étaient garnis de bancs de bois ; et c'était là qu'avaient lieu les rendez-vous du canton pour écouter le narrateur à la mode. Quand les sièges manquaient, on avait tôt fait d'en fabriquer à même de longs quartiers de bois destinés à entretenir la fournaise ardente. Là, dès la brume, on arrivait par escouades : les femmes avec leur tricot, les hommes avec leurs pipes, les *cavaliers* avec leurs *blondes* bras dessus bras dessous, la joie au cœur et le rire aux dents. Chacun se plaçait de son mieux pour voir et pour entendre[6].

Le célèbre conteur était le point de mire de ces rassemblements qui avaient lieu surtout « les soirs d'automne et d'hiver — car Jos Violon [devenu trop vieux] n'allait plus *en hivernement*[7] ». Fréchette évoque ces « veillées de contes » auxquelles il assistait, en compagnie de son inséparable compagnon et ami John Campbell[8], son presque frère d'adoption, et au cours desquelles il pouvait entendre son conteur favori, dont « le style pittoresque, écrit-il, nous enthousiasmait[9] ». Ces rassemblements fort prisés du public avaient lieu, dans les contes, sans doute dans la vie, chez le père Jean Bilodeau, « un bon vieux de nos voisins que je vois encore assis à la porte du poêle, les coudes sur les genoux, avec le tuyau de son brise-gueule enclavé entre les trois incisives qui lui restaient[10] » (TC, p. 35), ou chez le père Jacques Jobin, « un [autre] bon vieux qui aimait la jeunesse et qui avait voulu faire plaisir aux jeunes gens de son canton, et aux moutards du voisinage — dont je faisais partie, ajoute le littérateur — en nous invitant à venir écouter le conteur à la mode, c'est-à-dire Jos Violon » (DF, p. 81). Trois des huit contes du répertoire connu de Jos Violon, sauvés de l'oubli par Fréchette, ont été entendus chez le père Bilodeau, dont au moins deux, « Titange » et « Tom Caribou », dans l'attente de la messe de minuit :

> C'était la veille de Noël. J'étais tout jeune bambin, et, pour me consoler de ne pas aller à la messe de minuit — il y avait plus d'une lieue de chez nous à l'église, et un accident quelconque était arrivé à notre cheval dans le cours de la journée — mon père m'avait permis, bien accompagné naturellement, d'assister à une *veillée de contes*, dont Jos Violon devait faire les frais chez le père Bilodeau (TC, p. 35).

Selon son habitude, et comme pour mieux se faire goûter, le conteur se laisse prier quelque peu, mais capitule rapidement, surtout quand il est en verve — entendons quand il a levé le coude — et qu'il est entouré de personnes de l'autre « sesque » (TC, p. 36), qui sont loin de le laisser indifférent : « Dites-nous donc un conte de Noël, [père] Jos, si vous en savez, en attendant qu'on parte pour la messe de minuit, fit quelqu'un — une jeune fille qu'on appelait Phémie Boisvert, si je me rappelle bien» (TC, p. 36). À remarquer, dans cette dernière réplique, la formule superfétatoire «si vous en savez», qui ne pouvait sans doute pas manquer de piquer le conteur, de le stimuler davantage. Pouvait-on douter de ses talents, de sa prodigieuse mémoire?

«Les Marionnettes», un autre conte de Noël, pourrait bien avoir été raconté à la même soirée ou à une soirée semblable, comme le révèle le préambule: «Nous étions encore réunis, ce soir-là, chez le père Jean Bilodeau, et c'était tout naturellement encore l'ami Jos Violon, le conteur habituel, qui avait la parole» (M, p. 67). «Le Diable des Forges», Jos Violon le récite à une autre «veillée de contes» chez le père Jacques Jobin, «la veille de Noël 1849» (DF, p. 81). Trois autres contes sont racontés lors de rassemblements, à une époque de l'année qui n'est pas précisée. Ce sont «Tipite Vallerand», «Coq Pomerleau» et «Les Lutins». Quant à «La Hère», le dernier conte du recueil et le dernier publié par Fréchette, peu de temps avant sa mort, Jos Violon le livre lors d'un rassemblement, au cours de l'été «1848 ou à peu près» (H, p. 113), ainsi que le précise le narrateur, dans les premières lignes:

> Nous étions, ce soir-là, un bon nombre d'enfants et même des grandes personnes — des cavaliers avec leurs blondes pour la plupart — groupés en face d'un four à chaux dont la gueule projetait au loin ses lueurs fauves au pied d'une haute falaise, à quelques arpents de chez mon père dans un vaste encadrement d'ormes chevelus et de noyers géants (*ibid.*).

Jamais, dans ses contes, Jos Violon ne fait la moindre allusion à ses dons de conteur quand il exerçait son métier de voyageur ou de travailleur forestier, comme le père Michel, le non moins célèbre conteur des *Forestiers et Voyageurs*[11] de Joseph-Charles Taché. Car, faut-il le préciser, le conteur avait un important rôle à jouer et occupait une place de choix dans la hiérarchie de la petite société qui constituait le chantier. Ne servait-il pas à divertir et à désennuyer les travailleurs isolés dans les forêts perdues du «pays de Québec»?

Mais qui était donc ce conteur si populaire qu'il dérangeait tous les habitants du canton de la Pointe-Lévis, du plus jeune au plus vieux? C'était un homme d'un âge avancé à l'époque où Fréchette, encore gamin, fait sa connaissance puisqu'il «n'allait plus en hivernement[12]». Jos Violon, on l'a vu, est son surnom, son «sobriquet», comme il le dit. Fréchette le campe ainsi au début de «Tipite Vallerand», portrait qu'il reproduira avec de légères variantes dans ses *Mémoires intimes*:

> C'était un grand individu dégingandé, qui se balançait sur les hanches en marchant, hâbleur, gouailleur, ricaneur, mais assez bonne nature au fond pour se faire pardonner ses faiblesses.
>
> Et au nombre de celles-ci — bien que le mot *faiblesse* ne soit peut-être pas parfaitement en situation — il fallait compter au premier rang une disposition, assez *forte* au contraire, à lever le coude un peu plus souvent qu'à son tour[13] (p. 13).

Jos Violon jouit d'une longue et solide expérience de la vie des « forestiers et voyageurs ». Fréchette connaît les exploits de son héros qui :

> [...] avait passé sa jeunesse dans les chantiers de l'Ottawa, de la Gatineau et du Saint-Maurice ; et si vous vouliez avoir une belle chanson de *cage* ou une bonne histoire de cambuse, vous pouviez lui verser deux doigts de jamaïque, sans crainte d'avoir à discuter sur la qualité de la marchandise qu'il nous donnait en échange (p. 13-14).

Il était passé maître dans l'art « de raconter ses aventures de voyages dans les "pays d'en haut" » (TC, p. 36). Il a donc, comme il l'avoue lui-même, « roulé [...] durant trente belles années dans les bois, sur les cages et dans les chantiers » et a ainsi appris à connaître « de fil en aiguille tout c'que y a à savoir sur le compte de [différentes] espèces d'individus » (L, p. 99). Point étonnant alors qu'il se plaise à raconter, dans un but didactique et dans le respect de la morale traditionnelle catholique, comme on le verra plus loin, des « histoires de chantiers dont il avait été témoin, quand il n'y avait pas joué un rôle décisif » (*ibid.*). Nous reviendrons également sur cette importante question. Mais auparavant, il nous faut aborder la structure des contes de Jos Violon pour montrer que lui et son ombre Fréchette sont familiers avec l'art de conter.

Jos Violon, un conteur structuré

Par l'entremise de Jos Violon, un conteur d'expérience à qui il délègue la parole — la délégation de la narration est un procédé récurrent dans le conte littéraire (ou fixé à l'écrit) du XIXe siècle, ainsi que je l'ai montré ailleurs[14] —, Fréchette ou le narrateur premier ne fait que reproduire la simulation conventionnelle du conte oral et de l'échange verbal entre un conteur et son public. L'acte de narrer s'entoure d'une sorte de rite initiatique, que d'autres conteurs, tant québécois qu'étrangers, ont privilégié. Qu'il suffise de rappeler la formule qu'utilise Honoré Beaugrand, au début de sa « Chasse-galerie[15] », ou celle, aussi remarquable qu'amusante, du conteur Pierre-Jakez Hélias, au début du conte intitulé « Celui qui alla chercher le printemps[16] ». Comme son contemporain Joe le cook et comme, plus tard, le célèbre conteur breton, Jos Violon, le « vétéran des Pays d'en haut », ne raconte jamais sans soumettre ses auditeurs à un rituel sacré, savamment orchestré : d'abord, il prononce une série de paroles sacramentelles, « à seule fin, précise le narrateur premier Fréchette, d'obtenir le silence et de provoquer l'attention de ses auditeurs » (M, p. 67) : « Cric, crac, les enfants ! Parli, parlo, parlons !... Pour en savoir le court et le long, passez le crachoir à Jos Violon ! Sacatabi, sac-à-tabac ! À la porte les ceuses qu'écouteront pas ! » (TC, p. 35.)

Cette formule magique qui transporte les auditeurs dans un autre monde, irréel celui-là, on la retrouve dans son entier dans au moins trois des huit contes, soit « Tipite Vallerand », « Tom Caribou » et « Le Diable des Forges ». Elle est abrégée, mais n'en conserve pas moins son rôle dans trois autres contes : « Titange », « Les Marionnettes » et « Les Lutins ».

Pour obtenir l'adhésion de son auditoire qui fait cercle autour de lui — « cette fois-là, nous serrâmes les rangs » (TV, p. 14) —, affirme le premier narrateur, Jos Violon, en conteur expérimenté, pose quelques gestes, toujours les mêmes, qui font également partie de ce rituel, de cette véritable cérémonie qui prépare à la narration du conte : il s'humecte « la luette avec un doigt de Jamaïque » (TC, p. 36), qui n'est rien d'autre que du rhum, se « fait claquer la langue avec satisfaction et [s'essuie] les lèvres du revers de sa manche » (CP, p. 51), tousse « consciencieusement pour s'éclaircir le verbe » (H, p. 113), allume « soigneusement sa pipe à la chandelle, à l'aide d'une de ces longues allumettes en cèdre dont nos pères, à la campagne, se servaient avant et même longtemps après l'invention des allumettes chimiques » (TC, p. 36-37), quand il ne l'allume pas « à l'aide d'un tison » (H, p. 113). Tous ces gestes, Jos Violon les pose lentement, religieusement, avec une remarquable précision, comme pour se faire désirer davantage. Ce n'est qu'après toute cette cérémonie, « à seule fin d'obtenir le silence et de provoquer l'attention de ses auditeurs » (M, p. 67), qu'il entame finalement son récit.

La formule qui marque l'ouverture véritable du récit est toujours la même, sept fois sur huit, ce qui tend à prouver qu'elle fait aussi, en quelque sorte, partie du rituel : « C'était donc pour vous dire, les enfants, que[17]. » Le conte, dès lors, est lancé, tout comme Jos Violon le volubile, qui « prend le crachoir » jusqu'à la chute du conte, jusqu'à la formule finale, invariable elle aussi : « Et cric, crac, cra, sacatabi, sac-à-tabac ! mon histoire finit d'en par là[18] », formule qu'il abrège, comme la formule initiale : « Et cric, crac, cra ! Exétéra » (p. 34). Si parfois, il lui arrive de l'omettre complètement, il ne manque pas, à l'occasion, de la compléter par une autre rimette. Jugeons-en par la finale de « Tipite Vallerand » : « Et cric, crac, cra ! sacatabi, sac-à-tabac ! mon histoire finit d'en par là. Serrez les ris, ouvrez les rangs, c'est ça l'histoire à Tipite Vallerand » (p. 23).

Tous les contes de Jos Violon sont construits de la même façon. D'abord un premier narrateur, Fréchette lui-même, qui utilise la première personne pour faire l'entrée en matière. Il précise ce que Jean-Pierre Bronckart appelle le « lieu social », c'est-à-dire la « zone de coopération dans laquelle se déroule (à laquelle s'insère) l'activité langagière[19] », ce que d'autres théoriciens appellent aussi « chronotopes » : la soirée ou la « veillée de contes » se déroule chez tel ou tel vieux dans l'entourage du narrateur premier Fréchette, à Pointe-Lévis. On pourrait presque dater certaines de ces soirées, si on pouvait consulter les archives de quelques compagnies forestières pour découvrir en quelle année, par exemple, il a voyagé dans tel ou tel territoire, ou d'autres archives pour savoir en quelle année il a été « compère » (TC, p. 36), un 24 décembre. Parfois, la date est clairement identifiée dès la première ligne du conte : « C'était la veille de Noël 1849 » (DF, p. 82), ou encore : « Ceci nous reporte en 1848, ou à peu près » (H, p. 113).

C'est, avec l'identification de l'espace et la mise en séduction, l'entrée en matière, qui est généralement courte, un peu plus longue si le narrateur premier, qui utilise lui aussi la première personne, n'ajoute pas quelques jugements sur le conteur, jugements que nous avons déjà rapportés. Ce narrateur s'efface alors complètement pour ne plus réapparaître jusqu'à la conclusion du conte.

Si elles sont intéressantes, ces entrées en matière ne sont que des prétextes pour introduire le vétéran conteur, qui met alors tout en œuvre, grâce à son indéniable talent, pour accrocher son auditoire, pour le transporter dans un autre monde, ainsi que le rapporte Fréchette. D'abord, Jos Violon prend toujours soin de situer son histoire, dans l'espace et dans le temps. Un temps relativement éloigné de ses interlocuteurs, qui sont souvent jeunes, et dont ils ne peuvent se souvenir parce qu'ils n'étaient pas nés ou qu'ils étaient encore trop jeunes : « D'après c'que j'peux voir, les enfants, [...] vous avez pas connu Fifi Labranche, le joueur de violon. Vous êtes ben trop jeunes pour ça, comme de raison, puisqu'il est mort à la Pointe-aux-Trembles, l'année des Troubles » (M, p. 67).

Quant au lieu de l'action, il s'agit toujours d'un lieu concret que l'on peut identifier sur une carte, que les auditeurs connaissent pour en avoir entendu parler, mais qu'ils n'ont, pour la plupart, jamais visité. Sortes de lieux mythiques réservés aux seuls initiés, à ceux qui ont osé s'affranchir de la famille et de la terre paternelle pour braver les interdits de la vie aventureuse des voyageurs des Pays d'en haut. Le conteur expérimenté n'est donc pas tenu de circonscrire, de présenter ces vastes espaces combien éloignés de la forêt canadienne, tels qu'il les a connus lui-même. Jos Violon, on le sait, est doté d'une riche imagination, qui peut embellir ou enlaidir un espace donné, sans trop d'exagération toutefois pour ne pas nuire à sa crédibilité qu'il tente d'établir, dès le départ, comme tout bon conteur qui se respecte. Toujours, il est question d'un chantier des vieilles régions de l'Outaouais, de la Gatineau ou du Saint-Maurice, régions qu'il connaît bien pour y avoir travaillé en jouant de la grand'hache dans le bois carré en compagnie d'autres forestiers qu'il se plaît à nommer d'un conte à l'autre. Jugeons-en par quelques exemples :

> C'était donc pour vous dire, les enfants, que c't'année-là, j'étions allé faire du bois pour les Patton dans le haut du Saint-Maurice, — une rivière qui, soit dit en passant, a jamais eu une grosse réputation parmi les gens de chantiers qui veulent rester un peu craignant Dieu (TV, p. 14).

Ou encore :

> C'était donc pour vous dire, les enfants, que, c't'année-là, j'avions pris un engagement pour aller travailler de la grand'hache, au service du vieux Dawson, qu'avait ouvert un chanquier à l'entrée de la rivière aux Rats, sur le Saint-Maurice, avec une bande de hurlots de Trois-Rivières, où c'qu'on avait mêlé tant seulement trois ou quatre chréquins de par en-bas (T, p. 25-26).

La période et l'espace précisés, le conteur peut enfin développer son récit, en ayant toujours en tête qu'il veut faire œuvre utile.

Jos Violon, moralisateur

Dans ses récits de chantiers, Jos Violon a presque toujours le beau rôle car il ne raconte que des histoires « dont il [a] été témoin, quand il n'y [a] pas joué un rôle décisif » (L, p. 99). En intervenant directement dans la diégèse, en recourant le plus souvent à la première personne, parfois à la troisième personne, comme pour prendre ses distances vis-à-vis de l'anecdote rapportée ou vis-à-vis d'un personnage-héros qu'il réussit habilement à marginaliser par sa conduite toujours répréhensible, Fréchette, le libéral, anticlérical à l'occasion, a mis en scène dans ses contes un conteur qui, comme la majorité sinon tous les autres conteurs du XIXe siècle québécois, est profondément moralisateur et qui ne se gêne aucunement pour intervenir dans le déroulement de son conte pour condamner la conduite de tel ou tel héros, qu'il transforme en anti-héros pour mieux le réprimander.

Le conteur procède toujours de la même façon : le héros dont il ne se laisse jamais prier pour raconter l'histoire, qu'il se nomme Titange, Tom Caribou, Coq Pomerleau, Tipite Vallerand, voire Fifi Labranche le joueur de violon, est rapidement « isolé du groupe auquel il appartient, pour mieux faire ressortir sa déviance[20] », écrit avec raison Maurice Lemire. Qu'on en juge d'ailleurs par la présentation initiale de Tom Caribou, ce travailleur forestier mécréant qui refuse d'aller, avec ses confrères, dont Jos Violon lui-même, au chantier voisin pour assister, comme tout « bon [chrétien] craignant Dieu » (M, p. 72), à la messe de minuit :

> Tous les hommes corrects, bons travaillants, pas chicaniers, pas bâdreux, pas sacreurs — on parle pas, comme de raison, d'un petit *torrieux* de temps en temps pour émoustiller la conversation et pas ivrognes.
>
> Excepté un, dame ! faut ben le dire un toffe !
>
> Ah ! pour celui-là, par exemple, les enfants, on appelle pas ça un ivrogne ; quand il se rencontrait face à face avec une cruche, ou qu'il se trouvait le museau devant un flacon, c'était pas un homme, c'était un entonnoir, [...] un gosier de fer-blanc première qualité, [...] un rogne patente (TC, p. 37-38).

Tipite Vallerand, originaire de Trois-Rivières, comme les autres hurlots de ce coin de pays, est « un insécrable fini, un sacreur numéro un [...] qui inventait les sacres » et qui « avait gagné la torquette du diable à Bytown contre tous les meilleurs sacreurs de Sorel » (TV, p. 14). Point étonnant que ce « renégat avec sa face de réprouvé, crachant les blasphèmes comme le jus de sa chique » (p. 16), dérange ses compagnons de voyage et se mette à dos tous les équipages des différents canots.

Coq Pomerleau est lui aussi marginalisé par son ivrognerie qui en fait un individu « insécrable » (p. 56), un « vlimeux », un « enfant de potence » (p. 54), « une vraie éponge », « un dalot à patente » (p. 58) qui se permet en plus de sacrer comme les hurlots de Trois-Rivières sans seulement y avoir mis les pieds. Si Tipite Vallerand est pendu par les pieds et se paye « une partie de balancine, à six pieds de terre et la tête en bas », avec bientôt « pus un brin de poil sur le concombre pour se friser le toupet » (p. 22) parce qu'il s'est trop approché du feu du campement, Coq Pomerleau, lui, est abandonné par les voyageurs parce qu'il a mis leur vie en danger en gesticulant, ivre mort, dans le canot.

Titange est comparé à un démon et est considéré comme un véritable *pestiféré*, tant il a mauvais caractère, lui qui « parlait rien que de tuer, d'assommer, de massacrer, de vous arracher les boyaux et de vous ronger le nez » (p. 27). Alors que Tom Caribou subit les assauts d'une mère ourse et est mutilé dans sa chair même, pour avoir préféré s'adonner à son vice pendant la messe de minuit, Titange perd l'usage d'un bras pour avoir voulu voyager en chasse-galerie. Punitions réservées à ceux qui ont défié les préceptes de la religion catholique, comme ne pas assister à la messe de minuit, avoir conclu un pacte avec le diable, avoir prononcé en vain le nom de Dieu, ou ne pas avoir respecté les préceptes moraux, comme l'interdiction de ne pas se livrer à la consommation d'alcool qui, paraît-il, rendait l'homme semblable à la bête, selon les enseignements des apôtres de la tempérance. L'un, Tipite Vallerand, est devenu sacristain, « en jupon noir et en surplis blanc et tu[e] les cierges dans la chapelle des Piles, avec une espèce de petit capuchon de ferblanc au bout d'un manche de ligne », « guéri de sacrer » (p. 23) mais pas de mentir, selon le célèbre conteur qui l'a revu quatre ans plus tard. Tom Caribou ne peut plus s'asseoir et se voit forcé « de rester à genoux » « pour pas avoir voulu s'y mettre d'un bon cœur le jour de Noël » (p. 50). Titange, devenu infirme après s'être infligé une sérieuse blessure à un poignet avec sa hache parce que, fou de colère, il n'a pu faire voler son canot pour courir la chasse-galerie, est obligé de mendier sa pitance, sur le perron de la chapelle des Forges du Saint-Maurice, avec un « poignet tout crochi » en tendant « la main avec des doigts encroustillés et racotillés sans comparaison comme un croxignole de Noël » (p. 34). Coq Pomerleau, qui s'est battu contre le grand Thomas Brindamour, surnommé « la Grande Tonne », parce qu' « il était ben long et surtout ben creux » (p. 55), est revenu du Saint-Maurice « avec trois dents de cassées et un œil de moins » (p. 65). Quant à Fifi Labranche, il est incapable de jouer sur son violon un autre air que « le Money Musk », son instrument étant ensorcelé pour avoir fait danser les marionnettes, en plein jour de Noël, par surcroît (p. 78).

Moralisateur, Jos Violon l'est immanquablement, comme tous les autres conteurs littéraires du XIXe siècle, Honoré Beaugrand y compris, même si, dans son conte « La Chasse-galerie », les coupables du pacte avec le diable ne reçoivent aucun châtiment. Parfois la morale est explicite :

> C'était donc pour vous dire, les enfants, que si Jos Violon avait un conseil à vous donner, ça serait de vous faire aller les argots tant que vous voudrez dans le cours de la semaine, mais de jamais danser sus le dimanche ni pour or ni pour argent (DF, p. 81-82).

Ce conseil, il le rappelle à nouveau, à la fin de son conte, comme pour être mieux entendu : « De vot'vie et de vos jours, les enfants, dansez jamais sus le dimanche ; ça été mon malheur » (p. 98).

Au risque de se faire traiter de « poule mouillée » (M, p. 73), injure suprême pour un voyageur de sa trempe qui n'a pas froid aux yeux, du moins le laisse-t-il croire, Jos Violon tente vainement de convaincre Fifi Labranche, le joueur de violon, de ne pas écouter la proposition des voyageurs des Cèdres, véritables réprouvés, qui parlent au diable (p. 68), et qui, de ce fait, sont encore plus dangereux que les sacreurs de Sorel et les hurlots de Trois-Rivières, et de ne pas se « mêler de ces paraboles-là » qui ne sont que « des manigances du Malin » (p. 73). Quant à Tom Caribou, il a appris à ses dépens qu'il ne fallait jamais « mettre le bon Dieu en cache » (T, p. 30) mais, bien au contraire, toujours vivre dans la crainte de Dieu, comme il le fait, lui, Jos Violon, peu importe le lieu où l'on se trouve.

Car, Jos Violon, qui se met toujours en scène dans ses contes, utilise le procédé de l'opposition pour faire passer son message et atteindre ainsi le but visé. Contrairement à ses héros, le conteur d'expérience qui se présente, selon l'expression de Maurice Lemire, comme « l'étalon de la modernité[21] », est toujours resté soumis aux lois de la religion et de la morale. Au discours ordinairement valorisant de ses protagonistes il oppose un contre-discours efficace, dans le sens que l'utilise Käte Hamburger dans *Logique des genres littéraires*[22], et qui lui mérite la sympathie de ses auditeurs, alors que la mauvaise conduite de ses héros est automatiquement désapprouvée.

Jos Violon n'est toutefois ni un saint ni un réprouvé. On connaît son penchant — sa petite faiblesse — pour l'alcool. Il le reconnaît lui-même à quelques reprises. Ainsi cette confession :

> C'est vrai que je défouis pas devant une petite beluette de temps en temps pour m'éclaircir le verbe, surtout quand j'ai une histoire à conter, ou ben une chanson de cage à cramper sus l'aviron ; mais, parole de voyageur ! vous pouvez aller demander partout où c'que j'ai roulé, et je veux que ma première menterie m'étouffe si vous rencontrez tant seurment un sifleux pour vous dire qu'on a jamais vu Jos Violon autrement que rien que ben ! (M, p. 62.)

Nouvelle confession dans « Le Diable des Forges » :

> La boisson, vous savez, Jos Violon est pas un homme pour cracher dedans, non ; mais c'est pas à cause que c'est moi : sur le voyage, comme sur le chanquier, dans le chanquier comme à la maison, on m'en voit jamais prendre plus souvent qu'à mon tour (p. 83).

Mais il n'est pas pire qu'un autre, bien au contraire. Il ne s'est jamais laissé aller, du moins il ne l'avoue jamais, à la dégradation complète, comme certains de ses héros voyageurs qui ont une grande prédilection « à lever le coude ». Il atténue ce vice :

> Tous des gens comme y faut, assez tranquilles, quoique y en eût pas un seul d'eux autres qu'avait les ouvertures condamnées, quand y s'agissait de s'emplir. Mais un petit arrosage d'estomac, c'pas, avant de partir pour aller passer six mois de lard salé pi de soupe aux pois, c'est ben pardonnable (DF, p. 82).

Mais ses auditeurs le connaissent et il le sait. C'est pourquoi, pour atténuer encore ce vice, il devient ironique quand il ose affirmer que lui, Jos Violon, « est toujours sobre » (CP, p. 62) et qu'il n'a pu qu'avoir été ensorcelé quand il se rend compte, avec son ami Coq Pomerleau, que « le sorcier [les] avait charriés avec le chantier, de l'autre côté de la Gatineau » (p. 61). Et Jos Violon n'est pas un menteur. Surtout que Fréchette a déjà présenté son conteur préféré avec « une disposition assez *forte* [...] à lever le coude un peu plus souvent qu'à son tour » (TV, p. 13).

Jos Violon avoue bien volontiers un autre petit défaut : il aime les belles femmes à qui il ne se gêne pas de faire de l'œil. Rappelons seulement sa soirée de danse aux Forges du Saint-Maurice avec « la bougresse [...] Célanire Sarrasin : une bouche ! une taille ! des joues comme des pommes fameuses, et pi avec ça croustillante, un vrai frisson... Mais, encore une fois, j'en dis pas plusse » (DF, p. 88). Jamais, cependant, le conteur — n'est-il pas en présence de *jeunesses* — ne se permet à leur endroit quelques allusions déplacées, encore moins vulgaires, même s'il n'est pas de glace. Il en parle toujours avec respect, à mots couverts, et résiste aux tentations. Ne refuse-t-il pas les avances de cette même Célanire, préférant surveiller sa gang de voyageurs dont on lui a confié la garde ? S'il accepte la proposition de Titange de courir la chasse-galerie, ce n'est pas tant pour aller danser avec les filles chez le Bom' Câlice Doucet, mais par curiosité : il veut découvrir « comment c'que [s]es guerdins s'y prenaient pour faire manœuvrer c'te machine infernale. Pour dire comme de vrai, j'avais presquement envie de voir ça de mes yeux » (T, p. 31), avoue-t-il.

De plus, Jos Violon ne sacre jamais, sans avoir cependant le langage des curés : « Je défouis pas devant un petit *torrieux* de temps en temps, c'est dans le caractère du voyageur : mais tord-nom ! y a toujours un boute pour envoyer toute la sainternité [*sic*] chez le diable, c'pas ? » (TV, p. 15.)

Mais il craint la colère de Dieu quand il est en présence d'un blasphémateur. Il ne peut supporter qu'on prononce en vain le nom du Créateur. Il y a des limites à ne pas franchir, même dans la vie mouvementée et périlleuse des voyageurs des Pays d'en haut. À plusieurs reprises, Jos Violon émaille son contre-discours de réflexions sur les sacreurs qui le dérangent visiblement, lui, un honnête homme « craignant Dieu », qui n'est pas insensible aux bravades de ses héros : « Jos Violon — vous le savez — a jamais été ben acharné pour bâdrer le bon Dieu et achaler les curés avec ses escrupules de conscience ; mais vrai, là, ça me faisait frémir » (TV, p. 15). Les sacres de Tipite Vallerand lui font redresser les cheveux sur la tête. Il s'oppose carrément à ce mauvais garnement et le menace en prenant ses auditeurs à témoin :

> Parole de voyageur, j'suis pourtant d'un naturel bonasse, vous me connaissez ; eh ben, en entendant ça, ça fut plus fort que moi ; j'pus pas m'empêcher de me sentir rougir les oreilles dans le crin.
>
> Je me dis : Jos Violon, si tu laisses un malfaisant comme ça débriscailler le bon Dieu et victimer les sentiments à six bons Canayens qu'ont du poil aux

> pattes avec un petit brin de religion dans l'équipet du coffre, t'es pas un homme à te remontrer le sifflet dans Pointe-Lévis, j't'en signe mon papier! (TV, p. 17.)

Il ne peut supporter les sacreurs de la trempe de Tipite Vallerand ou de Tom Caribou qui «magane le bon Dieu» (p. 22), «la Sainte Vierge, les anges et toute la sainternité» (TC, p. 38). Il en a des «souleurs dans le dos» (*ibid.*). Même réaction en présence de ceux qui manigancent avec le malin. Devant la décision bien arrêtée de Titange de courir la chasse-galerie, Jos Violon est scandalisé: «Comme vous devez ben le penser, les enfants, malgré que Jos Violon soye pas un servant de messe du premier limaro, rien que d'entendre parler de choses pareilles, ça me faisait grésiller la pelure comme une couenne de lard dans la poêle» (T, p. 31). D'ailleurs, au seul prononcé du mot «chasse-galerie», cette «invention de Satan» (*ibid.*), il avait été ébranlé:

> Ma grand'conscience! en entendant ça, mes amis, j'eus une souleur. Je sentis, sus vot'respèque, comme une haleine de chaleur qui m'aurait passé devant la physiolomie. Je baraudais sur mes jambes et le manche de ma grand'hache me fortillait si tellement dans les mains, que je manquis la ligne par deux fois de suite, c'qui m'était pas arrivé de l'automne (p. 29).

Et il a si peur de la hère qu'il n'a qu'à entendre le cri pour faire «le signe de la croix des deux mains» (H, p. 124). Il en frémit encore rien que d'entendre Titange qui se complaît à «défiler tout le marmitage. Une invention du démon, les enfants» (p. 29).

Jos Violon est capable de reconnaître ses torts et d'avouer ses manquements envers la religion. Il n'est ni un curé, encore moins un saint. Mais sa tolérance a des limites:

> On n'est pas des anges, dans la profession de voyageurs, vous comprenez, les enfants.
>
> On a beau pas invictimer les saints, épi escandaliser le bon Dieu à cœur de jour, comme Tom Caribou, on passe pas six mois dans le bois épi six mois sus les cages par année sans être un petit brin slack sus la religion.
>
> Mais y a toujours des imites pour être des pas grand'chose, pas vrai! Malgré qu'on n'attrape pas des crampes aux mâchoires à ronger les balustres, et qu'on fasse pas la partie de brisque tous les soirs avec le bedeau, on aime toujours à se rappeler, c'pas, qu'un Canayen a d'autre chose que l'âme d'un chien dans la moule de sa bougrine, sus vot'respèque (TC, p. 41).

Maurice Lemire a raison encore d'affirmer que «tout autre comportement que le sien [Jos Violon] peut être jugé excessif. C'est donc à partir de ce lieu[23]», à partir de lui, à partir de sa propre conduite, qu'il se permet de juger les autres, parfois même sévèrement. Jos Violon prêche d'exemple.

Tous ces personnages héros qui se conduisent mal, à un moment ou à un autre de leur vie, en présence de Jos Violon, perdent leur statut, leur dignité d'homme. Le célèbre conteur n'utilise pas d'autre procédé pour ternir l'image d'un autre héros, Tom Caribou, qu'il n'hésite pas à qualifier d'animal sans distinction avec la mère ourse: «[...] les deux animaux se trouvaient presque voisins sans s'être jamais rencontrés» (p. 48). Ils sont complètement démunis. Par exemple, Coq Pomerleau, contrairement aux voyageurs des Pays d'en haut, n'a ni l'agilité ni la force qui caractérisent les bûcherons. Il est loin d'en avoir, non plus, la stature et l'expérience car il n' «avait jamais [...] travelé autrement qu'en berlot, ou en petit cabarouette dans les chemins de campagne et il n'avait pas tout à fait le twist dans le poignet pour l'aviron» (p. 53-54). Jos Violon l'a vite décelé qui le ridiculise de belle façon et le dénigre en présence de son auditoire:

> — Comment c'qui s'appelle, *le p'tit*? que je dis.
>
> — Ah! ben dame, ça, comment c'qui s'appelle, je pourrais pas dire. Son parrain y avait donné un drôle de nom qui rimait tout d'travers; et comme sa mère pouvait jamais se rappeler de ce saint-là, elle l'a toujours appelé P'tit Coq. Ça fait que depuis sa naissance, les gens de par cheux nous l'appellent pas autrement que le Coq à Pomerleau, ou ben Coq Pomerleau tout court. On y reconnaît pas d'aut'sinature (p. 53).

Ils perdent presque tous leur identité, tel Tom Caribou:

> Son nom de chrétien était Thomas Baribeau; mais comme not'foreman qu'était un Irlandais avait toujours de la misère à baragouiner ce nom-là en anglais, je l'avions baptisé parmi nous autres du surbroquet de *Tom Caribou*.
>
> Thomas Baribeau, Tom Caribou, ça se ressemblait, c'pas? Enfin, c'était son nom de cage (p. 37).

Titange aussi n'est guère plus favorisé:

> Titange! c'est pas là, vous allez me dire, un surbroquet ben commun dans les chantiers. J'sut avec vous autres; mais enfin c'était pas de ma faute, y s'appelait comme ça.
>
> Comment c'que ce nom-là y était venu?
>
> Y tenait ça de sa mère... avec une paire d'oreilles, mes amis, qu'étaient pas manchottes, je vous le persuade. Deux vraies palettes d'avirons, sus vot'respèque! (p. 26.)

Avec de telles oreilles, il est franchement laid, au point de surprendre même son propre père parce qu'il ressemblait à «une espèce de coquecigrue qu'avait l'air d'un petit beignet sortant de la graisse» (*ibid.*). Écoutons sa réaction:

> — C'est que ça?... que fait Johnny Morissette qui manquit s'étouffer avec sa chique.
>
> — Ça, c'est un petit ange que le bon Dieu nous a envoyé tandis que t'étais dans le bois [lui répond sa femme].
>
> — Un petit ange! que reprend le père; et ben, vrai là, j'crairais plutôt que c'est un commencement de bonhomme pour faire peur aux oiseaux! (*Ibid.*)

Jos Violon, on le voit bien par ces quelques exemples, s'en donne à cœur joie pour contrer ses héros de la déviance et ternir leur image. Ils sont tarés physiquement. À propos de Titange, il déclare :

> Quand je dis « grandi », faudrait pas vous mettre dans les ouïes, les enfants, que le jeune homme pût rien montrer en approchant du gabarit de son père. Ah ! pour ça, non ! Il était venu au monde avorton, et il était resté avorton. C'était un homme manqué, quoi ! à l'exception des oreilles (p. 27).

Ces mêmes héros sont aussi tarés moralement, puisque l'un et l'autre cultivent au moins un vice qui cause directement leur perte : l'ivrognerie pour Tom Caribou et Coq Pomerleau, la colère et son penchant pour les jurons collent au sol Titange, alors que Tipite Vallerand, qui jure sans cesse, est victime non pas du diable, comme il le croit, mais d'un compagnon de voyage qui le ridiculise de belle façon, devant tous les autres forestiers.

Parfois, le contre-discours de Jos Violon s'adresse non plus aux individus, mais à un groupe : les sacreurs de Sorel ; les voyageurs du faubourg des Quat'-Bâtons, à Trois-Rivières, « de[s] païens et de[s] possédés sus tous les rapports », « trop vauriens pour aller à confesse avant de partir » (T, p. 29) pour les chantiers, à l'automne ; les voyageurs des Cèdres... Voici comment Jos Violon présente ces derniers :

> Les voyageurs des Cèdres, les enfants, ça sacre pas comme les ceuses de Sorel, non ! Ça invictime pas le bon Dieu et tous les saints du calendrier comme les hurlots de Trois-Rivières non plus. Ça se chanaille pas à toutes les pagées de clôture comme les batailleurs de Lanoraie. Mais pour parler au diable, par exemple, y en a pas beaucoup pour les accoter (M, p. 68).

De véritables « enfants de perdition », de « vrais réprouvés » qui dérangent le « bon » Jos Violon et qui servent à embellir l'image du célèbre conteur :

> Ça me peignait joliment le caractère à brousse poil, vous comprenez, d'être obligé de commercer avec ces espèces-là. Je suis pas un rongeux de balustres, Dieu merci ! mais les poules noires et pi moi, ça fait deux, surtout quand c'est des poules qui chantent le coq.
>
> Ce qui fait que je gobais pas fort c'te société-là (p. 69).

Aussi les laisse-t-il « fricoter leux sacrilèges entre eux autres » (*ibid.*) et tente-t-il de se démarquer de ces pendards, pour, bien sûr, impressionner ses auditeurs et augmenter auprès d'eux son prestige en s'efforçant d'être convaincant, convaincu qu'il a, comme le curé auquel il se réfère souvent, un rôle à jouer.

Jos Violon, pédagogue

S'il est moralisateur, Jos Violon est aussi pédagogue, comme tout bon conteur qui maîtrise bien l'art de conter. Il poursuit donc un but didactique : il veut enseigner le bien et réprimer le mal, faire réfléchir ses auditeurs. Désireux de rétablir dans ses contes l'ordre perturbé du monde, le conteur, qui n'a pourtant pas fréquenté les grandes écoles, pose une action pédagogique qui, « comme toute action pédagogique est objectivement une violence symbolique en tant qu'imposition, par un pouvoir arbitraire[24] », selon la théorie développée par Pierre Bourdieu et Jean-Pierre Passeron, dans *La Reproduction. Éléments pour une théorie du système d'enseignement*. Le conteur tend, comme tout enseignant, je l'ai déjà montré, à reproduire dans son conte, par son action pédagogique, la culture de la classe à laquelle il appartient et contribue, par là, « à reproduire la structure des rapports de force dans une formation sociale où le système d'enseignement dominant tend à assurer le monopole de la violence symbolique[25] ». Jos Violon, dans ses contes, défend des valeurs auxquelles il croit, propres à la classe sociale à laquelle il appartient.

Par exemple, le conteur d'expérience a été élevé dans un milieu catholique. Le Dieu qu'il imagine n'est pas ce Dieu miséricordieux de la nouvelle catéchèse, mais un Dieu qui punit. Ses héros subissent d'ailleurs un châtiment pour avoir manqué à leur devoir ou pour avoir négligé un précepte religieux ou un commandement. Les images (ou métaphores) qu'il utilise sont souvent reliées à la religion ou à la morale traditionnelle du milieu auquel il appartient. Elles sont également liées à son imaginaire, influencé par les traditions et les coutumes des chantiers. Prenons, par exemple, le gueulard, qu'il définit de la façon suivante à ses auditeurs :

> [...] c'est comme qui dirait une bête qu'on n'a jamais vue ni connue, vu que ça existe pas.
>
> Une bête, par conséquence, qu'appartient ni à la congrégation des chrétiens ni à la race des protestants.
>
> C'est ni anglais, ni catholique, ni sauvage ; mais ça vous a un gosier, par exemple, que ça hurle comme pour l'amour du bon Dieu... quoique ça vienne ben sûr du fond de l'enfer (TV, p. 19).

Le voyageur qui a le malheur d'entendre son cri ne peut que se dire : « Mon testament est faite ; salut, je t'ai vu ; adieu m'en vas » et il est condamné à mourir, et à avoir « des cierges autour de son cercueil avant la fin de l'année » (*ibid.*). Quant au chrétien qui rencontre les jacks mistigris, cette « rôdeuse d'engeance », cette « sarabande de damnés », cette « bande de scélérats qu'ont pas tant seulement sur les os assez de peau tout ensemble pour faire une paire de mitaines à un quêteux », « [d]es esquelettes de tous les gabarits et de toutes les corporations », une vraie « vermine du diable », « avec des faces de revenants, des comportements d'impudiques, et des gueules puantes à vous faire passer l'envie de renifler pour vingt ans » (p. 19-20) :

> [...] il est fini. En dix minutes, il est sucé, vidé, grignoté, viré en esquelette ; et s'il a la chance de pas être en état de grâce, il se trouve à son tour emmorphosé en jack mistigris, et condamné à mener c'te vie de chien-là jusqu'à la fin du monde (p. 20).

Les lutins sont une autre race d'engeances. Jos Violon en a vu plusieurs et peut les présenter ainsi à son auditoire :

> [...] si c'est pas des démons, c'est encore ben moins des enfants-Jésus. Imaginez des petits bouts d'hommes de dix-huit pouces de haut avec rien qu'un œil dans le milieu du front, le nez comme une noisette, une bouche de ouaouaron fendue jusqu'aux oreilles, des bras pi des pieds de crapauds, avec des bedaines comme des tomates et des grands chapeaux pointus qui les font r'sembler à des champignons de printemps (L, p. 100).

Les marionnettes, dans l'imaginaire du célèbre conteur, incapable de mentir, sont :

> [...] des espèces de lumières malfaisantes qui se montrent dans le Nord, quand on est pour avoir du frette. Ça pétille, sus vot'respèque, comme quand on passe la main, le soir, sus le dos d'un chat. Ça s'élonge, ça se racoutille, ça s'étire et ça beuraille dans le ciel sans comparaison comme si le diable brassait les étoiles en guise d'œufs pour se faire une omelette (M, p. 72).

Il les connaît si bien, ces sacripans, lui, Jos Violon qu'il conteste même son curé qui « appelle ça des *horreurs de Montréal* [aurores boréales] pis y dit que ça danse pas » (*ibid.*). Foi de Jos Violon : « [...] Je sais pas si c'est des horreurs de Montréal ou ben de Trois-Rivières, mais j'en ai ben vu à Québec étout ; — et je vous dis que ça danse, moi, Jos Violon ! » (*Ibid.*)

Que le curé se le tienne pour dit ! Car, « [p]arole la plus sacrée, les enfants ! Jos Violon est pas un menteur, vous savez ça » (p. 75-76). Il « sait c'qu'y dit, puisqu'il a tout « vu, les enfants, vu de ses propres oreilles » (p. 79). La preuve encore, c'est qu'il se réfère souvent à la parole du curé, surtout quand il emploie un mot ou une expression qu'il n'utilise pas souvent, ou qui semble trop compliquée pour son auditoire, ou qu'il ne veut pas expliquer, pour une raison ou pour une autre, dans l'économie de son récit, mais qui ajoute à sa crédibilité de conteur. Donnons quelques exemples : « [...] par une rancune du boss, que je présume, comme dit M. le curé » (p. 15) ; « aussi, comme dit M. le curé, je me fis pas attendre » (p. 32) ; « pour lorse, comme dit M. le curé » (p. 33) ; « il inventait la vitupération des principes, comme dit M. le curé » (p. 38), en parlant de Tom Caribou ; « quoi qu'il en soit, comme dit Monsieur le curé » (p. 55) ; « comme dit M. le curé, dis-moi c'que tu brocantes et j'te dirai c'qui t'tuait » (p. 69)... Jos Violon est passé maître dans l'art de modifier un mot, une expression, un proverbe, une maxime. La messe de minuit à laquelle il assiste au chantier voisin, en l'absence de Tom Caribou, comme on le sait, « ne fut pas fioné[e] comme les cérémonies de Monseigneur » (p. 43). Même les rimettes, qu'il utilise pour répondre au Bom' Gustin Pomerleau de la Beauce, sont teintées de religiosité. Qu'on en juge : « Père Pomerleau, j'sus pas un gorlot, laissez-moi le matelot, *sed libera nos a malo* ! » (p. 52.)

Jos Violon se révèle encore pédagogue quand il renseigne son auditoire sur la vie des voyageurs, sur la traditionnelle montée dans les chantiers, par exemple, qui s'accompagne souvent d'une bonne cuite, « une brosse dans les règles » (CP, p. 58), comme celle que Coq Pomerleau prend, à son arrivée à Bytown, lieu de passage où le voyageur est tenu de faire une « petite station quand [il] y fait pas une neuvaine » (*ibid.*). Il donne encore des renseignements sur l'organisation sociale du chantier, en respectant la hiérarchie : « J'étions quinze dans not'chantier : le boss, le commis, le couque, un ligneux, le charrequier, deux coupeux de chemin, deux piqueurs, six grand'haches, épi un choreboy, autrement dit marmiton » (TC, p. 37).

Il décrit encore, ce qui nous éclaire sur son imaginaire, la danse des marionnettes, le phénomène de la chasse-galerie, la hère ou la bête à grand'queue, ce « monstre infernal » (p. 123) qui provoque, chez celui qui a le malheur de la voir, une perte de mémoire instantanée. Il présente les Forges du Saint-Maurice comme n'étant pas « le perron de l'église » mais « le nique du diable avec tous ses petits » (p. 85), là où se manifeste Charlot et où, aussi, en passant, les voyageurs mettent le bon Dieu en cache. Mettre le bon Dieu en cache, selon l'explication de Jos Violon, est une véritable cérémonie initiatique pour les voyageurs qui quittent le monde originel pour affronter le monde interdit où Dieu est mis de côté :

> D'abord y [les voyageurs] se procurent une bouteille de rhum qu'a été remplie à mênuit, le jour des Morts, de la main gauche, par un homme la tête en bas. Ils la cachent comme y faut dans le canot, et rendus aux Forges, y font une estation. C'est là que se manigance le gros de la cérémonie.
>
> La chapelle des Forges a un perron de bois, c'pas ; eh ben, quand y fait ben noir, y a un des vacabonds qui lève une planche pendant qu'un autre vide la bouteille dans le trou en disant :
>
> — *Gloria patri, gloria patro, gloria patrum !*
>
> Et l'autre répond en remettant la planche, à sa place :
>
> — *Ceuses qu'ont rien pris, en ont pas trop d'une bouteille de rhum* (DF, p. 30).

Pour plaire à ses auditeurs, Jos Violon privilégie, on le voit, quelques figures de style et procédés récurrents : la comparaison qui provoque souvent le rire, les jeux de mots — quelques-uns sont suaves, tel celui-là : « La rivière est aux Rats, si elle est au ras de quelque chose, c'est toujours pas loin de l'enfer » (H, p. 116) —, la déformation de mots — Jos Violon est difficile à battre sur ce point —, l'humour, l'ironie. Il aime aussi exagérer car il n'ignore pas que l'exagération porte souvent effet. C'est ainsi, par exemple, que Tipite Vallerand sacre « comme cinq cents mille possédés » (p. 20), Johnny LaPicotte est si picoté qu' « on voyait presque au travers » (H, p. 116), que le courant est si fort, quand le conteur navigue sur la rivière Saint-Maurice en compagnie de Coq Pomerleau que « [j]e vous mens pas, faulait plier les avirons en deux pour avancer » (p. 64). Il est si convaincu des dangers pour les voyageurs de se tenir dans les parages du Mont à l'Oiseau, que « [n]'importe queu voyageur du Saint-Maurice vous dira qu'il aimerait cent fois mieux coucher tout fin seul dans le cimiquière que de camper en gang dans les environs »

(TV, p. 18) de ce mont hanté, possédé du démon, paradis des gueulards et des jacks mistigris. Il obtient le même effet en refusant de prononcer un mot qu'il juge vulgaire. C'est ainsi, par exemple, qu'il nous annonce que Tom Caribou, à la suite de sa mésaventure avec la mère ourse — il lui a échappé quelques gouttes de whisky dans les yeux —, s'est fait labourer « le fond de sa conscience » ou détérioré « les bas côtés de la corporation » (p. 47) car l'ourse lui a « posé, pour parler dans les termes [...] la patte drette sur le rond-point » (p. 49). Conséquence : il a « l'envers du frontispice tout ensanglanté » (*ibid.*) et « ça prit trois grandes semaines pour lui radouer le fond de cale » (p. 50), non sans que Titoine Pelchat ait pris soin de lui coller « les cataplumes sur la..., comme disent les notaires, sur la propriété foncière » (*ibid.*). Comme son héros Johnny LaPicotte, il ne peut prononcer la grossièreté que « l'infâme écho [lui] envoyit en pleine face [...] La gueule sale » (p. 121). Il ne doute pas un instant que « les échos, ça pourrait ben être comme le monde ça ; y en a p'tête qui sont ben élevés, et pi d'autres qui le sont pas » (p. 122). On sait aussi qu'il a la repartie facile et qu'il a des explications à tout, ou presque. De ce fait, s'il peut parler de la Hère, c'est que, avoue-t-il, « c'est encore moi, Jos Violon, qu'en sais le plus long [...] parce que si je l'ai pas vue, moi, je peux au moins me vanter de l'avoir entendue » (p. 123). Non, il s'en défend bien, ce n'était pas son « émagination » (p. 122). Il y avait certes « un peu de sorcilège dans tout ça » (*ibid.*).

S'il use de tant de procédés, c'est que Jos Violon (énonciateur) n'oublie jamais ses auditeurs (destinataires) qu'on ne voit presque jamais dans les récits du conteur, mais que l'on sait présents constamment même si ces interlocuteurs n'interviennent pratiquement pas pour ne pas troubler ou pour ne pas déranger le conteur, selon cette convention tacite religieusement observée dans la narration du conte. Ces auditeurs sont donc passifs, sauf en de très rares exceptions, mais ils sont essentiels pour qu'il y ait acte d'énonciation. Un bon conteur, pour être efficace, doit avoir un public. Sinon, il ne conte pas car il aurait l'impression de se parler à lui-même. Le conteur exerce son activité langagière à partir d'un lieu social, que nous avons déjà défini. En tant qu'énonciateur, précise Bronckart, il agit comme « l'instance sociale d'où émanent les conduites verbales[26] » ; il s'adresse à un ou des destinataires, cibles de l'activité langagière, qui prend la place du public, produit, comme pour l'énonciateur, d'une représentation sociale. Le statut du conteur est différent de celui de l'interlocuteur. Dans ses contes, Jos Violon s'adresse à des auditeurs potentiels. Le conteur poursuit un but et ce but, moralisateur, didactique aussi, on l'a vu, « représente l'effet spécifique que l'activité langagière est censée produire sur le destinataire », ce qui se traduit, en définitive, par un « projet de modification du destinataire dans une direction donnée[27] ». Ces destinataires n'existent toutefois pas en chair et en os, comme lors d'une véritable soirée de contes, car les contes de Jos Violon ne sont plus des contes oraux, un certain Louis Fréchette les a mis en écrit. Mais « ça, dirait le célèbre conteur, c'est une tout autre histoire », qui mériterait un long développement et qui, de ce fait, pourrait faire l'objet d'une autre étude.

Au terme de cette analyse, il convient de souligner la qualité des contes de Jos Violon, sans aucun doute les meilleures réussites formelles du genre, au XIXe siècle québécois et même, peut-être, au XXe siècle. Il resterait encore quelques points à préciser. Je n'ai pas parlé de la langue de Jos Violon, une langue exceptionnelle, comme on peut s'en rendre compte à partir des citations que j'ai insérées dans le texte. Je voulais permettre aux francophones de partout de goûter à la saveur de cette vieille langue française qui n'est ni de l'argot, ni du patois, encore moins du joual, comme voudrait le faire croire Victor-Lévy Beaulieu. Quel plaisir de côtoyer un conteur de la trempe de Jos Violon !

Et cric, crac, cra ! sacatabi, sac-à-tabac ! mon histoire finit d'en par là.

NOTES

1. *Les Fleurs boréales. Les Oiseaux de neige*. Poésies canadiennes couronnées par l'Académie française, Paris, E. Rouveyre, éditeur, [et] Em. Terquem, 1881, 267 p. [Le recueil avait d'abord paru à Québec, C. Darveau, imprimeur, 1879, 268 p.] C'est Prosper Blanchemain qui avait incité le poète canadien à se présenter au concours de l'Académie française de 1880. On consultera l'étude de David M. Hayne consacrée au recueil primé dans le *Dictionnaire des œuvres littéraires du Québec*, sous la direction de Maurice Lemire, t. I : *Des origines à 1900*, Montréal, Fides, 1978, p. 266-268. William Chapman, sans doute jaloux du succès de son « ami » Fréchette et de la gloire que son rival retirait de son couronnement, publia, d'abord dans *Le Bon Combat*, de l'abbé Frédéric-Alexandre Baillairgé du Collège de Joliette, une série de critiques sur les œuvres de son rival, qu'il réunira en recueil sous le titre *Le Lauréat*, en 1894. Voir l'article de Guy Champagne dans le DOLQ, t. I, p. 439-440.

2. Louis Fréchette, *Contes de Jos Violon*. Présentés par Victor-Lévy Beaulieu, notes de Jacques Roy, Montréal, L'Aurore, « Le Goglu », 1974, 143 p. Ill. de Henri Julien. Ces contes avaient d'abord paru dans des périodiques, à l'exception de « Titange ». Les contes « Tom Caribou » et « Titange » figurent dans *La Noël au Canada*, Toronto, George N. Morang & Company Limited, 1900, XIX, 288 p.

3. Louis Fréchette, *Mémoires intimes*. Texte établi et annoté par George A. Klinck, préface de Michel Dassonville, Montréal et Paris, Fides, coll. du « Nénuphar », 1961, 200 p. [voir p. 52].

4. On consultera notre ouvrage, *Le Conte littéraire québécois au XIXe siècle. Essai de bibliographie critique et analytique*. Préface de Maurice Lemire, Montréal, Fides, 1975, XXXVIII, 385 p. [voir p. 162-193].

5. Louis Fréchette, *Mémoires intimes, op. cit.*, p. 177, notes et variantes.

6. *Ibid.*, p. 53.

7. *Loc. cit.*

8. *Loc. cit.* Voici ce texte : « Je dis *nous*, car, comme on le pense bien, il n'était pas question pour moi d'assister à ces réunions sans être bien dûment chaperonné. Ces fonctions importantes incombaient généralement à ce frère d'adoption [...], c'est-à-dire à John Campbell qui était connu dans tout le canton sous le nom de Johnny Camel, et qui par une heureuse coïncidence aimait les histoires presque autant que moi. »

9. *Loc. cit.*

10. La pagination entre parenthèses dans le texte renvoie au recueil *Contes de Jos Violon*, cf. note 2. Nous procéderons ainsi quand nous citerons ce recueil. Nous ajouterons les initiales du conte, quand le titre n'est pas précisé : TC (*Tom Caribou*), TV (*Tipite Vallerand*), CP (*Coq Pomerleau*), DF (*Le Diable des Forges*), M (*Les Marionnettes*), L (*Les Lutins*), T (*Titange*) et H (*La Hère*).

11. Joseph-Charles Taché, *Forestiers et Voyageurs. Les Soirées canadiennes*, vol. III (1863), p. [13]-260. [Publié en volume en 1884, réédité plusieurs fois ; dernière publication : préface de Maurice Lemire, Montréal, Fides, « Bibliothèque québécoise », 1980, 202 p.]

12. Louis Fréchette, *Mémoires intimes, op. cit.*, p. 53.

13. Le texte avec variantes figure dans *Mémoires intimes, op. cit.*, p. 52.

14. Aurélien Boivin, « La littérarisation du conte québécois : structure narrative et fonction moralisante », *Le Conte*. Textes recueillis par Pierre Léon et Paul Perron, Montréal, Didier, 1987, p. 103-118.

15. Honoré Beaugrand, *La Chasse-galerie*. [Préface de François Ricard], chronologie et bibliographie d'Aurélien Boivin], Montréal, Fides, « Bibliothèque québécoise », 1979, 107 p. François Ricard en a préparé une édition critique : *La Chasse-galerie et autres récits*, Montréal, Presses de l'Université de Montréal, « Bibliothèque du Nouveau Monde », 1989, 362 p. Voici cette formule : « Pour lors que je vais vous raconter une rôdeuse d'histoire, dans le fin fil ; mais s'il y a parmi vous autres des lurons qui auraient envie de courir la chasse-galerie ou le loup-garou, je vous avertis qu'ils font mieux d'aller voir dehors si les chats-huants font le sabbat, car je vais commencer mon histoire en faisant un grand signe de croix pour chasser le diable et ses diablotins. J'en ai assez eu assez de ces maudits-là dans mon jeune temps » (p. 17).

16. Pierre-Jakez Hélias, *Les Autres et les Miens*, vol. 2 : *Contes à vivre debout*, Paris, Plon, 1977, p. 129-142. Voici cette longue formule : « Autrefois était autrefois, et aujourd'hui, c'est un autre temps. Dans mon verger, j'ai un arbre de pommes qui nourrit des fruits plus tendres que le pain. Mais, pour goûter le pain de ces pommes, il faut dormir au pied de l'arbre avec deux sous de sagesse dans le poing fermé, un grand sac vide sous la tête pour amasser tout ce qui tombe. Moi, mes amis, ma récolte est faite et mon sac tout plein de merveilles que je partage à qui les veut. Écoutez bien :

> Le dos de l'âne est pour le bât
> Qui sur le chien ne tiendrait pas.
> C'est un conte extraordinaire,
> Cent fois plus vieux que père et mère,
> Mais il faut seller votre chien
> Si vous voulez comprendre bien.

Écoutez et vous entendrez la légende merveilleuse de « celui qui alla chercher le printemps ». Les sourds des deux tympans porteront la nouvelle aux absents et les aveugles des deux yeux feront voir aux doubles boiteux l'endroit où s'est passé le jeu (p. 129-130).

17. Cf. p. 14, 25, 37, 51, 81, 101, 115. Cette formule n'apparaît pas dans « Les Marionnettes ».

18. Cf. p. 23, 79 et 98.

19. Jean-Paul Bronckart, avec la collaboration de D. Blair, B. Schneuwly, C. Davaud et A. Pasquier, *Le Fonctionnement des discours. Un modèle psychologique et une méthode d'analyse*, Neuchâtel et Paris, Delachaux et Niestlé, éditeurs, 1985, p. 31.

20. Maurice Lemire, « Le discours répressif dans le conte littéraire québécois au XIXe siècle », *Biblioteca Della Ricerca, Cultura Straniera*, n° 11, Atti del 6e Convegno internazionale di studi canadesi, Selva di Fasano, 27-31 marzo 1985, Schena Editore, 1985, p. 105-131 [voir p. 120].

21. Maurice Lemire, *op. cit.*, p. 120.

22. Käte Hamburger, *Logique des genres littéraires*, traduit de l'allemand par Pierre Cadiot, préface de Gérard Genette, Paris, Seuil, « Poétique », 1986, 312 p. [voir p. 157].

23. Maurice Lemire, *op. cit.*, p. 120.

24. Pierre Bourdieu et Jean-Claude Passeron, *La Reproduction. Éléments pour une théorie du système d'enseignement*, Paris, Éditions de Minuit, 1970, p. 19.

25. *Ibid.*, p. 20.

26. Jean-Paul Bronckart, *op. cit.*, p. 32.

27. *Loc. cit.*

PORTRAIT D'AUTEUR : CONRAD LAFORTE

Madeleine Béland
Université Laval (Québec)

Conrad Laforte, fils de Philippe Laforte et de Marie-Mathilda Dallaire, est né le 10 novembre 1921 à Kénogami. Il fait ses études primaires au Collège des Frères du Sacré-Cœur de Kénogami et ses humanités classiques au Petit Séminaire de Chicoutimi, où il devient bachelier ès arts de l'Université Laval en 1946.

Il s'inscrit par la suite à l'École des bibliothécaires de l'Université de Montréal, où, en 1949, il obtient le baccalauréat en bibliothéconomie et bibliographie, après avoir présenté une compilation biobibliographique de 309 pages sur Mgr Joseph-Victor-Alphonse Huard (mieux connu comme l'abbé ou le chanoine Huard, puisqu'il ne reçut le titre de monseigneur que le jour de son décès).

En quête d'un travail dans son domaine, Conrad Laforte apprend que les Archives de folklore sont à la recherche d'un bibliothécaire. Au début de novembre 1951, il rencontre Mgr Félix-Antoine Savard et Luc Lacourcière pour offrir ses services. D'abord engagé à l'essai, il y demeure par la suite comme bibliothécaire-archiviste de 1951 à 1975.

Dans ce milieu propice, il en profite, sans nuire à son travail, pour poursuivre des cours à temps partiel en littérature et en ethnologie, jusqu'à l'obtention de la licence ès lettres en 1968, le diplôme d'études supérieures en 1970 et enfin le doctorat ès lettres en 1977.

Conrad Laforte a occupé plusieurs fonctions administratives, dont celles de bibliothécaire-archiviste aux Archives de folklore (1951-1975), de secrétaire des Archives de folklore (1973-1975) et de directeur des études de premier cycle en arts et civilisations (1981-1983). Au Département d'études canadiennes, il est chargé de cours de 1965-1967, puis professeur assistant de 1967 à 1973 ; au Département d'histoire, il occupe le poste de professeur adjoint (1973-1977), agrégé (1977-1981), titulaire (1981-1988) ; il est retraité depuis 1988.

Il a appris à mener des enquêtes ethnographiques en accompagnant Luc Lacourcière et Mgr Félix-Antoine Savard. Il a produit 1 132 enregistrements sonores sur 67 rubans magnétiques de deux heures chacun (comprenant des contes, chansons, légendes et airs de danse). Ces documents sonores originaux, recueillis au cours d'enquêtes de folklore dans la province de Québec depuis 1954, sont classés et conservés aux Archives de folklore à l'usage des chercheurs et des étudiants préparant des thèses, des communications et des auditions pour des cours ou d'autres travaux.

Le 24 août 1947, Conrad Laforte épouse Hélène Gauthier, fille d'Alice Duval et d'Émile Gauthier, de Charlesbourg. Leur fille, Esther, est aujourd'hui archéologue et anthropologue.

Conrad Laforte a obtenu, de 1964 à 1988, quatorze bourses et subventions de recherches, a fait partie d'une douzaine de sociétés savantes et prononcé une trentaine de communications ou discours à des congrès ou colloques au Canada, en Louisiane et en Europe.

Parmi les plus belles réalisations de sa carrière, il faut mentionner l'organisation du Congrès international sur les ballades et les chansons folkloriques (18e réunion de la Kommission für Volksdichtung de la SIEF), tenu du 15 au 20 août 1988 à l'Université Laval, sous le patronage du CELAT. Trente-trois conférenciers et conférencières, pour la plupart des professeurs d'université, sont venus d'une douzaine de pays. Les *Actes* du congrès comprennent tous les textes des communications. C'est à l'occasion de ce congrès que Stefaan Top, président de la Commission de la SIEF, a dit : « Et si l'Université Laval est à la tête dans le domaine de la chanson folklorique, c'est grâce entre autres à notre cher collègue Conrad Laforte, qui, presque annuellement, comme une sorte de couronnement de sa carrière, publie un livre important sur la chanson francophone. [...] N'oublions jamais que la Mecque des études sur la chanson francophone n'est ni Paris, ni Bruxelles, ni Genève, mais l'Université Laval à Québec. »

* * *

F.A. – Quel genre d'étudiant étiez-vous avant de devenir un chercheur « au sens le plus profond du terme », selon l'expression de Lacourcière ?

C.L. – Au Petit Séminaire de Chicoutimi, je n'étais pas meilleur que les autres, mais c'est là que j'ai commencé à aimer la lecture et que j'ai appris l'art d'écrire : j'aimais les versions grecques et latines. Nous étions un petit groupe qui se passionnait pour tous les arts, la littérature, surtout la poésie, la musique, la peinture et même le théâtre. Quand *Menaud, maître draveur* parut, ce fut tout un événement. J'en copiais à la main des passages dans un album. En 1942, nous avons célébré l'anniversaire de naissance de l'auteur de l'*Ô Canada*, Calixa Lavallée, en montant un jeu scénique en six tableaux. Mon confrère, Roland Bouchard, introduisait par un récit historique chacun des tableaux que j'avais composés (scènes et dialogues). Mes confrères jouèrent avec beaucoup de succès devant tous les étudiants et les abbés. Fort de ce premier succès, je présentais un sketch radiophonique d'une demi-heure au concours organisé par Radio-Canada en 1945. Mon sketch *En pleine nature* fut joué à la radio le dimanche 17 mars 1946 par les meilleurs artistes de Radio-Canada. J'obtins le deuxième prix.

Comme vous voyez, mon séjour au Petit Séminaire de Chicoutimi ne m'a laissé que des bons souvenirs. Un jour, vers 1944, alors que Luc Lacourcière faisait des émissions radiophoniques sur le folklore et l'ethnologie, notre petit groupe, Bertrand Fournier en tête, fit pression auprès des autorités du Séminaire et obtint que Luc Lacourcière vienne nous faire une conférence pour nous parler de cette nouvelle science.

F.A. – Qu'est-ce qui vous a amené à l'étude de la littérature orale, particulièrement la chanson ?

C.L. – Déjà au Petit Séminaire de Chicoutimi, la conférence de Luc Lacourcière m'avait donné une certaine idée de la littérature orale. Une fois devenu bibliothécaire-archiviste des Archives de folklore de l'Université Laval, mes fonctions étaient de classer les livres et d'en acquérir d'autres dans la même discipline, puis de classer les documents d'archives tant sonores que manuscrits. Je commençai par le fichier des contes que Lacourcière identifiait avec une telle ardeur qu'il en fit sa spécialité. Ensuite, je m'attaquai au fichier des chansons de tradition orale. Pour le conte, il y avait la classification internationale d'Antti Aarne et Stith Thompson. Pour les chansons, non seulement il n'existait aucune classification internationale, mais en France le grand spécialiste, Patrice Coirault, évoquait l'énigme du Sphinx en parlant d'une classification des chansons. J'ai donc imaginé une classification temporaire d'après les titres communs, me permettant de regrouper sous un même titre toutes les versions sœurs. J'ai ainsi lu pour identification plus de 80 000 chansons. Cette expérience exceptionnelle m'a permis de déceler des groupes de chansons faites d'après des techniques communes comme : 1) les chansons en laisse ; 2) les chansons strophiques ; 3) les chansons en forme de dialogue ; 4) les chansons énumératives ; 5) les chansons brèves ; 6) les chansons sur des timbres. Chacune de ces catégories est expliquée dans *Poétiques de la chanson folklorique française* et fait l'objet d'un volume du *Catalogue de la chanson folklorique française*.

F.A. – Comment en êtes-vous venu à découvrir les survivances médiévales dans les chansons de tradition orale ?

C.L. – Un article de François Brassard qui a paru dans l'*Alma Mater* m'a particulièrement frappé, alors que j'étais encore étudiant au Petit Séminaire de Chicoutimi. L'étude portait sur le rossignol qui parle en son latin, soulignant ainsi un vestige du Moyen Âge dans la chanson de tradition orale. Cette idée étonnante, je l'ai toujours retenue. Quand, plus tard, j'ai commencé mes études sur les chansons folkloriques aux Archives de folklore, je me suis attaché à retrouver de semblables survivances médiévales dans les chansons folkloriques, si bien que j'en fis mon sujet principal de recherche.

La chanson en laisse relève d'une poétique médiévale tant au niveau de la versification qu'à celui des thèmes et motifs. Au début de mes inventaires, je découvrais des chansons qui contenaient une laisse. J'en fis part à un médiéviste qui me dit : « Ce n'est pas possible, le Moyen

Âge c'est tout un monde. » Cette réponse a refroidi mon ardeur. Cependant, j'avais beau me répéter : « Ce n'est pas possible, sept siècles nous séparent du Moyen Âge », je trouvais de plus en plus de chansons contenant une laisse. Alors je résolus d'entreprendre des recherches dans les ouvrages du Moyen Âge. Les résultats dépassèrent mes espérances. Je fis une démonstration que je voulais irréfutable. Je la présentai à ce même médiéviste qui, après lecture, m'avoua : « C'est évident ! » Je la fis lire à d'autres médiévistes qui me firent à peu près la même réponse. Voilà pourquoi j'ai publié avec beaucoup d'assurance *Survivances médiévales dans la chanson folklorique*. Il m'a valu la médaille Luc-Lacourcière. Il fut proclamé le livre du mois par la revue *Nos livres*. Les critiques n'ont écrit que des louanges à son égard. Serge Laîné écrit : « Survivances *is a most precious model for any further research on French folk songs* » (*Journal of American Folklore*, 1983, p. 497) ; Vincent Pollina écrit : « *Laforte is the first to have systematised the strophic formulas of the* chansons en laisse *; [...] Laforte's judicious use of terminology ; his methodology, which is both economical and fully adequate to the demands of the subject matters ; [...] Thus, he makes a contribution which amounts to far more than the tracing out of* survivances » (« *Speculum* », *Journal of Medieval Studies*, 1984, p. 174-177) ; Bernard Cousin ajoute : « C'est le premier mérite, et non le moindre, de l'auteur que d'avoir traqué et débusqué les chansons en laisse [...] À mes yeux, et plus encore après la lecture de l'ouvrage de Conrad Laforte qui apporte, tant sur le plan méthodologique que sur celui du contenu thématique, des éléments riches et novateurs, la chanson folklorique est un lieu privilégié... » (*Annales : Économies, Sociétés, Civilisation*, 1985, p. 428-430).

BIBLIOGRAPHIE

Manuscrits

En pleine nature, sketch radiophonique d'une demi-heure, créé à Radio-Canada, en 1946 : a mérité le second prix littéraire de Radio-Canada.

Essai de bio-bibliographie de Monseigneur Joseph-Victor-Alphonse Huard, P.D. (1835-1929), manuscrit dactylographié de XII + 297 p. portr. : ouvrage de compilation bibliographique présenté pour l'obtention du baccalauréat en bibliothéconomie et bibliographie, à l'École des bibliothécaires de l'Université de Montréal, en 1949. Il n'y a que trois exemplaires. Localisation : à l'École des bibliothécaires de l'Université de Montréal, à la Société historique du Saguenay (Chicoutimi) et chez l'auteur.

La Chanson traditionnelle et la littérature québécoise aux environs de 1860 (1830-1900), Québec, 1968, 95 p. manuscrites, 28 cm : mémoire de licence, au certificat de littérature canadienne, 1968.

La Classification de la chanson folklorique française d'après les poétiques de tradition orale, Québec, 1970, XXXVII + 175 p. manuscrites, 28 cm : thèse de diplôme d'études supérieures, Université Laval, 1970.

Survivance de la laisse dans la chanson de tradition orale, Québec, 1977, XXVIII + 499 p. manuscrites, 28 cm : thèse de doctorat, Université Laval, 1977.

Livres

Le Catalogue de la chanson folklorique française, Québec, Les Presses universitaires Laval, 1958, XXIX + 397 p., 27 cm. Préface de Luc Lacourcière (Publications des Archives de folklore, Université Laval) : tiré à 125 exemplaires, épuisé depuis 1962. Cet ouvrage a mérité le Prix Raymond-Casgrain, 1959.

Supplément : *Le Catalogue de la chanson folklorique française*, Québec, 1964, 274 p. manuscrites, 27 cm. Tiré à trois exemplaires.

La Chanson folklorique et les écrivains du XIXe siècle (en France et au Québec), Montréal, Éd. Hurtubise HMH, 1973, 154 p., 20 cm. ill. musique. (Cahiers du Québec 12 : « Ethnologie québécoise », cahier II).

Poétiques de la chanson traditionnelle française, Québec, Les Presses de l'Université Laval, 1976, IX + 161 p. (« Les Archives de folklore », 17) ; 2e édition, Sainte-Foy, Les Presses de l'Université Laval, 1993, 204 p. (« Les Archives de folklore », 26).

Essai de bibliographie analytique de la chanson folklorique française du Canada, classée d'après les poétiques de tradition orale, Québec, 1973, VII + 69 p. (« Dossiers de documentation des Archives de folklore de l'Université Laval », IV). Tirage : 100 exemplaires réservés aux étudiants.

Catalogue de la chanson folklorique française :

I. Chansons en laisse, Québec, Les Presses de l'Université Laval, 1977, CXI + 561 p. (« Les Archives de folklore », 18).

II. Chansons strophiques, Québec, Les Presses de l'Université Laval, 1981, XIV + 841 p. (« Les Archives de folklore », 20).

III. Chansons en forme de dialogue, Québec, Les Presses de l'Université Laval, 1982, XV + 144 p. (« Les Archives de folklore », 21).

IV. Chansons énumératives, Québec, Les Presses de l'Université Laval, 1979, XIV + 296 p. + 33 p. (« Les Archives de folklore », 19).

V. Chansons brèves. (Les enfantines), Québec, Les Presses de l'Université Laval, 1987, XXX + 1017 p. (« Les Archives de folklore », 22).

VI. Chansons sur des timbres, Québec, Les Presses de l'Université Laval, 1983, XV + 649 p. (« Les Archives de folklore », 23).

Menteries drôles et merveilleuses : contes traditionnels du Saguenay, recueillis et présentés par Conrad Laforte, [Montréal], Éd. Quinze [1978], 287 p. Ill. de Claude Poirier (« Mémoires d'homme ») ; 2e édition, 1980.

Survivances médiévales dans la chanson folklorique : poétique de la chanson en laisse, Québec, Les Presses de l'Université Laval, 1981, IX + 300 p. 24 cm. (« Ethnologie de l'Amérique française ») : médaille Luc-Lacourcière 1981 ; le livre du mois dans *Nos livres*, Montréal, vol. 13, juin-juillet 1982.

Chansons folkloriques à sujet religieux, [par] Conrad Laforte et Carmen Roberge, Québec, Les Presses de l'Université Laval, 1988, XII + 388 p., musique, 24 cm. Préf. de Benoît Lacroix (« Ethnologie de l'Amérique française »).

Chanson folklorique française. [Cours par correspondance], Folk 2136 FZ, Université de Sudbury (Ontario), 1989, [14 p.] + 7 p. + 149 p. + XLV p. + 32 p., 28 cm.

Articles

« Problèmes de classification de la chanson traditionnelle française », *Arbeitstagung über Fragen des Typenindex der europäischen Volksballaden* vom 21.bis 23 August 1971 im Musée des Arts et traditions populaires in Paris. Veranstaltet von der Kommission für Volksdichtung der Société internationale d'ethnologie et de folklore (SIEF), Freiburg i. Br., Deutsches Volksliedarchiv, 1972, p. 11-22. (Résumé dans *Actes du premier congrès international d'ethnologie européenne*, Paris, 24 au 28 août 1971, Paris, Maisonneuve et Larose, 1973, p. 135-136, n° 318).

« Rabelais et la chanson traditionnelle », *Gigue*, revue de Folk, Paris, n° 2, [1973], p. [34-46], ill. ; n° 3, 1973, p. 19-25, ill.

« Rabelais et la chanson traditionnelle » [Nouvelle édition], *Marche romane*, Cahiers de l'A.R.U.Lg. Liège, tome XXIV, n° 4, 1974, p. 5-19.

« Chansons folkloriques, chefs-d'œuvre d'inconnus », *Études littéraires*, Québec, Les Presses de l'Université Laval, vol. 7, n° 1, avril 1974, p. 159-181.

« Les poétiques de la chanson traditionnelle française », *Revue de l'Université Laurentienne*, vol. 8, n° 2, février 1976, p. 101-106. Communication à la American Folklore Society, en 1975.

« Alexis le trotteur dans la littérature orale », *Nord*, n° 7, 1977, p. 181-188.

Dictionnaire des œuvres littéraires du Québec, Montréal, Fides, vol. 1, 1978. Six articles : « À la claire fontaine », « Le Bal chez Boulé », « Le Canotier, par Raymond Casgrain », « Chansons populaires du Canada, par Ernest Gagnon », « La Complainte de Cadieux », « Un Canadien errant, par Antoine Gérin-Lajoie » ; vol. 2, 1980. Deux articles : « Le Bouquet de Mélusine, scènes de folklore par Louvigny de Montigny », « Romancéro du Canada, par Marius Barbeau ».

« La Grand'Gueule, Gargantua québécois », *Mélanges en l'honneur de Luc Lacourcière*, [Montréal], Leméac, [1978], p. 281-292.

« Le Moyen Âge et la culture populaire de la Nouvelle-France : l'exemple de la chanson », *La Culture populaire au Moyen Âge*, études présentées au quatrième colloque de l'Institut d'études médiévales de l'Université de Montréal, 2-3 avril 1977, [Montréal], L'Aurore, [1979], p. 231-257, musique.

« The Interest of Classification According to the Poetics of Oral Tradition », 9. *Arbeitstagung über Fragen des Typenindex der europäischen Volksballaden vom 21.bis 23 August 1978 in Esztergom, Ungarn.* Veramstalter von der Kommission für Volksdichtung der Société internationale d'ethnologie et de folklore (SIEF). Tagungsprotokoll herausgegeben von Rolf W. Brednich, Jürgen Dittmar, David G. Engle, Ildikó Kriza, Budapest, Ethnographisches Institut d.U.A.d.W., 1979, p. 21-43.

« Religion traditionnelle et les chansons des coureurs de bois », par Benoît Lacroix et Conrad Laforte, *Revue de l'Université Laurentienne*, Sudbury, vol. 12, n° 1, novembre 1979, p. 11-42, musique ; paru aussi dans Benoît Lacroix, *La Religion de mon père*, Montréal, Éd. Bellarmin, 1986, p. 156-175, musique.

Encyclopedia of Music in Canada, edited by Helmut Kallman, Gilles Potvin, Kenneth Winters, Toronto, University of Toronto Press, [1981]. Deux articles : « Folk Music, Franco-Canadian », p. 340-344 ; « Archives de folklore », p. 30.

Encyclopédie de la musique au Canada, [éditée par] Helmut Kallman, Gilles Potvin, Kenneth Winters, [Montréal], Fides, [1983]. Deux articles: « Musique folklorique canadienne-française », p. 704-708 ; « Archives de folklore », p. 35.

Encyclopédie de la musique au Canada, 2e édition, [Montréal], Fides, [1993], 3 vol. Deux articles : « Musique folklorique canadienne-française », vol. 2, p. 2347-2358 ; « Archives de folklore », vol. 1, p. 109-110.

« Hommage à François-Joseph Brassard », *Saguenayensia*, Chicoutimi, vol. 25, nos 1-2, janvier-mars 1983, p. 3-9, ill.

« Répertoire authentique des chansons d'aviron de nos anciens canotiers (voyageurs, engagés, coureurs de bois) », *Présentation... à la Société royale du Canada, année 1982-1983*, p. 145-159.

« Briser les barrières établies », *Folklore, Bulletin de l'Association canadienne pour les études de folklore*, novembre 1984, vol. 8, nos 3-4, p. 9-11.

« La contribution culturelle de la chanson folklorique au Québec », *Mémoires de la Société royale du Canada*, quatrième série, tome XXII, 1984, p. 115-130.

« Présentation de M. Maurice Lemire », *Présentation... à la Société royale du Canada, années 1983-1985*, p. 125-130.

« Le *Catalogue de la chanson folklorique française* comme instrument de recherche et d'analyse », *Ballad Research* [...] Proceedings of the Fifteenth International Conference of the Kommission für Volksdichtung of the Société internationale d'ethnologie et de folklore, Dublin and co. Clare, Ireland, 26 August - 1 September 1985, edited by Hugh Shields, [Dublin], Folk Music Society of Ireland, [c1986], p. 231-238.

« Préface », Marius Barbeau, *Le roi boit*, édité par Lucien Ouellet, [Ottawa], Musées nationaux du Canada, [1987], p. XV-XVIII.

« Pour une gestion informatisée des chansons folkloriques françaises », *Ballades et chansons folkloriques* : Actes de la 18e session de la Commission pour l'étude de la poésie de tradition orale (Kommission für Volksdichtung) de la S.I.E.F. (Société internationale d'ethnologie et de folklore), sous la direction de Conrad Laforte, [Québec, CELAT, 1989], p. 159-164.

« Luc Lacourcière, 1910-1989 », *Mémoires de la Société royale du Canada*, 1989, cinquième série, tome IV, p. 375-380, portrait.

« Caractéristiques des chansons du répertoire de Germain Lemieux », *L'Œuvre de Germain Lemieux, s.j., bilan de l'ethnologie en Ontario français*, sous la direction de Jean-Pierre Pichette, Actes du colloque tenu à l'Université de Sudbury les 31 octobre, 1er et 2 novembre 1991, Sudbury, Centre franco-ontarien de folklore et Prise de parole, 1993, p. 291-302 (« Collection ancrage »).

Collaborations

Collaboration à : Luc Lacourcière, « Bibliographie raisonnée de l'anthroponymie canadienne », *Mémoires de la Société généalogique canadienne-française*, vol. 9, nos 3-4, juillet-octobre 1958, p. 53-174 [voir p. 172].

Collaboration canadienne depuis 1955-1982 à la *Bibliographie internationale des arts et traditions populaires*, rédigée avec l'assistance des collaborateurs, par Robert Wildhaber, à Bâle en Suisse ; et par Rolf W. Brednich, à Bonn, depuis 1977-1982. Ouvrage publié par la Commission internationale des arts et traditions populaires sous les auspices du Conseil international de la philosophie et des sciences humaines et avec le concours de l'UNESCO.

Collaboration aux *Cahiers des Dix* : compilation de l'Index des matières des vol. 33 à 41.

Collaboration québécoise au *Jahresbibliographie des Volksballadenforschung*, Annual Bibliography of Folk Ballad Research, vol. 8, 1978, durch Zmaga Kumer, Ljubljana, 1979.

« Le Roi Eustache » (conte), Germain Lemieux, *Placide-Eustache, sources et parallèles du conte-type 938*, Québec, Les Presses de l'Université Laval, 1970, p. 194-200 (« Les Archives de folklore », 10).

« Les Trois Docteurs » (conte), Luc Lacourcière, « Les Transplantations fabuleuses, conte-type 660 », *Cahiers d'histoire*, no 22, 1970, p. 199-201.

(Légendes et anecdotes sur Alexis le trotteur), Jean-Claude Larouche, *Alexis le trotteur*, Montréal, Éd. du Jour, [1971], p. 203-204, 211-212, 214-216.

(Analyse de 4 versions d'un conte), Hélène Bernier, *La Fille aux mains coupées (conte-type 706)*, Québec, Les Presses de l'Université Laval, 1971 (« Les Archives de folklore », 12).

« La P'tite Mange Enfant » (conte) et « La Vieille Carabosse » (conte), Nancy Schmitz, *La Mensongère (conte-type 710)*, Québec, Les Presses de l'Université Laval, 1972, p. 141-144 et p. 131-138 (« Les Archives de folklore », 14).

« Le Petit Bœuf Caille », conté par Ernest Gagné, (Coll. C.L. 1142), Paul Delarue [et] Marie-Louise Tenèse, *Contes de France*, illustrations originales de Akos Szabo, [Paris], Hatier, [1980], p. 175-185, ill. (col.), commentaires, p. 199.

(Analyse de 3 versions d'un conte), Jean-Pierre Pichette, *L'Observance des conseils du maître* (A.T. 910B), Helsinki, Academia scientiarum fennica, « Folklore Fellows Communications » 250 ; et Québec, Les Presses de l'Université Laval, 1991, p. 14, 88-89, 94 (« Les Archives de folklore », 25).

Ouvrages sous direction

Georges Arseneault, *Complaintes acadiennes de l'Île-du-Prince-Édouard*, [Montréal], Leméac, [1980], 261 p. ill. musique, 23 cm (« Connaissance »).

Madeleine Béland et Lorraine Carrier-Aubin, *Chansons des voyageurs, coureurs de bois, et forestiers*, Québec, Les Presses de l'Université Laval, 1982, X + 432 p. musique, 24 cm (« Ethnologie de l'Amérique française »).

Ballades et chansons folkloriques : Actes de la 18e session de la Commission pour l'étude de la poésie de tradition orale (Kommission für Volksdichtung) de la S.I.E.F. (Société internationale d'ethnologie et de folklore), sous la direction de Conrad Laforte, [Québec, CELAT, Université Laval, 1989], VIII + 389 p. ill. musique (« Actes du Célat », no 4, mai 1989).

Articles biographiques

Gilles Potvin, « Laforte, Conrad », *Encyclopedia of Music in Canada*, Toronto, 1981, p. 514-515 ; et *Encyclopédie de la musique au Ca-*

nada, Montréal, 1983, p. 549, et deuxième édition, vol. 1, p. 1820.

Michel Laurin, « Conrad Laforte répond aux questions de notre collaborateur », *Nos Livres*, Montréal, vol. XIII, juin-juillet 1982, Notre choix, portrait.

Luc Lacourcière, « Présentation », *Présentation... à la Société royale du Canada. Année 1982-1983*, p. 139-144, portrait.

Canadian Who's Who, Toronto, University of Toronto Press, 1984.

Who's Who in America, Chicago, Marquis Who's Who, 1984-1985.

The International Who's Who 1989-90, 53rd edition, London (England), Europa Publications, 1989.

Nicole Guilbault, *Dictionnaire des œuvres littéraires du Québec*, sous la direction de Maurice Lemire [...], Montréal, Fides, 1987, tome V, p. 129.

Dictionnaire des auteurs de langue française en Amérique du nord, par Réginald Hamel, John Hare et Paul Wyczynski, 2e édition, Montréal, Fides, 1989, p. 755-756.

Honneurs et prix

Second prix littéraire de Radio-Canada en 1946.

Prix Raymond-Casgrain, 1959.

Médaille Luc-Lacourcière, 1981.

Membre de la Société royale du Canada, élu en 1982.

Folkloriste de l'année 1984, titre décerné par l'Association canadienne pour les études de folklore, lors du congrès des Sociétés savantes tenu à Guelph en juin 1984.

Chercheur émérite 1984, titre décerné par le Centre d'études sur la langue, les arts et les traditions populaires des francophones en Amérique du Nord (CELAT).

Membre permanent de distinction 1988, titre décerné par l'Association canadienne pour les études de folklore.

LITTÉRATURE DE LANGUE FRANÇAISE EN AMÉRIQUE DU NORD

d'ANDRÉ MAINDRON (dir.)
(*La Licorne*, n° 27, Poitiers,
Université de Poitiers, 1994, 441 p.)

Pierre-Yves Mocquais
Université de Regina

Que voilà un bel et bon livre ! Entendons-nous, beau non pas tant par la présentation qui est sobre et de bon goût même si au fond assez banale, que par le format, l'épaisseur, l'apparente solidité de l'ouvrage. Solidité qui ne se dément pas une fois qu'on l'examine. Bref, il s'agit là d'un livre qui, dès l'abord, fait bonne impression, et qui continue de satisfaire une fois que l'on s'aventure au sein de ses 441 pages.

Après une telle entrée en matière, autant l'avouer tout de suite, j'ai un faible pour les ouvrages thématiques de synthèse intelligemment faits. Ce n'est pourtant pas un « genre » facile car, trop souvent dans ce type d'exercice, la qualité intrinsèque d'articles de provenances diverses masque difficilement la faiblesse de la synthèse et de l'organisation. Dans le cas de *Littérature de langue française en Amérique du Nord*, bien que les articles qui le composent soient de provenances fort diverses et les points de vue aussi bien que les approches, éclectiques (l'ouvrage ne compte pas moins de 32 collaborateurs), ce gros volume donne une impression d'unité, ce qui témoigne de l'attention qu'André Maindron a prêtée à l'intégration des diverses contributions.

Littérature de langue française en Amérique du Nord s'ouvre avec bonheur sur une citation de Gaston Miron (p. 3) :

> me voici en moi comme un homme dans une maison
> qui s'est faite en son absence
> je te salue, silence
>
> je ne suis plus revenu pour revenir
> je suis arrivé à ce qui commence

Ces quelques vers donnent non seulement le ton de l'avant-propos d'André Maindron, mais de l'ouvrage dans son entier : l'on y parlera d'Amérique et de France, de présence et d'absence, de bruits et de silences, mais aussi de transformation, du dynamisme d'une francophonie que l'on croyait à tort dévorée par la toute-puissance de la machine culturelle américaine, bref l'on y parlera de vie, du bonheur de la création, de son renouvellement, de son avenir « bouillonnant », pour reprendre un terme de Lise Gauvin qui, avec des accents d'Italo Calvino, s'exclame :

> Si par une nuit d'hiver un voyageur débarque à Montréal pour la première fois, s'il est curieux de littérature et peut-être écrivain à ses heures, si de plus il a prévu quelques temps pour flâner dans les librairies, il ne pourra que s'étonner de l'abondance et de la diversité de la production littéraire québécoise. Il trouvera au Québec un milieu effervescent, un climat culturel bouillonnant d'activités de toutes sortes [...] La littérature québécoise, aujourd'hui, affiche tous les signes d'une étonnante vitalité (p. 417).

Cette volonté de célébrer une culture et une littérature bien vivantes, André Maindron l'exprime tout aussi clairement lorsqu'il écrit (p. 7) que « le présent numéro de *La Licorne* a eu l'ambition de témoigner » non seulement des « difficultés » (lisons *de l'incompréhension*) qui marquèrent l'histoire des rapports entre les aires francophones d'Amérique et la France, mais aussi et surtout de la « diversité », de la « captivante richesse de vie » qui caractérisent l'expression culturelle et littéraire francophone en Amérique du Nord. Symptomatique d'une évolution significative de la pensée française à l'égard de la francophonie nord-américaine — foin du paternalisme d'antan, traitons-nous d'égal à égal, le récent colloque *Présence et influence de l'Ouest français en Amérique du Nord : Acadie, Louisiane, Nouvelle-Angleterre, Québec et autres aires francophones* tenu à l'Université d'Angers le démontra à l'envi ! —, Maindron s'efface derrière son projet qu'il nous présente d'ailleurs avec une modestie dont on lui sait d'autant plus gré que le projet en question témoigne d'une sensibilité pour la francophonie nord-américaine dont il pourrait, à juste titre, se targuer :

> On a seulement voulu proposer ici au lecteur de *bonne* foi un panorama, lui aussi de bonne foi, ni totalisant ni totalitaire, de ce qui s'écrit et se pense et d'abord se vit en français, en Amérique du Nord, dans une société adulte... (p. 7.)

L'ouvrage se compose de cinq parties distinctes. La première, intitulée « Une littérature nord-américaine », affirme sans ambages l'appartenance géographique mais aussi culturelle de cette littérature. Depuis les « textes canoniques » (p. 11) et les « écrits de la Nouvelle-France » évoqués par Réal Ouellet et par Gilles Thérien, en passant par le conte littéraire québécois au XIXe siècle (Aurélien Boivin) et *Angéline de Montbrun* (Céline Tanguay), le lecteur est invité à un retour aux sources qui se révèle particulièrement enrichissant.

La seconde partie est tout naturellement consacrée à « La littérature québécoise contemporaine » et donne une vue d'ensemble particulièrement satisfaisante des points forts de la production littéraire québécoise actuelle : le fantastique, la science-fiction, la poésie, le théâtre d'expérimentation, la nouvelle et l'essai. De manière plus pointue, Jean-François Chassay livre un article fort intéressant sur la « Topographie du lecteur (explicite) dans le roman québécois contemporain » et Jean Morency, une étude sur « Trois romanciers d'une génération perdue : Sylvain Trudel, Christian Mistral, Louis Hamelin ». Il ne manque à ce panorama, et c'est un oubli regrettable car il est à mon sens majeur, qu'un article ou deux sur la littérature des femmes (il y a toutefois un article de Lise Ouellet dans la cinquième partie qui compense de justesse cette défaillance). Quoi qu'on puisse en penser, comment, en effet, passer sous silence Nicole Brossard, Louky Bersianik, Yolande Villemaire et autres Jovette Marchessault dont le dynamisme, la créativité et l'originalité représentent l'un des épanouissements littéraires les plus significatifs de la littérature québécoise et francophone contemporaine ?

Dans un tel ouvrage, il fallait bien qu'on trouvât, ne serait-ce qu'en passant, une reconnaissance des « autres foyers de langue française ». Là encore, il eût été aisé de tomber dans le poncif, le cliché, la mièvrerie du strapontin symbolique. Pourtant, les articles sur l'Acadie, l'Ontario français, la littérature franco-américaine et même la production de l'Ouest canadien, tout en demeurant quelque peu superficiels, ou plutôt, de caractère général, évitent dans l'ensemble ce piège et sont, chacun, d'intéressantes synthèses.

Les deux parties les plus remarquables, de par la qualité et la complémentarité des articles, sont incontestablement les deux dernières : « Autour de la littérature » et « Une littérature sans frontières ». La section 4, « Autour de la littérature », s'ouvre sur un article fort de Patrick Imbert, « Avant-garde et travail du langage au Québec 1945-1980 », où il souligne fort pertinemment à quel point « les auteurs modernes, Ferron, Ducharme, sont conscients de l'arrière-plan d'écriture qui les précède » (p. 293), et s'achève sur une sorte de portrait de l'écrivain québécois, tel qu'il est dans son milieu naturel, de son statut et de celui de son écriture.

Outre l'article de Lise Ouellet déjà mentionné, « De l'autobiographie à la fiction autobiographique dans la littérature féminine », la cinquième et dernière partie de *Littérature de langue française en Amérique du Nord* présente plusieurs réflexions qui se révèlent particulièrement pertinentes pour une appréciation de la littérature québécoise contemporaine et de sa réception aussi bien outre-Atlantique (ainsi l'article de Gilles Dorion sur la réception en France de *Dévadé* de Réjean Ducharme) qu'au Canada (Anthony Purdy médite avec sa perspicacité habituelle sur « l'évolution du paradigme " littérature québécoise " depuis 1960 »). Le volume ne néglige même pas l'influence grandissante de « l'apport migratoire à la littérature québécoise » (Jean Jonassaint), mouvance choisie au sein de laquelle se retrouvent une Anne-Marie Alonzo, un Jacques Folch-Ribas, un Paul Wyczynski ou un Naïm Kattan qui, dans l'article suivant (« Comment on devient un écrivain francophone »), relate avec une simplicité chargée d'émotion la relation complexe et intense qu'il entretient avec ses origines, avec le Québec et avec la langue française. Les dernières phrases de son court texte font en quelque sorte écho aux vers de Miron placés en exergue :

> Toujours oriental, je suis écrivain québécois. Québécois, je suis un écrivain de la francophonie. Les mots nouveaux m'appartiennent et me lient. Ils sont aussi porteurs de sens. L'histoire en fait des emblèmes et des éveilleurs. Un pays, la France, les avait choisis et les avait imposés à une population autrement disparate et en a fait un instrument de liberté. J'ai découvert l'égalité des hommes à travers une langue qui fait de ses usagers des citoyens.
>
> Au-delà de l'origine, des convictions religieuses, du lieu de naissance, il existe entre francophones une alliance tacite. Ils défendent la valeur d'expression, une liberté qui se communique et se transmet.
>
> Riche dans l'humilité, l'écrivain francophone est à l'orée d'une ère qu'il n'entrevoit pas encore clairement. Il vit pourtant une évidence. Il est le gardien d'un bien et il lui incombe de le partager. Les mots que j'ai acquis sont mes alliés. Je dois me battre pour les apprivoiser. Ils me possèdent autant que je les possède. Ils me relient au monde du moment que je plonge dans mon monde pour le découvrir et le donner (p. 404).

Ces paroles disent l'amour, la vie, l'ouverture, un commencement, mais aussi l'universalité, l'appartenance à une identité plus large, faite de générosité et de richesse. Des paroles particulièrement prégnantes alors même que notre monde découvre chaque jour davantage sa fragilité et l'intime interdépendance de ses parties, si disparates puissent-elles être en apparence.

UNE LANGUE QUI PENSE : LA RECHERCHE EN MILIEU MINORITAIRE FRANCOPHONE AU CANADA

de LINDA CARDINAL (dir.)
(Ottawa, Presses de l'Université d'Ottawa, 1993, 182 p.)

Pierre Martel
Université de Sherbrooke

Cette publication des Presses de l'Université d'Ottawa présente dix textes ayant fait l'objet de communications lors du congrès de l'ACFAS tenu à Sherbrooke en 1991. Le thème général sous lequel sont présentés les articles de ce recueil est donné en sous-titre : « La recherche en milieu minoritaire francophone au Canada » ; ils abordent tous, sous des angles très divers, les conditions d'existence et de survie de la communauté francophone canadienne hors Québec. Les sujets traités sont différents, allant des études sur les femmes à la démolinguistique, en passant par le droit et l'histoire. Ils sont aussi de longueur fort inégale, puisque l'article le plus court compte 6 pages et le plus long, 38 pages. Mais au delà de cette diversité de sujets et d'approches, les articles ont pu être regroupés en trois grands sous-thèmes qui sont : femmes, travail et éducation ; identité, droits et histoire ; et, enfin, la recherche statistique et démolinguistique.

Dans l'ensemble, la présentation des textes est soignée et les contenus fort intéressants. La qualité de la langue est en général très bonne ; il reste cependant un certain nombre de coquilles et de fautes qu'une révision aurait dû supprimer. Des notes abondantes accompagnent la plupart des textes, indiquant par là que les auteurs ont effectué des recherches préalables à la rédaction de leur article et justifiant ainsi le sous-titre du volume.

Par ailleurs, comme c'est la règle fréquente dans les collectifs de ce genre, la qualité des textes varie beaucoup de l'un à l'autre. Pour certains d'entre eux, le contenu est peu substantiel, laissant le lecteur sur son appétit. C'est le cas de l'article portant sur le « Questionnement féministe en milieu minoritaire : des pistes offertes par l'étude des collèges classiques féminins en Acadie ».

Pour ma part, je distinguerais dans ce recueil deux sortes de textes : ceux qui présentent des résultats de recherche ou d'enquêtes — ils sont les plus nombreux — et ceux qui relatent des expériences personnelles ou des récits de vie. Je regrette que ces derniers constituent trois des quatre articles du premier sous-thème : « Des femmes franco-ontariennes en situation de mariage mixte : vivre sur une frontière linguistique » ; « La vie des femmes francophones au nord de l'Ontario décrite par elles-mêmes » ; et « Convergence :

l'expérience féministe du coopératisme». Sans enlever l'intérêt à ces textes qui apportent d'authentiques témoignages vécus façonnant le visage de ces communautés linguistiques, on ne leur rend pas justice en les juxtaposant, dans un même volume, à ceux de l'autre groupe de textes.

La première partie est la plus faible de ce recueil. Les deux autres parties présentent de nombreuses données originales (par exemple, l'article portant sur l'« Ethnicité et conflits scolaires en Saskatchewan de 1905 à 1980 ») et suscitent un grand intérêt par la qualité de la réflexion ou l'étude du sujet. C'est le cas des trois autres articles de la deuxième partie : « De la certitude au doute : l'identité canadienne-française de l'Ontario de 1937 à 1967 » ; « L'apport de la doctrine d'action positive comme fondement des droits linguistiques des francophones hors Québec » ; et « Les programmes scolaires et l'éducation franco-ontarienne : la pédagogie critique comme moyen d'intervention ».

La troisième partie présente essentiellement des données démolinguistiques et ne comprend que deux articles. Le premier, « Mesure de la vitalité des petites régions au Canada », est intéressant pour qui voudrait utiliser les données de Statistique Canada et les appliquer à un groupe minoritaire de petites régions. À son grand regret, le lecteur n'y trouve aucun résultat ni aucune donnée sur les minorités elles-mêmes. Par contre, l'article traitant de « La francophonie de Calgary : une étude démolinguistique » est fort détaillé. Les dimensions de l'étude sont nombreuses, surtout la section sur la vie contemporaine : les domaines d'emploi des langues ; la composition du ménage ; la langue et la scolarité des enfants ; le travail ; les organismes à but non lucratif ; le profil biographique. Les auteurs ajoutent un aperçu historique, une section sur le rôle de l'Église, sur l'établissement des écoles, etc. C'est un article très enrichissant pour un lecteur cherchant à mieux connaître cette minorité francophone au Canada.

Ce livre témoigne avec éloquence du dynamisme de la communauté francophone hors Québec et fournit la preuve que la recherche, actuellement effectuée par des chercheurs qui appartiennent à cette communauté, marque des progrès certains. Ce recueil contribue à l'avancement des connaissances et j'espère qu'il aidera de nombreux Québécois et Québécoises à mieux comprendre une situation qui ressemble peu à celle du Québec. De plus, il est propre à tisser des liens entre chercheurs et chercheuses qui sont dispersés sur un très vaste territoire, en mettant en lumière certains domaines pour lesquels la recherche est encore peu développée. Il est certainement de nature à susciter de nouvelles pistes de recherches et d'études qui, je l'espère, donneront lieu à d'autres publications comme celle-ci.

LE CENTRE DE RECHERCHE EN CIVILISATION CANADIENNE-FRANÇAISE DE L'UNIVERSITÉ D'OTTAWA

145, rue Jean-Jacques-Lussier
Pavillon Lamoureux, pièce 271
C.P. 450, succ. A
Ottawa (Ontario)
K1N 6N5

téléphone : (613) 564-6847
télécopieur : (613) 564-7174

Le conseil d'administration

Le Conseil scientifique du Centre est composé de sept professeurs de l'Université d'Ottawa, rattachés à cinq facultés où se poursuivent des études et des travaux sur le Canada français. Il s'agit de Yolande Grisé, directrice (Faculté des arts, Département des lettres françaises), Roger Bernard (Faculté d'éducation), Linda Cardinal (Faculté des sciences sociales, Département de sociologie), Anne Gilbert (Faculté des arts, Département de géographie), André Lapierre (Faculté des arts, Département de linguistique), Gilles Paquet (Faculté d'administration), Daniel Proulx (Faculté de droit).

Les activités accomplies en 1993-1994

Le Centre a coordonné un colloque national, les *États généraux de la recherche sur la francophonie à l'extérieur du Québec*, sous le patronage du Regroupement des universités de la francophonie hors Québec, qui s'est tenu au Château Laurier, à Ottawa, du 24 au 26 mars 1994. La rencontre visait à faire le point sur la situation, le développement et l'avenir de la recherche sur la francophonie nord-américaine. Les cinq séances au programme étaient conçues pour permettre à une trentaine de participants et participantes de présenter de courtes communications et d'encourager une forte participation de la part de l'assistance :

- Les conditions de la recherche depuis 1980 : témoignages ;
- Les pratiques actuelles de la recherche : observations ;

- Les besoins et les priorités de la recherche en 1995-2000 : analyses ;
- Le financement de la recherche : politiques ;
- Table ronde sur de nouvelles collaborations possibles entre les chercheurs de tous les milieux : solutions.

La rencontre a soulevé un intérêt certain: plus de 175 personnes, des milieux de la recherche universitaire, des mouvements associatifs, des différents paliers gouvernementaux et d'organismes publics, des firmes d'experts-conseils privées et du grand public, ont participé au colloque.

Le CRCCF a profité de ce rassemblement exceptionnel pour associer diverses composantes de la francophonie canadienne à son lancement annuel, tenu dans le cadre des festivités du 15e anniversaire du Salon du livre de l'Outaouais, au Palais des congrès de la ville de Hull.

Les *Actes* du colloque seront publiés par le Centre, en 1994-1995.

Les publications parrainées par le Centre

Guide des archives conservées au CRCCF (Danielle Raymond, Lucie Pagé, Colette Michaud et Michel Lalonde, Ottawa, CRCCF, « Documents de travail du CRCCF », 1994, 319 p.) : l'accroissement du volume des ressources documentaires conservées au Centre et la nécessité de répondre efficacement aux demandes des usagers, toujours plus nombreux, justifiaient la préparation et la publication d'une troisième édition revue et augmentée du *Guide des archives conservées au CRCCF*. Pour réaliser ce projet, le Centre a obtenu, en 1991, une subvention du Conseil de recherches en sciences humaines du Canada. Le nouveau *Guide des archives conservées au CRCCF* innove en appliquant les *Règles pour la description des documents d'archives* du Bureau canadien des archivistes. Il renseigne les usagers sur 414 fonds ou collections, soit une masse documentaire qui totalise 790,10 mètres linéaires de documents textuels, près de 863 100 documents photographiques, 979 documents sonores, 77 documents vidéo, 26 documents filmiques, 26 documents ordinolingues, 127 microformes et 2 138 documents particuliers.

État de la recherche sur les communautés francophones hors Québec, 1980-1990 (Linda Cardinal, Jean Lapointe et J. Yvon Thériault, Ottawa, CRCCF, 1994, 200 p.) : cet ouvrage, signé par trois sociologues, dresse un bilan de la recherche effectuée sur les francophones hors Québec, de 1980 à 1990, et en présente une bibliographie détaillée. Il avait été élaboré pour le projet *Vision d'avenir* de la Fédération de la jeunesse canadienne-française. Publié et distribué par le CRCCF, ce livre a été réalisé grâce à l'appui financier du ministère du Patrimoine canadien et au soutien technique du Centre franco-ontarien de ressources pédagogiques.

Les Textes poétiques du Canada français, vol. 7, *1859* (Yolande Grisé et Jeanne d'Arc Lortie, s.c.o., avec la collaboration de Pierre Savard et Paul Wyczynski, Montréal, Fides, « Les Textes poétiques du Canada français, 1606-1867. Édition intégrale »): le volume 7 de la collection, publié au printemps 1994, contient 210 pièces versifiées, soit l'équivalent de 15 000 vers environ, réparties sur une seule année, soit 1859. Cette année 1859 clôt la première décennie de la seconde moitié du siècle, marquée entre autres par l'arrivée du bateau *La Capricieuse* dans le port de Québec (1855) et la reprise des relations officielles avec la France, près d'un siècle après la cession de la Nouvelle-France à l'Angleterre. La production versifiée de cette année s'inscrit dans la continuité des années précédentes (1856-1858) : les rimeurs montrent un intérêt soutenu pour l'actualité politique, la nature, la société et les mœurs canadiennes.

Les projets en cours

Parmi les projets du Centre, signalons celui des *Manuels scolaires franco-ontariens* (MASCOFO), qui vise à réunir des données informatisées et à réaliser des répertoires des manuels scolaires produits, depuis 1850 environ, à l'intention des francophones du Haut-Canada et de l'Ontario, ainsi que des manuels scolaires utilisés (avec ou sans l'approbation du ministère de l'Éducation ou des conseils scolaires) dans l'enseignement offert à ces francophones. L'équipe, formée de Denis Lévesque, Roland Piché et Yves Poirier de la Faculté d'éducation de l'Université d'Ottawa, a recueilli et répertorié jusqu'ici plus de 2 500 manuels scolaires et volumes connexes, et espère publier sept listes informatisées et trois répertoires. L'établissement de la banque de données est d'une grande importance tant pour la connaissance de l'histoire de l'éducation des Franco-Ontariens que pour la recherche, puisqu'elle favorisera l'élaboration de travaux qui pourraient porter sur le choix et le contenu de ces manuels. Le programme informatique utilisé est compatible avec celui du projet EMMANUELLE réalisé par l'INRP de Paris. Le projet MASCOFO bénéficie d'une subvention du Secrétariat aux affaires intergouvernementales canadiennes du Québec.

À venir

En 1995-1996, le Centre prévoit faire paraître diverses publications, dont le volume 8 de la collection « Les Textes poétiques du Canada français » ; le neuvième tome de la collection « Archives des lettres canadiennes » sur la nouvelle au Québec ; trois numéros de la collection « Documents de travail du CRCCF », soit le *Répertoire numérique du fonds Fédération des scouts de l'Ontario, district d'Ottawa*, le *Répertoire numérique du fonds Guy-Frégault* et le *Répertoire numérique du fonds Gaston-Vincent* ; les *Actes des États généraux de la recherche sur la francophonie à l'extérieur du Québec* ; et, à l'occasion du 150e anniversaire du premier tome de l'*Histoire du Canada* de François-Xavier Garneau, en 1995, une chronologie illustrée de Garneau et de son œuvre ainsi qu'une bibliographie choisie.

LA CHAIRE POUR LE DÉVELOPPEMENT DE LA RECHERCHE SUR LA CULTURE D'EXPRESSION FRANÇAISE EN AMÉRIQUE DU NORD

Faculté des lettres
Université Laval
Cité universitaire (Québec)
G1K 7P4

téléphone : (418) 656-5170
télécopieur : (418) 656-2019

Les membres du conseil d'administration

La Chaire CEFAN de l'Université Laval est administrée par un comité directeur dirigé par le doyen de la Faculté des lettres, André Daviault. Ce comité confie à un comité scientifique le mandat d'établir des objectifs de recherche et de programmer des travaux en conséquence. Ce comité est interdisciplinaire. Il est composé de chercheurs des quatre départements de la Faculté des lettres : Yves Roby (historien), Cécyle Trépanier (géographe), Joseph Melançon (littéraire et titulaire de la Chaire), Jacques Ouellet (linguiste) ; ainsi que de collègues d'autres facultés : André Turmel (sociologue), Florian Sauvageau (communication) ; et d'autres universités : Francine Belle-Isle (Université du Québec à Chicoutimi), Yolande Grisé (Université d'Ottawa) et René Hardy (Université du Québec à Trois-Rivières).

Les activités accomplies en 1993-1994

Pour l'année universitaire 1993-1994, la CEFAN a tenu un séminaire, un atelier et une conférence publique.

Le séminaire, « La mémoire dans la culture », s'est déroulé sous la responsabilité de Jacques Mathieu du Département d'histoire. L'objectif général était de dégager les schèmes d'intelligibilité qui façonnent les rapports entre la mémoire et la culture, entre une société et son passé. Il a fait appel à diverses disciplines des sciences humaines et sociales : histoire, géographie, littérature, linguistique, architecture, administration, religion, éducation.

L'atelier de recherche, pour sa part, intitulé « Religion, culture, sécularisation ? Les expériences francophones en Amérique du Nord », était sous la direction de Brigitte Caulier, également du Département d'histoire. Comme il est habituel à la CEFAN, l'atelier est un lieu d'échanges pour un nombre restreint de chercheurs qui, sur invitation, acceptent de partager les résultats de leurs recherches. Les quelques exposés portant tour à tour sur le dynamisme religieux des cultures francophones, sur les productions religieuses de la modernité, sur la sécularisation au Québec et dans la diaspora canadienne-française, sur les mouvements de gauche et sur la culture religieuse ont été commentés et, ensuite, largement discutés.

La conférence publique enfin, avait pour titre « L'avenir de la mémoire ». Elle a été prononcée par le sociologue Fernand Dumont. Cette première conférence publique de la CEFAN s'inscrivait dans une série de manifestations, sociales et culturelles, coordonnées par le Conseil de la vie française en Amérique, pour souligner la Semaine internationale de la francophonie. Partant de l'hypothèse que les sociétés actuelles semblent avoir perdu la mémoire, M. Dumont a tenté d'en évaluer les conséquences sur l'identité des collectivités, sur les projets politiques et sur l'éducation scolaire.

Les activités complémentaires

Chaque année, la CEFAN participe activement à des activités suscitées par une conjoncture particulière ou un événement fortuit. Ces activités sont généralement tenues en collaboration avec d'autres institutions. Pour l'année universitaire 1993-1994, ces activités complémentaires se sont déroulées sous forme de collaboration à un colloque — « Carrefour Acadie-Québec » — et à un atelier — « Francophonie nord-américaine. Constats et orientations ». À ces travaux, il faut ajouter le travail de relations extérieures du titulaire et celui d'édition pour la publication des travaux de la Chaire.

Les publications de la Chaire

Gérard Bouchard (dir.) et Serge Courville (coll.), *La Construction d'une culture : le Québec et l'Amérique française*, Sainte-Foy, PUL, coll. « Culture française d'Amérique », 1993, 445 p.

Jocelyn Létourneau (dir.) et Roger Bernard (coll.), *La Question identitaire au Canada francophone : récits, parcours, enjeux, hors-lieux*, Sainte-Foy, PUL, coll. « Culture française d'Amérique », 1994, 292 p.

Fernand Harvey (dir.), *La Région culturelle : problématique interdisciplinaire*, Québec, IQRC/CEFAN, 1994, 231 p.

Claude Poirier (dir.), Aurélien Boivin, Cécyle Trépanier et Claude Verreault (coll.), *Langue, espace, société : les variétés du français en Amérique du Nord*, Sainte-Foy, PUL, coll. « Culture française d'Amérique », 1994, 489 p.

Simon Langlois (dir.), *Identité et Cultures nationales. L'Amérique française en mutation*, Sainte-Foy, PUL, coll. « Culture française d'Amérique », 1995.

Claude Poirier (dir.), *Anglicisme et Identité québécoise*, PUL, coll. « Culture française d'Amérique », 1995.

Jacques Mathieu (dir.), *La Mémoire dans la culture*, Sainte-Foy, PUL, coll. « Culture française d'Amérique », 1995.

Fernand Dumont, *L'Avenir de la mémoire*, CEFAN, 1995.

Brigitte Caulier (dir.), *Religion, culture, sécularisation ? Les expériences francophones en Amérique du Nord*, Sainte-Foy, PUL, coll. « Culture française d'Amérique », 1995.

L'INSTITUT FRANCO-ONTARIEN

Pavillon Alphonse-Raymond
Université Laurentienne
Sudbury (Ontario)
P3E 2C6

téléphone : (705) 675-1151, poste 5026
télécopieur : (705) 675-4816

Les membres du directoire scientifique

Le directoire scientifique est composé de Donald Dennie (directeur), de Robert Dickson (secrétaire), d'Yves Robichaud (trésorier), d'Yvon Gauthier (responsable des publications), de Diane Lataille-Démoré (responsable de la recherche) et de Lionel Bonin (responsable de la documentation).

L'Institut compte également un grand conseil qui est composé des membres du directoire et de six autres membres recrutés parmi les organisations provinciales ontariennes.

Les activités accomplies en 1993-1994

L'Institut a organisé un colloque, intitulé *Famille francophone : multiples réalités*, qui a eu lieu les 3, 4 et 5 novembre 1994. Ce colloque a réuni des intervenants et des chercheurs venant de plusieurs endroits du Canada, qui se sont penchés sur la question des familles francophones. Ce colloque a été organisé à l'occasion de l'année de la famille.

L'Institut a parrainé, en collaboration avec l'ACFAS-Sudbury, une journée du savoir à l'Université Laurentienne en mars 1994. Cette journée, organisée lors de la semaine de la francophonie, a permis à des chercheurs, autant professeurs qu'étudiants, de présenter leurs recherches à la communauté universitaire.

L'Institut poursuit l'établissement d'un programme de maîtrise interdisciplinaire en études franco-ontariennes à l'Université Laurentienne. Ce programme comptera sur la participation de professeurs de trois facultés, soit les sciences sociales, les humanités et les écoles professionnelles ainsi que de professeurs venant de l'Université d'Ottawa, du Collège Glendon et du Collège universitaire de Hearst.

L'assemblée annuelle des membres de l'Institut a eu lieu en septembre 1994. En plus d'élire les membres du directoire, l'assemblée a défini les orientations de l'année à venir et a reçu dix nouveaux membres-chercheurs.

Les publications parrainées par l'Institut

Revue du Nouvel-Ontario, septembre 1994, n° 15 : ce numéro contient cinq articles de fond, le résultat de recherches sur divers aspects de la réalité franco-ontarienne, un compte rendu critique ainsi que des comptes rendus sur les publications les plus récentes portant sur l'Ontario français.

Le Filon (publication de deux numéros) : ce bulletin d'information renseigne quelque 250 abonnés au sujet des activités de l'Institut ainsi que des colloques, des publications et d'autres événements d'intérêt sur l'Ontario français.

Les projets en cours

L'Institut poursuit, depuis 1991, l'informatisation des registres de paroisses (baptême, mariage, sépulture) de la région de Sudbury et du nord-est de l'Ontario. Jusqu'à présent, l'Institut a informatisé les registres de près de 15 paroisses. Il mène ce projet en collaboration avec le centre interuniversitaire SOREP et la Société franco-ontarienne d'histoire et de généalogie. Il compte bientôt pouvoir reconstituer les familles francophones de la région de Sudbury à partir de ces registres. Ce projet jouit de subventions de la Fondation du patrimoine ontarien et de la Fédération des caisses populaires de l'Ontario. L'Institut compte publier les premiers résultats de ce projet au cours de la prochaine année.

En collaboration avec le Comité d'action de service aux sourds francophones ainsi que l'Association canadienne-française de l'Ontario (ACFO), l'Institut effectue un inventaire et un sondage auprès de la population sourde francophone de l'Ontario afin de déterminer ses besoins et d'établir les services nécessaires. Ce projet est en cours depuis 1993 ; l'étape du sondage devrait avoir lieu au cours de la prochaine année.

De plus, l'Institut évalue présentement deux manuscrits qui lui ont été soumis pour publication dans sa collection « Universitaire », série « Études ». Cette collection, inaugurée en 1990, publie des recherches inédites sur l'Ontario français. L'Institut étudie présentement la possibilité de publier des titres, dans cette série, qui porteraient sur des thèmes particuliers, tels la littérature, l'économie.

L'Institut remettra, en mars 1995, son prix Omer-Legault décerné, tous les deux ans, à l'auteur d'une publication sur l'Ontario français, jugée la meilleure par un jury de trois membres. Ce jury évalue présentement six publications, le résultat de recherches importantes sur les Franco-Ontariens. Ce prix a été inauguré en 1991, en collaboration avec la Fédération des caisses populaires de l'Ontario, pour rendre hommage à un pionnier du mouvement coopératif dans le nord de l'Ontario.

Finalement, l'Institut parraine, avec l'ACFAS-Sudbury et le bureau du vice-recteur adjoint à l'enseignement et aux services en français de l'Université Laurentienne, une série de conférences en 1994-1995, ainsi que la « Journée du savoir 1995 » qui aura lieu en mars.

LE CENTRE D'ÉTUDES ACADIENNES

Université de Moncton
Moncton (Nouveau-Brunswick)
E1A 3E9

téléphone : (506) 858-4085
télécopieur : (506) 858-4086

Le conseil d'administration

Le Conseil scientifique du Centre d'études acadiennes a tenu sa deuxième réunion régulière le 3 novembre 1993 conjointement avec le Conseil consultatif de la Chaire d'études acadiennes. La discussion a surtout porté sur un projet du vice-rectorat à l'enseignement et à la recherche (VRER) visant à regrouper sous une même administration les différents secteurs ayant un rapport avec les études acadiennes, soit le CEA, la ChEA et le Musée acadien. Il fut convenu qu'une équipe de chercheurs sera mise sur pied pour réfléchir à l'avenir des études acadiennes à l'Université de Moncton et suggérer des structures internes pour encadrer la recherche scientifique dans ce domaine d'intérêt.

En janvier 1994, afin de mener à terme la recommandation du Conseil scientifique, l'Université nommait, comme directrice du CEA, Phyllis-E. LeBlanc, qui est également directrice du Département d'histoire et de géographie ; son mandat spécial est

> d'élaborer en collaboration avec d'autres chercheurs de la communauté universitaire une stratégie globale quant aux objectifs de recherche à développer dans les champs qui encadrent les études acadiennes à l'Université de Moncton. Elle doit, par conséquent, recommander des orientations nouvelles quant aux structures, objectifs, mandats et priorités des centres de documentation, instituts de recherche et d'autres secteurs impliqués dans ces champs d'étude (Description des fonctions, reçue au bureau du VRER, 24 novembre 1993).

Les discussions se poursuivent toujours avec les chercheurs en vue de suggérer l'orientation que devrait prendre le développement des études acadiennes à l'Université de Moncton à compter de l'été 1995.

Les activités accomplies en 1993-1994

Le CEA a souligné de façon spéciale son 25e anniversaire de fondation en organisant une table ronde, le 22 février 1994, sous le thème « L'impact du

CEA dans la communauté ». Cinq personnes ressources, provenant de différents milieux et ayant des intérêts particuliers, furent invitées à partager leur perception du Centre et l'importance de celui-ci dans leur vie de tous les jours. Une cinquantaine de participants ont exprimé leur satisfaction à l'égard du Centre en tant que lieu privilégié donnant accès à des sources documentaires uniques et extrêmement utiles à tous les secteurs de la communauté acadienne.

Le CEA a également profité des célébrations du 25e anniversaire pour rendre hommage à un ancien directeur et archiviste, le père Anselme Chiasson, en désignant un local « Salle Anselme-Chiasson » à l'intérieur du Centre.

Les publications parrainées par le Centre

Dans le cadre de la journée du 25e anniversaire, le CEA, en collaboration avec les Éditions d'Acadie, a procédé au lancement d'une édition critique du *Glossaire acadien* de Pascal Poirier (édition critique établie par Pierre-M. Gérin, Moncton, Éditions d'Acadie et Centre d'études acadiennes, Université de Moncton, 1993, 220 p.). Cette nouvelle édition est beaucoup plus complète que le format en cinq fascicules qui ont été publiés par le CEA vers la fin des années 70. L'introduction de l'ouvrage, signée par le professeur Pierre-M. Gérin de l'Université de Moncton, comprend une étude approfondie de l'œuvre lexicographique de Pascal Poirier. C'est un ouvrage indispensable pour quiconque s'intéresse au parler franco-acadien.

Trois numéros de *Contact-Acadie* ont été publiés en 1993-1994. Il s'agit des numéros 21 (juin 1993), 22 (décembre 1993) et 23 (juin 1994). Ce bulletin d'information renseigne les abonnés sur les projets, publications et activités du CEA. Le bulletin de juin 1993 était un numéro spécial du 25e anniversaire du CEA dans lequel on retrouve un bilan des réalisations du Centre durant son premier quart de siècle.

Les projets en cours

Grâce à un projet spécial relié à l'article 25 de la Loi sur l'assurance-chômage, le CEA a entrepris l'informatisation des données généalogiques sur les familles acadiennes. Sept personnes ont été embauchées depuis février 1994 pour faire la saisie des données. Le projet a duré un peu plus de huit mois. Le logiciel utilisé est le Griot Alternative, conçu en France par Thierry Pertuy. Afin d'être en mesure de répondre aux demandes des familles qui tenaient des rassemblements durant le Congrès mondial acadien, les données saisies touchaient d'abord les familles hôtesses et ne concernaient que les renseignements essentiels à la reconstruction des généalogies, c'est-à-dire les filiations, les naissances, les mariages et les décès. Environ 55 000 noms ont été recueillis dans cette première étape du projet.

Le projet se poursuivra encore pendant quelques mois, grâce à une subvention du bureau du Québec dans les provinces atlantiques, dans le cadre du programme de soutien financier à la francophonie canadienne.

Autres activités

Dans le but d'accélérer le processus de repérage de l'information dans le secteur des archives institutionnelles, le CEA s'est doté d'un logiciel de repérage plein-texte appelé NATUREL, conçu par Ardilog Inc. Les administrateurs de l'Université qui désirent consulter un dossier obtiennent ainsi plus rapidement réponse à leur demande.

LA CHAIRE D'ÉTUDES ACADIENNES

Université de Moncton
Moncton (Nouveau-Brunswick)
E1A 3E9

téléphone : (506) 858-4530
télécopieur : (506) 858-4086

Les membres du conseil consultatif

Lors de la réunion régulière de septembre 1994, le titulaire Jean Daigle accueille de nouveaux membres au sein du conseil consultatif de la Chaire d'études acadiennes. Bertille Beaulieu (Centre universitaire Saint-Louis-Maillet), Maurice Raymond (représentant des étudiants des 2e et 3e cycles) et Verner Smitheram (représentant de la University of Prince Edward Island) se joignent aux membres réguliers : Neil Boucher, Marielle Cormier-Boudreau, Léandre Desjardins, Christophe Jankowski, Phyllis LeBlanc, Roger Ouellette, Louise Péronnet et Léon Thériault.

Les activités accomplies en 1993-1994

La Chaire d'études acadiennes a été co-organisatrice avec l'Université Laval du Québec, l'Université Sainte-Anne de la Nouvelle-Écosse et la Société Saint-Thomas-d'Aquin de l'Île-du-Prince-Édouard d'un colloque portant sur les relations Acadie-Québec.

Sous le thème *Un voisinage à préciser... un partenariat à consolider*, le Carrefour Acadie-Québec s'est déroulé à l'Institut de Memramcook, à Saint-Joseph de Memramcook, les 1er et 2 octobre 1993. L'activité a rassemblé plus de 100 spécialistes œuvrant dans les domaines de la recherche universitaire, de l'activité économique, du développement socio-culturel et de l'administration gouvernementale en provenance du Québec et de l'Acadie.

Les publications parrainées par la Chaire

L'Acadie des Maritimes : études thématiques des débuts à nos jours (Jean Daigle, dir., Moncton, Chaire d'études acadiennes, 1993, 908 p.) : ce collectif rédigé par 33 spécialistes trace à travers 20 textes érudits un bilan des connaissances de nature encyclopédique sur les Acadiens et les Acadiennes des Maritimes. L'ouvrage a reçu l'hommage de la critique, avec le prix France-Acadie, et a été reconnu comme le livre officiel du Congrès mondial acadien.

Chez les anciens Acadiens : causeries du grand-père Antoine (André-T. Bourque, Moncton, Chaire d'études acadiennes, 1994, 290 p.) : Lauraine Léger a établi l'édition critique de ce livre paru originalement en 1911. L'ouvrage aborde des sujets qui intéressent les ethnologues d'aujourd'hui, car il décrit et raconte les gestes quotidiens d'Acadiens et d'Acadiennes du XIXe siècle.

« Actes du colloque Carrefour Acadie-Québec », dans *Égalité* (n° 33, 1993, 184 p.) : le titulaire de la Chaire a été le coordonnateur du numéro 33 de cette revue acadienne d'analyse politique, qui reproduit une sélection des communications présentées lors du colloque Carrefour Acadie-Québec des 1er et 2 octobre 1993.

Les projets en cours

Soulignons que la Chaire d'études acadiennes, grâce à des subventions du Conseil des premiers ministres des Maritimes et de l'organisme Dialogue Nouveau-Brunswick, dirige une équipe de cinq personnes qui traduisent les 20 textes de *L'Acadie des Maritimes*. La version anglaise, sous le titre *Acadia of the Maritimes*, devrait paraître au cours de l'année 1995.

La Chaire appuie deux projets de publication d'anthologie. Un des projets touche la production des sociologues depuis les années 60, tandis que l'autre veut souligner la contribution des historiens depuis les trente dernières années.

LE CENTRE D'ÉTUDES FRANCO-CANADIENNES DE L'OUEST

Collège universitaire de Saint-Boniface
200, avenue de la Cathédrale
Saint-Boniface (Manitoba)
R2H 0H7

téléphone : (204) 233-0210 — poste 247
télécopieur : (204) 237-3240

Le conseil d'administration

Le conseil d'administration du CEFCO est composé de huit personnes : cinq représentants du Collège universitaire de Saint-Boniface, soit Richard Benoit (président), Raymond Théberge (directeur), Lise Gaboury-Diallo, André Fauchon, Albert Lepage ; et trois représentants des universités manitobaines, soit Alan MacDonell (Université du Manitoba), Carol J. Harvey (Université de Winnipeg) et Rachel Major (Université de Brandon). Font partie du comité de rédaction des *Cahiers franco-canadiens de l'Ouest*, André Fauchon (rédacteur en chef), Lise Gaboury-Diallo et François Lentz.

Les activités accomplies en 1993-1994

En octobre 1994, se tenait à Edmonton le quatorzième colloque annuel du CEFCO sur les *Pratiques culturelles en milieu franco-canadien* (Actes à paraître).

Les publications parrainées par le CEFCO

Deux numéros des *Cahiers franco-canadiens de l'Ouest* ont été publiés :

– en 1993, un numéro spécial sur la sociologie (vol. 5, n° 2), avec la collaboration de Wilfrid B. Denis (St. Thomas More College, Université de la Saskatchewan) ;

– en 1994, un numéro comprenant des articles sur Gabrielle Roy, sur le projet *Pour une théâtralité franco-albertaine*, sur la cohabitation des Métis, des Canadiens français et des Bretons au Manitoba, sur le financement des écoles confessionnelles du Manitoba avant 1870 et sur les effectifs étudiants du Collège universitaire de Saint-Boniface. Le second numéro de 1994 sera sous presse au début de 1995. Il comprendra deux articles sur Gabrielle Roy, trois articles sur le projet *Pour une théâtralité franco-albertaine* et un article sur les écoles francophones de l'Alberta.

Le CEFCO a publié les Actes du colloque 1992 (Regina) : *Les Discours de l'altérité*, et ceux du colloque 1993 (Saint-Boniface) : *La Production culturelle en milieu minoritaire*.

Depuis 1994, les *Cahiers franco-canadiens de l'Ouest* et les Actes des colloques du Centre d'études franco-canadiennes de l'Ouest (CEFCO) sont publiés aux Presses universitaires de Saint-Boniface.

La bibliographie sur les francophones de l'Ouest canadien a été déposée auprès du ministère du Patrimoine canadien à Ottawa et est maintenant disponible sur disque compact. Ce travail a été réalisé en collaboration avec la Faculté Saint-Jean, l'Université de Regina et l'Institut québécois de recherche sur la culture, et avec l'aide de Patrimoine Canada. Le Centre de recherche en civilisation canadienne-française (Université d'Ottawa) se chargera de le mettre sous forme d'imprimé.

Les projets en cours

L'indexation de l'hebdomadaire *La Liberté et le Patriote* est complétée jusqu'au mois de mai 1945.

En outre, l'organisation du colloque international *Gabrielle Roy* (du 27 au 30 septembre 1995) va bon train. Le comité d'organisation a reçu 98 demandes de communication, dont une soixantaine ont été retenues. Un programme provisoire a été établi. Les personnes intéressées à assister au colloque international *Gabrielle Roy*, qui comprendra aussi une excursion, une exposition et des séances de cinéma, peuvent communiquer avec le secrétariat du CEFCO.

Le quinzième colloque du Centre d'études franco-canadiennes de l'Ouest est en préparation. Les dates et le lieu seront communiqués ultérieurement.

Le CEFCO a accepté de parrainer le Centre d'études canadiennes en France et agira comme partenaire canadien dans l'organisation d'un colloque ayant pour thème la création en milieu minorisé. Ce colloque se tiendra à Grenoble, en juin 1995 ; le professeur Raymond Hébert, du Collège universitaire de Saint-Boniface, a été désigné comme coordonnateur du projet du côté canadien.

Finalement, les quatre prochains numéros des *Cahiers franco-canadiens de l'Ouest* sont en préparation, dont deux numéros spéciaux, l'un portant sur l'histoire (1995), l'autre sur les récits de voyage dans l'Ouest canadien (1996).

L'INSTITUT FRANÇAIS

Collège de l'Assomption
500 Salisbury Street — P.O. Box 15005
Worcester, Massachusetts 01615-0005
États-Unis

téléphone : (508) 752-5615, poste 414
télécopieur : (508) 799-4412

Le conseil d'administration

La directrice de l'Institut français est Claire Quintal et le conseil d'administration est composé des personnes suivantes : Robert Graveline (président), William Aubuchon (vice-président), Jeannette Grenier Bonneau (vice-présidente), Gérald Pelletier (vice-président), Louise Champigny, Armand Chartier, Leslie Choquette, Helen Comeau, Louis Dion, Gérald D'Amour, Clarence Forand, André Gélinas, Claude Grenache, Henry LaJoie, Eugène Lemieux, Gloria Robidoux Marois, Jeanne Gagnon McCann, Wilfrid Michaud, Marthe Biron Péloquin, Roger Proulx, Anne Goyette Rocheleau, Jacques Staelen et Bernard Théroux.

En outre, Émile Benoit, Wilfrid Dufault, Edgar Martel et Gérald Robert sont membres d'honneur.

Les activités accomplies en 1993-1994

Pour fêter son 15e anniversaire, l'Institut français a tenu son 11e colloque en juin 1994. Le thème, « Les Franco-Américains », avait été choisi pour permettre l'intervention de divers chercheurs sur le sujet. Une centaine de participants ont donc pu entendre des communications aussi diverses que « L'émigration et les Acadiens », « Des caricatures canadiennes-françaises sur l'émigration », « Les arts populaires dans la vallée de la rivière Saint-Jean », « La radio francophone », « Philippe-Armand LaJoie, rédacteur de *L'Indépendant* de Fall River », « Les organistes franco-américains », etc.

Une table ronde, réunissant les directeurs de centres universitaires et culturels, aussi bien canadiens que franco-américains, a eu lieu au cours de ce colloque.

Conjointement à cette activité, une exposition retraçait la vie du médecin Siméon Alphonse Daudelin (1870-1943) : né à Sutton, au Québec, élevé à Montréal où il fit ses études, il s'établit en Nouvelle-Angleterre et fut nommé, en 1907, haut-commissaire à l'Exposition maritime internationale de

Bordeaux par le président Theodore Roosevelt. Suite à son travail comme commissaire, et grâce à son intervention pour le règlement d'un contentieux entre les États-Unis et la France au sujet du *Pure Food Act* américain, le gouvernement français lui octroya la Légion d'honneur.

Les publications parrainées par le Centre

Le lancement de la dixième publication de l'Institut — *La Femme franco-américaine* — s'est fait au banquet de clôture du colloque. Fort de ses 216 pages, ce livre contient des articles sur l'émigration féminine vers la Nouvelle-France aux XVIIe et XVIIIe siècles ; sur les origines sociales et culturelles des « filles du roi » ; sur la fondatrice du Collège Rivier, le premier « collège classique » pour les jeunes Franco-Américaines ; sur la Fédération féminine franco-américaine, association régionale groupant les femmes franco-américaines du nord-est des États-Unis ; et neuf autres textes.

Deux dépliants, intitulés « Sur les traces de l'héritage français à Boston » et « The French Heritage Trail in Boston », parrainés par la American and Canadian French Cultural Exchange Commission et publiés par le Massachusetts Bureau of Travel and Tourism ont vu le jour au courant de l'année, le premier à l'automne 1993, le second au cours de l'été 1994.

Les projets en cours

La publication d'un recueil d'articles sur les Franco-Américains, tirés de divers colloques organisés par l'Institut français, est prévue pour l'année 1995.

Une traduction anglaise, annotée et mise à jour, de l'ouvrage *Débuts de la colonie franco-américaine de Woonsocket, R.I.*, par Marie-Louise Bonier, va bientôt paraître. Ce livre servira aux anglophones qui connaissent peu ou mal les Franco-Américains.

Dans un double but — mieux faire connaître l'histoire aux jeunes Franco-Américains et sensibiliser les autres au fait français en Amérique du Nord — une série d'activités scolaires ainsi qu'un roman pour adolescents sont aussi prévus.

À venir

L'Institut français collabore avec le Higgins Armory Museum de Worcester à la mise sur pied d'un symposium, qui aura lieu en novembre, sur la guerre de Cent Ans. Ce projet est parrainé par la New England Medieval Studies Association. L'Institut français prépare aussi, pour 1995, une exposition sur Jeanne d'Arc, à ce même musée.

LE CENTRE D'ÉTUDES LOUISIANAISES

P.O. Box 40831
University of Southwestern Louisiana
Lafayette, Louisiane 70504
États-Unis

téléphone : (318) 231-6811
télécopieur : (318) 231-5446

Le conseil d'administration

Le conseil d'administration est composé des membres suivants : Glenn Conrad (directeur), Carl Brasseaux (directeur adjoint), Mathé Allain, Barry Ancelet (directeur du Département des langues modernes), Vaughn Baker, David Barry (doyen de la Faculté des lettres et des sciences humaines) et Amos Simpson.

Les publications parrainées par le Centre

Jo Ann Carrigan, *The Saffron Scourge : A History of Yellow Fever in Louisiana, 1796-1905.*

Mary Dell Fletcher (ed.), *The Short Story in Louisiana, 1880-1990.*

Timothy Hebert, *Acadian-Cajun Genealogy.*

Glenn R. Conrad (ed.), *Land Records of the Attakapas*, Vol. 2.

James G. Dauphine, *A Question of Inheritance : Religion, Education and Louisiana's Cultural Boundary, 1880-1940.*

Glenn R. Conrad (ed.), *Cross, Crozier and Crucible.*

Craig Banner, *A Leader Among Peers : The Life and Times of Duncan Farrar Kenner.*

À venir

Le Centre prépare la réédition de textes littéraires du XIXe siècle, en collaboration avec les Presses de l'Université Laval. De plus, il y aura bientôt un colloque sur la francophonie et la Louisiane.

PUBLICATIONS RÉCENTES ET THÈSES SOUTENUES

Lorraine Albert
Université d'Ottawa

La section des livres comprend les titres publiés en 1994 et ceux de 1993 qui n'avaient pas été répertoriés dans le numéro 4 de *Francophonies d'Amérique*.

Notre liste inclut des thèses de maîtrise et de doctorat soutenues depuis 1991, car il nous est très difficile d'avoir accès aux thèses de l'année courante. Nous serions d'ailleurs très reconnaissants aux personnes qui voudraient bien nous faire parvenir les titres de thèses récentes soutenues à leur institution, ou ailleurs, dans les domaines qui intéressent cette revue.

Les titres précédés d'un astérisque font l'objet d'une recension dans les pages qui précèdent.

Nous tenons à remercier d'une façon toute particulière, cette année encore, M. Gilles Chiasson, du Centre d'études acadiennes de l'Université de Moncton, pour sa précieuse collaboration à la section de l'Acadie.

L'ACADIE

ALBERT, Anne et Annick VANBRUGGHE, *Prélude*, Moncton, Éditions d'Acadie, 1994, 313 p.

ARSENAULT, Blair, *Quelques souvenirs d'Abram-Village*, Abram-Village (Î.-P.-É.), s.n., 1994, 51 p.

ARSENAULT, Bona, *Histoire des Acadiens*, 3e éd., Gaspé, La Fondation de la Société historique de la Gaspésie, distribué par les Éditions Fides, 1994, 395 p.

ARSENAULT, Bona, *History of the Acadians*, Montréal, Fides, 1994, 268 p.

ARSENAULT, Georges, *Guide historique de la région Évangéline, Île-du-Prince-Édouard, Canada*, Moncton, Georges Arsenault, 1994, 48 p.

ARSENAULT, Guy, *Acadie Rock : poèmes*, préface d'Herménégilde Chiasson, postface de Gérald Leblanc, réédition, Moncton, Éditions Perce-Neige, 1994, livre (100 p.) et cassette (60 min.)

ARSENEAU, Réginald, *Voir avec les yeux du cœur: témoignage*, Tracadie (N.-B.), La Grande Marée, 1994, 182 p.

BARRIAULT, Marcel, *L'Histoire de la famille Barrieau-Barriault: d'hier à aujourd'hui*, s.l., Famille Barrieau-Barriault, 1994, 44 p.

BASQUE, Maurice, *De Marc Lescarbot à l'AEFNB: histoire de la profession enseignante acadienne au Nouveau-Brunswick*, Edmundston, Éditions Marévie, 1994, 183 p.

BERTHE-GIROUARD, Amerylis, *Les Berthe en Acadie 1855: retrouvailles des descendants Berthe le 6 août 1994*, s.l., s.n., 1994, 39 f.

BLANCHARD, Lise, *D'hier à aujourd'hui, 1942-1992: la coopérative de Paquetville Ltée*, s.l., s.n., 1992, 56 p.

Le Bottin 1994: répertoire des services offerts en français en Nouvelle-Écosse, Halifax, Comité régional de la FANE de la Nouvelle-Écosse, 1994, 66 p.

BOUDREAU, Alexandre J., *À l'assaut des défis: notes autobiographiques*, Moncton, Éditions d'Acadie, 1994, 141 p.

BOURGEOIS, Georges, *Les Mots sauvages*, Moncton, Éditions d'Acadie, 1994, 84 p.

BOURGEOIS, Paul-Pierre, *À la recherche des Bourgeois d'Acadie (1641 à 1800)*, Grande-Digue (N.-B.), Société historique de Grande-Digue, 1994, 159 p.

*BOURQUE, André-T., *Chez les anciens Acadiens: causeries du grand-père Antoine*, édition critique de Lauraine Léger, Moncton, Chaire d'études acadiennes, Université de Moncton, coll. « Blomidon », 1994, 291 p.

BOURQUE, Gérald, *Louis Bourque and Pélagie LeBlanc Family and Their Descendants / La Famille Bourque et Pélagie LeBlanc et leurs descendants*, Winnipeg, Gérald Bourque, 1994, 207 p.

BREAULT-MARQUIS, Nicole, *Descendants de la famille Breau émigrée à Néguac vers 1760*, Néguac (N.-B.), Chez l'Auteur, 1994, 289 p.

BRUN, Régis, *390e Anniversaire de l'Acadie: un historique de la famille Boudreau, 1639-1994*, Shédiac (N.-B.), Tours Placide-Gaudet Inc., 1994, 50 p.

BRUN, Régis, *390e Anniversaire de l'Acadie: un historique de la famille Bourgeois, 1641-1994*, Shédiac (N.-B.), Tours Placide-Gaudet Inc., 1994, 36 p.

BRUN, Régis, *390e Anniversaire de l'Acadie: un historique de la famille Brun, 1648-1994*, Shédiac (N.-B.), Tours Placide-Gaudet Inc., 1994, 43 p.

BRUN, Régis, *390e Anniversaire de l'Acadie: un historique de la famille Cormier, 1644-1994*, Shédiac (N.-B.), Tours Placide-Gaudet Inc., 1994, 34 p.

BRUN, Régis, *390e Anniversaire de l'Acadie: un historique de la famille Haché-Gallant, 1676-1994*, Shédiac (N.-B.), Tours Placide-Gaudet Inc., 1994, 40 p.

BRUN, Régis, *390e Anniversaire de l'Acadie : un historique de la famille Landry, 1645-1994*, Shédiac (N.-B.), Tours Placide-Gaudet Inc., 1994, 39 p.

BRUN, Régis, *390e Anniversaire de l'Acadie : un historique de la famille LeBlanc, 1650-1994*, Shédiac (N.-B.), Tours Placide-Gaudet Inc., 1994, 46 p.

BRUN, Régis, *390e Anniversaire de l'Acadie : un historique de la famille Léger-Légère, 1687-1994*, Shédiac (N.-B.), Tours Placide-Gaudet Inc., 1994, 60 p.

BRUN, Régis, *390e Anniversaire de l'Acadie : un historique de la famille Melanson, 1657-1994*, Shédiac (N.-B.), Tours Placide-Gaudet Inc., 1994, 44 p.

BRUN, Régis, *390e Anniversaire de l'Acadie : un historique de la famille Richard, 1652-1994*, Shédiac (N.-B.), Tours Placide-Gaudet Inc., 1994, 40 p.

BRUN, Régis, *390e Anniversaire de l'Acadie : un historique de la famille Robichaud, 1660-1994*, Shédiac (N.-B.), Tours Placide-Gaudet Inc., 1994, 44 p.

BRUN, Régis, *Shédiac : l'histoire se raconte*, Moncton, s.n., 1994, 327 p.

BUJOLD, Réal-Gabriel, *Le Bouddha de Percé*, Moncton, Éditions d'Acadie, 1994, 183 p.

CHANTRAINE, Pol, *Le Grand Bal des baleines : nouvelles*, Moncton, Éditions d'Acadie, 1994, 156 p.

*CHIASSON, Herménégilde, *L'Exil d'Alexa*, Moncton, Éditions Perce-Neige, 1993, 63 p.

CORMIER, Donald, *Familles fondatrices 1824 Ste-Marie-de-Kent*, s.l., L'Auteur, 1994, 28 f.

CORMIER, Yves, *L'Acadie d'aujourd'hui : guide [socio-culturel et touristique] des provinces Maritimes francophones*, Moncton, Éditions d'Acadie, 1994, 293 p.

*DAIGLE, Jean (dir.), *L'Acadie des Maritimes*, Moncton, Chaire d'études acadiennes, Université de Moncton, 1993, 910 p.

DELAGE, Richard, *Contact : essai*, suivi de *Allusions : recueil de pensées*, Saint-Basile (N.-B.), Éditions Lavigne, 1993, 180 p.

DESROCHES, Henri, *Projet coopératif et mutations sociales*, Moncton, Chaire d'études coopératives, Université de Moncton, 1993, 48 f.

DOIRON, Allen et Fidèle THÉRIAULT, *La Famille Doiron (Gould) : les descendant-e-s de Pierre Doiron et d'Anne Forest*, Fredericton, Les Auteurs, 1994, 493 p.

DUBÉ, Darie, *L'Enfant de Jérico*, Saint-Basile (N.-B.), Éditions Lavigne, 1994, 39 p.

DUBÉ, Jean-Eudes, *Un Acadien raconte : du banc d'école au banc fédéral*, Montréal, Guérin, 1993, 248 p.

DUGAS, Isidore, *La Vitamine du jour : pour une vie d'abondance*, Saint-Zénon (Québec), Louise Courteau, 1994, 154 p.

DUGAS, Jean-Marc, *Notes d'un Maritimer à Marie-la-Mer : poésie*, Moncton, Éditions Perce-Neige, 1993, 112 p.

DUGUAY, Calixte et Jules BOUDREAU, *Louis Mailloux*, Moncton, Éditions d'Acadie, 1994, 110 p.

Échos péninsulaires : nouvelles et récits, Tracadie (N.-B.), La Grande Marée, 1994, 165 p.

ÉMOND, Ginette, *Portrait d'une passion : poésie*, Saint-Basile (N.-B.), Éditions Lavigne, 1994, 53 p.

ÉMOND, Ginette, *Shadows and Light*, Saint-Basile (N.-B.), Éditions Lavigne, 1993, 59 p.

La Famille Maxime Cormier et Geneviève Maillet et leurs descendants : 1855-1994 : album généalogique, Nouveau-Brunswick, s.n., 1994, 92 p.

FOËX, Évelyne, *Voyages sans retour... parfois : nouvelles*, Moncton, Éditions d'Acadie, 1994, 142 p.

FRIOLET, J. Antonin, *Voici Caraquet : son histoire, son peuple, ses légendes / [This Is Caraquet : Its History, Its People, Its Tales]*, Nouveau-Brunswick, s.n., 1994, 116, 102 p.

GAGNON, Carolle, *Marie-Hélène Allain : la symbolique de la pierre / Marie-Hélène Allain : The Symbolism of Stone*, Moncton, Éditions d'Acadie, 1994, 175 p.

GALLANT, Corinne, *Sources communes : les familles Haché Gallant*, s.l., L'Auteur, 1994, 95 p.

GAUDET, Donatien, *Tel le refoule de la Petitcodiac : une caisse populaire particulière, 1944-1994*, s.l., s.n., 1994, 36 p.

GAUTHIER, Jacques, *Oscar : roman*, Saint-Laurent (Québec), Éditions Pierre Tisseyre, coll. « Chroniques d'Acadie », t. 2, 1993, 430 p.

GAUTHIER, Lina, *La Participation des femmes au pouvoir dans les caisses populaires acadiennes du Nouveau-Brunswick*, Moncton, Chaire d'études coopératives, Université de Moncton, 1994, 29 f.

GIONET, Jean-Marie, *Théorie « double sens » ou le « déclencheur » : instrument de prévention, d'évaluation et d'intervention auprès des personnes suicidaires*, Saint-Basile (N.-B.), Éditions Lavigne, 1993, 33 p.

GODIN, Alcide, *L'Évolution de l'école française : quatre réformes scolaires au Nouveau-Brunswick*, Moncton, s.n., 1993, 199 p.

HACHÉ, Louis et Irène BARTHE, *Saint-Isidore : paroisse du père Gagnon*, Nouveau-Brunswick, s.n., 1994, 296 p.

HÉBERT, Lise, *La Caisse populaire de Grand-Sault Ltée*, Grand-Sault (N.-B.), La Caisse populaire de Grand-Sault, 1993, 122 p.

HÉBERT, Pierre-Maurice, *Les Acadiens du Québec*, Montréal, Éditions de l'Écho, 1994, 478 p.

JONSON, Ben, *La Foire de la Saint-Barthélemy*, traduction et adaptation d'Antonine Maillet, Montréal, Leméac, coll. « Théâtre », 1994, 110 p.

LABONTÉ, Robert, *The Broken Glass : Novel*, Saint-Basile (N.-B.), Éditions Lavigne, 1993, 100 p.

LACROIX, Donat, *Journal de bord*, Caraquet, Productions Thériault Inc., 1993, 80 p.

LANCTÔT, Léopold, *Familles acadiennes*, Sainte-Julie (Québec), Éditions du Libre-Échange, 1994, 2 vol.

LANDRY, Nicolas, *Pêches dans la péninsule acadienne : 1850-1900*, Moncton, Éditions d'Acadie, 1994, 194 p.

LAPLANTE, Corinne, *Femme au cœur de miséricorde : vie de sœur Alice Allain dite St-Georges*, Nouveau-Brunswick, s.n., 1994, 32 p.

LAPLANTE, Corinne, *Fidèle à Dieu : vie de sœur Georgina Robichaud dite Savoie*, Nouveau-Brunswick, s.n., 1993, 45 p.

LEBLANC, Jean-Guy, *Généalogie 1624-1980 Petitpas : Claude à Denis*, 1er cahier, Haute-Aboujagane (N.-B.), L'Auteur, 1994, 71 p.

LEBLANC, Tony, *Descendants of Joseph Liret and Marguerite Gueguen of New Brunswick, Canada*, s.l., s.n., 1993, 214 p.

LE BOUTHILLIER, Claude, *Le Feu du mauvais temps : roman*, Montréal, Québec/Amérique, coll. « QA », nº 11, 1994, 360 p. (nouvelle édition en format de poche).

LE BOUTHILLIER, Claude, *Les Marées du Grand Dérangement*, préface d'Angèle Arsenault, Montréal, Québec/Amérique, coll. « Deux Continents », 1994, 367 p.

LECLAIR, Léa, *Caisse populaire de Dundee Ltée, 1943-1993*, Dundee (N.-B.), Caisse populaire de Dundee, 1993, 28 p.

LÉVESQUE, Thérèse, *Au coin du feu*, Saint-Quentin (N.-B.), L'Auteur, 1993, 291 p.

Livre-souvenir : la Société Saint-Thomas d'Aquin (société acadienne de l'Île-du-Prince-Édouard), Summerside (Î.-P.-É.), Société Saint-Thomas d'Aquin, 1994, 93 p.

LONGFELLOW, Henry Wadsworth, *Évangéline : poème*, préface de Claude Beausoleil, Moncton/Trois-Rivières, Éditions Perce-Neige/Écrits des Forges, 1994, 104 p.

MAILLET, Antonine, *Christophe Cartier de la Noisette, dit Nounours*, Montréal, Leméac, coll. « 9/12 », 1993, 148 p.

MASSON, Alain, *Lectures acadiennes : articles et comptes rendus sur la littérature acadienne depuis 1972*, Moncton, Éditions Perce-Neige, en collaboration avec L'Orange bleue éditeur, 1994, 172 p.

MICHAUD, Guy R., *Au Madawaska : identité des gens : le fort Petit-Sault et le monument*, Edmundston, Éditeur Guy R. Michaud, 1994, 36 p.

MICHAUD, Guy R., *Le Bon Parler*, Edmundston, Éditeur Guy R. Michaud, 1994, 104 p.

MORIN ROSSIGNOL, Rino, *La Rupture des gestes ; poésie, 1970-1988*, Moncton, Éditions d'Acadie, 1994, 164 p.

MORNEAULT, Nadine, *Un amour qui fleurit au printemps : nouvelle*, Saint-Basile (N.-B.), Éditions Lavigne, 1993, 128 p.

NADEAU, Gérald E., *Voyager en pensée dans le temps : poésie*, Saint-Basile (N.-B.), Éditions Lavigne, 1994, 124 p.

OUELLET, Jacques, *Ippon : roman*, Tracadie (N.-B.), La Grande Marée, 1993, 227 p.

PICHETTE, Robert, *L'Acadie par bonheur retrouvée : De Gaulle et l'Acadie*, Moncton, Éditions d'Acadie, 1994, 274 p.

POIRIER, Marc, *Avant que tout' disparaisse : poésie*, Moncton, Éditions Perce-Neige, 1993, 50 p.

*POIRIER, Pascal, *Le Glossaire acadien*, édition critique établie par Pierre-M. Gérin, Moncton, Éditions d'Acadie/Centre d'études acadiennes, 1993, 443 p. POZIER, Bernard, *Scènes publiques : poésie*, Moncton, Éditions Perce-Neige, 1993, 172 p.

Prêtres et religieuses de la paroisse de Notre-Dame-du-Mont-Carmel, Île-du-Prince-Édouard, Île-du-Prince-Édouard, s.n., 1993, 30 p.

PRÉVOST, Robert, *La France des Acadiens : sur les traces des fondateurs de l'Acadie*, Moncton, Éditions d'Acadie, 1994, 266 p.

Quatre-vingtième anniversaire de la Paroisse de l'Assomption, première paroisse française, Moncton : les curés, notices biographiques, 1914-1994, Moncton, Société historique acadienne, 1994, 33 p.

ROMAN, Mircea, *L'Entraîneur : activité, motivation, profil, personnalité*, Moncton, Édité par Mircea Roman et l'Institut de Leadership, 1994, 101 p.

ROY, Réjean, *La Valse nocturne : poésie*, Tracadie (N.-B.), La Grande Marée, 1994, 74 p.

SAINT-PIERRE, Christiane, *Hubert ou Comment l'homme devient rose*, Moncton, Éditions d'Acadie, 1994, 70 p.

Silhouettes acadiennes 2 : biographies, Fédération des Dames d'Acadie, Moncton, Éditions d'Acadie, 1994, 134 p.

SOCIÉTÉ HISTORIQUE DE LA VALLÉE DE MEMRAMCOOK, *La Vallée de Memramcook vue à travers ses monuments, ses sites historiques, ses personnages, ses coutumes, ses traditions et ses faits d'histoire*, Saint-Joseph (N.-B.), La Société, 1994, 40 p.

SOUCY, Camille, *Comment dire je t'aime en deux mots*, Saint-Basile (N.-B.), Éditions Lavigne, 1994, 28 p.

SOUCY, Camille, *Le Petit Castor paresseux*, Saint-Basile (N.-B.), Éditions Lavigne, 1994, 23 p.

SOUCY, Camille, *Poésie loufoque*, Saint-Basile (N.-B.), Éditions Lavigne, 1994, 24 p.

SOUCY, Camille, *Les Ravages de l'inceste : roman*, Saint-Basile (N.-B.), Éditions Lavigne, 1993, 158 p.

SOUCY, Camille, *Ti-pousse et Fifine*, Saint-Basile (N.-B.), Éditions Lavigne, 1994, 19 p.

THÉBEAU, Paul E., *Fleur ou femme : poésie*, Plaster Rock (N.-B.), Éditions La Plume du Goéland, 1994, 131 p.

THÉRIAULT, Mario, *Vendredi saint : poésie*, Moncton, Éditions Perce-Neige, 1994, 59 p.

THÉRIAULT, Robert G., *La Caisse populaire de Saint-Hilaire Ltée, 1943-1993*, Saint-Hilaire (N.-B.), Caisse populaire de Saint-Hilaire, 1993, 50 p.

THOMAS, Gerald, *The Two Traditions : The Art of Story Telling amongst French Newfoundlanders*, St. John's, Breakwater Books Ltd., 1993, 384 p.

VILLAGE HISTORIQUE ACADIEN, Caraquet, N.-B., *Catalogue*, Caraquet, Le Village, 1994, 20 p.

WRIGHT, Aurèle, *De vraies sœurs*, traduction de Raymonde Longval, Moncton, Éditions d'Acadie, 1994, 22 p. (Ouvrage pour enfants)

YOUNG, Aurèle, *Le Canada Atlantique : dictionnaire historique et politique*, s.l., s.n., 1993-1994, 3 tomes.

L'ONTARIO

ANDERSEN, Marguerite et Paul SAVOIE, *Conversations dans l'Interzone : roman*, Sudbury, Prise de Parole, 1994.

BOUCHARD, Denis, *Miss America : roman*, Ottawa, Le Nordir, 1994, 156 p.

BOUCHER, Jacqueline, *L'Intimité du pouvoir*, Montréal, VLB éditeur, 1993, 248 p.

BOURAOUI, Hédi, *Bangkok Blues*, Ottawa, Éditions du Vermillon, 1994.

CARON, Roger, *Vol du siècle*, traduit de l'anglais par Jean Daunais, Montréal, VLB éditeur, coll. « Cahier noir », 1994, 200 p.

CAYER, Roger (dir.), *Millionnaires collectifs : Caisse populaire de St-Albert Inc., 1944-1994*, Saint-Albert (Ont.), 1994, 96 p.

CAZABON, Benoît, *La Pédagogie du français langue maternelle et l'hétérogénéité linguistique*, adjointes de rercherche, Sylvie Lafortune et Julie Boissonneault, Toronto, ministère de l'Éducation et de la Formation de l'Ontario, 1993, 2 vol.

CAZABON, Benoît, *La Pédagogie du français langue maternelle et l'hétérogénéité linguistique. Condensé* (adjointes de recherche, Sylvie Lafortune et Julie Boissonneault ; *Condensé*, Edouard Beniak), Toronto, ministère de l'Éducation et de la Formation de l'Ontario, 1993, 41 p.

*CHRISTENSEN, Andrée, *Noces d'ailleurs*, Ottawa, Éditions du Vermillon, 1993, 102 p.

CLOUTIER, Cécile, *Ostraka : poésie*, Montréal, L'Hexagone, 1994, 86 p.

COOK, Margaret Michèle, *Envers le jour : poésie*, Ottawa, Le Nordir, 1994, 78 p.

DALPÉ, Jean-Marc, *Eddy : théâtre*, Sudbury/Montréal, Prise de Parole/ Boréal, 1994.

DELORME-PILON, Lise-Anne, *Un Noël vert à la ferme*, illustrations de Gilles Pelletier, Ottawa, Éditions du Vermillon, 1994.

DELORME-PILON, Lise-Anne, *Le Traîneau du Père Noël*, illustrations de Robert-Émile Fortin, Ottawa, Éditions Pierre de lune, 1994, 24 p.

DEMERS, Edgard, *Il était une fois... La Compagnie des Trouvères* et *Aladin et la lampe merveilleuse*, Ottawa, Éditions les Trouvères, 1993, 167 p.

DESJARLAIS-HEYNNEMAN, Mireille, *Le Bestiaire : poèmes pour des tableaux de Mirca*, Toronto, Éditions du GREF, « Écrits torontois », n° 3, 1993, 38 p.

ÉTHIER-BLAIS, Jean, *Minuit, chrétiens : roman*, Montréal, Leméac, 1994, 112 p.

FLAMAND, Jacques (dir.), *Chaîne et trame de vie : quarante-cinq textes de création par l'Atelier littéraire des aîné(e)s*, Ottawa, Éditions du Vermillon, coll. « Les inédits de l'école flamande », n° 2, 1994, 136 p.

FORTIN, Robert, *La force de la terre reconnaît l'homme à sa démarche : poésie*, Sudbury, Prise de Parole, 1994, 77 p.

GAGNON, Françoise, *Je n'ai plus de regret*, Ottawa, Éditions Émeraude, 1993, 357 p.

GAUDREAU, Guy (dir.), *Bâtir sur le roc. De l'ACFEO à l'ACFO du Grand Sudbury (1910-1987) : étude*, Sudbury, Prise de Parole, 1994, 223 p.

GROSMAIRE, Jean-Louis, *Les Chiens de Cahuita : roman*, Ottawa, Éditions du Vermillon, coll. « Romans », n° 7, 1994, 231 p.

GROSMAIRE, Jean-Louis, *Rendez-vous à Hong-Kong : roman*, Ottawa, Éditions du Vermillon, coll. « Romans », n° 6, 1993, 266 p.

HELLER, Monica, *Crosswords: Language, Education and Ethnicity in French Ontario*, Berlin, Mouton de Gruyter, « Contributions to the Sociology of Language », No. 66, 1994, 252 p.

JIMÉNEZ, Yolande, *Au sud de tes yeux : poésie*, Sudbury, Prise de Parole, 1994, 56 p.

LAMOTHE, Maurice, *La Chanson populaire ontaroise, 1970-1990 ; ses produits, ses pratiques*, Ottawa/Montréal, Le Nordir/Triptyque, 1994, 391 p.

LAURENT, Paul et Gilles PAQUET, *Réseaux stratégiques et dynamiques entrepreneuriales : préliminaires à une analyse du cas de l'Ontario français*, Ottawa, Université d'Ottawa, Faculté d'administration, « Document de travail », n° 94-29, 1994, 24 p.

LEMIEUX, Germain, *Index thématique et lexicographique de la collection « Les vieux m'ont conté » : index onomastique... et des localités*, Montréal, Éditions Bellarmin, « Publication du Centre franco-ontarien de folklore », n° 33, 1993, 482 p.

LEROUX, Patrick, *Le Beau Prince d'Orange*, Ottawa, Le Nordir, 1994, 153 p.

LEVAC, Roger, *L'Anglistrose : essai*, Sudbury, Prise de Parole, 1994, 156 p.

MONTPETIT, Geoffroi, *L'Œil tempête : poésie*, Ottawa, Le Nordir, 1994, 78 p.

MORIN, Marie-Thé, *Gustave : roman*, Sudbury, Prise de Parole, 1994, 280 p.

*NADEAU, Vincent, *Rivière des Outaouais : récits d'enfance*, Sudbury, Prise de Parole, 1994, 125 p.

*OUELLETTE, Michel, *French Town : théâtre*, Ottawa, Le Nordir, 1994, 92 p.

PARÉ, François, *Théories de la fragilité*, Ottawa, Le Nordir, 1994, 158 p.

PELLETIER, Pierre, *Petites Incarnations de la pensée délinquante*, Vanier, Éditions L'Interligne, 1994, 168 p.

*POLIQUIN, Daniel, *L'Écureuil noir : roman*, Montréal, Éditions du Boréal, 1994, 204 p.

POULIN, Gabrielle, *Le Livre de déraison : roman*, Sudbury, Prise de Parole, 1994, 193 p.

*PSENAK, Stefan, *Pour échapper à la justice des morts : poésie*, Ottawa, Le Nordir, 1994, 64 p.

ROBILLARD, Edmond, *Le Pari sur l'incertain ; ou, l'apologie de la religion chrétienne de Blaise Pascal*, Ottawa, Éditions du Vermillon, 1994.

ROBITAILLE, Sylvie, *Vivre par procuration*, Montréal, Presses d'Amérique, coll. « Jeunesse », 1993, 133 p.

ROULEAU, Danielle, *L'Exutoire : roman*, Sudbury, Prise de Parole, 1994, 156 p.

ROUX, Paul, *Ariane et Nicolas, le miroir magique*, Ottawa, Centre franco-ontarien de ressources pédagogiques, 1994.

RUNTE, Roseann, *Birmanie Blues*, suivi de *Voyages à l'intérieur : poèmes*, Toronto, Éditions du GREF, « Écrits torontois », nº 2, 1993, 66 p.

SAVOIE, Paul, *Amour flou : poèmes*, Toronto, Éditions du GREF, « Écrits torontois », nº 1, 1993, 131 p.

SAVOIE, Paul, *La Danse de l'œuf*, Ottawa, Éditions du Vermillon, 1994.

SYLVESTRE, Paul-François, *Le Mal Aimé : roman*, Ottawa, Le Nordir, 1994, 124 p.

TRUDEL, Jean-Louis, *Aller simple pour Saguenal*, Montréal, Éditions Pauline, coll. « Jeunesse-pop », 1994, 140 p.

TRUDEL, Jean-Louis, *Pour des soleils froids : roman de science-fiction*, Paris, Éditions Fleuve noir, coll. « Space », 1994, 188 p.

VAILLANCOURT-LAUZIÈRE, Renée, *Le Temps, l'Espace et les autres demains*, Vanier, Éditions Vent de la mer, coll. « En abrégé », nº 2, 1993, 56 p.

VALLÉE, Danièle et Cécile BOUCHER, *La Caisse : 25 contes, 25 dessins*, Ottawa, Éditions du Vermillon, coll. « Parole vivante », nº 25, 1994, 80 p.

WHITFIELD, Agnès et Jacques COTNAM (dir.), *La Nouvelle : écriture(s) et lecture(s)*, actes d'un colloque présenté au Collège Glendon de l'Université York, novembre 1992, Toronto/Montréal, Éditions du GREF/XYZ éditeur, 1993, 226 p.

YOUNG, Lelia, *Entre l'outil et la matière : textes poétiques*, illustrations de l'auteure, Toronto, Éditions du GREF, « Écrits torontois », nº 4, 1993, 134 p.

L'OUEST CANADIEN

DUBÉ, Jean-Pierre, *La Grotte : roman*, Saint-Boniface, Éditions du Blé, coll. « Rouge », 1994, 130 p.

FAUCHON, André (dir.), *La Production culturelle en milieu minoritaire : les actes du treizième colloque du Centre d'études franco-canadiennes de l'Ouest tenu au*

Collège universitaire de Saint-Boniface les 14, 15 et 16 octobre 1993, Winnipeg, Presses universitaires de Saint-Boniface, 1994, 337 p.

*FOURNIER, Aristide, *Aristide raconte*, Montréal, Éditions Hurtubise HMH, 1994, 188 p.

FRIESEN, John W., *The Riel/Real Story : An Interpretative History of the Metis People of Canada*, Ottawa, Borealis Press, 1994, 127 p.

*GENUIST, Monique, *C'était hier en Lorraine*, Regina, Éditions Louis-Riel, 1993, 138 p.

GOOSE, Richard (ed.), *Continuing Poundmaker and Riel's Quest : Presentations Made at a Conference on Aboriginal Peoples and Justice*, Saskatoon, Saskatchewan University, College of Law, 1994, 445 p.

HUSTON, Nancy, *Cantique des Plaines*, Montréal/Paris, Leméac/Actes Sud, 1993, 272 p.

LACOMBE, Guy, *Anecdotes du vécu*, Edmonton, Duval, coll. « Parle-moi de francophonie », 1993, 64 p.

LACOMBE, Guy, *Religieux et religieuses*, Edmonton, Duval, coll. « Parle-moi de francophonie », 1993, 62 p.

*LAFONTANT, Jean (dir.), *L'État et les Minorités*, Saint-Boniface, Les Éditions du Blé/Presses universitaires de Saint-Boniface, 1993, 272 p.

LA SALMONNIÈRE, Christine de, *Soupe maigre et tasse de thé*, Saint-Boniface, Éditions des Plaines, 1994, 366 p.

LEBLANC, Charles, *La Surcharge du réseau*, Saint-Boniface, Éditions du Blé, 1994, 174 p.

MACKENZIE, Nadine, *Théo et Samoa*, Saint-Boniface, Éditions des Plaines, 1994, 40 p.

*MALETTE, Yvon, *L'Autoportrait mythique de Gabrielle Roy*, Ottawa, Éditions David, 1994, 292 p.

MORIN, Rosario, *Amour, médecine et vie*, Saint-Boniface, Éditions des Plaines, 1994, 407 p.

NNADI, Joseph, *Les Négresses de Baudelaire*, Saint-Boniface, Éditions des Plaines, 1994.

OUELLETTE-BERKOUT, Denise, *Bonjour, Garde*, Saint-Boniface, Éditions des Plaines, 1994, 224 p.

SABOURIN, Pascal, *Les Neiges de Nakina*, Saint-Boniface, Éditions des Plaines, 1994, 96 p.

SIGGINS, Maggie, *Louis Riel : A Life of Revolution*, Scarborough (Ont.), Harper-Collins, 1994, 432 p.

Western Oblate Studies, 3 : Proceedings of the Third Symposium on the History of the Oblates in Western and Northern Canada, Edmonton, 14-15 May 1993 / Études oblates de l'Ouest, 3 : Actes du troisième colloque sur l'histoire des Oblats dans l'Ouest et le Nord canadiens, Edmonton, les 14-15 mai 1993, Edmonton, Western Canadian Publishers, 1994.

LES ÉTATS-UNIS

ANCELET, Barry Jean, *Cajun and Creole Folktales : The French Oral Tradition of South Louisiana*, New York, Garland, « World Folklore Library », No. 1 ; « Garland Reference Library of Humanities », No. 1792, 1994, 296 p.

ARCENEAUX, Jean, *Je suis Cadien*, Merrick (N.Y.), Cross-Cultural Communications, 1994, 48 p.

BOURQUE, Darrell, *Plainsongs*, Merrick (N.Y.), Cross-Cultural Communications, « Cajun Writers Chapbook », No. 1, 1994, 48 p.

BRAUD, Gérard-Marc, *De Nantes à la Louisiane : en 1785, 1 600 Acadiens quittent le vieux continent, à destination de la Nouvelle-Orléans. L'Histoire de l'Acadie, l'odyssée d'un peuple exilé*, Nantes, Ouest éditions, 1994, 159 p.

GAUTREAUX, Bennett J., *Les Gautreaux de la Louisiane*, Youngsville (Louisiane), L'Auteur, 1993, 3 vol.

HEBERT, Timothy, *Acadian-Cajun Genealogy : Step by Step*, Lafayette (Louisiane), Center for Louisiana Studies, University of Southwestern Louisiana, 1993, 146 p.

HERO, Alfred O., *Contemporary Louisiana and French-Speaking Canada : 1673-1989*, Lanham (Md.), University Press of America, « Tulane University Series in Political Science », 1994, 350 p.

Implementing the Maine Acadian Culture Preservation Act : Draft Conceptual Framework : Environmental Assessment, Boston (Mass.), United States Department of the Interior, National Park Service, North Atlantic Region, 1994, 96 p.

*LUGAN, Bernard, *Histoire de la Louisiane française, 1682-1804*, Paris, Perrin, 1994, 273 p.

QUINTAL, Claire, *La Femme franco-américaine / Franco-American Woman*, Worcester (Mass.), Éditions de l'Institut français, Collège de l'Assomption / French Institute of Assumption College, 1994, 216 p.

REED, Robert D. and Danek KAUS, *Finding Your French-American Roots : A Guide to Researching Your Ethnic-American Cultural Heritage*, San Jose (Calif.), R & E Publishers, 1993.

RODRIGUE, Barry H., *Tom Plant : The Making of a Franco-American Entrepreneur : 1859-1941*, New York, Garland, « Studies in Entrepreneurship », 1994, 304 p.

GÉNÉRAL

*CARDINAL, Linda (dir.), *Une langue qui pense : la recherche en milieu minoritaire francophone au Canada*, Ottawa, Les Presses de l'Université d'Ottawa, 1993, 182 p.

CARDINAL, Linda, Jean LAPOINTE et J.-Yvon Thériault, *État de la recherche sur les communautés francophones hors Québec, 1980-1990*, Ottawa, Université d'Ottawa, Centre de recherche en civilisation canadienne-française, 1994, 200 p.

DIONNE, René et Pierre CANTIN, *Bibliographie de la critique de la littérature québécoise et canadienne-française dans les revues canadiennes, 1983-1984*, Ottawa, Presses de l'Université d'Ottawa, 1994, 328 p.

GRISÉ, Yolande et Jeanne d'Arc LORTIE, avec la collaboration de Pierre Savard et Paul Wyczynski, *Les Textes poétiques du Canada français, 1606-1867 ;* vol. 7 : *1859*, Montréal, Fides, 1994, 589 p.

HALFORD, Peter W., *Le Français des Canadiens à la veille de la Conquête : témoignage du père Pierre Philippe Potier, s.j.*, préface d'André Lapierre, Ottawa, Presses de l'Université d'Ottawa, coll. « Amérique française », n° 2, 1994, 380 p.

HOTTE, Lucie (dir.), *La Problématique de l'identité dans la littérature francophone du Canada et d'ailleurs*, Ottawa, Le Nordir, 1994, 154 p.

LÉTOURNEAU, Jocelyn (dir.), *Question identitaire au Canada francophone : récits, parcours, enjeux, hors-lieux*, Québec, Presses de l'Université Laval, coll. « Culture française d'Amérique », 1994, 290 p. « Articles issus du 3e colloque annuel de la CEFAN tenu à Québec les 7-8-9 mai 1992 ».

LÉVESQUE, Albert (dir.), *Répertoires des journaux et périodiques courants de langue française ou bilingues publiés au Canada à l'exception du Québec*, Moncton, Association des responsables de bibliothèques et centres de documentation universitaires et de recherche d'expression française au Canada (ABCDEF Canada), 1993, 73 p.

*MAINDRON, André (dir.), *Littérature de langue française en Amérique du Nord, La Licorne*, n° 27, Poitiers, Université de Poitiers, 1994, 441 p.

MASSART-PIÉRARD, Françoise (dir.), *La Langue : vecteur d'organisation internationale*, Louvain-la-Neuve/Moncton, Academia/Éditions d'Acadie, coll. « Échanges francophones », n° 2, 1993, 193 p.

MAUGEY, Axel, *Le Roman de la francophonie : essai*, Montréal, Humanitas/ Jean-Michel Place, 1993, 216 p.

NIELSON, Greg M., *Le Canada de Radio-Canada : sociologie critique et dialogisme culturel*, Toronto, Éditions du GREF, 1994, 206 p.

POIRIER, Claude (dir.), *Langue, espace, société: les variétés du français en Amérique du Nord*, Sainte-Foy, Presses de l'Université Laval, 1994, 508 p.

PRÉVOST, Philippe, *La France et le Canada, d'une après-guerre à l'autre (1918-1944)*, Saint-Boniface, Éditions du Blé, 1994, 492 p.

RAYMOND, Danielle, Lucie PAGÉ, *et al.*, *Guide des archives conservées au Centre de recherche en civilisation canadienne-française*, 3e édition entièrement refondue, Ottawa, Centre de recherche en civilisation canadienne-française, Université d'Ottawa, coll. « Documents de travail du CRCCF », no 36, 1994, 319 p.

ROBIDOUX, Réjean, *Fonder une littérature nationale: notes d'histoire littéraire*, préface de Roger Le Moine, Ottawa, Éditions David, 1994, 208 p.

WATELET, Hubert (dir.), en collaboration avec Cornelius J. JAENEN, *De France en Nouvelle-France: société fondatrice de société nouvelle*, Ottawa, Presses de l'Université d'Ottawa, coll. « Actexpress », 1994, 300 p.

ZUPANCIC, Metka (dir.), *Mythes dans la littérature contemporaine d'expression française*, Ottawa, Le Nordir, 1994, 321 p.

THÈSES

DUGAS-LEBLANC, Betty, *The Social Construction of Subcultures: A Culturalist Perspective on Three Generations of Youth in an Acadian Community of Nova Scotia*, Ph.D., Carleton University, 1993, 321 p.

FROST, Juliana, *The People of Survivance; Franco-Americans in New England*, M.A., Southern Connecticut State University, 1992, 68 p.

GIROUX, Mark, *Le Rôle de l'ambiance familiale française dans le milieu familial et à l'école française dans le développement des croyances positives vis-à-vis la langue maternelle*, M.A. (Éducation), Université de Moncton, 1992, 164 p.

JOHNSON, Derek, *Regional Disparities and Local Variation in Atlantic Canada: The Case of an Acadian Inshore Fishing Village, 1920-1993*, M.A., University of Guelph, 1994, 156 p.

KUNNAS, Erin Elizabeth, *Étude des attitudes des étudiants d'Ottawa-Hull envers le bilinguisme*, M.A., Carleton University, 1993, 150 p.

LAPOINTE, Jean-Denis, *L'Attitude et le comportement des Franco-Américains vis-à-vis des conscriptions canadienne et américaine lors de la Grande Guerre*, M.A. (Science politique), Université d'Ottawa, 1991.

LEBLANC, Réjeanne, *L'Évolution du vocabulaire chez les jeunes Acadiens et Acadiennes du Nouveau-Brunswick: facteurs espace et temps*, Ph.D., Université Laval, 1993, 620 p.

LORTIE, Andrée, *The French Language Services Act and Ontario Community Colleges*, M.A. (Education), University of Alberta, 1992, 140 p.

MARTEL, Marcel, *Les Relations entre le Québec et les francophones de l'Ontario: de la survivance aux dead ducks, 1937-1969*, Ph.D. (Histoire), York University, 1994.

NOËL-LOSIER, Chantal, *Stratégies matrimoniales en Acadie dans la première moitié du XVIIIe siècle: comportements matrimoniaux de deux familles aisées dans un contexte de marché limité*, Mémoire de baccalauréat, Centre universitaire de Moncton, Département d'histoire, 1993, 47 p.

NTIBANYENDERA, Ernest N., *Les Besoins de perfectionnement des directeurs d'écoles francophones du Nouveau-Brunswick*, M.A. (Éducation), Université de Moncton, 1993, 177 p.

ROUET, Damien, *L'Insertion des Acadiens dans le Haut-Poitou et la formation d'une entité agraire nouvelle: de l'ancien régime au début de la monarchie de Juillet (1773-1830): étude d'histoire rurale*, Ph.D., Université de Poitiers, 1994, 2 vol.

SEGUIN KIMPTON, Lise, *La Langue gardienne de la foi: enjeux, stratégies derrière le souci de préserver la langue française minoritaire en Ontario, 1900-1930*, Ph.D., Carleton University, 1991, 454 p.

TÉTRAULT, Guy Gérald, *The Role Behavior of Francophone School Trustees in Ontario*, Ph.D. (Education), University of Toronto, 1993, 171 p.

Comment communiquer avec

FRANCOPHONIES D'AMÉRIQUE

POUR TOUTE QUESTION TOUCHANT AU CONTENU DE LA REVUE AINSI QUE POUR LES SUGGESTIONS D'ARTICLE :

FRANCOPHONIES D'AMÉRIQUE
DÉPARTEMENT DES LETTRES FRANÇAISES
UNIVERSITÉ D'OTTAWA
C.P. 450, Succ. A
OTTAWA (ONTARIO)
K1N 6N5
TÉLÉPHONE : (613) 562-5800 poste 1100
(613) 562-5797
TÉLÉCOPIEUR: 562-5981

POUR LES NOUVELLES PUBLICATIONS ET LES THÈSES SOUTENUES :

LORRAINE ALBERT
DÉPARTEMENT DES COLLECTIONS
BIBLIOTHÈQUE MORRISET
OTTAWA (ONTARIO)
K1N 6N5
TÉLÉPHONE : (613) 562-5800
TÉLÉCOPIEUR: 562-5133

POUR LES QUESTIONS DE DISTRIBUTION OU DE PROMOTION :

LES PRESSES DE L'UNIVERSITÉ D'OTTAWA
UNIVERSITÉ D'OTTAWA
542, RUE KING EDWARD
OTTAWA (ONTARIO)
K1N 6N5
TÉLÉPHONE : (613) 564-2270